权威·前沿·原创

皮书系列为
“十二五”国家重点图书出版规划项目

文化科技蓝皮书
BLUE BOOK OF
CULTURE AND TECHNOLOGY

文化科技创新发展报告（2015）

ANNUAL REPORT OF CULTURE AND TECHNOLOGY INNOVATIVE DEVELOPMENT (2015)

主　　编／于　平　李凤亮
常务副主编／牛　奔
副 主 编／周建新　周志民

社会科学文献出版社
SOCIAL SCIENCES ACADEMIC PRESS (CHINA)

图书在版编目(CIP)数据

文化科技创新发展报告. 2015/于平，李凤亮主编. —北京：社会科学文献出版社，2015. 11

（文化科技蓝皮书）

ISBN 978 - 7 - 5097 - 8222 - 4

Ⅰ. ①文… Ⅱ. ①于… ②李… Ⅲ. ①文化事业 - 技术革新 - 研究报告 - 中国 - 2015 Ⅳ. ①G12

中国版本图书馆 CIP 数据核字（2015）第 250768 号

文化科技蓝皮书

文化科技创新发展报告（2015）

主　　编 / 于　平　李凤亮

常务副主编 / 牛　奔

副 主 编 / 周建新　周志民

出 版 人 / 谢寿光

项目统筹 / 蔡继辉　任文武

责任编辑 / 丁　凡

出　　版 / 社会科学文献出版社 · 皮书出版分社（010）59367127

地址：北京市北三环中路甲 29 号院华龙大厦　邮编：100029

网址：www. ssap. com. cn

发　　行 / 市场营销中心（010）59367081　59367090

读者服务中心（010）59367028

印　　装 / 北京季蜂印刷有限公司

规　　格 / 开 本：787mm × 1092mm　1/16

印 张：27　字 数：455 千字

版　　次 / 2015 年 11 月第 1 版　2015 年 11 月第 1 次印刷

书　　号 / ISBN 978 - 7 - 5097 - 8222 - 4

定　　价 / 89. 00 元

皮书序列号 / B - 2013 - 308

主要编撰者简介

于　平　文化部文化科技司原司长，博士，北京大学、北京师范大学、上海戏剧学院兼职教授。现任南京艺术学院舞蹈学院院长、中国文艺评论家协会副主席。1970～1980年在江西省歌舞团做舞蹈演员。1980～1985年就读于江西师范大学南昌分院中文系并留校任教。1985～1988年就读于中国艺术研究院研究生部，1988年获硕士学位后任教于北京舞蹈学院，1992年任副教授，1995年任教授。1996年被评为文化部优秀专家并享受国务院政府特殊津贴，1998年被评为“国家有突出贡献的中青年专家”。1996年任北京舞蹈学院副院长（主持院务工作），2001年调任文化部艺术司副司长，2004年任文化部艺术司司长，2009年任文化部文化科技司司长。主要著作有《中国古代舞蹈史纲》《中国古典舞与雅士文化》《中外舞蹈思想概论》《中国现当代舞剧发展史》《舞蹈文化与审美》《高教舞蹈综论》《舞蹈形态学》《舞台演艺综论》等。

李凤亮　教授，博士生导师，现任深圳大学副校长、文化产业研究院院长、国家文化创新研究中心（筹）主任，深圳大学领军学者，艺术学理论学科带头人。美国南加州大学访问学者，国家社会科学基金重大项目首席专家，教育部高等学校艺术学理论类专业教学指导委员会委员，教育部“新世纪优秀人才支持计划”入选者，教育部霍英东教育基金会“高校青年教师基金”和“高校青年教师奖”获得者，深圳市国家级高层次专业领军人才。兼任中国世界华文文学学会副会长、中国文艺理论学会副秘书长、海峡两岸文化创意产业高校研究联盟副理事长、中国中外文艺理论学会文化创意产业研究会常务副会长、中国服务贸易协会专家委员会副主任委员、文化产业（中国）协作体专家委员会委员等。专业领域为文艺理论、文化创意产业和城市文化研究，独立主持国家社科基金项目3项、省部级课题7项，出版著作（含合著）12部，发表论文百余篇。

牛　奔　副教授，硕士生导师，深圳大学文化产业研究院兼职研究员，深圳大学管理学院教师，香港大学、新西兰维多利亚大学访问学者，香港理工大学、中国科学院博士后，广东省高等学校“千百十人才工程”省级人才，深圳市“高层次专业人才”，深圳市“海外高层次人才”。长期从事管理、经济、生物、计算机等领域的多学科交叉研究。近年来，发表相关学术论文80余篇，其中SCI/EI收录65篇，出版专著2部。主持国家自然科学基金项目4项、中国博士后基金项目2项、省自然科学基金项目2项，参与“863”计划、“973”重大基础研究、中科院知识创新工程等项目10余项。

周建新　教授、博士、硕士生导师，深圳大学文化产业研究院执行副院长，文化部国家文化创新研究中心（筹）副主任。国家社科基金项目通讯评审和结题鉴定专家、中国人类学民族学研究会客家专业委员会副主任、中国博物馆学会服装专业委员会副主任、中国中外文艺理论学会文化创意产业研究会秘书长、中国社会学会理事、《客家学刊》执行主编。主要从事区域文化产业、族群和区域文化研究。现主持在研国家社科基金重大招标项目1项，主持完成国家社科基金艺术学项目、教育部人文社科研究项目、省社科规划项目10余项，出版著作6部，发表论文100余篇，研究成果获省社会科学优秀成果奖一等奖2项、二等奖1项、三等奖1项。获得国家社科基金重大招标项目首席专家、享受国务院特殊津贴专家、哲学社会科学学风建设典型人物、新世纪百千万人才工程省级人选、深圳大学荔园领军学者等荣誉称号。

周志民　教授、博士生导师，深圳大学管理学院副院长，深圳大学文化产业研究院副院长。中山大学博士、香港城市大学博士后。美国南加州大学、英国中央兰开夏大学访问学者。国家自然科学基金委员会管理科学部同行评议专家、广东省自然科学基金项目评审专家、中国高等院校市场学研究会理事、《营销科学学报》编委。主要从事品牌管理和文化营销方面的研究。主持国家自然科学基金面上项目和青年项目、国家社会科学基金重大项目子项目、教育部新世纪优秀人才支持计划项目等多项课题研究，出版专著、教材和译著5部，发表论文60余篇，20余篇论文分别被SSCI、

CSSCI、人大复印资料收录、转载，研究成果荣获广东省哲学社科优秀成果奖等十余项国内外奖励。入选教育部“新世纪优秀人才支持计划”，为广东省高校“千百十工程”省级培养对象，获得广东省“十大杰出青年岗位能手”、深圳市高层次人才（地方级）、深圳市优秀教师、深圳大学荔园优秀学者等称号。

摘　要

近年来，互联网、大数据、云计算等科技热词不时出现，文化与科技融合已成为当下热门话题的主旋律。推进文化与科技融合是中央做出的重大部署，是贯彻党的十七届六中全会、十八大精神的重要举措。抓住科技发展进步的难得机遇，加快推进文化与科技的融合，是实施创新型国家战略的应有之义，是建设社会主义文化强国的必然要求。

《文化科技创新发展报告（2015）》（文化科技蓝皮书）是深圳大学文化产业研究院、国家文化创新研究中心（筹）发布的关于文化与科技融合之下的产业发展现状、融合路径分析与战略研究报告，其主要内容集合了深圳大学文化产业研究院对文化科技融合创新研究的最新成果，同时也吸收了国内外相关领域专家的前瞻性研究成果。作为目前国内唯一一部专注于文化科技融合创新研究的蓝皮书，本报告坚持理论与实践相结合、国内与国外相结合、经验总结与路径前瞻相结合，力求把握文化科技发展的最新趋势，为行业、政府和学界提供有益的思想成果和对策建议。

本报告在文化与科技融合创新的战略定位与路径选择分析的基础上，集中探讨了文化科技融合趋势与集群效应、资源整合、产业转型、技术革命、业态融合和跨界创新等问题，通过对国内外典型创意品牌城市、文化服务平台和前沿科技产品等文化科技融合成功案例经验的分析，跨领域、多角度地提出了文化科技融合的发展政策和创新路径。本报告内容架构分为五个部分。

第一部分是总报告。主要回顾了 2014 年文化科技融合下的产业发展状况，在“互联网 +”的大数据时代背景下，概括了文化科技融合现状，并提出了文化科技融合创新的未来发展路径，对今后文化产业发展提供了启发性思考。

第二部分是理论前沿篇。分析了大数据时代下文化产业与科技融合本质、移动互联时代的文化创意聚集、作为文化品牌的创意城市发展等问题，丰富了文化科技融合研究的相关理论成果，提升了文化产业理论研究的高度，进一步拓宽了文化产业研究领域。

第三部分是产业观察篇。通过对移动互联背景下的文化产业融合创新、互联网众筹对中国音乐产业发展的影响、网络游戏产业的国际化战略、移动互联文化产业商业模式、文化科技产品接受意愿的整合模型、“互联网+”时代演艺市场趋势、创意产业园区演化等问题的探讨分析，意在指出移动互联背景下数据变革对产业转型、产业发展的重要影响，文化与科技的融合将为文化产业发展提供持续新动力。

第四部分是实践前沿篇。介绍了移动互联背景下公共服务平台与文化科技融合的创新、文化科技与娱乐节目、科技与智能设计、大数据对全民阅读的影响、科技让博物馆如何更好地服务公众等问题，多角度地分析了文化科技融合产业实践的成功经验。比如在移动互联背景下数字博物馆的数字公共文化服务的构建机制，以澳门莲花卫视《澳门开唱》这一节目为例对手机自拍视频与电视娱乐节目的分析等研究。由此可见，文化科技的融合是加快文化产业发展的重要力量、推动文化产业升级的重要途径。

第五部分是发展政策篇。从创意社区设计策略、文化科技融合的支持政策、文化科技融合创新的金融支持、“互联网+”背景下文创众筹的对策、文化科技融合背景下我国文化传媒产业的创新对策等方面，深入探讨了文化与科技的创新融合路径、模式和政策。旨在为文化科技融合提供理论依据和路径探索，多维度剖析文化科技创新的发展路径，提出推进文化科技深度融合的支持政策，增强我国文化产业的竞争力，为科技创新提供新的文化理念，加速文化与科技的深度融合。

关键词： 文化科技融合　文化产业　移动互联　大数据

城镇化进程与文化科技融合创新（代序）

于 平

一 城镇化是现代化的必由之路

2013年岁末，中央城镇化工作会议在京召开。对于我们的文化建设而言，这是一项特别需要关注的工作，是一个我们必然置身其中且应当顺势而为的进程。会议指出，城镇化是现代化的必由之路。推进城镇化是解决“三农”问题的重要途径，是推动区域协调发展的有力支撑，是扩大内需和促进产业升级的重要抓手。

很显然，这里的“扩大内需”包括文化内需的扩大；这里的“产业升级”包括文化产业的升级；这里的“协调发展”包括公共文化服务的均等化和标准化；而这里的解决“三农”问题，更意味着我们当代文化的转型发展。这是因为，世界各国的发展经验表明，国家“现代化”是依托工业化、城镇化由传统农业社会向现代社会转变的过程，这是一个城镇化与工业化、现代化相伴而行、相互促进的过程。从某种意义上说，工业化是现代化的驱动力，城镇化则是由那种驱动力催生的人类社会组织形态，而“现代化”则意味着农业文明向工业文明的变迁，就是知识守恒向信息裂变的转换，意味着文化传衍向文化转型的跋涉！

我国是一个历史悠久的文明古国，这个历史悠久的文明就其主导方面而言是农耕文明。以农为本、以农立国不仅因为“三农”问题是中华民族传衍与发展的基本问题，而且也因为国家的律法规制与道德操守深深根源于斯、维系于斯。与之相关，农耕文明促成的重伦理轻逻辑、重感悟轻功利的人生信念几乎渗透在我们所有的生活仪式、人际交往、精神陶冶、休闲娱乐之中。

二 “城镇化”作为自然历史过程已在我国展开

现在，“城镇化”作为一个自然历史过程已在我国展开。到2012年，我国城镇人口已达到7.1亿，城镇化率达到世界平均水平。其实，诺贝尔经济学奖获得者斯蒂格利茨早就预言：美国的新技术革命和中国的城镇化，是21世纪带动世界经济发展的两大引擎。仔细思考这二者之间的关系，不仅仅在于前者是创新驱动而后者是需求拉动；二者之间更深刻的关系在于国家“现代化”的历史差距——前者凸显科技引导文化前行的力量，后者则面临文化防范科技切入的掣肘。

城镇化是与工业化相伴而生的，是工业化赖以实施的前提、不断前行的呈现和实现水准的见证。没有城镇化的工业化或没有工业化的城镇化同样是不可思议的。结合工业化来看城镇化，我们文化建设至少在两个方面要有自觉的意识：其一，所谓工业化是由现代科技驱动的产业升级和物质文明升华；其二，与之相应的文化建设成为“第三产业”或现代服务业的有机构成。“文化产业”作为文化产品的工业生产，是城镇化需求之必然性和工业化生产之可能性的合谋。当我们强调实现公共文化服务的标准化和均等化之时，必须认识到这种服务理念是现代工业化和城镇化的产物，必须认识到只有文化科技融合创新才能使这种服务理念落到实处。

三 科学技术成为推动经济社会发展的主要力量

自我国进入改革开放的新时期以来，从邓小平同志到江泽民、胡锦涛、习近平同志，都一以贯之地强调“科学技术是第一生产力”。2013年国庆前夕，习近平同志在中共中央政治局第九次集体学习时更是强调：“科学技术越来越成为推动经济社会发展的主要力量，创新驱动是大势所趋。”习近平总书记还强调：“新一轮科技革命和产业变革正在孕育兴起，一些重要的科学问题和关键核心技术已经呈现出革命性突破的前兆，带动了关键技术交叉融合、群体跃进，变革突破的能量正在不断积累。即将出现的新一轮科技革命和产业变革与我国加快转变经济发展方式形成历史性交汇，为我们实施创新驱动发展战略提供了难得的重大机遇。”

可以看到，习近平总书记高度关注这个“历史性交汇”形成的“重大机遇”。抓住这个“重大机遇”并实施好“创新驱动发展战略”，是因为我们正置身于一个全球化进程中的“国家公关时代”，而所谓“全球化进程”给人最直接、最真切感受的便是文化科技融合创新的“互联网时代”。自 20 世纪 80 年代起，欧美发达国家就开始了文化与科技融合发展的讨论。迄今为止所出现的“知识经济”“文化产业”“数字地球”“互联网生存”等新概念，都是文化与科技融合发展的产物。一些信息产业高度发达的国家或地区，已经逐步形成以网络服务产业、数字游戏产业、电脑动画产业、移动内容产业、数字影音应用产业等为主的数字内容产业群，为文化产业发展注入了新的动力。

四　科技进步给文化发展带来革命性变化

2012 年 5 月，中宣部、科技部在深圳召开文化与科技融合座谈会，时任中共中央政治局委员、中宣部部长的刘云山同志出席会议并发表重要讲话，强调“推进文化与科技融合是中央做出的重大部署，是贯彻党的十七届六中全会、十八大精神的重要举措，要主动适应当代科技发展新趋势，加快高新技术的研发应用，提升我国文化发展的科技含量”。他还强调：“文化与科技紧密相关，科学技术的每一次重大进步，都会给文化的发展带来革命性变化……抓住科技发展进步的难得机遇，加快推进文化与科技融合，是实施创新型国家战略的应有之义，是建设社会主义文化强国的必然要求，有利于转变文化发展方式，促进文化又好又快发展，有利于丰富文化样式业态，满足人们多样化文化需求，有利于掌握文化发展的主动权，提升中华文化影响力。”这三个“有利于”，特别是第三个“有利于”，让我们产生文化科技融合创新的紧迫感。因为我们不能抓住机遇去“提升文化发展的科技含量”，我们就难以“掌握文化发展的主动权”，我们屡屡申说的“文化自觉”就只会停留在口头上。

五　当代科技是近代以来社会文明的主要标志

文化的概念历来就是丰富、复杂、多层次的。狭义的文化概念，主要指人类所创造的精神财富，包括宗教、信仰、道德情操、风俗习性、学术思想、文学艺术、科学技术等等。也就是说，即便从狭义的文化概念来审视，科技也可视为“文化”范畴的“交集”。现在所谈的“文化科技融合”，其中的“文化”将被再度局限——指的是与“科学技术”并列的其他“交集”。二者的区分，首先是社会分工及相应管理的分工，比如宣传文化部门与科学技术部门的不同分工；其次是各自为人感知的侧重点不同，文化更看重精神内涵而科技更看重技术呈现，因此我们在二者融合创新中往往视文化为内容而科技为载体；再次是各自的认知方式及表述方式不同，借用既往的概念，文化的认知和表述更注重形象思维而科技更注重抽象思维。还有一点需特别提及的，既往的科技已沉淀在文化的历史之中；当下所说的“科技”大多属于人类征服外部世界、提升生产力并提升人的本质力量的技术呈现，它是近代以来社会文明的主要标志，也是我们文化转型发展的动力。

或许正因为当代科技的横空出世，它才被那些重传承重底蕴的文明认为缺少“文化含量”，也被这种文明目为“奇技淫巧”。虽然我们总在强调“与时俱进”，但“厚古薄今”的厚“道”薄“器”，是我们文化建设中的一种惰性。我没有深究过某一种古代文明断裂或消失的原因。原因或许很多，但最重要的或许是种群的生存危机，是种群应对外部世界能力，特别是科技创新能力的危机。当代科技进步，特别是信息技术、数字化技术、网络技术的突飞猛进，促成了文化传播方式的深刻革命：文化传播速度更加便捷、传播路径更加多样、传播范围更加广阔；媒体本身已从一种传播渠道或手段演变成一种文化业态，创造出一个全新的文化智库和创意空间。

六　文化科技融合创新的内在机理与路径选择

在这样一个全新的文化智库和创意空间中，探讨文化科技融合创新，需要审视二者之间的内在机理。吴忠、王为理等所著《城市文化论》（海天出版社，2014），用专节探讨了文化与科技融合的机理。认为二者之间的融合机理需从四重关系中来认识，即矛盾关系、协同关系、涌现关系和融贯关系。在矛盾关系中，文化指向人类创造物的历史沉淀，而科技则体现为对这种积淀的创造性“破坏”；在协同关系中，是二者各自系统的接触、协作所形成的“共赢”效应，它体现为一个由单向介入到相互拉动的过程；在涌现关系中，是二者摆脱各自的“显性秩序”，在深度融合中生成新的功能与结构，导致既有文化边界的拓展和影响力的扩张；最后在融贯关系中，是要打破文化、科技传统的领域概念，将所有微观、局部、特定时空范围内的系统和要素整合起来，以把握二者的发展脉络：既要重视文化的创意内容，又要强调科技的技术支撑，既要把握整体呈现的宏观架构，又要在矛盾运动中找到二者融合的平衡点。

就文化科技融合创新的路径选择而言，《城市文化论》指出一要增强人作为“创造性投入”的主体意识，要成为研发投入主体、技术创新活动主体和创新成果推介应用主体；二要找准具有个性化的融合模式，这种融合模式往往也是一种有效的商业模式；三要营造促进创意创新的良好生态氛围，要助力文化的流动并尊重文化的流动；四要搭建以技术、资金和交易为重点要素的支持平台，发挥好协同、聚集、提升和优化的配置效应。另外，还要完善文化与科技融合创新的产业链条，要形成多维度、多层面的融合集聚空间，要健全与经济社会发展相适应的制度体系。

七 “文化科技一体化”的创新驱动力量

作为新的经济发展方式，也作为新的文化建设理念，文化与科技融合的意义在于融合创新和协同发展。当代发达国家视其为“文化科技一体化”。“文化科技一体化”是当代发达国家发展文化的一个显著特征，这些国家的学者也大多倾向于把科技看成一种文化因素，特别是视其为文化发展中的创新驱动力量。综合学者们的看法，科技进步对于文化发展的影响，一是改变了文化的体验方式，二是扩大了文化的消费需求，三是丰富了文化的生产要素，四是提升了文化的构成品质，五是激活了文化的原始创新，六是催生了文化的新兴业态，七是增强了文化的传播能力，八是改善了文化的储存效果……

我们注意到，“文化科技一体化”的呈现，一方面是科技使文化以前所未有的规模和效率进入生活，扩大了文化的覆盖面并增强了其渗透力，使得当前的文化研究相对于产品构成而言更注重传播效应的研究。比如对高新技术支撑公共服务体系的传播效应研究，对影响“网络文化生态”新生代的新兴文化业态的传播效应研究，以及融入广义文化行业的科技衍生产品的传播效应研究。另一方面是“文化科技一体化”进程中用户角色的重大转变，这便是“用户创造内容”（UGC：use - generated - content）现象的发生。手机的智能化实现了网络与通信业的汇聚，互联网与数字技术的结合打破了消费形式的隔阂，虚拟技术的应用则大大增强了文化消费的互动性。作为数字化、网络化两大信息革命的主要成果，“用户创造内容”及“在线社群”（online community）的成员互动，可能将深度改变我们既往文化创造理念——我们将为这种蕴含能动创造的文化体验去进行文化创造！

八　在科技学理与文化伦理之间

“文化科技融合”其实是文化与科技的交互影响。从人类文明发展史来看，在特定的历史时段内，科技对文化的影响主要呈现为创新驱动的正影响，而文化对科技的影响往往是“家园守望”的负影响。我曾在一次研讨会上调侃说，乔布斯巨大的成就让我们联想到人类文化进程中“苹果”的意味：当亚当、夏娃偷食伊甸园的苹果时，这个作为“禁果”的智慧之果使人类萌生了羞耻之心和善恶之念，这是文化的“苹果”；当牛顿被树上坠落的苹果砸中，他发现的是无处不在的“万有引力”，使得人类在对其的利用或抵御中发展了自身的力量，这是科技的“苹果”；当乔布斯用啃去一口的“苹果”作为自己事业的标识，宣示了技术集成和模式创新对于当代文化发展的强力驱动，这是文化科技融合的“苹果”。由上述“三个苹果”的随机联想，我们可以看到科技在本质上是物理的，是对自然本身的规律求索和法则突破；而文化在本质上是伦理的，是对人类社会的利益协调和道德规范。

在人类社会的发展进程中，科技学理的发现往往都对既有的文化伦理形成冲撞乃至致命打击，都体现为物理法则的突破摧毁了伦理信念的引领：哥白尼的“日心说”是如此，达尔文的“进化论”是如此，弗洛伊德的“情意综”还是如此。从哥白尼到弗洛伊德，我们可以看到科学发现在对人类认识“去中心”“去天赋”乃至“去理性”的同时，使人类更深刻地认识自己的本真并夯实创生新文化的基础。但我们传统中国是一个“伦理至上”的国度。我们曾经领先世界科技的“四大发明”，为什么只是“研发”的领先而未能实现

“应用”的制胜，根源恐怕也在于“伦理文化”对“物理科技”的功能限制。正因为尊崇“伦理至上”，我们才屡屡申说“文”（文化）是“载道”之物而“技”（技术）是“通道”之物，才视“载道”为大任而看“通道”为小技。“孔融让梨”也似乎比“曹冲称象”得到更为广泛的传颂。

九　高新科技对传统演艺的选择性切入

“伦理文化”对“物理科技”的价值导引和功能限制，在我国还特别明显地呈现在传统演艺文化对所谓“本体”的认知和坚守中。演艺文化是以人的艺术表演为核心物的文化形态，这是人类文明进程中最久远也最“本体”的艺术文化。自近代工业革命以来，科技进步事实上已不断对传统演艺文化产生重大影响，这主要体现在两个方面，即演艺传媒的进步和演艺装备的改善。传统演艺主要就是剧场演艺或者说是舞台演艺。演艺传媒进步对于传统演艺的影响，并非指新兴传媒为传统演艺提供了传播平台，而是指它创造了演艺新业态，这包括蔚然成风的影视演艺和正脱颖而出的网络演艺。在当下舞台演艺（似也应包括场馆演艺）、影视网络演艺和实景演艺鼎足而立的状态中，应当说舞台演艺仍然是演艺文化的本体和主体，因为影视网络演艺虽然获得了表演时空的自由但仍然要以表演者为主体，而实景演艺虽然淡化了表演者的演技但仍然强调其本体是“表演”。相对于传统的舞台演艺而言，影视网络演艺通过“蒙太奇”重构着演艺产品的构成逻辑，而实景演艺则通过“日常化”解构着演艺产品的本体技艺，不过二者也由于传媒的进步和装备的改善着手并已然建立起自身的演艺理念。这一方面体现出科技理性对人文精神历史图式的改变，另一方面也体现出演艺文化在科技支撑中的本体拓展。在高新科技对舞台演艺的选择性切入中，我们是视之为“支撑”还是“搅和”，是事关传统舞台演艺“生存还是毁灭”的历史抉择，这是我们必须迎接的时代挑战！

十　当代中国正跨入文化科技融合创新的新时代

不可否认，当代中国事实上已跨入文化与科技融合创新的新时代。我们正通过自主技术创新来突破文化创新的科技瓶颈，正通过自主集成创新来推动文化与科技的无缝链接和高度融合，也正通过自主产品创新来创造文化品牌并强化文化产权。在我看来，文化与科技融合创新，在本质上是高新科技向文化领域的选择性切入。也就是说，当传统意义上的文化领域对科技发展的形态颠覆和伦理建构还心存狐疑之时，科技发展主要以增量创生而非存量转型的方式创造着“新文化”。在现代技术日益深入我们的生产生活并成为主导的时代，文化意义的创造往往产生于它的技术表达方式的创造。有人甚至断言，没有对技术表达方式的全面洞悉和深刻理解，很难有当代意义上的文化创造。

高新科技向文化领域的选择性切入，本质上是为着开辟并建立一种“商业模式”。这种商业模式刺激着大众的文化消费从而实现着产业的效益。有的发达国家把由高新科技驱动、支撑的文化产业称为“文化创意经济”，意指它通常发生在知识经济高度发达的阶段。它以文化创意为核心，以知识产权保护为通道，通过现代科技手段物化文化创意，形成高文化附加值和高文化含金量的产品和服务，在提升国民经济竞争力的同时提高国民生活的幸福指数。科技界和文化界都认识到，我国的文化科技融合创新在全球文化竞争格局中还相对滞后，我们务必加强文化领域科技集成创新和模式创新，促进传统文化业态的调整和优化，推动新兴文化业态的培育和发展。

十一　文化科技融合创新倡导“集成创新”

科技进步是依靠自主创新来实现的。自主创新包含原始创新、集成创新和引进消化吸收再创新 3 种模式。我们当前提倡的“文化科技融合创新”，主要是“集成创新”。所谓“集成创新”，是指利用各种工具、技术对各创新要素和内容进行选择、优化和集成，是一个优势互补、有机整合的动态创新过程。在这里，“集成创新”是格外遵从创新主体意愿的创新，其目的是有效集成各种要素，在主动寻求最佳匹配要素的优化组合中产生更有针对性、更有影响力的集成效应。作为科技创新理念的平移，文化建设的“集成创新”一要有自主意识，创新要素与内容的选择要服从创新主体解决文化发展问题的需要；二要有跨界意识，要全面开放创新要素与内容的选择视域，以实现创新主体选择的最优化；三要有协同意识，要善于集中智慧、凝聚优势、开放建构、转型升级；四要有贯通意识，要将各创新要素与内容有机整合，以形成一个具有独特品格的有机整体。

中华民族数千年由农耕文明陶塑的文化品格，因其漫长的积淀和缓慢的变迁而铸就了“继承创新”的文化发展理念。这一发展理念是我们千年来文化发展的事实，也成为我们发展文化的认知模式。我们注意到，城镇化进程使文化的历史积淀空前活跃、涌动并相互碰撞起来，为此我们无时无处都在强调“包容”。其实，“包容”可以“和谐”，但不是一种有力量的“凝聚”。文化积淀是历史的“继承”使然，而流动的文化却呼唤“集成”。事实上，与我国城镇化进程相偕而至的是“大数据时代”，这个“大数据时代”使人们的信息感知、捕捉、分析变得更敏锐、更精准、更相关，这使得我们文化建设需要一个更强大的主体力量，而只有在“集成创新”中才能体现主体力量的强大。

十二　文化科技融合创新呼唤时代“集大成者”

的确，我们既往较多申说“继承创新”，这类似于对主体“格式化”后再驱动其“建模”，这在信息源较为单一且社会发展较为平缓的时期是切实有效的。但在信息多元汇聚、冲撞激荡、交融变量的时代，“格式化”的主体难以应对甚至难免茫然。“集成创新”作为“文化科技融合创新”的另一种表述，其实从根本上相通于张岱年所说的“文化综合创新”和钱学森倡导的“大成思维学”。“文化综合创新”的理念，是张岱年探索中华文化重建和复兴时所提出的。提出的起因是超越文化上“传统主义”“西化主义”的两极性和单向度立场，坚持文化内容的可选择性并倡导文化建设的“优选法”；它所提出的意旨，则在于对多重文化因素进行有机融合、会通以有效实现文化转型发展。与之相应，“大成思维学”是钱学森从社会科学与自然科学汇流的时代大潮中，看到科技创新呼唤和孕育了“系统集成思维”。他所说的“大成思维”指的是“集大成”的思维，是更深邃也更具前瞻性的“集成创新”的思维。需要指出的是，无论是“文化综合创新”还是“大成思维学”，都在文化精神的底蕴上续接、继承着我们的传统——中华文化的开山鼻祖孔子就是最伟大的“集大成者”。

其实，即便在我们这个极为珍视文化传统并重视文化传承的国度，也有“人惟旧，器惟新”这样的训示。我们文化建设中文化产品的升级换代和文化服务的贴心随意，都与“器”的改善和创新分不开，都体现出改善和创新中的科技含量，都体现出文化科技融合的自觉。“文化科技融合创新”成为文化建设最重要的时代课题，是因为我们建设文化强国需要前瞻性和高层位的文化创新。强调“文化科技融合创新”，首先应当正视我们文化建设的当代境遇，特别是“21 世纪带动世界经济发展的两大引擎”——美国的新技术革命和中国的城镇化。我们要正视科技的进步和进步的科技正在改变着我们的世界、我们的生活和我们自己，唯此我们才能进行有益有效的文化建设。其次，我们要助力高新技术在文化领域的“集成创新”，发挥高新技术在文化建设中的支撑和提升作用，借此不断创新我们的文化形态和文化业态。再次，我们还应对高新技术选择性切入文化领域保持一种健康、乐观的心态，这是我们时代文化建设的使命和担当。当我们痛惜数十年来有多少传统演剧的剧种悄悄消亡，当我们遗憾传统演剧某剧种有多少剧目难以再现，我们或许更应关注伴随城镇化进程而降临的“新文化时代”——这个时代我们文化建设的使命，正如习近平总书记所说：“要挖掘和阐发优秀文化传统的时代价值，重点是做好创造性转换和创新型发展。”这也是我们文化科技融合创新的时代担当。

（作者为文化部文化科技司原司长）

目录

ⅠB Ⅰ 总报告

B Ⅱ 理论前沿篇

B Ⅲ 产业观察篇

BⅣ 实践前沿篇

BⅤ 发展政策篇

BⅥ 附录

皮书数据库阅读使用指南

总　报　告

General Report

B.1

"互联网+"时代的文化科技融合*

——2014年文化科技创新总报告

李凤亮　胡鹏林**

摘　要： 科技推动文化产业向纵深发展，互联网及信息技术促使新兴产业革命的爆发。2014年在"互联网+"的时代背景下，文化科技产业发生了巨大变化。电影、动漫、游戏、广播电视与网络视听、数字出版等文化科技产业，通过移动互联网、物联网、云计算，以及电信网、广播电视网和互联网的三网融合，实现了新的跨越。与此同时，笔者认为文化科技产业应该发展三种模式：一是以"互联网+"为平台，探索文化信息传播新模式；二是以"文化+"为核心，探索文化科技融合新模式；三是以

* 本文为国家社科基金重大项目"文化与科技融合的内在机理与战略路径研究"（项目编号：11&ZD023）的研究成果之一。

** 李凤亮，博士、教授，博士生导师，深圳大学副校长，文化产业研究院院长，国家文化创新研究中心（筹）主任；胡鹏林，博士、讲师，深圳大学文化产业研究院项目发展部副主任。

“科技 +”为驱动，探索文化科技创新新模式。

关键词：互联网 + 文化科技融合 跨界融合 发展路径

2014 年 2 月，国务院印发《关于推进文化创意和设计服务与相关产业融合发展的若干意见》，要求重点落实“塑造制造业新优势、加快数字内容产业发展、提升人居环境质量、提升旅游发展文化内涵、挖掘特色农业发展潜力、拓展体育产业发展空间、提升文化产业整体实力”等七项任务。如何加强文化创意与科技创新的融合，发挥创新驱动力的重要作用，成为新一轮文化创意产业发展的关键所在。

2014 年 8 月和 11 月，第十三届中国互联网大会和首届世界互联网大会分别在北京和浙江召开，“互联网 +”这个在互联网界并不新鲜的概念，一跃成为业内外关注的热词：互联网业内人士希望互联网突破虚拟化的局限，通过数字化、云计算等技术进入实体经济；农业、工业、服务业（包括文化产业）等其他行业则希望通过互联网 + 传统产业，通过移动互联网、物联网、云计算，以及电信网、广播电视网和互联网的三网融合，实现传统产业的创新发展。在此背景下，文化科技融合亟须利用“互联网 +”的创新驱动力，进一步推动第三次科技革命和产业革命发展。

一 2014年文化科技融合概览

文化科技融合已经进入纵深发展时期，在推动文化产业转型升级、全面深化经济体制改革方面发挥着创新驱动力的重要作用。2014 年 3 月，全国两会政府工作报告提出文化产业增加值增长 15% 以上，为了实现这一目标，企业、政府和社会都承担了各自任务，在“互联网 +”的时代背景下，共同打造了文化科技产业的跨界融合。

（一）文化企业主动融入“互联网 +”，推动文化与科技实现深度融合

首先，文化及相关产业企业的数量和产值进一步增加。据国家统计局统

计，2014 年我国三大产业占国内生产总值（GDP）的比例分别为 9.2%、42.6%、48.2%，第三产业的比重进一步增加；第三产业中的文化产业实现增加值 24017 亿元，增速约为 12.5%，占 GDP 比重的 3.77%①，其中增长最快的是文化科技产业。由此可见，我国文化产业占 GDP 比重进一步提升，逐渐成为国民经济的支柱产业，但是依然与欧、美、日、韩、澳等发达地区文化产业占 GDP 比重超过 20% 的产业格局有较大差距；文化科技产业成为文化产业中占比较高、发展最快的产业，科技成为推动文化产业发展的新兴引擎。

其次，文化企业拓展了文化科技融合模式，加强了互联网的信息传播功能和文化资本的金融杠杆作用。文化科技融合，凸显了科技性、创意性以及市场机制，但是各种产业主体在技术、创意、资本等方面各有侧重，因而在文化科技融合方面进行了融合模式创新。文化科技企业在抢占文化与科技先机的基础上，加大与资本的合作，寻求更多的创意。比如游戏产业，腾讯游戏利用互联网平台优势，提高了 PC 网游的市场占有率，2014 年又开发了《全民飞机大战》《雷霆战机》等手机游戏，两款产品分列 2014 年度手机游戏市场第 3 名和第 5 名；乐逗游戏作为中国最大的独立手游发行平台，从代理国外《神庙逃亡》《水果忍者》等游戏到开发自主游戏产品，2014 年游戏月均用户达到 1.22 亿，乐逗游戏所属的深圳创梦天地科技有限公司也成功登录纳斯达克，成为在美国上市的中国手游行业第一只概念股。再如电影产业，2014 年出现众筹电影模式，通过微投资人和众筹资金的方式发挥金融杠杆作用，通过互联网扩大电影产业的大众参与和文化影响力。其他诸如动漫产业发展手机动漫，广播电视产业发展三网融合，网络视听产业打造多屏一体化模式，数字出版产业提出 C2C 模式，都在最大限度地发挥信息科技的平台作用，通过“互联网 +”思维推动文化企业的文化科技融合创新。

（二）各级政府出台系列政策，推动文化科技相关产业的规范与发展

2000 年，中国政府公报及国家“十五”规划首次确立“文化产业”的地位，文化产业被纳入国家宏观发展战略；2010 年，中国政府公报及国家“十

① 国家统计局：《中国文化及相关产业统计概览 2015》，中国统计出版社，2015。

二五”规划首次提出推动文化产业成为国民经济支柱性产业，文化产业进入高速发展期；2014 年，国务院印发《关于推进文化创意和设计服务与相关产业融合发展的若干意见》，要求切实提高我国文化创意和设计服务整体质量水平和核心竞争力。从政府层面上讲，文化产业的地位越来越重要，为了促进文化科技融合创新，2014 年政府在鼓励政策、行业规范、扶持资金等方面给予了大力支持。

第一，2014 年密集出台关于文化金融、文化贸易、文化体制改革、小微文化企业的政策，各种政策都强调文化科技融合的创新驱动力作用。2014 年 2 月，国务院《关于推进文化创意和设计服务与相关产业融合发展的若干意见》要求加强科技与文化的结合，推动文化产品和服务数字化与网络化，强化文化对信息产业的创意设计提升，加快培育双向深度融合的新型业态。2014 年 3 月，国务院《关于加快发展对外文化贸易的意见》明确提出支持文化和科技融合发展，鼓励企业开展技术创新，增加对文化出口产品和服务的研发投入，开发具有自主知识产权的关键技术和核心技术。同月，文化部、中国人民银行与财政部联合发布《关于深入推进文化金融合作的意见》，要求推进文化产业与相关产业融合发展，推动互联网金融业务与文化产业融合发展，鼓励电子商务平台类机构发挥技术、信息、资金优势为文化创业创意人才、小微文化企业提供特色金融服务。2014 年 4 月，国务院办公厅印发《关于文化体制改革中经营性文化事业单位转制为企业和进一步支持文化企业发展两个规定的通知》，提出加大财政对文化科技创新的支持，将文化科技纳入国家相关科技发展规划和计划，积极鼓励文化与科技深度融合，促进文化企业、文化产业转型升级，发展新型文化业态。2014 年 7 月，文化部、工业和信息化部与财政部联合发布《关于大力支持小微文化企业发展的实施意见》鼓励小微文化企业把握传统文化与现代元素结合、文化与科技融合的发展趋势，催生新技术、新工艺、新产品、新服务。由此可见，文化科技融合成为 2014 年国务院及各部委政策的核心思想，文化科技融合的重点则是推动数字化、网络化和智能化，推进文化科技产业与互联网、移动互联网等信息科技深度融合。

第二，针对数字出版、新闻媒体、广播电视电影等文化科技产业，出台指导意见，强调通过文化科技融合促进文化产业的转型升级。2014 年 4 月，国家新闻出版广电总局与财政部联合发布《关于推动新闻出版业数字化转型升级的指导意见》，要求新闻出版业必须面对数字化与信息化带来的挑战与机遇，主动开展数字化转型升级。2014 年 5 月，财政部联合多部门与新闻出版广电总局一起发布《关于支持电影发展若干经济政策的通知》，设立文化产业发展专项资金支持电影产业发展，主要推动高新技术在电影制作中的应用、支持重要电影工业项目和高科技核心基地建设、加强重点专业性电影网站建设等。2014 年 8 月，中央全面深化改革领导小组第四次会议审议通过了《关于推动传统媒体和新兴媒体融合发展的指导意见》，强调推动媒体融合发展，要将技术建设和内容建设摆在同等重要的位置，要顺应互联网传播移动化、社交化、视频化的趋势，积极运用大数据、云计算等新技术，发展移动客户端、手机网站等新应用新业态，不断提高技术研发水平，以新技术引领媒体融合发展、驱动媒体转型升级。

此外，中国政府高度重视互联网和信息科技，成立了由国家主席为组长、总理为副组长的中央网络安全和信息化领导小组。2014 年 2 月，中央网络安全和信息化领导小组成立大会审议通过了《中央网络安全和信息化领导小组工作规则》《中央网络安全和信息化领导小组 2014 年重点工作》等决议，国家主席习近平同志特别强调网络信息是跨国界流动的，信息流引领技术流、资金流、人才流，信息资源日益成为重要生产要素和社会财富，信息掌握的多寡成为衡量国家软实力和竞争力的重要标志；强调要抓紧制定立法规划，完善互联网信息内容管理、关键信息基础设施保护等法律法规，依法治理网络空间，维护公民合法权益。在此之前，日本公布了《网络安全战略》，印度公布了《国家网络安全策略》，美国在白宫设立网络办公室并启动了《网络安全框架》，欧洲已经在筹划建立欧洲独立互联网，可见互联网已经成为世界各国极为重视的领域，是涉及产业发展、经济利益和国家安全的重大战略问题。文化产业如何融入国际"互联网"发展新格局之中，将是未来产业发展的重要课题。

（三）社会组织配合文化科技融合战略，推动政产学研的跨界交流与合作

文化科技产业是一种跨专业、跨行业的产业形态，需要不同知识背景和专业领域的人才参与，因此需要社会组织推动政产学研的跨界交流与合作。2014 年，文化科技产业在博览交易会、产业协会、专业论坛等方面都呈现出新

态势。

文化产业博览交易会，是文化产业各个领域集中进行业态展示、业界沟通、产品交易的重要平台。2014 年文化产业博览交易会呈现多地域、多领域、多层次的特色，如第 24 届全国图书博览交易会、第十届中国（深圳）国际文化产业博览交易会、第十届中国国际动漫游戏博览会、第九届中国北京国际文化创意产业博览会、第九届中国义乌文化产品交易博览会、第九届中国云南普洱茶国际博览交易会、第九届中国·石家庄国际动漫博览交易会、第七届中国西部文化产业博览会、第七届中国（中山）国际游戏游艺博览交易会、第五届山东文化创意产业博览交易会、第四届中国（无锡）国际文化艺术产业博览交易会、第二届中国艺术品产业博览交易会、首届中国（武汉）电影产业博览交易会、首届美中电影电视产业博览会等。这些博览交易会既有综合性的国际文化产业博览会，也有图书、动漫、游戏、电影、电视、茶艺、艺术品等领域的博览会，各种博览交易会纷纷提出文化科技融合的主题，如深圳文博会综合馆提出“文化与科技相融合、产业与市场相促进”，如北京文博会提出“推动文化创新、促进产业融合”，文化科技融合创新已经成为业内共识。

文化产业相关协会与学会，以及高校与研究机构，定期举办各类高端论坛，推动了政产学研跨界交流。2014 年初，第十一届中国文化产业新年论坛在北京大学开幕，此次论坛以“文化的力量：文化市场与改革红利”为主题，一百多位政产学研各界人士分别就资源活化与创意城乡、媒介融合与数字创意、艺术市场与衍生开发等问题展开讨论。2014 年 4 月和 10 月，海峡两岸文化创意产业高校研究联盟分别召开了第九届和第十届论坛，内地与港澳台的一百多所大学研究人员参会，分别围绕“文化创意产业之场域实践”和“中华文化的创意实践”展开学术交流。2014 年 11 月，中国文化产业协会主办了首届中国移动互联网内容开发者大会暨中国智能内容及开发者大会，文化部、国家互联网信息办公室等政界人士，腾讯、百度、微软等产业界人士，以及各界 IT 人士参会，举办了国际移动游戏大会、数字动漫发展论坛、移动互联网暨智能应用创业者论坛等各种高端论坛，围绕智能应用、移动游戏拓展、智能化网络等问题进行深入交流。2014 年 11 月底，深圳大学举办了“第三届文化科技创新论坛”，论坛以“移动互联背景下的文化科技融合”为主题，围绕“新兴业态与创新模式”“移动互联背景下文化科技企业的商业模式演变”等问题展开探讨，发布了《文化科技蓝皮书：文化科技创新发展报告（2014）》。文化科技融合问题成为政产学研跨界交流的重要主题，2014 年度提出的移动互联网与文化科技融合、中华文化创意实践、媒介融合与数字创意等成为文化科技领域最引人关注的问题。

此外，文化创意产业人才培养也得到政府及社会各界的高度重视。2014 年 4 月，文化部、财政部联合启动《文化产业创业创意人才扶持计划》，以“提升文化产业创意创业水平、促进文化创意与相关产业融合发展”为主题，面向全国征集创意设计作品，包括文化产品创意设计、民族工艺品创意设计以及文化创意与先进制造业、建筑业、旅游业、体育产业、特色农业、信息产业融合类创意设计作品，还邀请网易、乐视、盛大、腾讯等互联网企业创始人以及文化产业投资人组成专家组，培养互联网时代的文化科技创新人才。

二　2014年文化科技产业的现状分析

（一）电影

电影作为现代科技与艺术的综合体，随着文化科技融合的进一步加强，逐渐成为现代社会最重要的艺术生活方式。2014 年中国电影产业总产值 363.7 亿元，其中票房收入 296 亿元，非票房收入 49 亿元，海外销售收入 18.7 亿元；票房收入增长速度较快，达到 36.2%。2014 年观影人次达到 8.3 亿，比 2013 年增加 2.18 亿，同比增长 35.62%。从观影人群的年龄来看，19～40 岁观众占总观影人数的 87%，其中 19～30 岁观众超过总观影人数的 50%；从观影人群的学历来看，大学本科/专科以上学历占 80% 以上。2014 年全国院线范围内新建影院 1230 家，总影院数达到 5813 家；新增银幕数 5919 块，总银幕数达到 24317 块。① 我国电影产值、观影人数、院线银幕数都在迅猛增长，各项数据都排名世界第二位，随着电影产业文化科技的深度融合，在“互联网 +”的时代背景下将会在某些方面实现新的跨越。

① 艺恩咨询：《2014—2015 年中国电影产业研究报告》（简版），http://www.entgroup.cn/report/f/0518133.shtml。

观影人群的年轻化、知识化，以及影院的普及和科技的发展，促使电影在文化科技融合方面不断呈现新的特色。

首先，2014 年电影产业文化科技融合最大的特色，表现在网络购票及相关网络电影行为。据统计，2014 年通过手机 APP 和电脑网站订购电影票的比例达到39%[①]，其中国内最大的电影 O2O 在线平台“猫眼电影”电影票交易额超过 50 亿元，占中国总票房的 20%，这个趋势将在 2015 年继续保持高速增长。“猫眼电影”还利用在线平台参与电影营销，通过与《心花怒放》《智取威虎山 3D》《我的早更女友》等电影合作，打造“电影互联网宣发新模式”，为这些电影贡献了近半数的票房；“猫眼电影”还通过预售票、点映以及网络评论、评分方式，创造了“互联网 + 电影”的新兴营销模式。电影营销方式的变化激发了观众的观影意愿，提高了用户的购票频率和效率，创造了“渠道 + 观众 + 营销”的高效模式，通过视频营销、大数据营销、移动互联网营销等方式，优化了电影票价，拓展了电影新观众，2014 年新观众数量占总观众数的 61%；新兴营销模式也促进了中国电影的营销费用增加，2014 年营销总经费达到36 亿元，同比增长了 24%，这也将是未来几年中国电影营销模式的发展方向。

其次，电影类型与电影制作也表现出强烈的文化科技融合特色。据统计，2014 年各种电影类型中，动作片和科幻片的票房最高，分别占总票房的 24%、23.9%；其中科幻片表现最为抢眼，仅以 4% 的科幻影片数量创造了 23.9% 的票房[②]。2014 年票房前十二名电影中，有七部是科幻片，分别是《变形金刚 4：绝迹重生》（19.7 亿元）、《星际穿越》（7.5 亿元）、《X 战警：逆转未来》（7.2 亿元）、《美国队长 2：冬日战士》（7.1 亿元）、《猩球崛起：黎明之战》（7 亿元）[③]、《银河护卫队》（5.9 亿元）、《超凡蜘蛛侠 2》（5.8 亿元），这七部科幻片总票房就达到 60.2 亿元，占全年总票房的 20.3%。由此可见，美国科幻电影占据极大市场份额，观众在享受视觉冲击的同时，更希望在电影艺术中通向未来科技，了解未知世界。此外，以《澳门风云》（5.2 亿元）、《智取威虎山 3D》（4.5 亿元）和《敢死队 3》（4.5 亿元）为代表的动作片，以

---

① 艺恩咨询：《2014 年中国电影市场影响力研究报告》，中国社会科学网。

② 艺恩咨询：《2014—2015 年中国电影产业研究报告》（简版），http：//www.entgroup.cn/report/f/0518133.shtml。

③ 《2014 年度中国票房排行榜》，http：//www.cbooo.cn/year？year = 2014。

《西游记之大闹天宫》（10.4亿元）、《霍比特人：史矛革之战》（4.6亿元）为代表的魔幻片，这些影片实现高票房的原因，很大程度上在于科技元素的运用，例如动作特效、3D技术、电脑合成、非线性编辑等，满足了年轻观众对于新奇动作、奇异景观等电影艺术效果的审美需求。

再次，2014年以阿里巴巴、百度和腾讯为主体的互联网公司进入电影产业，导致电影产业发生新变化。阿里巴巴依托电商平台和独立的支付体系，通过资本运作整合文化产业资源平台，彻底改变了电影的融资、制作、发行、营销等环节；百度依托旗下的爱奇艺网站拓展电影事业，并且通过百度金融和百度钱包推出众筹计划，打造"金融+互联网+电影"的新产业模式；腾讯与华谊兄弟传媒合作，构建"粉丝+明星"的网络互动平台①。这些互联网企业通过融资、并购和合作等方式进入电影领域，贯穿了电影的投资、创作、制作、发行及后期服务等各个环节，迅速改变了电影产业格局，"互联网+电影"已经成为既定发展方向。未来电影产业将彻底改变传统的B2B模式（企业+企业），正式进入B2C模式（企业+个人），未来将实现C2C模式（个人+个人），也就是所有人可以参与电影的投资、制作、发行、宣传以及观影等环节，成为"千万人共举的电影产业"②。

由此可见，中国电影产业在"互联网+"时代背景下，走出了一条文化科技融合的特色之路。但是这条路也并非一帆风顺，与国外电影产业尚有差距：2014年美国电影中科幻片贡献了近一半票房，但是中国电影还是以爱情片、喜剧片和动作片为主，这三种类型电影的票房占了国产电影总票房的70%。因此，中国电影如何摆脱剧情、情爱、悲喜等单一的传统元素，将信息化、智能化以及未来科技等科技元素融入电影之中，将是中国电影产业的未来发展之路。

（二）动漫

动漫是在传统绘画基础上发展而来的，从漫画到动画，又在文化科技融合

① 记者倪元锦、郭宇靖、史竞男：《2014成互联网全面进军电影产业"元年"，互联网有望颠覆电影制作发行融资等环节》，新华网，http：//news.xinhuanet.com/culture/2015-04/21/c_127712835.htm，2015年4月21日。

② 张昭：《中国电影产业升级三个阶段》，http：//www.entgroup.cn/news/Markets/2323001.shtml。

的基础上发展了动画电影、电视动画片、动漫数字出版、新媒体动漫等动漫产业形态。2014 年，中国动漫产业总产值超过 1000 亿元，比 2013 年增长 14.84%。目前我国共有动漫企业 4600 家，从业人员 72 万人，年产值超过 1 亿元的大型企业有 13 家，包括奥飞动漫、华强动漫、腾讯动漫、中南卡通、炫动传播、央视动画等动漫文化企业。2014 年，我国电视动画片产量 411 部（其中完结 220 部），其中益智教育类占 52.3%，亲子类占 42.5%；国产动画电影上映 30 部，总票房 11 亿元，比 2013 年增长了 1 倍，其中票房超过 5000 万元的国产动画电影超过 7 部①。动漫产业发展如此迅猛，主要得益于在文化科技融合的基础上，发展新媒体动漫，实现动漫跨界融合。

第一，在文化科技融合的基础上发展新媒体动漫。文化部发布的《“十二五”时期国家动漫产业发展规划》明确提出推进动漫技术创新，重点培育新媒体动漫。新媒体动漫不是简单地通过新媒体展示传统动漫，而是针对现代科技对动漫的内容和形式进行重新创意与设计，通过电脑、电视、手机、电影、网络等新媒体平台，展示数字化的漫画、动画、电子书、表情、彩漫、漫宠、漫魔等，其核心在于“文化创意”和“现代信息传播技术”的融合。国家对新媒体动漫也给予较大支持，如国家新闻出版广电总局实施了 2014 年“原动力”中国原创动漫出版扶持计划，支持了图书类项目 21 个，多媒体动画类项目 10 个；再如文化部文化产业司启动了 2014 年“弘扬社会主义核心价值观动漫扶持计划”，主要探索如何通过新媒体动漫的独特创意更好地弘扬社会主义核心价值观，入选作品包括《动漫水墨·唐诗三百首》《山海奇谭》，中国戏曲经典原创动画系列产品、3D 动画电影《神笔马良》等，这些作品通过新媒体动漫创意展示中国传统文化。2014 年，中国移动手机动漫基地实现营业收入 30 亿元，付费用户达到 9800 万，手机动漫作为新媒体动漫的重要方向，甚至被人们称为动漫产业第三次浪潮式变革。第一次动漫产业发展高峰是以传统纸质出版物和传统艺术动漫电影为主，第二次是以日本和美国等动漫大国为主的电视动画片、图书、衍生产业相融合的“内容 + 商品”产业化模式，手机

---

① 王珏殷、辛晓彤、杨威：《2014 年度中国动漫产业发展概况》，原载《北方传媒研究》2014 年第 6 期，转载人民网，http://media.people.com.cn/n/2015/0313/c394672-26688504.html，2015 年 3 月 13 日。

动漫作为一种新媒体动漫，代表了数字动漫的发展方向。据市场研究机构eMarketer统计，2014年中国智能手机用户超过5.19亿，占全球的1/3，预计2018年达到7亿；据工信部中国信息通信研究院统计，2014年中国移动互联网用户8.75亿，其中手机网民超过80%，目前中国已经建立世界上最大的4G网络，用户数量暂居第二位；2015年中国4G用户将突破3亿，成为世界第一。也就是说，我们已经从科技层面上确保了手机动漫的硬件技术需求以及客户数量，未来新媒体动漫或数字动漫的着力点将放在动漫创意方面，最终实现"创意+科技"的深度融合。

第二，在文化科技融合的基础上实现动漫跨界融合。传统动漫产业已经具备跨界融合的特征，例如"动漫+玩具""动漫+服装""动漫+电影"，2014年动漫产业的跨界融合出现新的变化，例如在"动漫+电影"的基础上加上文化金融形成众筹动漫电影，还有"动漫+游戏""互联网+动漫"等都表现出新特色。2014年动漫产业中，动漫电影引起了业内高度关注，年初上映的《熊出没之夺宝熊兵》获得2.4亿元高票房；《秦时明月3D电影龙腾万里》和《龙之谷：破晓奇兵》作为专为成年观众打造的动画电影，分别获得5811万元、5730万元的票房，"全龄化"动画电影探索取得初步进展。2014年动漫电影最轰动的事件是国产首部众筹动漫电影《十万个冷笑话》上映，这是一部带有恶搞与吐槽风格的原创互联网动漫作品，最初制作成十集网络动画短片，后来在"点名时间"众筹网上筹集到100多万元拍摄基金，又通过其他渠道融资800余万元电影制作成本，2014年12月上映之后获得了1.1亿元票房，这部来自互联网的非主流动漫电影并非经典之作，但是把微投资人和众筹动漫电影等概念引入了动漫产业。另一部动漫电影《大鱼·海棠》也参与了众筹，最后筹集到158.2万元，还得到100万美元的风险投资，这些资金相对于近3000万元的拍摄成本来说，并不起决定性作用，但是在电影融资方面有一种示范效应。这两部知名的众筹动漫电影，开创了一种"互联网+动漫+电影+金融"的新兴产业模式。2015年2月，一部《阿飞向前冲》的动漫电影在20分钟之内筹集了200万元，也让我们看到了这种产业模式的前景。

（三）游戏

游戏产业是与中国网络科技发展紧密相关的，随着游戏创意的多元化和网络科技的普及化，中国游戏用户在2013年之前实现了高速增长，从2008年的6700万猛增至2013年的4.95亿。2014年中国游戏用户达到5.17亿，同比增长仅为4.6%，游戏用户渐趋平稳。2014年全年游戏市场实际销售收入达1144.8亿元，同比增长37.7%，依然保持高速增长态势。其中，客户端网络游戏市场实际销售收入608.9亿元，收入增长13.5%，市场占有率为53.191%，占有率下降了11.3个百分点；网页游戏市场实际销售收入202.7亿元，收入增长58.8%，市场占有率为17.706%，占有率上升2.3个百分点；移动游戏市场实际销售收入274.9亿元，收入增长144.6%，市场占有率为24.014%，占有率增长10.5个百分点；社交游戏市场57.8亿元，市场占有率5.045%；单机游戏市场实际销售收入0.5亿元，市场占有率仅为0.044%。①

从上述统计数据和游戏产业发展态势来看，笔者可以总结出2014年游戏产业文化科技融合创新的两大特色。

第一，电视游戏成为新市场，拓展了“互联网+电视+游戏”的文化新业态，电视游戏未来也将与PC网游、手机游戏三分天下。2014年中国游戏用户增速大幅回落，游戏用户总数量渐趋平稳，手机游戏也历经高速增长期，手机游戏和PC网游的市场份额渐趋稳定。2014年1月，国务院发布在上海自贸区对游戏主机解禁的通知，重新激活了电视游戏产业。目前，互联网电视和电视盒子的用户已经超过1亿，使用互联网电视和电视盒子玩游戏的用户超过千万，互联网电视和电视盒子的普及率以及电视游戏的增长率正在迅速提高。另外，使用游戏主机用户有4000多万，虽然其普及率和增长率低于互联网电视和电视盒子，但是他们的总量正在迅速增加，国内外互联网企业和游戏开发商均对此领域表现出了极大的兴趣，微软、索尼和任天堂三大游戏主机生产商正在加速进入中国游戏市场；② 国内诸如小米电视、乐视超级电视、爱奇艺TCL电视等互联网电视，倒逼传统电视企业开发智能电视，为互联网电视游戏提供了硬件基础。百度、阿里巴巴、腾讯、京东、乐视、爱奇艺等互联网企业利用各自在互联网领域的独特优势，在电视硬件的基础上开

① 中国音数协游戏工委、CNG中新游戏研究（伽马数据）、国际数据公司（IDC）联合主编《2014年中国游戏产业报告》（摘要版），中国书籍出版社，2014，第14~16页。

② 中国互联网络信息中心：《中国互联网络发展状况统计报告（2014）》，第111页。

发出互联网电视游戏的新兴产业模式，将极大地拓展电视游戏市场，未来可能在游戏产业链中占据更大的市场份额。

第二，文化创意版权与信息技术更新给游戏产业带来新的发展机遇。2014年，游戏 IP 和 4G 移动网络牌照成为推动游戏产业发展的重要事件。IP（intellectual property）是指知识产权，也称为智力成果权，对于游戏而言，IP 就是保护游戏知识产权、保护原创者和游戏开发商权益的重要方式。2014 年腾讯转让一款漫画的游戏版权达到 5000 万元，盛大文学举办了国内首个网络文学作品游戏版权拍卖会，手游改编权最高拍价达到 810 万元，这些都为游戏产业重视文化创意、保护知识产权树立了行业标杆。因此，游戏行业认为 2014 年中国游戏正式进入版权运营时代。4G 移动网络牌照是无线通信与国际互联网等多媒体通信结合的第 4 代移动通信技术的业务经营许可权。2013 年 12 月工业和信息化部向中国移动、中国电信和中国联通等国内三大运营商发放 4G 牌照，2014 年三大运营商正式开通运营 4G 移动网络。这是一种能够传输高质量视频图像的信息技术，而且具有上网速度快、延时短、价格低等特点，各大手机制造商也适时推出 4G 智能手机，在硬件和技术上推动了手机游戏的发展。因此，2014 年手机游戏市场占有率首次超越网页游戏，与客户端游戏市场占有率不断下降的格局形成鲜明对比。由此可见，游戏 IP 和 4G 移动网络牌照分别代表了文化创意版权和信息技术更新，是游戏产业文化科技融合创新的里程碑事件。

（四）广播电视与网络视听

广播电视是在科技基础上诞生的文化产业，随着技术更新与文化传播方式的演变，广播电视产业加强了文化科技融合，在卫星电视、网络视频、新媒体等方面均呈现出新的发展态势。截至 2014 年 12 月，全国卫星户户通用户超过 1900 万，广播人口综合覆盖率 98.08%，电视人口综合覆盖率 98.72%；全国有线数字电视用户接近 1.9 亿，双向网络用户超过 1.08 亿，全国数字机顶盒普及率 70%①；全国广播电视行业总收入预计达到 4226.27 亿元，相比较 2013 年的 3734 亿元，增长 13.16%；网络视听产业约为 378.4 亿元，同比增长

① 王彩屏：《2014 年中国广电行业发展报告》，慧聪广电网，http://info.broadcast.hc360.com/2015/05/050844629191.shtml?from=timeline&isappinstalled=0，2015 年 5 月 5 日。

48.8%，全国共有604家机构开办互联网视听节目服务。①

截至2014年12月，中国网络视频用户达到4.33亿，比2013年增加478万，用户使用率达到66.7%。从网络视频终端使用设备来看，手机使用率达到71.9%，呈逐年上升趋势；台式电脑、笔记本电脑使用率71.2%，呈逐年下降趋势。② 从网络视频收看时长来看，在台式电脑、笔记本电脑上的收看时间最长，平板电脑其次，手机收看网络视频的时长最短。通过电视收看网络视频，主要是通过智能电视收看和通过网络机顶盒收看。2014年视频网站的用户渗透前十名分别为优酷网、爱奇艺、腾讯视频、百度视频、土豆网、搜狐视频、乐视网、PPS影音、PPTV网络电视、迅雷看看。

从上述广播电视覆盖率和网络视频发展态势来看，2014年广电行业在媒体融合、广电网络重组、智能电视操作系统以及网络视频等文化科技融合方面呈现出两大特色。

第一，通过传统媒体与新兴媒体融合，重组广播电视网络体系。2014年8月，中央全面深化改革领导小组第四次会议审议通过了《关于推动传统媒体与新兴媒体融合发展的指导意见》，要求顺应互联网传播移动化、社交化、视频化的趋势，利用大数据、云计算推进新闻生产，利用移动互联技术打造新媒体，利用微博微信等互联社交技术平台拓宽社会化传播渠道。在此背景下，各省市均启动了广播电视网络体系的重组工作：北京于2014年1月成立北京网络广播电视台，推出“BTV大媒体”移动客户端，通过互联网和移动互联网打造新媒体平台，实现PC端、手机端和电视端多屏互动；广东于2014年4月成立广东广播电视台，重组成为集广播、电视、网络、新媒体等业务为一体的综合传媒机构，并于同年10月推出“荔枝台”移动客户端；湖南于2014年11月成立湖南广播影视集团，重点打造互联网视频平台“芒果tv”，建设“独播、跨屏、自制的新媒体视听综合传播服务平台”；2014年12月，中央电视台与中国移动签署战略协议，共同建设国家4G视频传播中心。至此，“央视新闻”新媒体总用户达到1亿，其中客户端订阅数达到5215万，新浪微博

① 史竞男、许雨婷：《广电蓝皮书：去年中国广电行业总收入达4226亿元》，新华网，http：//news.xinhuanet.com/politics/2015－07/08/c_1115861284.htm，2015年7月8日。

② 中国互联网络信息中心：《中国互联网络发展状况统计报告（2014）》，第87～94页。

粉丝达到4655万，微信公众号订户达到234万。① 由此可见，广播电视产业不再固守传统传播方式，积极融合“互联网+”时代，利用互联网整合各种新媒体、自媒体及全媒体所包含的所有元素，使“内容”和“方式”在文化科技融合背景下发挥出最大的信息价值。

第二，加快应用智能电视操作系统建设，通过PC、手机、平板、电视等多屏一体化打造“平台+内容+终端”的网络视频模式，最终实现三网融合。2014年6月，国家新闻出版广电总局发布了《关于大力开展智能电视操作系统TVOS1.0规模应用试验、加快推动广播电视终端标准化智能化的通知》，同时还发布《关于加快推动下一代广播电视网标准应用的通知》，主要推动智能电视操作系统（TVOS）和中国下一代广播电视网（NGB）的建设。智能电视操作系统是一种开放的电视网络体系，以虚拟机机制兼容智能操作系统，融合了广播网和互联网，建构了新兴智能电视网络，促进广播电视数字化、网络化、智能化发展，最终导向三网融合。下一代广播电视网首先需要制定标准，因而颁布了视频点播、可下载条件接收、终端中间件和宽带接入等技术标准与规范，从技术上保证了三网融合的可能性。2014年，中国广播电视网络有限公司成立，着力建设全国有线电视互联互通平台及其专业运营系统，着力推进三网融合试点工作，最终实现跨屏跨域跨网的融合目标。与此同时，2014年网络视频发展迅猛，移动网络视频尤其抢眼，视频网站渗透率进一步提高，如何在三网融合背景下实现网络视频的纵深发展，强化宽带通信网、数字电视网、下一代互联网三者之间的融合，真正实现互联互通，通过PC、手机、平板、电视等多屏一体化，通信网、电视网、互联网等三网一体化，全方位地为用户提供语音、信息、视频等多元化服务，这将是未来广播电视与网络视听发展的方向。

（五）数字出版

数字出版既是传统文化产业通过文化科技融合升级而来的产业，也是在数字信息技术基础上发展起来的文化新业态。2014年中国数字出版产业总收入

① 王彩屏：《2014年中国广电行业发展报告》，慧聪广电网，http：//info.broadcast.hc360.com/2015/05/050844629191.shtml？from=timeline&isappinstalled=0，2015年5月5日。

达到3387.7亿元，与2013年相比增长33.36%。[1] 2014年12月底，网易云阅读发布《2014年移动阅读报告》，报告显示中国全年电子总阅读量超过14亿册，移动阅读人数达到2.42亿，年龄层次超过六成集中在19~30岁[2]；掌阅iReader发布了《2014年中国移动阅读分析报告》，作为国内较大的手机阅读品牌，掌阅为3.5亿用户提供了数字内容，拥有各类图书数字版权达到35万册，2014年发行图书10亿册[3]。

从上述数字出版产业各种数据及移动阅读发展态势来看，互联网的介入，改变了数字出版产业格局，在产品形态、阅读方式、营销模式等方面都呈现出新特色。

第一，互联网推动数字阅读和数字出版同步发展。网络阅读包括移动网络阅读和PC网络阅读。PC网络阅读主要依靠台式电脑和笔记本电脑实现阅读，这种在线阅读模式平稳发展。近年来，移动网络阅读迅猛发展，截至2014年底，中国手机移动网络用户5.5亿，其中手机App下载量中阅读类App下载居第二位，手机阅读产业前景广阔；此外还有手持阅读器、平板电脑等移动终端阅读也大幅增长，这种数字阅读的消费市场也给数字出版产业带来了巨大的发展机遇。2014年5月，中国出版集团与中国移动在中国移动手机阅读基地签署战略合作协议，双方将在出版内容创新、阅读模式探索等方面进行深度合作，形成通过移动终端直接将出版内容推广到读者的B2C模式（企业+个人），但是这也并非是网络阅读的终点。未来网络阅读将倒逼数字出版发展，促使手机、台式电脑、笔记本电脑、平板电脑以及各种手持阅读器等成为大众化阅读的终端，促使PDF、CAj、掌阅iReader、当当读书、百度阅读、豆瓣阅读等成为大众阅读的软件服务平台，促使起点中文网、小说阅读网、百度阅读网、超星阅读网成为大众创作和阅读数字内容的网络载体，最终打造C2C模式（个人+个人），通过互联网进入全民参与的创作与阅读时代。

---

① 邓杨：《〈2014—2015中国数字出版产业年度报告〉出版发行》，中国出版网，http://www.chuban.cc/yw/201507/t20150724_168778.html，2015年7月24日。

② 陈静：《〈2014年移动阅读报告〉发布》，《经济日报》2014年12月30日，http://paper.ce.cn/jjrb/html/2014-12/30/content_226610.htm。

③《掌阅iReader发布〈2014年中国移动阅读分析报告〉》，新华网，2014年12月31日，http://news.xinhuanet.com/info/2014-12/31/c_133889622.htm。

第二，数字出版的产品形态和营销模式呈现多样化格局。2014 年 4 月，国家新闻出版广电总局与财政部联合发布《关于推动新闻出版业数字化转型升级的指导意见》，要求传统新闻出版业开展数字化转型升级，强调提升数字化转型升级技术装备水平，支持企业采购数字出版设备及软件系统，以及用于出版业务升级改造、出版产品生产的软件及系统。2014 年 11 月，商务印书馆与数字出版巨头亚马逊达成"纸电同步"战略合作，商务标志性品牌"汉译世界学术名著丛书"将在 Kindle 电子书上线精选版本。数字出版的产品形态，不仅包括电子图书、数字报刊、网游动漫等传统互联网数字产品，还包括通过手机、平板电脑、手持阅读器等移动终端阅读的数字产品，2014 年手机出版产品、网络游戏、互联网广告等三项产出占数字出版产业的 90% 以上。此外，传统出版企业逐渐实现数字化转型，数字出版业务比例提高，新兴数字出版逐渐成熟，如起点中文网、超星数字图书馆、中国期刊网、百度云盘、电子书包等，形成多元化的营销模式。由此可见，这些产品形态和营销模式都与互联网紧密相关，未来数字出版产业将与互联网实现深度融合，拓展更为广阔的产业空间。

三 "互联网+"时代文化科技融合的未来发展路径

文化科技产业的跨界融合战略，核心在于做好三个"+"，即"互联网+""文化+""科技+"，分别探索传播模式、融合模式和创新模式。这三个"+"并非简单加法，必须在数学加法之后产生化学结晶，形成文化产业新业态；这些模式也是不断发展变化、更新换代的，需要我们在探索模式的过程中总结跨界融合经验，拓展文化科技产业的未来发展路径。

（一）以"互联网+"为平台，探索文化信息传播新模式

随着文化科技产业的纵深发展，我们必须转变互联网思维：以前是"+互联网"，以某个文化科技行业为主体，以互联网为工具，互联网仅仅发挥工具作用；以后将是"互联网+"，以互联网为主体，带动相关文化科技产业发展，并且在此基础上催生新兴业态。"互联网+"既是一场深刻的科技革命，也是一场颠覆性的产业革命，我们必须在三个方面予以高度重视：一是科技产品，以互联网为平台吸引创意、科技、管理、营销等多方面的人才，组建人才

网络，形成创客团体，共同打造具有文化创意和市场前景的科技产品；二是文化内容，以互联网为载体打造新型文化内容产业，形成生产、传播、消费都集中于互联网的文化产业新兴业态；三是互联网服务，建立社交、游戏、视听、数字出版等互联网平台，促进影视、动漫、游戏等相关文化产业发展。

（二）以“文化+”为核心，探索文化科技融合新模式

文化是文化科技产业的核心，“文化+”就是探索文化科技融合的多种可能性。我们可以通过“游戏创意+信息科技+互联网金融”成就新兴游戏产业，也可以通过“电影科技+动漫设计+在线众筹”发展动漫电影产业，还可以通过“数字视频+信息技术+三网融合”拓展数字视听产业，这些加法的核心在于“融合”。融合的三大要素是创意、技术和文化：创意是起点，只有在具有创造力的理念的推动下，文化产业才会寻求与科技、产业的融合；技术是保障，只有在制造技术、信息技术等技术条件充足的前提下，才能把创意变成现实；文化是内核，不论是远古的“观乎人文，以化成天下”，还是当代的“以人化文、以文化人”，都表明了文化的终极使命，文化科技融合最终回到了以人为本。因此，我们探索文化科技融合的模式，必须着眼于创意、技术和文化，产业化的最终目的还是满足人们的文化需求。

（三）以“科技+”为驱动，探索文化科技创新新模式

科技是核心驱动力，如何通过科技革命推动产业革命，引领21世纪全球文化科技产业发展，这是各国都在探索的问题。德国提出“工业4.0”，美国先后提出了“再工业化战略计划”和“先进制造业国家战略计划”，美国通用电气提出工业互联网；美国两度发布《创新战略》，英国发布了《技术蓝图》报告，俄罗斯发布了《俄罗斯联邦2020年创新发展战略》。

在此背景下，中国提出“中国制造2025”计划和创新型国家建设目标，其核心就在于科技创新。就文化科技产业而言，数字化、网络化和智能化是未来文化科技创新的三大任务；如何利用数字技术、大数据、云计算等方式实现文化科技产业的数字化，如何利用互联网、移动互联网、物联网等方式实现文化科技产业的网络化，如何通过个性订制、体验服务、智能服务等方式实现文化科技产业的智能化，这是未来文化科技产业发展的重要路径。

理论前沿篇

BLUE BOOK

Theoretical Frontiers

B.2

集成创新：文化产业与科技融合本质

李炎　胡洪斌*

摘　要：文化产业发展与科技进步相辅相成。工业化带来的复制技术，为内容的复制和规模化生产提供了技术支撑，实现了传统工业化与文化生产的相互融合。以“数字化”与“网络化”为代表的现代科技解构了复制技术与文化生产简单对应方式，实现了内容载体、传播、接受与再创新的全方位融合，打破了创造、内容复制、接受与消费在空间与时间上的分离状态，实现了文化生产、传播与接受、消费的时空统一，产生了新型的依托数字化和网络化的文化服务平台。当下文化产业与科技的融合实质是人类在数字化和网络化时

* 李炎，云南大学文化产业研究院院长、云南大学国家文化产业研究中心常务副主任，博士，教授；主要研究方向为文化产业理论与实践、跨文化研究、中国少数民族艺术；胡洪斌，云南大学文化产业研究院信息研究中心主任，博士，副教授；主要研究方向为文化产业理论与实践、产业经济学。

代，现代科技与文化、经济集成的创新方式。理解现代科技与文化的融合创新，不能局限于现代科技的具体表征和新型文化业态的特点，需要从内容生产、内容载体、内容传播与内容消费的角度进行系统性动态审视。

关键词： 集成创新 文化产业 科技 融合

在文化产业的发展历程中，科技作为重要的助推因素，对文化生产、文化传播和文化产业的发展起到了至关重要的作用。在文化产业与科技融合的进程中，科技创新不断推动了文化生产、文化传播效率的提升，对内容生产方式、传播方式、消费方式和商业模式等方面产生重大影响。农耕文明时代，受制于生产力与科技水平，人类的文化活动是与传统的生产、生活融为一体的。文化生产、传播与接受整个过程贯穿于人的生产、生活与交往之中，文化的生产、传播和接受始终以人为主体，人既是文化的生产者、文化的传播者，也是文化的接受者（消费者）。文化生产、文化传播与文化消费具有明显的在场性、地域性和族群性特征，三者通过在地性与在场性实现了相对统一。文化生产与文化传播、文化接受（消费）之间的关系相对单一，呈现出生产与传播的同一性、生产与消费同时性、生产与消费的地域性和时限性等特征。工业革命带来的机械复制，打破了传统农耕文明时期文化生产、文化传播与文化消费的地域性、族群性和社会化小规模的生产、传播和消费的方式。文化产品生产在全球市场一体化作用下，实现了“参照工业化标准，大规模复制、储存与分配”。

20 世纪后半叶，以数字化和网络化为特征的现代科技与文化不断融合，文化生产、传播与消费呈现出载体性集成、渠道性集成和平台性集成的动态组织方式，通过集成创新，文化生产要素、传播方式、消费方式、商业模式和管理模式等实现了前所未有的资源配置和优化，文化生产、传播与消费打破了工业时期规模化、实体性复制、生产和储存、分配的方式，实现了文化生产的效益倍增、传播效率提升与消费空间拓展。随着生产力的发展与科技的进步，文化生产与文化传播的共性技术集成水平决定了文化生产的效率和规模，推动了相应生产与消费方式的变化。科技与文化的融合极大提升了以内容为主体的文化产品生产、储存、分配与接受的效率，不断促进以内容生产为主体的文化产业的规模化。就这一审视角度而言，文化与科技融合创新的本质就是数字化和网络化时代人类文化生产组织方式的集成创新。正是这种以数字和网络技术的集成创新使文化产业在内容生产、内容载体、传播渠道和服务平台等方面发生深刻变化，深刻影响了当代的文化生产。

一　载体创新：内容与内容载体走向分离

载体性集成即是通过技术手段创造文化内容承载的物质形式，使文化内容在载体上得以充分呈现，在此基础上，通过技术手段对载体的生产效率进行提升，最终推动文化产品以物质载体的形式呈现出批量化生产。载体性集成是集成创新的初始阶段，在这一阶段，文化产业与科技的融合主要体现在通过技术提升载体的生产效率而达到规模化、标准化的生产，它主要包括两种标志性的技术：复制技术和模拟技术，也就是从工业革命到第二次科技革命中的电信技术发展阶段。

进入工业革命阶段，生产工具得到全面改进和提升，以农业和手工业为主的生产方式开始向以利用能源技术和机器技术的制造业为主的生产方式转化，大机器生产成为主导。大机器带来的速度和效率主导了生产与生活的节奏。能源成为动力之源，大规模机械化和标准化生产使生产率得以大幅度提高，标准化规模化的复制生产技术在文化产业领域得以应用。大规模复制生产代替了手工劳动，技术手段提升了产品的生产效率，文化生产呈现规模化和产业化的发展状态和趋势。以内容为主体的文化产品生产在规模化的复制技术作用下，内容通过载体得以呈现，转化成为具体的文化产品。以艺术品为例，复制技术通过纸质文本集成了具有较高膜拜价值和收藏价值的画作，通过规模化的复制和商业渠道进行储存、分配和销售。这种生产过程的本质是高载体的复制和批量化生产，以实现规模经济效应。法兰克福学派对这种复制化的生产技术和方式进行了批判，瓦尔特·本雅明认为复制技术催生的艺术复制品使艺术的原始光韵——“在一定距离之外但感觉上如此贴近之物的独一无二的显现”[①] ——消

① 瓦尔特·本雅明：《机械复制时代的艺术作品》，王才勇译，中国城市出版社，2002，第13页。

失殆尽，“现代大众具有使物更易接近的强烈愿望，就像他们具有通过对每件实物的复制品以克服其独一无二性的强烈倾向一样。这种通过占有一个对象的酷似物、摹本或占有它的复制品来占有这个对象的愿望与日俱增”。①

机械复制推动了大量暂时性和可复制性的文化产品的生产，在削减原生艺术品的光韵的过程中，文化产品的价值进行了相应的转化。复制技术使艺术品的膜拜价值转化成为文化产品普遍的展示价值，并放大和拓展了艺术品的消费和经济价值。大众通过复制技术更容易接触和消费艺术家的“摹本性艺术品”，这种易得性在削减了艺术品的膜拜价值的同时，也强化了文化产品展示和审美消费。虽然复制技术和复制品受到法兰克福学派的批判，但是正是这种复制技术催生了大众文化，使精英文化的内容以技术手段被大众接受和欣赏，也为大众消费的产生创造了必要条件。文化产品通过复制技术，实现大批量标准化的生产，使得大量文化产品流入市场。技术手段的应用降低了流通中的运输成本，拓展了传播的范围，文化接受与消费突破了地域和时间的限制，为文化生产与消费的时间与空间解构提供了技术支撑。以出版社、报纸出版社、广播电台、杂志社、印刷企业、音像制品生产线为主体集成了以内容和规模化复制生产的文化载体，并与其覆盖全球的传统商贸流通服务体系，包括实体书店、音像店、发行网和遍布社区的各种层次的站点、图书店、报亭、音像服务亭，共同形成了以内容为主体的文化生产、储存和分配的产业生产组织体系，从而形成了机械复制时代科技与文化融合发展，推动文化工业发展的创新性集成。

模拟技术建立在机械复制的基础上，内容与载体之间的同一关系不再那么稳定。在内容生产者创作基础上，专业的运营商对文化内容产品进行策划、推广和营销。例如音乐作品的生产是由原创者根据自己的意愿独立进行创作，创作者再将原创作品交给音乐公司进行相应的策划、营销。专业化的公司既保证了内容以最好的途径传播和呈现给消费者，获得市场的认同，同时也保证了创作者能集中精力进行作品的生产，最终以专业化分工的优势实现资源的最优配置。以视听为主体的文学艺术产品可以通过模拟信号进行传播，文化产品的内

① 瓦尔特·本雅明：《机械复制时代的艺术作品》，王才勇译，中国城市出版社，2002，第13页。

容与内容载体的分离具有了技术上的可能。传统载体的作用和价值开始发生消解，能够与渠道“接入”对应的内容接收“终端”开始出现。无线广播通过模拟信号传输，可以使大众在任意可以接收信号的地点使用收音机、电视机。这在一定程度上削弱了传统内容载体的作用，传播的效率进一步提升。文化产品的生产、传播和接收过程中渠道集成作用开始凸显。以模拟信号的集成、发送和接收形成了与机械复制集成有一定差异的文化流动、产品形态、资本流动、生产组织方式和新的商业模式。电台、电视台成为内容产品生产、制作、传播和接受的中心，收音机、电视机等终端与磁带、录像带、CD、DVD 等内容的载体成为其主要的文化产品。模拟技术一定程度上导致了内容与内容载体的分离，创新了文化传播的渠道和内容产业生产组织方式。借助内容渠道与终端获得更多的内容消费，机械复制时代相对单一、被动的内容消费方式开始转向多元、主动的可选择性消费。以视听为主要形式的内容消费不再受制于特定的时空，文化消费进入了家庭和移动终端时代。家庭影院、车载收音、视频等成为大众文化消费的重要表现形式。

随着数字技术与网络技术的发展，以“二进制”共性技术为主体的集成技术全面融入现代生产、生活领域，也促进了以内容为主体的大众文化产品生产、传播和接受（消费）的集成创新。数字和网络技术消解了机械复制和模拟信号时代文化生产的物质性载体，通过对内容产品的数字化处理，以二进制标准编译的内容可以在全球广泛接收和认同的网络渠道中进行任意的无界传送和接收。内容与终端之间的单一对应性被打破，内容可以借助数字和网络技术实现在不同的终端的集成和随意的展示，不同的终端在接收其他终端的数字内容时，还可进行不断的复制、创新，再传播。内容消费不再是机械复制时代的载体性文化产品的批量化复制、分配和流通，也不仅仅是电视台和广播电台单向度的信号发送和接收，文化产品的生产、传播和接受，再创和再传播，像核聚变和裂变一样，形成了“消费内容”的核爆炸。“可接入性”成为内容生产与消费的瓶颈，以内容为主体的大众文化消费突破了物质性载体的束缚，内容与内容载体从这个意义上实现了完全的分离。尽管今天在一定程度上，内容的数字化处理和网络传播速度，包括内容的移动终端还不能完全满足不同时间和空间的消费，但就是在这样的技术环境下，磁带、录音带、DVD 和 CD 以及在社区中曾经到处可见的音像店等已经逐渐淡出都市人的文化生活。对于年轻的消费群体而言，智能手机和电脑已成为文化消费的中心。

二 渠道创新：内容生产与内容消费走向统一

数字化和网络化形成的渠道性集成是从以载体生产效率提升、规模化生产为重心转移到内容传播渠道的创新发展。数字化和网络技术消解了对文化产品生产载体的依赖，使得建立在技术集成基础上的“渠道”融合了内容生产、内容传播和内容消费，加强了内容生产者和传播者、消费者对“渠道”的依赖，从而带动相应的文化消费的生产、管理、服务和商业模式整体性的变革。渠道——成为数字网络技术时代集成创新的中心，并导致了文化消费在时间和空间上的一系列质的变化，文化生产、文化传播和文化消费不再受制于时间和空间。

内容生产的数字化促成了非载体性的内容生产、传播和接受，使更多的创作者不再受体制、精英艺术圈子和文化生产、传播中心，如杂志社、出版社、广播电视机构等的束缚。内容生产没有了门槛，数字和网络形成的渠道集成，为每一位文化生产者和消费者提供了在任何时间和任何地点自由创作、传播、接受和消费的平等机会，以及无限的空间。每位个体可便捷地通过渠道集成进入渠道搭建的数字空间，不断生产、传播和接受展示内容。为应对数字和网络时代的竞争，出版、报刊和广播影视也不得不放下架子，顺应数字、网络时代的渠道集成，尊重市场需求，将机械复制时代和模拟信号时代的文化产品转化为数字产品，借助新的渠道集成，传播和发行其文化产品。形成传统的内容产品生产、复制与数字出版的叠加，并逐渐向数字出版转化，通过数字化技术和渠道集成，参与数字和网络文化消费空间的竞争。

“二进制”是数字技术时代的新技术标准，在内容产品生产、传播和接受普遍运用上，为以内容为主体的文化产品的传播、接受以及商业性的流通提供了技术集成基础。借助数字和网络的渠道集成，商业、旅游、文化、娱乐和教育等各种信息实现了集合，海量的信息丰富了文化传播的内容。海量信息的出现不仅没有增加产品的运输成本，反而使文化产品的传播和流通成本接近于零，较之前依赖复制技术以载体形式进行传播和流通的成本大幅度降低。相对于实体物流环节，数字时代的文化产品传播运输不再受制于时间、空间，其时间成本和生产、传播成本甚至可以忽略不计。时间和空间的消解，促进了文化传播成本的降低，文化产品信息通过数字化的传播渠道更容易走近大众消费群体，进而促进文化消费的增长，并循环带动文化内容的生产。

数字化的传播方式打破了时空限制，受众可以选择在任意的时间和地点对文化产品进行消费。大众文化消费的碎片化特性凸显，文化消费的时间和空间被解构。通过互联网渠道，用户还可实现线上线下的消费，消费内容和消费方式呈现多元化，文化产品实现了消费的多级性、多形式和反复消费。通过数字化的渠道实现生产、传播、接受和支付等多种功能，实现了生产、流通和商业功能的多元聚合。渠道性集成将前工业化和工业化时代的文化消费从被动接受转变为主动性地选择、再传播、再生产、再接受的同时还可参与到内容的再生产过程，以 UGC 的形式创作和传播内容。很多原创文学作品的内容设计就是在充分吸收消费者意见的基础上创作出来的。有的甚至是由消费者直接参与到创作的过程中，由原创者和消费者共同完成对作品的创作。海量信息和产品的出现使消费者的注意力成为一种稀缺资源，正如迈克尔·高尔德哈伯所言“在信息社会，信息不是稀缺的，稀缺的是注意力，正是由于它的稀缺性，注意力才可以转化为财富”。加注针对注意力的影响，麦克卢汉以传媒产业为例做了说明，“传媒经济中传媒售卖的是注意力资源，电视台实际上是不动声色地‘租用’我们的眼睛和耳朵做生意，为了尽可能‘租用’到更多的眼耳，电视台以免费观看做‘诱饵’”。在数字技术的时代，技术的革新带来了海量的信息，信息呈现爆炸式的增长，相应的文化产品的数量也呈现高速增长的态势。消费者的注意力和关注时间是有限的，人们只能在有限的时间内关注一些根据自己价值判断有意义的事件，这促使了注意力经济的兴起。消费者的注意力作为一种稀缺资源，受到各方的关注和争取，在注意力经济的影响下，相应的商业模式随之发生改变。受众的眼球成为众商家争夺和售卖的资源，受众也由以往的付费方转变为免费消费产品的一方，付费由第三方广告商等主体来承担，改变了“谁消费谁付费”的模式。这种商业模式是随着互联网发展而产生的，充分迎合了消费者多样化的需求，最大化地获取消费者的注意力，从而不断提升渠道传播的价值，形成品牌效应，最终通过出卖受众的时间和渠道的品牌效应来获取相应的经济价值。

当然，机械复制时代下参照工业标准，大规模复制、生产、储存和分配文化产品，以及模拟信号时代中文化生产、传播和接受的大众文化生产组织方式并不会随着数字和网络技术时代的到来而彻底消失。大众文化消费的渠道是多层级、多样化的。前工业时代的人类创作的丰富厚重的历史文化、民族文化和生态文化，今天也以不同形式融合进旅游产业、文化体验、文化产品规模化复制和数字时代的文化产品生产体系之中。但数字和网络时代文化产品生产、传播和接受的渠道创新将是未来文化创意产业发展的方向，应该引起足够的重视。

三　平台创新：精确供给与有效需求实现对接

平台性集成是基于数字化和网络化技术，通过对内容生产、内容传播和内容消费方式中共性技术的高度集成，实现集海量内容展示、有效内容搜索、精确内容推送、海量生产者与海量消费者互动、交易安全、电子商务等为一体的多元服务功能综合体。平台本身并不生产内容，但可以有效促成内容生产和消费的双方或多方供求之间的交易，为内容生产和消费中实时性与记忆性的共存、碎片化与整体性的共融、个体性与群体化的共生提供平台，实现文化经济中“现实社会”与“虚拟社区”的无缝对接，导致生产方式、消费方式、商业模式等一系列的模式创新。

在内容生产方面，平台性集成把内容传播渠道和内容消费统一起来。内容只需接入到平台，就可以有效地把文化产品中非生产性的边际成本趋向于零，从而加大内容对平台的依赖性，呈现出“平台为王”的发展特性。随着平台集成度的不断提高，“溢出效应”会不断增大，其服务的公共性越来越明显，小众化的内容生产也能够找到足够多的内容接受者。同时，内容接入的“PB”① 级增长，使得能够引起有效需求的内容成为稀缺性商品，内容本身的价值又会不断地凸显。“平台为王”的背后也就暗含了“内容为王”的存在性。以微信为例，微信是一个集即时通信功能、社交功能、支付功能、游戏功能、电子商务功能等为一体的综合的移动应用平台，具有社交属性、管道属

---

① 计算机计量单位：1PB＝1024TB，1TB＝1024GB，1GB＝1024MB，1MB＝1024KB，1KB＝1024B。

性、自媒体属性。2013年，微信用户已经突破6亿[1]。如果每人每天对微信的“有效关注”为1小时，那么1个月内微信用户的“注意力”将会达到180亿小时，这远远超过一般媒体的在注意力要素上的生产力。微信通过公众号和订阅号功能的创新，一方面能够连接用户（消费者）与生产者，使之形成有效互动，不仅实现信息反馈，还能够在一定程度上实现“大规模定制化”[2]；另一方面，商家所推送的商品和服务的信息由于是消费者的自主选择，就较有可能赢得消费者的货币选票。生产和消费之间创新了一种更为人性化、更为精确的潜移默化式的无障碍商业模式，平台性集成也为内容的生产带来了无限的市场空间和机遇。

技术集成在消解由消费过程引致的时空成本的基础上，不断模拟、复制、再造人们在现实消费中的习惯，广泛提供“先试用（看）再购买”的用户体验方式，极大地满足了多样性、差异化、定制化的内容需求，不断刺激大众的文化消费的兴奋点，也为内容生产提供了较为可观的长尾利润空间。随着内容传播方式的改变，人们在消费过程中的参与性得到提升，逐步完成消费生产者到生产消费者的转化。“自媒体”“三网融合”等把文化产品的生产和消费融为一体，生产与消费的界限逐步被打破，文化产品的消费者，同时也是生产者。内容（或信息）越来越掌控在受众手里。平台对多种媒介的融合将在一个前所未有的高度影响人们认知世界的方式和行为，导致在感知、思考与行为过程之中，引入了新的“尺度”、新的“速度”和新的“模式”。正如学者们概括的，“一种新媒介的长处，将导致一种新文明的产生”,[3] 平台性集成对多种媒介的新组合，已经带动内容消费的多元化发展，导致了多种内容生产方式的并存，当下纸媒阅读习惯与电子阅读习惯的共存推动了传统出版业与数字出版业的并行。电影院线与网络视频的共生、公司制作与网络自制的共赢、免费消费与付费消费的共存、线上与线下的统一都在彰显着内容生产与内容消费互为前提，螺旋式互动发展。

由于在生产环节和内容在数字和网络支撑的平台上实现了成本的消解。以

---

① 参见中文国际《台媒：竞争对手缺乏促使微信用户数量猛增》，http：//www. chinadaily. com. cn/hqgj/jryw/2014 -05 -26/content_ 11744022. html。

② 克里斯·安德森：《长尾理论》，乔江涛、石晓燕译，中信出版社，2009，第50页。

③ 伊尼斯：《传播的偏向》，何道宽译，中国人民大学出版社，2003，第72页。

用户为中心的理念催生了文化生产、传播和接受的大众性创造、民主性消费方式。新的平台为数字和网络时代的“二八法则”提供了支撑，即内容为主体的文化产业不仅需要把精力集中于20%的付费群体，更需要关注80%的免费用户。新的商业模式（依靠用户创造内容，用户的规模决定文化企业盈利能力）成为现代科技与文化产业融合发展的关键。文化产品在其发展进程中，其平台创新更要关注的是其平台企业、消费者、内容生产商、广告商等多方共赢。良好的用户体验成为消费者实现其效用最大化的主要方式，准确把握用户习惯、挖掘用户需求、精准的产品推动等，是内容生产商和广告商实现盈利的重要手段。集聚大量信息，充分挖掘用户行为数据，是平台企业获得付费群体的关键要素。围绕多边主体商业模式的设计越来越呈现出多样化的发展趋势，数字和网络时代文化产业的平台创新，带来的是其商业模式和服务方式的多样化，促进产品生产、业态和产业结构的重组，以及促进产业发展政策的改进和新的产业发展环境的营造。

四　集成创新环境下文化产业发展思考

在载体、渠道和平台层面的集成创新不断消解和打破内容生产的边际成本和时空边界，实现内容生产与内容消费的统一。在推动现实与虚拟无缝对接的同时，也在复制、包容和创新人们的文化经济行为。相反的，人们文化经济行为的变革又会带动新一轮的集成创新。我国文化产业的发展，尤其是以内容生产与服务为核心的现代文化产业的发展，在现代科技与文化的融合推动下将会呈现出以下几个方面的发展特征和态势。

第一，在生产方式上，集成创新不断影响和改变了传统工业社会中的经济学逻辑。以有形物质资料生产为起点的工业社会是以稀缺性为前提，而在数字技术集成下互联网社会却是以无形的“比特”为基础，稀缺经济让位于富足经济（the economics of abundance）。互联网三大基础要件——带宽、存储、服务器都将无限指向免费，垄断生产、销售以及传播将不再可能。平台性集成可以不断降低内容生产的成本，同时也越来越凸显个人创意的重要性。个人可以作为创客（maker）成为生产的主体，传统的制造业开始承担为个体服务的功能，众多的创意个体能够与现代化大机器生产实现无缝对接。以往专属于大公司和专业人士的制造业完全能够向所有人开放，任何人可以通过数字制造软件将设计传给商业制造服务商，以任何数量规模制造所设计的产品，从创意到创业的距离被大大缩短，大机器生产第一次能够与家庭个人生产完全统一起来。[①] 此外，创意是唯一不能被技术标准化的环节，相应的也就处在文化经济发展的核心位置。基于数字化和互联网技术的文化内容集成平台，将文化经济的核心要素——作为创意载体的人，集聚在一个新的空间。不管对于消费者和创作者来说，人人都有创造力，以及发挥创意的需求。当下文化内容的生产，已经不再是企业一方的行为和责任，而是充分利用多类主体共同创意完成的结果。调动全民参与创意工作是集成创新条件下文化产业发展的重要趋势。

第二，在组织方式上，由于网络会对传统的垂直生产组织管理的层级结构进行消解，更多显示出去中心化、扁平化、模块化、分布式等特征，相应的要求基于网络的生产主体之间是一种平等、开放和共享的关系。同时，处于平台性集成中的内容创作者往往呈现出内容创作动机的自发性特点，并且内容创意本身具有艺术化创造性。因此，用过于僵化理性的制度来组织内容的生产是不可行的，“创意不会发生在一个以混乱、非理性和随机改变为特征的绝对自由的地带，也不会发生在以秩序、逻辑和渐进为特征的刻板世界，它最容易发生在无序与有序的边缘思维湿地的岸边”[②]，区别于福特式的理性僵化制度，一个有机的、柔性的组织管理制度，是有效集聚各主体形成有机共同体的重要因素。

第三，在消费方式上，传统的文化工业在标准化的生产组织方式基础上，以抹杀个性来实现规模效应。文化消费是一种单一性和被动性的。集成创新下的现代文化生产破除了传统生产方式中复杂的中间环节，直接连接创作者和消费者。在长尾效应的影响下，每一个创作者都能找到自己的受众，每个消费者都能找到最适合自己的产品，这就形成了在不影响创作者的创作自由的前提下，以用户至上、消费者为中心的消费方式，个体化需求决定了文化产品和服务的供给，文化消费者则从被动接受的位置，走向消费者主导的位置。个性

---

① 克里斯·安德森：《创客：新工业革命》，萧潇译，中信出版社，2012，第 27 页。

② 单世联：《作文明转型标志的文化/创意产业》，《中国文化产业评论》2013 年第 1 期，第 3～48 页。

化、多样化和体验性、参与式的消费需求成为主体。此时，提供个性化的文化服务与文化产品一样重要，甚至超越了文化产品成为文化消费的主流，服务被赋予个性化之后就会变得值得回忆，服务在为顾客定制化之后就变成一种体验。

第四，从资本投入来看，受制于工业经济中产品定价方式与流通环节加价的原则，以及文化产业的高投入、高风险、低产出等特性，文化产业投资往往会偏好于内容的载体、终端、渠道、园区、平台等层面，而对内容本身的关注和投入都不足。随着平台性集成的不断完善，以及平台经济“溢出效应”的不断扩大，平台的自然垄断性与公共性不断凸显，平台投资呈现出重复低效状态。由于平台能够在趋零成本基础上有效促成内容生产和消费的双方或多方供求之间的交易，因此，对于平台内容集成（即内容生产与消费服务）的投入显得越来越重要。只有通过对平台储存性和接入性效率的提升，以及对免费使用和体验的持续投入，才能极大地把内容在本平台上集成起来，并通过有效的“搜索”功能与用户的注意力互动起来，从而获得可持续的超额利润。值得注意的是，平台性集成完全可以通过收集生产者与消费者在平台上的“行为”大数据，实现在内容生产和内容消费上的精确定位，实现有效内容生产与有效内容消费的统一，实现完全对称的生产与消费的互动。以大数据分析为基础的内容投资成为当下和未来发展的一种趋势。

第五，从完善产业结构看，文化产业与现代科技的融合是按照“传统文化产业转型”和“新兴文化业态创新”两大路径来构建的。从产业层面来看，践行文化产业与现代科技融合是以共性技术集成和模式创新为基本原则的。国家在未来相当一段时间内，从完善产业结构、空间布局与促进区域文化创意产业发展方面，应发挥政府的引导作用，将文化产业与现代科技融合，围绕平台创新的“接入性”与内容的“特色性”促进文化与科技的融合，完善产业结构和空间布局。传统文化内容的价值、线上线下的统一、区域文化资源的配置在集成创新下都呈现出新的发展、新的模式以及新的优化。从长远来看，① 基

① 胡洪斌、杨传张：《文化产业与现代科技融合的政策体系构建》，《学术探索》2013 年第 12 期，第 84 页。

于个人的、便于激发个体文化创意和创造力的共性技术研发和扩散，是促进科技创新和内容创意的结合、协调科技和文化产业的基础。借助和利用东部地区文化科技和企业发展的扩散效应，促进传统文化产业和地区特色文化产业的延伸和升级，成为中西部地区，特别是西部地区促进文化产业与科技融合的关键。在文化产业与现代科技融合的不同阶段，政府的角色定位和扶持手段的适时调整，对于政府和市场间协调关系的形成至关重要。

B.3 移动互联时代的文化创意聚集

许焯权*

摘　要：本文探讨在移动互联时代文化创意聚集的状况和意义，笔者受香港特区政府委托进行全港文化创意聚集的研究，透过全球定位数据系统，深入分析分布全香港的文创公司的位置，并进行抽样问卷调查，研究结果反映在网络时代香港文创公司的聚集和分布，对发展文化及创意产业有启示性的作用和意义。

关键词：移动互联　创意集群　文化创意产业

一　引言和理论假设

聚类的概念与移动性两者似乎是矛盾的想法，因此集聚经济理论所启迪的创意集群的概念，在移动互联网数字化发展的趋势下，是否会被取代或者淘汰是我们要探索的基本问题。这个问题的重要性不仅与创意产业的整体发展有关，对某些特别着重创意产业集群与物业发展的国家，例如中国，研究产业集聚和移动互联之间的关系是非常适切的。然而，作为这一变化的影响或过程可能需要时间来体现，得出问题的答案在目前这个阶段

---

* 许焯权，文化及发展顾问公司执行董事、香港大学访问教授、香港教育学院兼任教授，前香港中文大学文化及宗教研究系教授、香港大学文化政策研究中心总监。获美国康奈尔大学建筑学士、英国剑桥大学哲学硕士及博士学位、加拿大及香港注册建筑师；现为联合国教科文组织及香港康乐及文化事务署博物馆专家顾问。曾任香港市区重建局非执行董事、古物咨询委员会及策略发展委员会成员。

来说为时尚早，基于创意企业地理位置的调查和研究数据暂时并不能预见长远的发展演变。

目前笔者从任何可识别的创新集群模式可以得出唯一合理的结论是，它们的存在（或不存在）是在移动互联至少十年持续的影响下产生的，因此这两种现象都不是彼此相互矛盾的，以至假如创新集群真的存在的话，这种必要性是与移动互联和数字化共存的。笔者正是按这些假设于2013～2014年进行香港创意产业集群的研究。

二 研究先例的发现

（一）英国

一个由英国国家科学基金会进行的关于创新集群的早期研究是2010年“技术和艺术”项目[①]（内斯塔），这是一个雄心勃勃的尝试，详细规划了英国所有的创意产业集群，显示出它们在哪里，哪些行业构成了它们，它们在创新系统中是什么角色等。

调查结果显示，在英国所有的城市中，伦敦在所有的创意行业板块中处于主导地位，特别是处于最内在的价值链创意层。显而易见，该研究还揭示了其他8个创意热点，包括布莱顿、布里斯托尔、剑桥、爱丁堡、曼彻斯特、牛津、吉尔福德等。

表1 创意产业和地区的企业聚集措施（LQ）－2007－需求链管理系统

产业	东北部	西北部	约克郡和亨伯河	中东部	中西部	东部
广告	0.69	1.18	0.74	0.72	0.76	0.91
建筑	1.39	1.07	0.86	0.93	0.97	1.04
艺术和古董	1.09	1.05	1.09	0.98	1.03	0.97
设计时尚	0.64	1.15	0.77	2.73	0.98	0.55
影视、电影和图像	0.55	0.57	0.56	0.49	0.5	0.71

① NESTA（2010），Creative Clusters and Innovation，Putting Creativity on the Map.

续表

产业	东北部	西北部	约克郡和亨伯河	中东部	中西部	东部
音乐、视觉和表演艺术	0.55	0.62	0.59	0.59	0.55	0.82
出版业	0.51	0.62	0.65	0.7	0.66	1.06
软件、电脑游戏和电子出版	0.71	0.97	0.64	0.73	0.81	1.09
广播和电视	0.38	0.53	0.36	0.3	0.43	0.56
所有创意产业	0.91	0.94	0.79	0.82	0.84	0.97

产业	伦敦	东南部	西南部	威尔士	苏格兰
广告	1.77	1.06	0.8	0.42	0.55
建筑	0.81	1.06	0.96	0.75	1.42
艺术和古董	0.82	0.95	1.15	1.1	1.08
设计时尚	1.73	0.39	0.55	0.48	0.76
影视、电影和图像	2.68	0.94	0.77	0.55	0.69
音乐、视觉和表演艺术	2.36	1	0.88	0.73	0.6
出版业	1.82	1.13	1.07	0.64	0.75
软件、电脑游戏和电子出版	1.31	1.41	0.87	0.52	0.75
广播和电视	3.05	0.9	0.74	0.96	0.56
所有创意产业	1.37	1.09	0.95	0.75	0.94

资料来源：ONS，ABI。

表 2　创新集群所在旅游工作区水平总结

产业	DCMS Definition TTWA Level (Absolute number of firms)	DCMS Definition TTWA Level (LQ)
广告	伦敦和曼彻斯特分布大量的公司	在伦敦南部(来自圣奥尔本斯到唐桥威尔斯和吉尔福德)，在曼彻斯特和伯明翰及其南部县的南边一带，沃里克郡和伍斯特。高于哈罗盖特里彭和布莱克浦的平均集聚度
建筑	分布均匀，有大量企业在大城市	热点建筑群集中在如阿伯丁郡，纽卡斯尔和南安普顿/朴茨茅斯

续表

产业	DCMS Definition TTWA Level (Absolute number of firms)	DCMS Definition TTWA Level(LQ)
艺术和古董	在城市和农村地区非常均匀地分布全国各地	非常均匀地分布在英国
设计时尚	均匀分布，大量公司在伦敦、东南部、伯明翰、曼彻斯特、加的夫	中部，北伦敦以及曼彻斯特周围
影视、电影和图像	大量公司在伦敦、曼彻斯特、伯明翰、布莱顿、布里斯托尔、格拉斯哥	高度集中在伦敦和周围区域（趋向牛津和吉尔福德），以及布莱顿、布里斯托尔
音乐、视觉和表演艺术	均匀分布，大量公司在伦敦、曼彻斯特、布里斯托尔和布莱顿	伦敦、曼彻斯特、布莱顿、布里斯托尔、巴思和英格兰西南部
出版业	大量公司在伦敦、伦敦周边、剑桥、牛津、布莱顿、巴思、曼彻斯特、格拉斯哥和爱丁堡	牛津、巴思和迈恩黑德有很强的聚集，在伦敦、剑桥、彼得堡、勒德洛和苏格兰北部有重要的专业化分工
软件、电脑游戏和电子出版	均匀分布全国，大量公司在伦敦和其周边、伯明翰、曼彻斯特、密尔顿凯因斯和布里斯托尔	集聚分布伦敦西部，在布莱克浦和曼彻斯特之间的牛津 - 剑桥 - 雷丁三角区
广播和电视	大量公司在伦敦、曼彻斯特、加的夫、布里斯托尔和格拉斯哥。在伦敦西南部有重要地位	伦敦及其周边地区（威科姆和斯劳），布莱顿、布里斯托尔、加的夫和威尔士北部和苏格兰，都具有高聚集水平

另一个有启示作用的研究分析表明，创意产业往往表现在：广告和软件公司经常相互临近形成集群，音乐、电影、出版和广播电视产业也一样。研究进一步分析创意产业和其他创新性产业的协同集聚，如高科技制造业和知识密集型服务业等新兴行业（Knowledge Intensive Business Services ，KIBS）。广告和软件公司通常都离创新产业很近。事实上，其他创意行业也提供内容和文化体验，显示了与知识密集型服务业协同定位的重要模式（虽然弱于广告和软件业）。

表3　详细定位分析结果

产业	强集聚	集聚	弱集聚	负相关聚集
广告	硬件咨询，会计，咨询，控股公司，市场调查	电脑制造业，测量工具，加工装备生产，数据进程，数据库咨询，人事部门	阀门制造业，电视和广播传输设备，飞机制造	—
建筑	测试设备	测量，加工设备制造业，硬件咨询，数据库处理，控股公司	科学研究试验发展	—
设计时尚	硬件咨询，会计，咨询，市场调研	电脑制造业，加工设备制造业，阀门制造业。电视广播传输设备，测量设备，数据处理，数据库咨询，控股公司，人事部门	摩托制造业	—
影视、电影和图像	—	咨询，市场调研，数据库工作，会计	数据操作，科学研究试验发展，社会科学研究实验发展	摩托制造业
音乐、视觉和表演艺术	—	市场分析，会计，咨询	数据操作，社会科学研究实验发展	摩托制造业，药用制剂，控股公司，测试，人事部门
出版业	—	科学研究试验发展，会计，咨询，市场调研	雷达接收机制造业，数据库操作，社会科学研究实验发展，会计，咨询	加工设备制造业，测试
软件、电脑游戏和电子出版	电脑制造业，工具测量，硬件咨询，数据处理，咨询，市场调研，人事部门	阀门制造业，电视广播发射机，广播接收器，远程通信	飞机制造，科学研究试验发展	—
电视和广播	—	科学研究试验发展，社会科学研究试验发展，咨询	—	摩托制造业

说明：所有结果值在1%水平。强聚集表现在大于0.5的相关系数。聚集是在0.2和0.5之间的相关系数，弱聚集是小于0.2的相关系数。

（二）槟城

在亚洲，马来西亚槟城使用了更先进的地理信息系统（GIS）的方法来完成创意产业集群的计划。结果表明，约 900 家创意公司[①]在岛上，目前的创新集群主要在乔治敦和央鲁，不出所料这些也是人口最稠密的商业区，而最聚集的产业是建筑，其次是软件与电子设计行业。

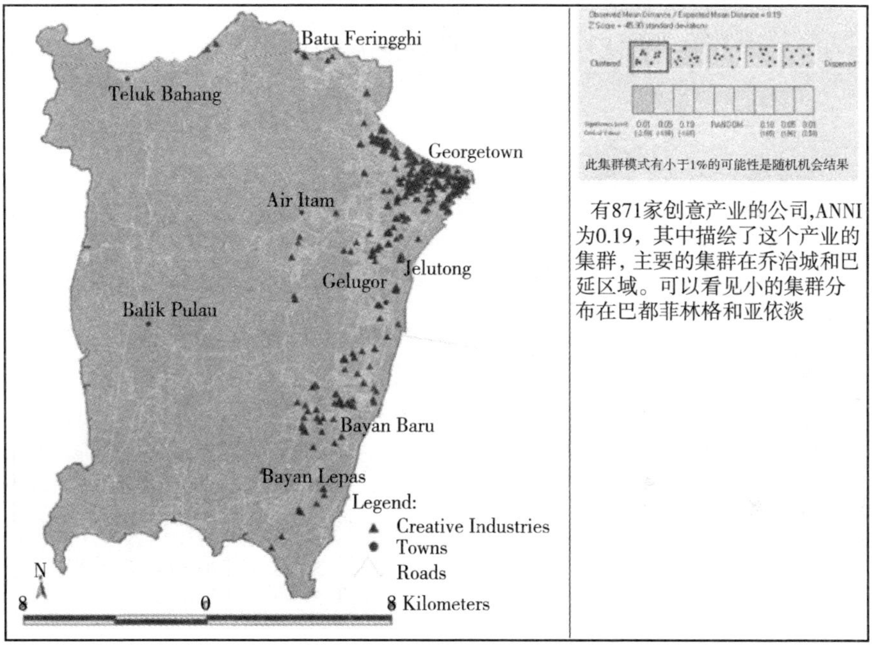

图 1　槟城创意产业平均近邻指数分析

资料来源：田野调查，2012 年 4 ~9 月。

① The figure is between 929 (collected by the Malaysian Business Commission or MBC) and the actual field work survey of 871. Suet Leng Khoo et al. (2013), "Spatial Mapping of Creative Industries in Creative Cities: The Case of Penang, Malaysia," *Humanities and Social Sciences Review*, CD-ROM, ISSN: 2165 -6258: 2 (2): 159.

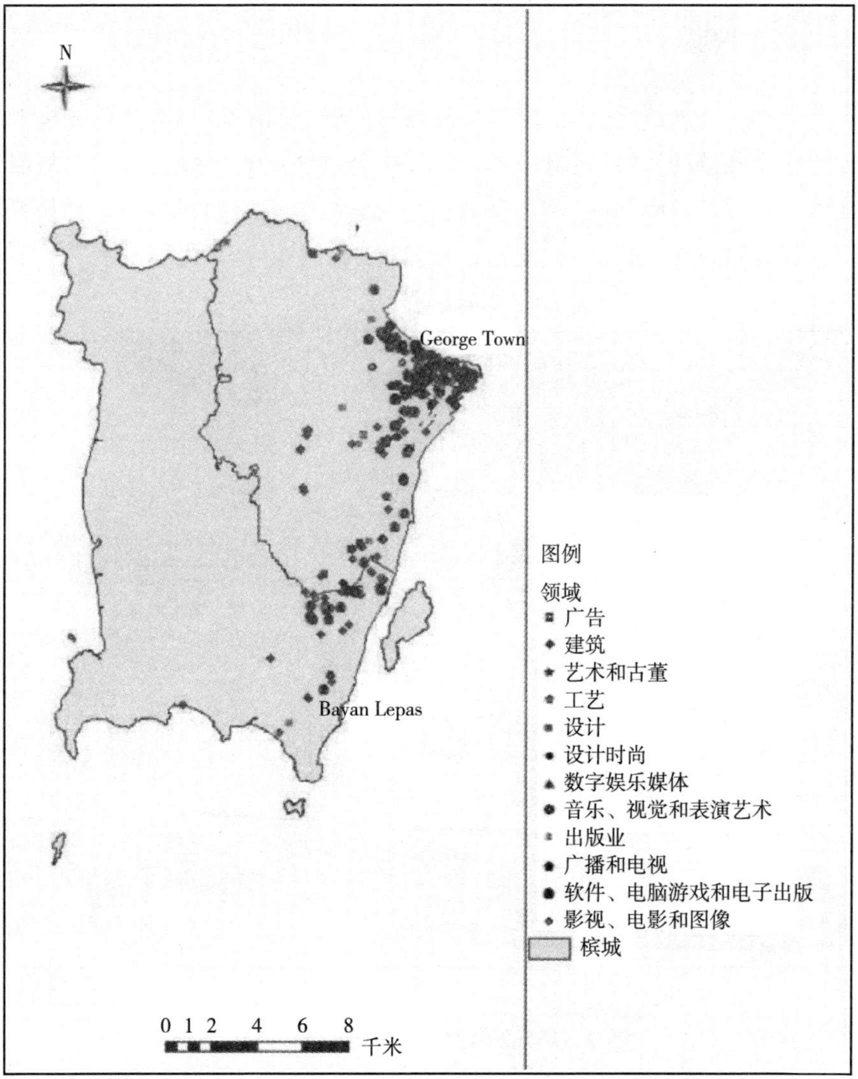

图 2　根据槟城 12 个领域划分的创意产业分布

资料来源：田野调查，2012 年 4 ~9 月。

（三）苏黎世

最近，瑞士苏黎世艺术大学也试图绘制他们的创意产业所在区域，初步呈现未分化的创意产业集群分布，如图 3、图 4 所示。

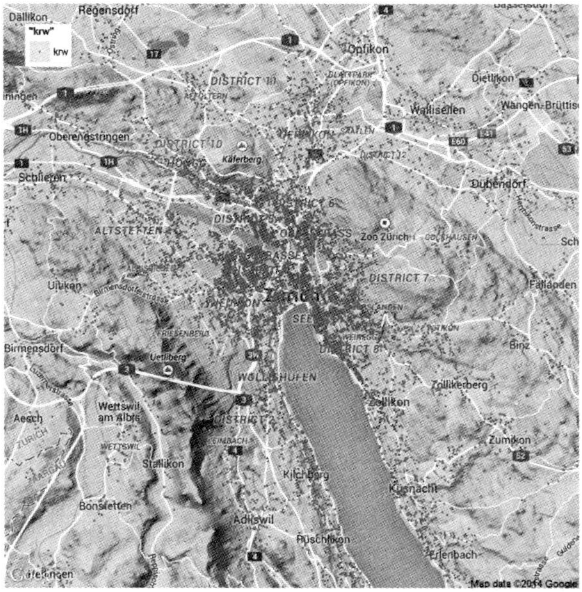

图 3　苏黎世研究 1

资料来源：由苏黎世艺术大学的罗马佩奇和克里斯托夫维克勒提供。

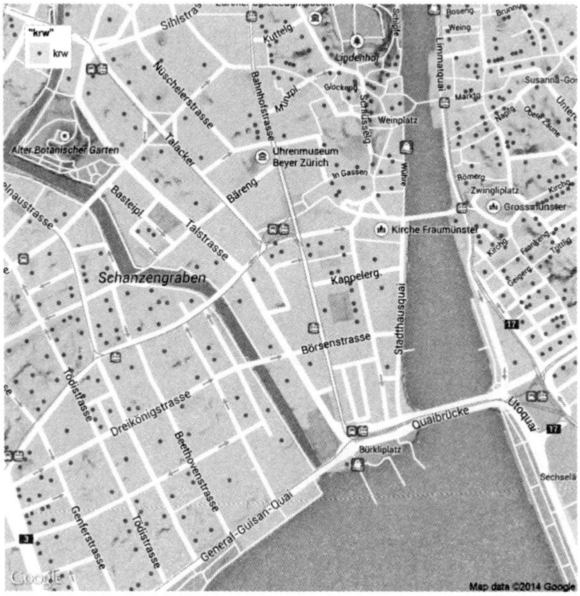

图 4　苏黎世研究 2

资料来源：由苏黎世艺术大学的罗马佩奇和克里斯托夫维克勒提供。

三　先例研究与香港研究的差异

所有这些先例研究试图调查创意产业的集聚以便于显示出它们的聚类效果，但它们的可用性只限于较为宏观的区域层面及以二维聚类模式描绘聚集产业，并不能从一个城市或地区的水平提供干预政策。在苏黎世最新的研究中，它们的确开始朝着这个目标靠拢。但测绘方法的门槛并没有完善到足以确定在城市总体结构中识别较为集中的产业集群。

在香港，我们尝试在创意产业集群采用一种方法，不仅测绘一个地区或社区层面，也针对以建筑物和城市街区为单位的水平，从而允许在人口密集的城市中心的集群分布更三维和立体化，因此可在更微观的城市环境和语境中提供政策干预。

香港：任务和方法

文化及发展顾问公司是自 2013 年由香港特区政府承担并在香港进行创意集群计划研究。顾问团队组织机构单位数据库所提供的数据，将数据同时以产业类型及位置陈列。

任务1：组织机构单位数据库的数据

产业类型是根据政府统计处现时进行行业普查使用的统计工具——行业分类 2.0 进行整理。我们采取同一个行业分类以撷取八大领域的机构单位数据。每个领域的机构单位的地点以政府统计处使用的总规划统计区来进行整理。①

任务2：创意产业集群的识别

采用 2010 年研究的创意产业社群的定义——“地理上集中的创意活动及（或）企业集中资源优化创意作品的创作、制作、发布和运用”——是以研究机构单位空间的相近性作为初步识别社群的条件。然后探讨这些社群内的机构是

① 为了进行城市规划，香港特别行政区政府的规划署将香港的地域分成 289 个小规划统计区。这些小规划统计区分别隶属于 52 个次规划统计区，而这些次规划统计区又分别隶属于九个总规划统计区。每一个小规划统计区均以独有的三位数字代表。是项研究根据首位数字代表所属总规划统计区的编号分析创意产业机构的地点。总规划统计区区域分界地图可参考香港特区政府统计处网站，http：//www. census2011. gov. hk/pdf/maps/tpu/m_ sp_ 09_ 73. pdf。

否有意识的—不论是有机或是规划的—集中资源或进行互动。

机构单位集中在一范围及地区可按规划上指定区域的性质以作初步界定：①已知的公共或私人推动的创意产业社群的形成；②设立工业区；③商业区或混合用途区域的规划。明显地于第一及第二种规划区域以内集中的机构可以称之为社群，因为它们被有意识地规划集中在一起。

在第三种情况下的机构集中，笔者建议用以下方法去找出初步的解释：①在大厦的层面，当同一领域内有五家创意产业机构同时出现在同一大厦内，我们可以考虑称之为大厦社群；②在区域或近邻层面，当有三个大厦社群邻近彼此（在同一街道区块或彼此之间相距不到一条街），就可称之为区域社群或近邻社群。

根据政府统计区的机构单位数据库（2013 年第二季），在同一大厦内，若以同一领域最少五家创意产业机构的这个门槛计算，全港有 6643 个创意产业机构是处于大厦社群内。

利用地理讯息系统，就这些初步识别的大厦社群及近邻社群进行空间分布绘图分析。

任务3：征集数据

通过小组讨论和访谈的问卷调查收集了创意产业机构的“群聚机构”及“非群聚机构”的数据（位于大厦社群以外的机构）。

问卷调查

一个在线/邮政问卷调查（以下简称“调查”）从 2014 年 1 月至 4 月去收集创意机构的数据。调查对象是位于这些被识别的社群及非社群的创意产业机构代表。

聚焦小组及深度访谈

被初步确定的集群创新机构是从八大创意板块和地台位置单元中随机选择出来的，并参加焦点小组讨论和深入访谈的相关信息征集。

空间标测方法

热点分析

在大厦层面识别创意社群之后，进行热点分析以找出社群在区域层面的密度。较高的密度表示较多创意产业机构集中在某一地区，而那地区就成为热点。

输入初步被识别的社群的地理位置信息到地理讯息系统。采用 ArcGIS 的“地点密度”工具计算创意产业机构的密度。密度是根据社群网格的大小及邻近区域面积而计算的，这两个条件均是按分析需要自行定义的。结果是以网格格式呈现的。密度是以在一邻近地区的面积除以邻近地区内点的数目（创意产业机构）而计算的（见图 5）。

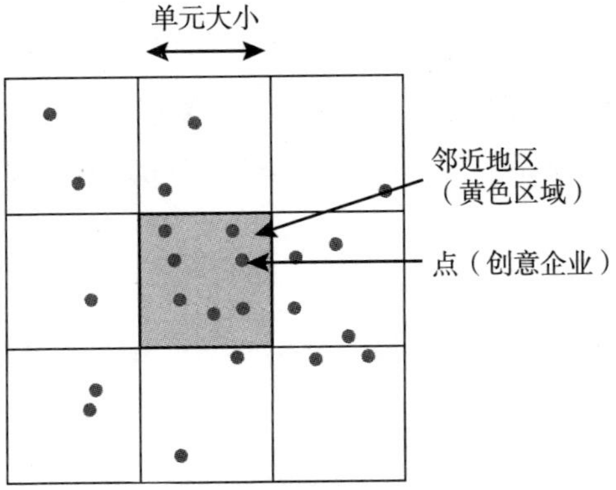

图 5　单位和邻近区域

邻近地区面积是以单元方格的长度来计算的。每点代表一个创意产业机构（一家公司）。由于在同一创意产业社群或大厦内的机构没有位置上的分别，在平面地图上它们互相重叠。所以读者在每一个创意产业社群的位置只能看到一点。在这个研究中采用了每个单元方格 200 米的尺度，所以每个邻近地区为 4 万平方米（平均来说，其大小约覆盖一个都市区块）。假设在邻近地区约有 50 个机构单位：

图 5 中展示的要研究的单元方格的密度
= 邻近区域 ÷ 区域面积内的机构单位数
= 50 ÷（200 × 200）
= 0.00125 个机构 / 平方米
= 1250 个机构 / 平方公里

利用地理讯息系统将所有群聚的创意产业机构绘画在地图上，展示它们在全香港的分布规律。亦将七大领域（电视没有包括在内，因为没有电视机构在大厦层面聚集的情况）的每个领域逐一绘图，并利用 200 乘以 200 平方米的单元方格分别展示最密集的75%群聚创意产业机构。

领域比对分析

除了电视领域以外，进行领域比对分析，同时比较两个行业之间的聚集情况。在单元方格为200乘以200平方米的情况下利用最密集的75%的群聚机构进行分析，识别及数点所有同时包括两个领域的群聚机构的单元方格。这样能指出它们的聚集倾向，亦即表示这两个领域倾向邻近彼此的强烈程度。

邻近地区集群识别

将七大领域最密集的25%的群聚机构所在的大厦在地图上描绘出来，应用最少三幢群聚大厦为原则，识别全香港所有大大小小的近邻社群。

结　论

本文参照了其他在英国、马来西亚槟城和瑞士苏黎世的研究先例，概述了我国香港创意产业集群空间映射的方法。我们的方法旨在从宏观区域层面揭示创意产业在城市中以一个更加微观和超越二维的三维角度水平所形成的图谱映射。这和城市中更集中的人口和企业有着更强的相关性，对任何由于移动互联网相应而生模式的集群行为更具有启示性。

有关本研究的成果报告，请参阅以下网页：

http：//www. createhk. gov. hk/sc/consultations/files/Mapping _ Study _ 2014_ ExSummary_ TC_ 9Jan2015. pdf.

参考文献

Bagwell, Susan. "Creative Clusters and City Growth", *Creative Industries Journal*, Volume 1 Number 1, 2008. http：//www. citiesinstitute. org/library/b46466_ 3. pdf.

CCPR, HKU. *Baseline Study on Hong Kong's Creative Industries.* Commissioned by the Central Policy Unit of HKSAR Government, 2003. http：//www. cpu. gov. hk/doc/en/research_ reports/baseline% 20study（eng）. pdf.

Census and Statistics Department, HKSAR Government. " The Culture and Creative Industries in Hong Kong, 2011" . Published in May, 2013. http：//www. statistics. gov. hk/

pub/B71305FB2013XXXXB0100. pdf.

Chapain, Caroline, Phil Cooke, Lisa De Propris, Stewart MacNeill and Juan Materos-Garcia. *Creative Clusters and Innovation Report: Putting Creativity on the Map.* Nesta: November 2010. http://www. nesta. org. uk/library/documents/Creative_ clusters_ print_ v2. pdf.

Cooke, P. and Lazzeretti, L. (Eds.) *Creative Cities, Cultural Clusters and Local Development.* Cheltenham: Edward Elgar. pp. 340 – 371.

Culture and Development Consultancy Ltd. "Mapping Study of Creative Clusters in Hong Kong". Commissioned by the Commerce and Economic Development Bureau, HKSAR Government, 2010.

Menzel, M. and Fornahl, D. *Cluster Life Cycles: Dimensions and Rationales of Cluster Evolution.* "Industrial and Corporate Change." 19 (1), 2010. pp. 205 – 238.

NESTA (2010), *Creative Clusters and Innovation, Putting Creativity on the Map.*

Porter, M. *The Competitive Advantage of Nations.* London: Macmillan, 1990.

Roodhouse, Simon. *Cultural Qu4rters. Principles and Practices.* Intellects Books, 2006.

Suet Leng Khoo et al. (2013), "Spatial Mapping of Creative Industries in Creative Cities: The Case of Penang, Malaysia," *Humanities and Social Sciences Review*, CD-ROM, ISSN: 2165 – 6258: 2 (2): 159.

B.4

新媒体和人文学科的文化及教学法问题

艾瑞克·钱皮恩（Erik Champion）著　温雯译*

摘　要： 如今，以电脑为中心的交流模式已经逐渐被以移动互联网为中心的交流模式所取代（Gartner；Lunden；Anthony）。移动互联网时时在线、分分相通、秒秒相连，提示音此起彼伏，新鲜事随触随发。如此强大的移动能力，必然要求功能强大却更为轻巧的移动设备、更大规模的信息内容和更加鲜明的个性化色彩。那么，这对于处在数字世界中的文化体验又有着何种启示呢？

遗憾的是，在笔者的研究领域，“虚拟遗产”（游戏和虚拟现实在文化传承中的应用）中，文化知识在虚拟世界的传播技术的发展，可以说仍处于起步阶段。理想的情况应是：在这一领域的数字文化创新与技术创新的发展是齐头并进的。然而迄今为止，项目应用和商业应用仍然在技术方面缺乏灵活性，在文化互动方面不够丰富多彩，主题上也有失恰当。尽管批评的声音一直存在，本文仍致力于探索在新媒体、移动互联网及娱乐行业之间的创造性和探索性的融合，如何在公众层面和课堂教学方面为虚拟遗产带来激动人心（但至今为止还未实现）的新机遇。

关键词： 融合文化　创新　技术　集体智慧　移动互联网　游戏化　数字遗产

* 艾瑞克·钱皮恩（Erik Champion），澳大利亚科廷大学人文学院媒体、文化与创意艺术系教授；温雯，博士，深圳大学文化产业研究院讲师。

一 融合文化

亨利·詹金斯（Henry Jenkins）所著的《融合文化》（*Convergence Culture*）是一部用心之作，也与我们的讨论主题紧密相关，但书中有些论点是难以证实的。笔者认为，该书作者提出了以下这些颇具鼓动性的观点：

- 粉丝文化等同于集体智慧；
- 主流大众媒体是参与式媒体的一个很好的例子；
- 未来将不存在一个所有媒体信息必经的黑盒；
- 传统媒体不会消亡。

“融合文化”一词本身就极具疑惑性。在詹金斯书中的简介部分（第2页）和词汇表（第282页）中，“融合”的定义如下：

“这个词描述了我们的文化中媒体循环方式在技术、行业、文化及社会层面的变化……在多个媒体平台间信息内容的流动，多个媒体行业之间的合作，对媒体的融资新结构的探索……以及执着追求自己想要的娱乐体验的媒体观众的迁徙行为。”

然而，书中对“融合文化”却是这样定义的：“这是一种文化运作逻辑的转变，强调的是信息内容在跨媒体渠道流动”（第283页）。而更令人惊讶的是，书中是这样定义“分歧”的：“分歧（与融合一样），是媒体变革的同一过程的一部分〔至少根据德·索拉·普尔（de Sola Poo）的观点是这样的〕，因此，融合文化是否指的就是媒体变化的潮流和趋势呢（第284页）?”“融合文化”这个定义之所以令人困惑，有一部分原因是詹金斯在全书中不断地描写“融合文化”的各种潮流，并提出许许多多“融合文化”（以及“融合”本身）的子定义。最重要的是，詹金斯并没有探讨技术变革对融合文化的重要性，因为他的兴趣所在是粉丝文化和媒体行业领域。但是，技术变革是伊锡尔·德·索拉·普尔（ithiel de sola pool）所著的《自由的科技》（*Technologies of Freedom*）书中的一个核心基本观点。詹金斯将德·索拉·普尔称为“媒体融合界的先知”（第10页），因为德·索拉·普尔提出了“传播形态的融合”，即媒体内容越来越多地在一些无所有权和技术要求的渠道中传播。换言之，“……那些过去存在于一个媒介及其用途之间的一对一的关系正在消逝。”（第

10页）的确，德·索拉·普尔认为，媒体应该变得不那么依赖于媒介，但同时他仍然强调若要达到他所追寻的“自由”，是需要某些类型的技术（传播技术，可访问技术，分散技术）的。与之相同，莱维（Lévy）也倡导技术创新（第39~55页）。

詹金斯也引用了季特曼（Gitelman）的论述，后者将媒体定义为“传播结构在社会中的实现，这种结构既包括了科技形式，又有相关的规则”（第7页）。因此可见，尽管詹金斯在书中都援引了德·索拉·普尔，利维和季特曼关于科技的观点，但这些观点并未令詹金斯感觉到科技、文化及相关的文化规则的重要性。一部分原因是詹金斯希望反驳内格罗蓬（Negroponte）和其他人以技术为中心，认为技术就是福音的观点。詹金斯认为数字化是有其重要性的，但不是必然的甚至是不稳定的（第11页）。鉴于詹金斯对于科技的不甚重视，笔者认为詹金斯实际上是在讨论利维的“融合模式”，这种模式实际上是关于跨媒体的观众、观众之间的相互关系及其与媒体行业关系的。因此，尽管詹金斯这部著作的书名称得上是简洁明了，但实际上并不准确，因为其并未说明此书实际上的中心观点是关于跨媒体观众的；并且书中也没有清晰阐明文化的本质。对此，笔者将在本文的其他章节展开讨论。

那么，现在是否可以说我们真正做到了媒体融合？杰森·斯托梅尔（Jason Stommel）在他的博文《数字人文是破旧立新》中写道：我们已经达到这样一种程度：我们现在已经可以将电影与媒体结合起来，我们的电子媒体设备可以将数字媒体、文学和电影兼容并包：现在，当我们开着窗口看着雷德利·斯科特的电影*Alien*的时候，会发现在同一个视窗里既可以发Twitter，又有Facebook链接。电影不再是一种独立于其他媒体而存在的媒介。然而，笔者却不认同这一观点。正如电影不能被简化为文字文本一样，如密托（Mittel）认为“我们不能错误地把电影仅仅归结为其对白”，笔者认为并没有几个成功的广告和艺术活动可以将电影和其他媒体完全结合起来。

詹金斯的书中的第二个主题是关于参与文化：“与其将媒体的生产者和消费者作为独立的角色来探讨，倒不如将他们视为交互的参与者，彼此之间互动按照一套新的规则来进行，而我们对这套规则知之甚少”（第2页）。所以，这种关系可以是不平等的，对于詹金斯来说，融合不是通过媒体设备进行的，（笔者推测）甚至不是一种公司行为的结果，而是：“在消费者的脑海中或是通过他们与他人的社会交往而进行的。”（第 2 页）所以这是一个民主、协作和创新的过程。这也许是一个理想主义的想法，但是这可能实现吗？

其他一些人，如布鲁斯·斯特灵（Bruce Sterling），曾经宣称传统媒体已经被完全取代，但作家们也认为在未来，所有的信息内容将通过单一的专利设备或联网的连锁店进行控制。黑盒指的是“未来所有媒体内容必须流经的一个链接设备”。而对于詹金斯来说，黑盒是一个谬论。黑盒是一个无形的隐喻还是一种硬件？可否做连锁经营？迄今为止，至少有三个全球巨头，即 Facebook、苹果公司和三星公司，已经都采用围墙花园（Walled Garden）模式技术（Bajarin；Grubb）。

这种“围墙花园”现象也被广泛应用在游戏中。杰拉迪（Gerardi）如是写道：由于受限于各种数字零售服务商规定的严格所有权规则，如维尔福软件公司（Valve Software）的 Steam 平台对于电脑游戏的限制，及微软的 Xbox Live Arcade 对 Xbox360 的限制，当涉及复制和传播现代游戏以用于研究目的时，游戏保护主义者面临的法律选择是很有限的。因此，即使没有一个唯一的黑盒，自然也有大的企业出面限制消费者，令其只采用一种设备或是一种传输服务方式。

詹金斯也认为，传统媒体永远不会消亡。人们用来访问媒体内容的工具和传输服务方式可能会消逝，但这些工具、服务和媒体本身显然不是一回事。对这种观点，笔者持不同意见。当我们使用媒体时，我们可以同时使用我们的陈述性记忆和程序性记忆。程序性记忆不是可以随即触发的，这种记忆可以指导我们如何行动，但它必须被触发才行。我们可能没有意识到它的存在，或是能够说明我们是怎样知道该如何行动的，但只要我们有程序性记忆，我们就可以毫无问题的完成一些常规性活动。但是，程序的学习往往依赖于工具，而我们的工具是来自外界的认知性物件，是可以增加记忆的物理对象，如日历、日记本、地图等，还有活动专用的空间。因此，就存在着一个这样的矛盾：我们使用的工具是文化的一部分，但我们也从某种意义上来说是这个工具的一部分。所以说，我们不能完全不依赖工具、不依赖空间，或是不依赖传输服务而获取我们想要的信息内容，我们操作媒体的方式也就意味着，如果我们要保存媒体的话，同时也需要保存与媒体同在的环境。

具有讽刺意味的是，围墙花园模式和黑盒特许经营模式的发展，阻碍了我们与新媒体的互动，至少在游戏设计领域是这样的。正如斯坦福大学图书馆科学和技术展品及电影和媒体展品策展人亨利·罗沃德所说：“仅下载分发模式、版权法和最终用户许可协议，即在安装新的计算机程序时出现的那种用户很少阅读却需要同意的冗长协议都是目前保存视频游戏面临的最大障碍。”在另一篇文章中，罗沃德进一步警示称，不要认为游戏保存仅仅是保留工作软件，更确切地说，是要保存在历史上一个特定平台上存在的共享经验。为了保存好游戏和各种类型的其他新媒体，我们不但要做技术上的保存，同时也要保存好文化行为。

詹金斯书中第三大主题是关于集体智能，这个词是由皮埃尔·莱维创造的。詹金斯认为，通过集体智能：“我们可以集中我们的资源，并结合我们的技能，以整合出一个可以替代媒体力量的替代来源。”詹金斯似乎认为，集体智能的典型代表就是电视剧幸存者（survivor）的粉丝群（这个群体是一群十分积极的消费者，乐于集思广益，努力发掘许多电视剧中尚未阐明的伏笔和秘密），还有2004年美国大选，以及Big Brother TV SHOW节目的粉丝发起的“叙事行动”。詹金斯在书中有关集体智能给出的最详尽的例子就是黑客帝国，黑客帝国跨越电影、游戏和互联网，在三个平台上都有其身影。

按照詹金斯的说法，黑客帝国系列是跨媒体的一个范例。导演沃卓斯基兄弟总是希望利用很多不同的媒体（电影、网络漫画、游戏等），他们签约了不同流派的演员和设计师，并在电影中埋下了大量伏笔，令人应接不暇、难以猜透。而在游戏的设计上又与电影的内容息息相关，甚至到了不玩游戏不看漫画就看不懂电影的程度。尽管詹金斯承认黑客帝国续集由于受到广泛批评，被认为是较为失败的，但他似乎仍然认定黑客帝国系列是跨媒体和集体智慧的一个最典型代表。

笔者并不认同这种观点。詹金斯本人对跨媒体故事的定义是：“故事要跨多个媒体平台，其中每个新的文本都为整个故事做出了独特且重要的贡献”。似乎这三个条件中的后两个并没有被满足。仅仅在一个媒体上提供线索，以帮助受众在其他媒体上理解故事，这并不是充分应用支持媒体的方法。如果这种起支撑作用的次媒体没有得到充分利用，人们会对这种次媒体在帮助多媒体故事展开方面的价值产生怀疑。

至于集体智慧，即使我们承认黑客帝国系列具有一些莱维所提到的文化吸引力和文化诱发力，其媒体创作形式却似乎是单向的。它不是协作型，也不是在考虑粉丝群体集思广益的知识和技术的基础上创作出来的。黑客帝国系列是由两兄弟执导的，所以仍然带有浓厚的作者风格。此外，媒体只是这个系列的一个超级集合，而并不是集体智慧，即“某个知识群体中每个个体对一个特定问题的知识的总和”。导演本身就表示，没有人会理清这一系列中埋下的所有线索。

这些媒体的实验是否使我们变得更加聪明？詹金斯没有直接表明这一点，但这的确是集体智慧的成功体现。大众流行媒体是否让我们变得更富有智慧？还是制约了我们的想象力？在《所有坏事都对你有好处》（*Everything Bad Is Good For You*）一书中，作者史蒂芬·约翰逊（Johnson）详细论证了现代流行文化的媒体输出方式（特别是商业游戏和电视）尽管其内容非常平庸琐碎，却不断地改善着我们的认知能力。虽然约翰逊的一些观点是中肯有趣的〔特别是有关日益复杂的“多线索”的叙事性电视节目，如连续剧“黑道家族”（*the Sopranos*），以及电脑游戏所必需的精神上的伸缩效应〕，但是的确，他也被批评为把相关性与因果关系混为一谈。他关于电视和游戏的复杂度得到了提升这一观点是合理的，但是若将我们在智商测试中越来越高的得分归结于受益于这些复杂的媒体信息，就很难令人信服了。

二　创新

詹金斯和约翰逊的文笔都极为流畅、鼓舞人心，但最终只能说这两本关于电视流行文化、互联网和电脑游戏的作品传达的信息只有部分属实。这种情况是可以理解的，因为这两位作家一开始就预示书中内容是极有挑战性的。但是由于该领域日新月异地发生变化，使得任何关键的结论都显得为时尚早。不过，在他们这些著作中出现的问题，有一些我们可以帮助解决，尤其在确定创新的关键期方面，以及在这个新的互联网时代，我们应如何理解和判断文化和技术间的关系方面。

在字典中，“创新”一词的定义显得似乎相当简单：引进一种新的东西，或一个新概念、新方法或新设备（韦氏词典）。加西亚和科兰（Garcia and Calantone）提供了一种创新的分类方法，他们认为，人们很少探讨激进的创新行为，因为这种创新“体现了新技术，并引发新的市场基础设施出现”。他们还进一步指出：“激进创新会造成对现有基础设施的创造性毁灭、覆盖或压制。蒸汽机：万维网和贝塞麦钢生产工艺就是典型的例子。”遗憾的是，这两位精心研究的论文成果只专注于市场创新本身，并没有解决社会创新的问题。

创新的官方定义不总是能够用来解释文化。“融合文化创新”这一概念就不能被 OECD 官方定义的“创新”所解释（Langergaard and Hansen），即“在商业行为中，工作场所内或对外关系中对一个新的或显著改进的产品（货物或服务）的使用，或是推行一个新的流程、一种新的营销方法或组织方法”（OECD，2005：46）。Langergaard 和 Hansen 对 OECD 给出的这种泛泛的定义表示反对：“创新是一种更新，但是总是争取创造一些更新的和更好的东西。而创建和更新只能在一定的语境或领域内进行。”

然而，这种观点在界定文化和技术关系间的创新时，引发了一个新的问题：“更好”指的是什么？的确，这“更好”的内容是什么呢？门茨（Mentz）早期提出了一个更为通用的定义，根据这个定义，创新需要人们产生新思路或实现新想法。将新构想转化为现实或产品，或将其传播、实施或实行市场化运作。如果再看看鲁斯卡（Hruska）对创新的定义，会发现其与发明、（产品）实现和执行息息相关，那么移动计算（包括增强现实技术、基于位置的服务和智能手机）的发展则似乎具有高度的创新性。笔者认为创新的这个定义可能与我们的讨论有所相关，因为其极具开放性，且与移动互联网相关。

三　移动物联网（可穿着设备、增效设备、追踪设备与记录设备）

平板电脑和手机平板设备的崛起速度一直是极其惊人的，但更引人关注的是用这些设备可以做什么。例如，GLAM（画廊、图书馆、档案馆和博物馆）部门一直在探索基于网络和位置的媒体如何将实体展品和世界各地的参观者联系起来，并向参观者提供更为个性化以及经过准确过滤的内容（Giridharadas）。InstantAR（http：//instantar. org/）正是这样一个例子。这是欧盟 CHESS 项目使用的无标记的增强现实软件（Keil，Engelke and Pujol），是为了“通过个性化的互动故事体验使得参观博物馆变得更加丰富多彩”。该软件可以在普通的智能手机中用来创建游戏、视频和互动图像，讲述故事，提供信息，或者使用 hotpoints 技术或根据计算机视觉自动检索并放置重叠的信息对展品进行重新涂色。开发者沙弗（Shave）表示，他们将会把这个框架应用于更广泛的社区，其他人就可以开发自己的互动故事。

同时，廉价便携、广受爱好者欢迎的计算机设备也出现了革命性的发展，如 Raspberry PI（http：//www. raspberrypi. org/）“这种低成本，信用卡大小的计算机，可以插入电脑显示器或电视中使用”。在低成本的编程和电子套件领域，开源电子原型套件开始崛起，如 Arduino（http：//www. arduino. cc/）和基于生理反馈技术的 Bitalino（http：//www. bitalino. com/）。如今，可穿着的计算机技术已经令十几年来的便携式背包电脑更新换代，成为可以轻轻绑到手腕或脚踝之上的便携设备。利用这些设备，我们可以记录我们的心跳和睡眠模式，并与朋友共享这些信息。一些评论家推测，这会有助于产生更多的可以随身携带的“外围”设备，如人造指甲和化妆品等（Hayes，Bizony and Edwads；Vega and Fuks）。

革命潮流同时也在 3D 打印行业和 makerspace（http：//makerspace. com/）蓬勃兴起，此类技术和其他技术创新，使打印出有商业价值的 3D 汽车成为可能（Kirkland）。头戴式显示器，如谷歌眼镜、三星 Gear VR 和 Oculus Rift 则可以提供更便捷、更经济和更为身临其境的体验，这令 Facebook 等公司纷纷摩拳擦掌，力图抓住这一机会（Dingman；Miller）。因此可见，技术创新似乎要令基于网络的企业发生彻底变革（Parkin）。

四　我们在为谁设计？教学问题

尽管有科技的支撑，一些太激进的创新成果也许还是会由于缺乏清晰的目标或相应的支持团队而逐渐消失（Scoble）。即使我们的设计针对的是具体的受众，媒体受众本身也在随时发生变化。就拿“数字原生代”（digital natives）这个词来说，现代人在科技上真的有如此先进，以至于教育必须通过彻底的数字化改革来迎合其的需要？为了合乎年轻一代“数字原生代”的心态，是否必须将一切都游戏化？事实上，最近的一项研究（Jones and Shao；Bennett，Maton and Kervin）证明这些都是不必要的。班尼特（Bennett）等人（Bennett，

Maton and Kervin）就这样写道：

年轻一代的学生正在不断进入教育系统，这不禁让教育工作者和教育评论员们感到兴奋不已。这些学生被称为"数字原生代"或"网络一代"，科技渗透进其生活的方方面面，为他们带来了各种成熟的技术。因此，传统教育对迎合其学习偏好缺乏充分的准备。对这种代际变化性质的各种断言纷纷指出了当前进行教育改革的迫切必要，使这场讨论充满了潜在的危机感。但是，实际情况却并非明确……笔者认为这样的争论的产生并非由于人们在经验和理论方面都具有充分的认识，而更像是一场以学术形式出现的"道德恐慌"。因此，我们建议用一种更加谨慎和客观的方法来研究"数字原生代"及其对教育的启示。

琼斯和邵（Jones and Shao）则更加直接地表达了他们的观点。他们宣称并不存在明确的代际差异，信息通信技术（ICT）的运用情况因人而异，加之学生也并不会主动地对"博客、维基百科和3D虚拟世界"等网络媒体进行专业或频繁的使用。笔者认为数位素养并不能等同于对数字化科技流畅应用的能力〔瑞斯尼克（Resnick）称数位素养是要求人们具备运用指定工具构建重要事物的能力〕。

因此，当今的年轻人不需要成为专家，他们需要的只是通过参与性媒体获取集体智慧。一些人也许认为数字媒体文化正在以积极的方式进行融合，而参与式文化和集体良知正在对媒体逐渐进行消耗、过滤以及重组（Jenkins）。毫无疑问，关于融合文化的各种质疑的确存在（Conley；Maher），但即使能够证明融合文化存在的证据饱受争议，它也仍会对电子学习、社交游戏以及虚拟世界的设计带来很多灵感。

五　游戏化

游戏化一直是一个既广受关注又饱受争议的话题。它虽看似体现了文化的融合，却遭到许多游戏行业人员和游戏设计学者的反对（Deterding et al.；Bofost）。游戏化可被视为对网站和其他学习平台的补充，对其中包含的可量化行为进行分级和处理（以及储存信息）可以做出迅捷又夸张的反馈，并采用人们熟悉的电脑游戏用语增强设计的生动性。

此外，它还可以根据任务的完成情况进行评分并通过社交网络进行分享，一些提倡者甚至认为游戏化可以提供更加深入、丰富和有趣的学习体验（Schoech et al.；Betts，Bal and Betts；Hamari，Koivisto and Sarsa）。

虽然游戏化可以被视作一项融合性的实践活动，但实际上，在其发展过程中，并没有一个可以让社会共享的发展环境，也缺乏文化创新和对相关提升空间的保留规划；同时，它对想象力和创造力的要求很低，也没有可共享的遍历性的体验（用户不能实时了解其他参与者操作过程的具体情况）。

任何认为自身代表了参与性媒体和集体智慧的观点都是站不住脚的：游戏操作过程的框架和内容通常都是预先设定的，几乎不需要投入任何共有知识或创新性的合作，玩家自己完全可以单独完成任务。因此，由于电脑游戏本身似乎对自身的本质并没有一个清晰的认定，一些学者在该问题上表达的愤慨就显得十分有趣。游戏和游戏化之间的差别之一便是玩家级别问题，在游戏中，玩家往往乐于去探索、试验和挑战一些显性的规则，但是在游戏化中，这几乎是不可能的。此外，如果游戏化可以提供透彻的描述及丰富的学习体验，那么它是否还仅仅只是带有学习功能的成功的游戏设计？

六　数字人文和社区

在批评詹金斯对电视真人秀和黑客帝国系列的探讨的时候，笔者曾指出他所举的例子鲜有集体智慧的体现，也称不上是真正地参与媒体。甚至这些发展很难带来长期的重要的文化转变。然而，有一个趋势已经初见端倪，即从人文计算到数字人文的转变已经开始发生，而这不只是名称上的变化。数字人文的创新方面之一就是使人文社区和人文学者与其受众通过灵活实时的数字科技相互结合。

Neatline（http：//neatline. org/）、Papermachine（http：//papermachines. org/）、Commons in a box（http：//wordpress. org/plugins/commons-in-a-box/）等工具旨在将数据驱动的地图、以期刊为基础的可重新编程的可视化应用，以及社区友好型网站设计推广给在技术上较为欠缺的学者们使用。社区门户网站如 HASTAC（www. hastac. org/）可以整理新闻、问题和方法。Open Editions（http：//www. openeditions. com/）和 Scalar（http：//scalar. usc. edu/scalar/）打造了新

型发表平台；DHnow（http：//digitalhumanitiesnow. org）试图聚合和过滤各种传统媒体未发布的主流热门文章；而 DHCommons（http：//dhcommons. org/）等项目则着力于将内容专家与技术专家一一匹配，既通过他们的网站和期刊，又通过如 Dirt（http：//dirtdirectory. org/）这类工具库，他们希望创设出一个集工具、论文、项目和研究人员为一体，能够共享并实时动态更新的生态系统。

笔者是这样认识到学术生态系统的重要性的：当时，笔者在英国谢菲尔德2013 数字人文大会上宣讲了一篇名为“以研究人员作为基础设施”的论文。观众关注的问题主要以人为中心，却并没有关心设备的问题。他们问题包括“如何留住我们的程序人员？”因为如果一位经验丰富的 ICT（信息通信技术）人才决定离开大学去利润更加丰厚的商业世界打拼的话，这对于大学来说是一个巨大的人力资源及技术损失。通常来说，信息通信技术人才在学术界并没有得到很好的认可，而若想要留住这类人才，需要对他们的创新和智慧给予足够的承认，也要给他们时间来发展一些对中心任务有启示的纯个人导向项目。这就好比谷歌推出的“每周一天工作日”的工作模式，这种模式可以给员工更多的“创新时间”（Baldwin）。

在欧洲乃至世界各地，太多的大学花费重金给各个部门购置各种设备，却没有配备专门的人员，这些人不仅可以维护设备保持其工作状态，而且可以支持并培训学者使用新的复杂设备。基础设施指的是人们为了达到某个目标需要使用的设备，这些设备是周期性更新的。鉴于这种周期性特点，我们可以说，一个真正的基础设施，是由资源、人力（及人的目标）以及反馈系统（否则基础设施会随着人和人的需要的变化而随时间推移逐渐萎缩）。笔者一直认为詹金斯忘记论证文化空间的重要性，但完全支持其对人和社区的重要性进行的积极探索和论证。笔者相信这是数字人文的巨大潜能之所在。

七　新媒体和新遗产

正如笔者在《新遗产》一书中提到的一样，新媒体理论的问题之一（许多美学定义也有类似的问题），便是其总是着眼于个别或特殊的案例，或是试图从纷繁复杂的文学性评论中创造出一套完整的理论，而不是通过更加广泛的途径寻找一些公开的有代表性的实例。新媒体的定义的另一个问题来自其层出不穷的新定义。如何能为如此混杂的定义、媒体和实践内容找到一个集中的、本质性的标准，来促进而非制约其发展？这样的问题在使人困惑的同时又给人以启发。因此，我们需要进一步了解新媒体及它与新型融合文化之间的关系。

这种情况下，一些如《新媒体，1740～1915》（*Gitelman and Pingree*）之类的书将新媒体解释为“新的”媒体就显得有些可笑。的确，我们可以将新媒体视作一种不断寻求新形势、新科技以及新媒介的一种努力，也可以将之定义为提供交互式数字娱乐服务或传播数字信息的新的多媒体，流派或是产品。然而，数字媒体正在迅速成为一种广泛普及的传统媒介。在笔者之前的作品《新遗产》中曾提到新媒体最重要优势之一便是其不受硬件设备束缚的以用户为中心的个性化的数据发展模式。用户可以进行跨空间的操作并探索世界。而这种探索是有目的的、认知性的，同时也是积极的；用户与媒体之间的互动直接影响了他们的个人体验。为了使表达简洁，笔者暂且将新媒体定义为通过数字媒体的创新使用来改造用户体验的行为。

笔者的研究兴趣主要集中在文化和新媒体上，虽然对融合文化兴趣不大，但由于积极致力于推进文化遗产的数字模拟技术，笔者对集体智慧和参与性媒体的研究也颇有兴趣。然而，与詹金斯和上文提到的一些媒体理论家的观点不同，笔者认为必须将“文化”一词和“社会”一词区分开来。

在一定的语境下，设计并实现多人在线的网络环境并非难事，人们可以对其进行访问并在其中进行视频及对话。这样的虚拟环境似乎很好地显示了社会存在感。但与此同时，要创造这样的环境并使人们能体验和理解与自身完全不同的文化，就显得困难得多。因此，尽管詹金斯反复提及文化一词，但在其书中的具体章节和词汇表中却找不到对文化的相关定义，能找到的只有关于民间文化、大众文化和流行文化的定义：为媒体传播服务的渠道。由于文化是由媒体行业控制的，即使公众提出各种新理念，真正影响文化行为的各种产品背后的创新思想却并不被电影、网页设计或是电脑游戏等行业的人群所共享。

然而，一些文化产物的存在却是数字文本和电影难以模仿的。即使是电子合成的实物模型也难以为我们带来文化存在感，即对与我们自身文化不同的另一种文化中某部分的价值和意义的意识。一些评论家，比如萨达尔（Sardar）和铃木（Suzuki），甚至将网络空间和虚拟现实描述为世界“博物馆化”的产物和将所有非西方的事物纳入数字形式的途径。如果只能有限地体现社会进程和“非物质”遗产，会带来一定的问题：我们对数字模拟技术的执着，标志着我们对于某些知识的无知。

通过运用互动式和浸入式数字媒体，虚拟遗产致力于从外观到内涵和意义全面地表现文化产物及设计使用其的社会机构。考虑到新媒体的因素，数字遗产的定义还可以被进一步简化：为更好地理解和体验物质与非物质文化遗产，对数字媒体提供的用户体验所进行的重新考察。

鉴于上述情况，笔者认为最根本的问题便是社区基础设施的缺乏。笔者目前正在主持开展一个旨在解决虚拟遗产领域相关问题的项目。多位学者和合作伙伴向 UNESCO 提议发起一个为遗址和相关建筑环境研究、整理和完善辅助工具的项目，该项目地点主要集中在澳大利亚。

该项目的目的是完善和推广世界遗址的 3D 模型和虚拟环境，提供虚拟遗产的相关范例、指导、工具及技术，使遗产组织和课堂可以从中学习发展和维护 3D 模型和虚拟环境的知识与经验，并且能够为 3D 数字环境和模型的使用、评估和进一步运用提供相关政策上的建议，使它们能更好地被运用于课堂教学和可视化项目中。

项目旨在通过互动数字媒体来促进在世界遗产领域的公共教育，同时强调利用自由及开放源代码软件。为此，我们也会融合并拓展现有及新的基础设施，以支持相关学习资料的利用及整合，这些资料包括了有关世界遗址和相关文物数据 3D 模型的学术出版物、公共媒体以及在线名录和存储库。目前，该项目已经和美国及欧洲的相关机构取得联系，但同时也在寻求进一步拓宽联系范围，与亚太地区的相关组织互相学习和分享经验。这样做的意义究竟何在？在《数字遗产：当一切都数字化了会发生什么》（Thwaites）的第 17 章中，长期担任虚拟系统与多媒体协会主席的哈尔·斯维茨（Hal Thwaites）教授表达了如下的观点。

在不久的将来，一些关键的问题需要得到解决，包括遗产数据可访问性（及共享性）的增强，为公众的普遍使用和作品重现而进行的一致性界面设计，数字遗产数据库的形式化，全球基础设施的建立，数字遗产的制度化和档案标准等问题。其中最重要的，就是随着现有工作的不断推进而对其进行及时的综合处理，以为后代保存现有的数字和遗产项目。假设现有的数字遗产比其保护的实物遗产或遗址消失得更快，那么为之产生的科技进步，创新性的呈现方式及其他努力都将白费。

欧洲在建设相关档案和数字人文基础设施的同时，在3D模型的发展方面却相对滞后。欧盟的一个主要项目——CARARE（http：//www.caeaw.eu/）创立了一个3D模型形式的公共图书馆，但只能使用PDF浏览，以至于用户无法修改和完善自己创建的内容。此外，该模型也无法与之前支持其生成的学术信息进行动态链接。而在澳大利亚和亚太地区，很少有文化遗址的3D模型采用同一种稳定的格式。

正如本文在之前提到的一样，任何有用的基础设施的支柱都是人。所以，我们将会举办有关3D工具和软件的研讨会，通过运用自由及开放源代码游戏引擎和3D模型工具，引导社区、遗产组织和课堂在亲自制作模型和作品的过程中进行学习。针对3D模型的长期归档整理规则的制订，我们会接受和给出相关建议，并介绍连接3D模型与学术出版物、相关学术和基础设施的相关方法；此外，还会通过在科廷大学和其合作机构举办的研讨会和课程对学习状况进行检验。如果可能，我们也会使用和推荐自由及开放源代码软件。

八　结语

在本文一开始，笔者曾提到过詹金斯提出了以下这4个颇具争议的观点：

- 粉丝文化等同于集体智慧；
- 主流大众媒体是参与式媒体的一个很好的例子；
- 未来将不存在一个所有媒体信息必经的黑盒；
- 传统媒体不会消亡。

相信作为读者，您应该完全可以自主对这些观点做出判断。但是笔者同样相信，您会同意本文的这个观点：《融合文化》一书并没有给出代表集体智慧的明确示例，关于集体智慧的讨论也没能超越铁杆粉丝文化的范畴。实际上，詹金斯提出的可以由某个电视公司创建一个剧透平台，会使原本电视剧幸存者（survivor）的粉丝剧透讨论社区的方向发生偏转，甚至出现混乱。这恰恰证明了媒体公司会阻碍集体智慧的发展。笔者认为詹金斯并不是故意将以粉丝群体为基础的传播与集体智慧混为一谈，但他可以提供一些粉丝群体与集体智慧具有相关性的证据，这将是非常鼓舞人心并具有启发意义的。因为现如今，无论从媒体的兴趣焦点还是媒体结构来说，都对集体智慧不感兴趣，甚至无法提供集体智慧。此外，现今的媒体行业也未能提供内容丰富深刻的参与性媒体形式（虽然可以投票选出竞赛获胜方，或向节目发送 tweet 信息可在节目上显示，但都不够深入）。

笔者已经探讨过，融合文化一词并不适用于描述文化和科技之间的交流互动，至少并不适用于笔者的研究领域：3D 虚拟环境领域。也许在了解传统媒体如电影电视方面可有用武之地，但即便是这些领域，这一理念也难以将正在发生的情况（数字大众媒体的广泛传播）与对这些情况是好是坏，是否可取的潜在论断区分开来。一个比较浅显的例子就是电视真人秀。的确，这些电视节目与其他数字媒体同时运行，但是仍然有许多声音，要么批评这类节目对文化的贡献（Maher），要么批评它们展示和体现集体智慧的能力（Conley；Tripp）。

詹金斯关于媒体不会由一个黑盒控制的理论，也是值得商榷的：最基本的问题在于，媒体基础设施是否正在缩小我们的选择和限制潜在的创作自由，抑或是在改进和提高媒体内容、媒体技术、媒体观众和媒体的基础设施。然而，在国家媒体和国际媒体上的准垄断集团都没有明显展示出创新能力的改善和提高。媒体基础设施的确已经有了一定的提高，也令更多的人受益。但同时这又是一个有趣的问题：这些媒体的受众是否能够更有效率地进行学习、思考以及更好地表达沟通，此外，科技的新发展是否带动了相应文化实践创新的加强？

笔者更有信心解答的问题是，科技是否对笔者的研究领域、虚拟遗产和文化遗产重点项目的文化意义方面起到了助力的作用。笔者的答案是：助力不多，尚需时日。受到学术研究的资助体系和政治性质的限制，基础设施和社区尚未被发展到可以适应新媒体技术（尤其是新遗产技术）的表现能力的程度。

本文提出了两种解决方案。这些解决方案都涉及商定一个通用格式，并重新将文化可视化的过程与社区的利益与能力联系起来。新近的科技发展使得设备变得更低价、更轻薄、更灵活、更准确、更强大，这是解决问题的关键所在。但另一个重要的因素在于社区支持的信息网络和参与性工具集和框架的发展，刚起步的数字化人文社区正是这样一个例子。

参考文献

Anthony, Sebastian. "In 2015 Tablet Sales Will Finally Surpass Pcs, Fulfilling Steve Jobs' Post-Pc Prophecy." *Extreme Tech* (2014). Web.

Bajarin, Ben. "Microsoft and the Rise of Hardware Walled Gardens." *Time* (2013). Web.

Baldwin, Howard. "Time Off to Innovate: Good Idea or a Waste of Tech Talent?" *Computer World* (2012). Web.

Bennett, Sue, Karl Maton, and Lisa Kervin. "The 'Digital Natives' Debate: A Critical Review of the Evidence." *British Journal of Educational Technology* 39.5 (2008): 775 - 86. Print.

Betts, Ben W, Jay Bal, and Alan W Betts. "Gamification as a Tool for Increasing the Depth of Student Understanding Using a Collaborative E-Learning Environment." *International Journal of Continuing Engineering Education and Life Long Learning* 23.3 (2013): 213 - 28. Print.

Bogost, Ian. "Gamification Is Bullshit." *Ian Bogost Blog* 8 (2011): 2011. Print.

Champion, E. "Explorative Shadow Realms." *New Heritage: New Media and Cultural Heritage.* Eds. Kalay, Yehuda, Thomas Kvan and Janice Affleck. 1 ed. Hong Kong: Routledge, 2007. 336. Print.

"Researchers as Infrastructure." Proceedings of the Digital Humanities Congress 2012. Studies in the Digital Humanities. Sheffield. HRI Online Publications, 2014. Print.

Conley, Tara. "Book Review Convergence Culture: Where Old and New Media Collide." HASTAC. 11/1/ 2013. Web.

Deterding, Sebastian, et al. "Gamification. Using Game-Design Elements in Non-Gaming Contexts." *CHI'11 Extended Abstracts on Human Factors in Computing Systems.* ACM, 2011. Print.

Dingman, Hayden. "To Oculus and Beyond: Peering into the Future of Virtual Reality at Gdc 2014." *PCWorld: Gaming* (2014). Web.

Garcia, Rosanna, and Roger Calantone. "A Critical Look at Technological Innovation Typology and Innovativeness Terminology: A Literature Review." *Journal of Product Innovation Management* 19.2 (2002): 110 - 32. Print.

Gartner. "Gartner Says Worldwide Traditional Pc, Tablet, Ultramobile and Mobile Phone Shipments to Grow 4.2 Percent in 2014." (2014). Web.

Gerardi, Matt. "Extra Lives: Preserving the History of Video Games." Rated J for Janky 2012. Web. 10 November 2015.

Giridharadas, Anand. "Museums See Different Virtues in Virtual Worlds." *The New York Times.* Art & Design (2014). Web. 4 November 2014.

Gitelman, Lisa. *Always Already New: Media, History and the Data of Culture / Lisa Gitelman.* Ed. ebrary, Inc. Cambridge, Mass. USA: MIT Press, 2006. Print.

Gitelman, Lisa, and Geoffrey B Pingree. *New Media, 1740 - 1915.* MIT Press, 2003. Print.

Grubb, Jeffrey. "Apple: 'Want to Criticize Religion? Write a Book' — Don't Make a Game." *Venturebeat* (2013). Web. 10 November 2014.

Does Gamification Work? ——a Literature Review of Empirical Studies on Gamification. System Sciences (HICSS), 2014 47th Hawaii International Conference on. 2014. IEEE. Print.

Hayes, J, P Bizony, and C Edwads. "New Utopias for Old?" *Engineering & Technology* 9.1 (2014): 30 - 34. Print.

Higa, D. "Walled Gardens Versus the Wild West." *Computer* 41.10 (2008): 102 - 05. Print.

Hruska, Joel. "Smartphone Usage Surges While Pcs Show Startling Decline in New Worldwide Study." (2014). Web.

Jenkins, Henry. *Convergence Culture: Where Old and New Media Collide.* NY: NYU press, 2006. Print.

Johnson, Steven. "Everything Bad is Good for You: How Popular Culture is Making Us Smarter. Allen Lane." Penguin, London, 2005. Print.

Jones, Chris, and Binhui Shao. *The Net Generation and Digital Natives: Implications for Higher Education.* York 2011. Print.

Keil, Jens, Timo Engelke, and Laia Pujol. "Interactive Adaptive Storytelling with Ar at Acropolis Museum." *2013 Digital Heritage Congress.* Eds. Addison, Alonzo C., et al. Fraunhofer IGD, Germany 2013. Print.

Kirkland, Tracey. "3d-Printing: American Company Local Motors Releases World's First Computer-Printed Car." *ABC* (2014). Web.

Langergaard, Luise Li, and Anne Vorre Hansen. "Innovation - a One Size Fits All Concept?" (2013). Print.

Lévy, Pierre. *Collective Intelligence: Mankind's Emerging World in Cyberspace / Pierre Lévy. Translated from French by Robert Bononno.* New York: Plenum Trade, 1997. Print.

Lunden, Ingrid. "Smartphone Usage Surges While Pcs Show Startling Decline in New Worldwide Study." *Extreme Tech* (2014). Web. 28 September 2014.

Maher, Jimmy. "Convergence." 4 October 2014 undated. Web.

Mentz, Jan Cornelius "Developing a Competence Audit for Technological Innovation." Master's Dissertation. University of Pretoria, 1999. Print.

Merriam-Webster. "Innovation." *Merriam Webster* (Undated). Web. 4 October 2014.

Miller, Jennifer. "Mind Reading Comes One Step Closer to Reality with the Glass Brain." *Co. CREATE* (2014). Web. 23 March 2014.

Mittel, Jason. "Caption Mining at the Crossroads of Digital Humanities & Media Studies." Just TV. 30 November 2012. Web. 2014.

Parkin, Simon. "Virtual Reality Startups Look Back to the Future." (2014). Web.

Poole, Steven. "What Zelda Did." *The Guardian* (2005). Web.

Resnick, Mitchel. "Rethinking Learning in the Digital Age." *The Global Information Technology Report: Readiness for the Networked World.* Eds. Kirkman, Geoffrey, Peter K. Cornelius and Jeffrey D. Sachs. Oxford: Oxford University Press, 2002. Print.

Sardar, Z. "Alt. Civilizations. Faq: Cyberspace as the Darker Side of the West." *Cyberfutures: Culture and Politics on the Information Superhighway* Eds. Sardar, Z and J Ravetz. Vol. 1. London: Pluto Press, 1996. 14 – 41. Print.

Schermer, Victor L. *Meaning, Mind, and Self-Transformation: Psychoanalytic Interpretation and the Interpretation of Psychoanalysis.* Karnac Books, 2014. Print.

Schoech, Dick, et al. "Gamification for Behavior Change: Lessons from Developing a Social, Multiuser, Web-Tablet Based Prevention Game for Youths." *Journal of Technology in Human Services* 31. 3 (2013): 197 – 217. Print.

Scoble, Robert. "Why Google Glass Is Doomed." The Next Web. 2014/01/02 2014. Web.

Stommel, Jesse. "The Emergence of the Digital Humanities." 2014/01/29/01: 59: 25 2014. Web.

Suzuki, H. "Introduction." *The Virtual Architecture - the Difference between the Possible and the Impossible.* Japan: Yonsei University, Seoul, Korea. Eds. Ken, S. and H. Suzuki. Japan: Kenchiku Hakubutsuka, 1997. Print.

Thwaites, Harold. "Digital Heritage: What Happens When We Digitize Everything?" *Visual Heritage in the Digital Age.* Eds. Ch´ng, E., V. Gaffney and H. Chapman. London: Springer, 2013. 327 – 48. Print.

Tripp, Mary. "Henry Jenkins, Convergence Culture." *Hyperrhiz: New Media Cultures.* Web.

Vega, Katia, and Hugo Fuks. "Beauty Technology: Body Surface Computing." *Computer* 47. 4 (2014): 71 – 75. Print.

Zarembsky, Ilya. "How Will Historians Study Video Games?" *The Atlantic* (2013). Web.

B.5
作为文化品牌的创意城市

约翰·哈特利（John Hartley）著　李士林 译*

摘　要：创意城市由何种要素构成？而人们又将如何了解这些要素？简而言之，创意城市不仅仅关乎城市的实力水平和商贸发展（“国际城市”并不等同于创意城市），也不仅仅关乎文化（文化可以是历史遗迹），更不仅限于城市中存在着多少创意与文化产业（城市需要创意场所、创意群体和相关职位）。当然，城市需要创意人群，因为这一群体能够在综合生产技能和消费者需求的基础上，使用数字媒介和社交网络激发创意、促进实验、鼓励多样化发展。本文将分别探讨不同的系统和价值观，正是这些系统和价值观的交汇及彼此间极富生产力的积极碰撞，确保了具有全球竞争力的城市能够保存创意能力。本文通过借鉴一项由澳大利亚研发的新型创意城市指数，致力于展现创意集群、创意服务和创意人群将如何为一座城市带来竞争优势。利用这种方法，任何规模的城市都可以对其创意产业做出评估，并制定相关政策，推行具体措施，以提高该城市作为“文化品牌”的知名度。

关键词：文化品牌　创意城市　数字媒介　社交网络　创意集群

* 约翰·哈特利（John Hartley），澳大利亚科廷大学文化科学教授、文化与技术研究中心（CCAT）主任，威尔士卡迪夫大学新闻学、媒体和文化研究教授；李士林，澳大利亚科廷大学研究员。

一 城市及其复杂性

自20世纪50年代开始，在发达国家中，城市生活已经十分普及。及至2009年，世界上多数人生活在城市中。2011年，中国也加入了这一城市化的行列。现如今，51.3%的中国人口（或6.9亿人）都过着城市生活。这种生活趋势将会变得更加普及（联合国，2009；世界卫生组织，2013）。人类这一物种的全球化和城市化迅速地达到了这样一种程度：人类现代城市呈现出一种发达的交际互联的网络特性（该网络囊括信息、贸易、移民和资金，等等），对城市来说，这一特性就如同城市本身的地方性和独特的身份特征一样重要。

来自纽约的著名城市理论家Jane Jacobs将城市贴切地描述为一个“有组织的复杂体的问题”（Jacobs，1961）。的确，从历史上看，城市因其实用性、自发组织性和适应性，被视为解决文化经济混合体带来问题的灵药。跨文化、跨时代、在彼此陌生的文化时代背景下，从蒙古石原（哈拉和林古城）到亚马逊安第斯山脉（Kuelap古城），一个又一个的城市被独立地创建起来。Jacobs的“有组织的复杂体”这一概念中的“复杂”并不是普通意义上的“复杂”（如纠结缠绕的格局），因为这一“问题”的构成部分和各种变量相互关联，若要理解其原理，就要采用Jacobs极有先见之明地提出的“网络思维方式”（Mehaffy，2011）。在网络当中，网络的力量和结构来自组成部分之间的联结和关系，并依靠网络自身的组织框架形成，并非直接来自网络组成部分的力量。

这种“网络思维方式”是另一种系统思维方式。城市作为有组织的复杂系统，并非只以其规模或经济实力为典型特点，其特点更多地体现在系统的密集度和联系强度上。Luis Bettencourt认为（2013：6）：“首先，城市是一个大型的社会网络。从这层意义上看，城市并不只是人口的大集合，而是社会关系的大汇聚。”构成城市的并非人口规模，而是这些“社会关系”——在实体或科技层面上互相联系的人们所产生的有意义的、构成其身份的和推进生产力的相互关系，这种关系以连接性的基础设施（例如街道、建筑物、技术、语言、文化等）为架构，并且针对环境的变化，产生富有创造性的反应。

无数“用户”在构成城市的同样复杂的网络和媒介中，进行日常事务、使用实体基础设施、开展各项运作，这使社会联系得以持续地更新、改写、延伸和创造。这类“社会联系”包含（但不仅限于）种族联系、共同领地、亲缘关系、利益关系或自愿合作；或简单地说，不仅限于相互吸引的联系。在某种程度上，此类社会联系也必须包含相互排斥的联系，如社会网络的运转会超出或违背个人的意志、喜好和利益——义务、强迫、对抗、敌意、相异、敌对和冲突等关系，笔者将这些都归结成一个词——“碰撞”。在这种系统思维之下，公民身份也需要重新定义，因为正是这种公民间的网络和相互间的关联性、参与度和产生的冲突/解决方式——使城市富有活力、创造性，使城市生活富有意义。公民身份这一概念本身就致力于描述促成“陌生人间联系”的各种纽带（Hartley，2010），而这些纽带也正是城市生活繁荣发展所需要的。虽然公民义务和个人利益间常常会出现不一致的情况，但城市就是这样一个地方，在这里，持不同价值观的人们学会共处，从复杂的网络之间实现个人利益，也注意到这些网络中存在着潜在的对手（风险）、竞争者和合作者（利益）。在全球性的城市中，这种“系统的碰撞”可以被视为极具生产力的，也需要被进一步地探索和模仿。如果一座城市能正确处理这些问题，并将所有人口的能量和活动吸收为其经验的一部分，这座城市就能够将自身打造成一个品牌，一个创意和文化目的地——这将对艺术家、创业者、游客和各项活动有极大的吸引力，同时产生更多影响其他城市的理念和职业。简单地说，在一个复杂的“网中网”中存在的“创造力”，包括调和不同性、协调风险和冲突（碰撞）和合作关系，是在以企业为基础的环境中的一个竞争优势。

二 保健VS诈骗

综观人类历史经验，城市可被视为新奇创意和实验的最重要发动机。然而，公共政策对各种创意可能性的反应却相对较为缓慢滞后。甚至恰恰相反，公共政策更趋向于把创意限制于公共机构和商业公司中，而不是把创意推展到全民范围。特别值得一提的是，在国际上，创意产业的理念在文化政策和经济计划当中已经变得相当重要。

与其他优质理念一样，创意产业这一理念也是经过探讨争论的。然而，评论家们却没有着力于把这一理念推广至大众层面，反而努力将其限制在经济中的某个部门，甚至是某类特定的企业中，而且他们并不看好这类企业。例如，Phil Cooke 和 Luciana Lazzeretti（2008）通过介绍一系列关于创意城市的文章，认为需要进行一个反向说明，去对“文化经济”和“创意产业”做出一个有针对性的区分。它们的区分如下。

文化经济：“长期培训艺术家、歌唱家、艺术博物管理者和音乐家”，其“审美状态”可被比作如同“医疗保健系统”一样（规范精良）；文化经济源自学术机构和公共机构的成果。

创意产业：一种几乎带有诈骗性质的创业活动，在创意产业中“一切都是为了赚钱，有些甚至数额巨大到几近犯罪”；创意产业源自街头文化、市场需要和私人企业（Cooke and Lazzeretti，2008：1－2）。

这反映了一般经济学和社会学思潮，同时也存在于艺术文化批评理论当中，这种思维更加倾向于支持结构间相互对立，而不是网络之间的相互联系：在这种情况下，这种思潮使得公众文化与私有企业对立起来，特别是在与文化和创意相关方面。这种倾向从一方面来说，只是公共/私人的区别，由此产生了两种不同的创意目的。用 Cooke 和 Lazzeretti 的术语来讲，支持用资金扶助艺术文化发展，以促进大众的幸福生活的行为，可被称为“保健”模式；相比之下，偏向于为了营利的目的而进行的发展则可称为“诈骗”模式。这种定义区分带有明显的歧视性，而且不符合实际情况。但如果抛开这令人反感的比较，也忽略日常生活经验中对两者定义的含混不清和重叠之处，这种区分方法的确体现出了一些广为人知并深入体系内部的区别。

表1　文化和创意的区分

类别	文化经济“保健”模式	创意产业“诈骗”模式
模式	艺术	娱乐
场所	文化机构(GLAM)	景区、节日、商场、新潮场合
价值	国家身份	全球多样性和不同性
吸引力	声望名誉(“觐见女王”)	社交网络(街头、媒体、俱乐部、群众)

续表

类别	文化经济“保健”模式	创意产业“诈骗”模式
媒介	公民身份	数字素养
时间	日间	夜间
面向人群	成年人	青年
研究	文化经济期刊	文化经济学期刊

资料来源：改编自 Hartley 等人著作，2012：68。

公共文化（“保健”模式）的支持者想保护其免受来自市场（“诈骗”模式）的压力，但从创意城市的角度看，表1中的两组不同模式的共存是很重要的。与其在表1和表2所归纳出的不同点中取舍，笔者更趋向于用一种有结构的、积极的眼光去看待这种对比；并且笔者认为创意的目的另有所在——既不是“保健”也不是“诈骗”，而在于“创新”。

这种模式的基础在于对创意过程进行系统性的总览，其价值在于，新创意的“横空出世”和深入发展会给复杂环境带来变化和革新。这种方法也预示着，当系统间发生碰撞，在系统的交接处（碰撞处）发生摩擦、冲突和其他复杂情况时（Lotman，1990：136；也见 Leadbeater & Wong，2010），此类的创意过程就会涌现；纵览历史，这种紧张局面通常是在城市中得以解决并最终定论，因为在城市中，结构各异、难以衡量、互不理解、难于沟通的各种系统会在街头相遇并激烈碰撞。

三　创意城市

那么创意城市又是什么呢？在这里，我们应该注意一下“在实力层面上的大型或国际城市”和“吸引创意人群和企业的创意城市”（Hartley，Potts & MacDonald，2012）间的区别。大城市都与帝国紧密相关，也通常经过设计规划。而创意城市则吸引创意理念、企业和人群（大多是青年群体）汇聚，一般是自发组织的。在一项创意城市指数的初步研究中，Jason Potts 所带领的团队和笔者制作了一个表格，以把创意城市与“国际城市”区分开来（见表2）。

表 2　区分创意城市

类别	“国际城市”	“创意城市”
源于	帝国(宫廷)	机构(规则)
成因	君主权力	流动性强的精英阶层的选择
地点	城堡/宫殿(政治)	港口/枢纽/市集/市场(商业)
价值	宏大荣耀(过去的)	吸引力(潜在的)
竞争优势	规模/实力	人口流入/智能(理念的熔炉)
动力	稳定增长	非线性动力
资源	沉没资金	综合因素(能力强的创业人群)
驱动力	领导能力	企业
黄金时代	过去	现在/将来
来访者体验	旅游	探索(自我实现)

资料来源：Hartley et al. , 2012：67。

创意城市是一个创意迸发，推动经济文化发展的地方。但是，只有在具有高度竞争性、能够付诸实践并有种种不同和差别可以鼓励原创激发新意的地方，创意才能得到蓬勃发展，令新鲜事物得以崭露头角（Hutter et al. , 2010）。从历史上看，这一过程在城市中，特别是某个区域的中心首府和国家的首都中进行得最为集中频繁，这些地方融合了艺术与工艺的多样性，也有创意交流的各种机制，包括市场。创意和城市相辅相成，但这个过程是“非线性”的。这个过程有赖于复杂系统间的互动甚至相互碰撞。作为人类发明的城市高度进化着，不断应对着知识和理念的成长和协调中出现的多样性、变化和不同。碰撞和差异激发变化和创新，使创意创新不断深化扩展。在创意城市中出现了“集群中的集群”，使得对复杂事务的自我管理、知识的增长和精细化成为可能。

“诈骗”模式和“保健”模式需要足够紧密地互动和交叉结合。在大城市中，这种对立实际上是嵌入式的：在一个区域内集合了高端文化机构，包括美术馆、博物馆和大学；在另外的区域内则集合了街头市场、购物商场和国际媒体的总部。这也是迈克·波特（Michael Porter）的城市集群理论的基础。集群化是历史上最初的一种无计划的应对复杂化问题的解决方法；城市是逐步累积的结果。复杂性本身源自无数个体行为和组织行为，这些行为又受到创新艺术家之间的竞争和差异的刺激，而这种种“争议、不满甚至是异化的典型表现”（Cooke & Lazzeretti, 2008：4）又创设了新的工作，这些工作从定义上看是新奇、原创和创新的。尽管存在着不同，这种艺术的基本原理与基于市场的创意产业的基本原理是一致的（Beinhocker, 2006），两者都是一座创意城市所需的。它们都在复杂环境下，在竞争、碰撞、创新和协调中蓬勃发展。

Richard Florida（2009）在探讨2008～2009年全球金融危机及其对美国城市的影响时提到，在特定环境下，创意人群甚至会更加紧密地聚集起来，集中在全球大约40个极具竞争力的百万人口城市里。他强调，这些城市作为吸引力和创意驱动力重地，有以下的特点：

①拥有最高的创意流动速率；

②拥有最密集的创新人群；

③拥有最高的“城市代谢”率。

因此，一座“创意城市”起源于居民和访客的集聚，这包括专业艺术家和创意人群的集聚，而不仅仅在于其拥有多少产业设施。这更像是一个“节日庆典”，而不是“工厂生产”。对于创意集群来说，重要的并不在于相似性（如同类企业的集聚），而是多变性和多样性（Lazzeretti et al.，2009：21）——对立各方之间的碰撞。

四　艺术家、消费者和系统碰撞：无名企业

应用“系统碰撞”于艺术家本身，便不难看出这种碰撞可以给个人才能和精力所带来的价值，以中国为例：

在中国，艺术家可能是制作人、业余爱好者、革新者或者受雇于企事业单位的“文化工作者”。他可能是电影导演、演奏家、歌手、诗人、画家或视频艺术家。艺术家的角色随着时间而变化：从促变因素到国家公务员，从革新者到手艺人，近来又发展为经济因素（Keane, 2013：127）。

如果（正如Little Britain和Daffyd可能会提出的）你是村里唯一的艺术家，要想维持艺术家的活动、功能和角色将十分困难。针对乡镇等偏远地区，系统间的交叉结合速度必然较慢，选择也较少。艺术家是城市生产力的一部分；只有将艺术家的创意活动放在城市指号过程中才能获得最好的诠释。

当然，艺术家始终都是经济主体。事实上，根据 Swedberg（2006）的说法，年轻的 Joseph Schumpeter 以此建立了企业家概念模型，并在该模型基础上创立了演化经济学（见表 3）。

表 3　Schumpeter 对企业家和艺术家进行了平行比较

静态多数	创业者/艺术家
-追求均衡	-打破均衡
-重复过去做过的事	-破旧立新
-被动、低能量	-主动、活力充沛
-跟随者	-引领者
-接受既定的做事方法	-融合新的组合
-针对变化有强烈的内部抵触	-内部对变化没有抵触
-对他人的新行为抱有敌意	-和抵触本身做斗争
-理性选择已有选项	-凭直觉在多种新选项中进行选择
-仅在有需要时表现积极性	-受创意能力和乐趣驱动
-一旦需求得到满足便停止	
-不控制资源，也不使用新资源	-不控制资源，但借用需要的资源

资料来源：Swedberg，2006：250；from Hartley et al.，2013："Agency"。

创意城市公式注重商业（企业）、劳动力市场（艺术家、工匠和技工）和生产过程（尤其是已经完全产业化的创意媒体），却缺少了一部分：观众和消费者。创意产业和其他经济成分不同，其供给先于需求（萨伊定律）——除非新的创意产品正式上市，否则人们不知道会不会喜欢这种产品。为了取得成功，艺术家和创意企业需要消息灵通、参与度高的观众，与其维持对话性关系，利用多种机制针对他们的关注点创造和"捆绑"新创意。更进一步讲，随着数码和共享媒体的出现，观众本身变得更具创造力。生产者和消费者，同时也是专家和业余爱好者，二者之间的历史性差异正面临挑战。随着社交媒体和用户创意内容的发展，系统整体的生产力也在增长。数码科技将用户创意内容和经企业处理过的部分巧妙连接、结合，并且毫无痕迹（例如 Youtube）。上传"内容"操作简便，这也意味着诸如音乐家、博主、段子手等非专业人士制作的创意活动可以获得来自全球的关注，抑或开拓出新的用户群市场。通过相互共享网络，消费者和生产者之间得以连接。所以，创意城市需要一批通过高速宽频和开放的街巷联系起来的创意人群作为艺术家和企业的有机组成。

这种新感性的显著标志之一，是起源于匿名涂鸦的街头艺术。此类“用户创意内容”带有官方禁止的意味，通过 Keith Haring（1980 年代的纽约）、Bristol 和 Banksy（英国）等（Banet-Weiser，2011）艺术家，以及原址作为旅游景点得以保留的街头艺术范例，例如长岛即将拆毁的 5 pointz 气溶胶艺术中心、柏林墙或墨尔本小巷等，街头艺术在“酷炫”的城市里迅速经典化。现在街头艺术已经发展为主流艺术形式，得到各地市政府的鼓励和特许，在“街头艺术”（获得批准）和“涂鸦标记”（需要清除）之间也形成了新的区别。在城市生活中，涂鸦是自下而上创意的可见标志。这种匿名的艺术行为有时表达了年轻人的夜间活动，有时则宣泄了当前重大事件所带来的消沉情绪。举个例子，在两德统一后的前东德办公楼上，笔者曾看到一句德语，“他们先是给我们带来了文化，接着却夺走了我们的房子”，它被喷在魏玛的一面墙上；其他例子包括 2011 年在北京和香港支持艾未未的活动；从伊斯坦布尔到中东和北非，席卷诸多城市的阿拉伯之春；再比如 2011 年 12 月埃及“穿蓝胸罩的女人”事件的后续情况。这是一种最直接的城市符号过程，需要原本差异显著的艺术家和消费者市民之间呈现一种多产并且活力四射的“碰撞”。

五　创意产业的四个阶段/模式

迄今为止，多数政策性讨论集中在创意产业的“产业”方面。然而这一部分自 20 世纪 90 年代首次得到确立后不断进化拓展，已有四种不同阶段或模式得到确认（Hartley, 2009），每种都对前一种构成补充而非替代，从而更容易看出创意对于市民——消费者的依赖性，同其对于企业——艺术家的依赖性一样强，城市需要市民和自身经济来实现创意。因此，真正的创意城市不仅需要创意产业的一种模式，而是四种创意系统：每种都可以单独描述，但又往往互相重叠，在相互发展和变化所造成的创意张力中彼此碰撞。表 4 对其进行了总结。

表4　创意产业的四种模式

CI－1：创意集群 Industry Definition 业内定义
－Closed expert pipeline of innovation (internal to the firm) 封闭的专家创新渠道(公司内部)
－Clusters of different industry sectors － advertising, architecture, publishing, software, performing arts, media production, art, design, fashion etc. － that together produce creative works or outputs. 不同产业类别的集群,包括广告、建筑、出版、软件、表演艺术、媒体制作、艺术、设计和时尚等,共同生产创意作品及产品
－Provider-led or supply-based definition: institutional (meso level) creativity; elaborate production by specialist organizations 供应者主导或以供应为基础的定义:机制(中层)创意;专业组织机构精心制作
－Indicators: "Creative outputs", i. e. consumer goods priced on creative values (i. e. adding value to information or material), including music, writing, design, performance 指标:"创意性输出",例如:根据创意价值定价的生活消费品(即向信息或材料赋予价值),包括音乐、写作、设计和表演
The CI－1 sector is reckoned to be anywhere between 3% and 8% of advanced economies (UK, USA, Australia), of growing importance to emergent economies (e. g. China, Indonesia, Brazil), high-growth, with an economic multiplier effect. 估计 CI1 部分约占发达经济体(如英国、美国、澳大利亚)的 3%～8%,其对新兴经济体(如中国、印尼和巴西)的重要性不断增强,实现高速增长,并取得经济倍增效应

CI－2:　Creative Services CI－2 创意性服务 Economic services definition 经济服务角度的定义
－Closed innovation system 封闭的创新系统
－"Creative services" － creative inputs by creative occupations and companies (professional designers, producers, performers and writers)"创意性服务"——由创意性职业和公司(专业设计师、生产商、表演者和作家)等的创意投入
－Value-added to "non-creative" sectors (e. g. health, government) by creative services: institutional (meso level) creativity 创意性服务为"非创意"部分(如卫生和政府)赋予的价值:机制(如中层)创意
－Indicators: employment of specialist creative people (professional designers, producers, performers and writers)指标:雇用专业创意人士(专业设计师、生产商、表演者和作家)
Creative services expand the creative industries by at least a third, according to research at the CCI, using the concept of the "creative trident" (Higgs et al. ,2008). Creative input is high value-added; stimulating the economy as a whole and boosting innovation in otherwise static sectors (e. g. manufacturing). 根据一项 CCI 研究,创意性服务通过运用"创意三叉戟"概念(Higgs et al. ,2008),至少将创意产业拓展了三分之一。创意投入是高度增值的;整体刺激了经济和其他静态部分(如制造业)的创新

CI - 3: Creative Citizens CI - 3 创意市民 Cultural definition 文化角度的定义
- Open innovation network (innovation from beyond firms and professionals) 开放创新网络(来自公司和专业人士之外的创新)
- Number of "creative citizens" - population, workforce, consumers, users, and entrepreneurs, artists "创意市民"的数量——人口、劳动力、消费者、用户和企业家、艺术家
- Personal (micro level) creativity/microproductivity/market-based and non-market 个人(微观层面)创造/微型生产力/市场为基础及非市场部分
- Focus now on user productivity (cloud computing, crowdsourcing, etc.) 现集中在用户生产力上(云计算、群众外包等)
- Social media/user-created content 社交媒体/用户创意内容
- Indicators: emergent production from social networks; caled-up via micro-productive institutions (e. g. YouTube, Google) 指标:来自社交网络的新兴作品;通过微型生产机构(例如 YouTube 和谷歌)所实现的 caled-up
This is a *user-led* or demand-side definition, where in principle everyone's energies can be harnessed. It adds the value of social networks and the individual agency of whole populations to the *growth of knowledge*. It is the domain of experimentation and adaptation, where *individual* agency may have *network-wide* effects: thus it is the dynamic "edge" of systemic *emergence*. 这是一项用户主导,或者说是以需求方为本的概念,原则上可以利用每个人的能量,增加社交网络价值,并把整个群体中的个体都纳入知识的增长当中。概念属于个体实验和适应性领域,其中个体可以具有遍布整个网络范围的影响,也因此成为系统的前沿动力

CI - 4: Creative Cities CI - 4 创意城市 Urban mixture definition 城市融合概念
- Clash and friction between systems: industry/economy and culture (e. g. in conflicting interests in the sharing of intellectual property) 系统间的碰撞和分歧:产业/经济和文化(例如知识产权共享过程中所发生的利益冲突)
- Sites for social meeting and mixture as well as friction: connecting culture and economy, diversity, tolerance, civility 社交联谊、混合及分歧的地点:连接着文化和经济,具有多样性、包容性和文明性
- Creative cities are therefore those that cohabitate all four types - industry, economy, culture, and urban semiosis 因此,能够将全部四种类型,即产业、经济、文化和城市符号过程有机融合,即为创意城市
- Population-wide (macro level) creativity 全体人口(宏观层面)的创意

资料来源:引自 Hartley et al.,2012。

前两种模式（CI－1和CI－2）的基础是经济，CI－3的基础则是经过技术装备的文化（Papacharissi，2010）。用Clay Shirky的话说就是：“人人参与！”通过这种模式，每个人的创意潜能都可以为创新做出贡献，而创意则可能来自系统中的任何角落。实际上CI－3完全不同于CI－1和CI－2，其原因在于CI－3着眼于文化而非经济，注重消费者或用户而非生产者，关注于整个人群（社交网络）而非公司。CI－3得益于数字革命，直接对“产业”商业模式提出根本性挑战。相比其他仅依靠专家系统的创意模式，CI－3可能更加多产。

CI－3再一次证明了系统碰撞如何成为创意生产力的驱动力。创新性成为复杂系统、社交网络关系以及文化经济活动相互作用的一种性质，而非产业输出。除此之外，社交网络本身也是创新的来源，而不仅仅是传递媒介。CI－3的创新力量为CI－1带来了压力，这一点从向供应者严重倾斜的知识产权领域便可看出。想要复制和分享创意内容的“权利”并未得到认可。无情的执法制度让消费者成为罪犯，这种情况在音乐唱片行业尤为突出。此类政策针对创新和产业本身造成的毁灭性影响已经得到了认识，近来也出现了改革知识产权法的动作（e. g. Hargreaves，2011）。

基于上述情况，四种模式并未基于进一步将“创意”定义为“产业”的尝试，恰恰相反，其依据是如何阐明与产业之间渐行渐远的距离。除非达到CI－3和CI－4阶段，也就是创意达到城市和文化层面，而非仅限于企业的生产过程，文化和经济之间的生产联系，以及个人和社会地位之间的关系才能得以突出。此外，只有在这一阶段我们才能够用恰当的方式考虑技术系统相关问题，如信息通信技术的发展、数字媒体和互联网，它们现在不仅仅是公司内部的绩效技术（如过去的IT技术），而是整个社会的文化性形式（如现在的互联网）。换言之，如果将创意产业的概念局限于传统（即模拟）创意艺术及其产业或职业形式，便无法正确判断用户创意内容，以及计算机所带来的社交网络规模的迅猛发展在经济和文化两方面的重要性。显然四种模式都是创意产业的重要驱动力，因此，针对创新性、文化和经济集成的意义及价值进行解释，需要全部的四种模式。最后CI－4提醒我们，上述发展具有跨空间和跨时间的竞争性及不均衡性。有些城市相比其他城市在创新性方面达到了“峰值”。用抽象术语来说，城市是推动全球社交、创意信息以及企业网络关系的“轮轴”，但从历史现状的角度来说，城市随着竞争起起落落，并且处于创意动力的中心。

六　创造性破坏和社交学习

提出创意产业这样一个“定义”似乎略显复杂，也并非必要，其原因在于定义需要四个组成部分，各部分之间又互相存在差异。不过这确实是“多种系统的系统”运作的方式。对于政策制定来说更加困难的是，技术和社会变化又加快了步调。较为特殊的是，互联网和社交媒体的快速发展已经形成了破坏性影响，尤其是在消费者创造内容有所发展的情况下。现有的“模拟”创意产业本身就首先经历了 Schumpeter 所说的“创造性破坏狂风”（Schumpeter，1942），这股狂风正是随着全球在线数字网络和“每个人”的参与发展而来的。创意产业的驱动力量正在转型，从拥有版权的“艺术和媒体”转变到“个人发布”的数字网络，例如 YouTube、Facebook、Wikipedia、Twitter 和其他社交网络，它们为用户创意内容和“社交网络市场”（Potts et al.，2008）提供了平台，并为城市符号过程的交流提供了大众性及全球性交流媒介。

互联网最重要的“发明”是“用户”（CI－3）。在随之而来的破坏之中，数字用户和虚拟版权持有人进行角力，而角力本身也并没有一个结果。重点从版权（CI－1）转移到了创新（CI－3）；从知识产权（CI－1 和 CI－2）转移到了发布（CI－3 和 CI－4）。创意产业需要 WIPO（世界知识产权组织）这样的全球性机构严格执行版权法，而创意文化却又践行着“共享的知识才是学得到的知识”这条格言。

鉴于用户作为生产者的重要性，学习和实验是创意的关键因素，可这两个因素在创意产业模式里却消失不见了。新的想法可能来自专家专业化的产业环境之外，包括无数用户之间的相互学习，以及通过网络媒介所进行的学习。这种网络化和创意学习具有非正式性、分散性、对等性、及时性及模仿性等特点。对于普通大众来说，往往同娱乐方式相关，并非正式教育系统。而现在这部分人群本身已经成为生产创造资源，因此经济进一步发展的先决条件是，针对创意生产力增长和用户间的互动进行正式和非正式教育。但无论对于创意产业还是对于教育来说，“供应者”并不像“用户”那么重要。学生人口数量多的城市引领着全球创意，而学生本身又引领着多元化发展。伦敦大学副校长Malcolm Gillies 认为（2013）伦敦的50 万学生中有10 万是留学生，“大部分在伦敦学习的本科生宣称自己并非‘白种英国人’”。学生群体来自全球各地，容易接受新鲜事物，拥有相对较高的可支配收入（闲置的现金用于购买创意产品），流动性高，富有实验精神，乐于参加各种活动和节日庆典，聚集在租金较低的地区并经常在具体过程中为此类地区增添活力。因此，学生及学龄人群为城市发挥了社会学习功能，该功能并非高等教育或者学校的工作，而是在人们所体验的城市生活中通过“系统碰撞”以非正式的形式进行的。事实上不论是在真实世界还是网络世界，人们和供应者一样，都需要聚集起来。

在活跃的环境中，创新性对于正式（教育和艺术）和非正式（参与和媒体）场合都起到促进作用。现在既可以将创意本身视为专家组织（CI－1 和CI－2）的精心制作，也可以将其视为分散、自我组织的社交网络自发形成的意义。他们通过不同的想法联系在一起。正如 John Howkins（2009）所说：“想法就是新货币。”这种货币不一定总能兑现。有些想法完全在市场之外传播，在社交网络和眼球经济中运行。针对其他一些想法，不少创意艺术家和创业企业证明，“自发想法”和赚钱二者之间并非按行业划分，而是按时间划分，尤其 Cooke 和 Lazzeretti 提出的“其数量之大，异于常态”更是说明了这一点。今天在客厅里随意录制的 YouTube 视频，明天就可能使你成为避税地的高净资产客户。

七　你准备怎么做?

事实上，CI－1 的创意集群、CI－2 创意性服务和 CI－3 创意市民的组合，就是创意城市（CI－4）知识基础设施的一部分，并且把生产商/消费者、知识产权/知识资本、精心制作/新兴创意、工作/休闲、供应/需求（斜线同时表示碰撞和联系）的能量集聚在一处。创意城市是整个群体创意实现融合和流通的媒介（在艺术方面）。随着数字创意的广泛分布，整个经济文化系统试验适应的广度和速率都迅速增加，分布解决方案的潜力也有所提升，“车库”创业可以迅速发展为全球应用（例如 iTunes app-store）。增速不断提升的创意概念作为基础深厚的“创新文化”（CI－3），意味着城市将需要不同于将“创意产业”单纯视为经济成分的政策设置（即 CI－1 和 CI－2）。可以将创意经济理解为已实现的创新，其产业集群（不动产）仅仅是第一阶段。在“系统碰撞”中生存需要具有快速的适应能力，而为了将自下而上的媒介自上而下进行连接，创意不应该在规模方面受到限制，通过数字媒体和社交网络实现全球推广应用。将创意产业重新认识为已实现的社会创新可以促成城市政策设置的改变：

——创意性；

——城市符号过程的培养和系统间的多产碰撞；

——从生产商到消费者的转变；从专家到用户的转变；

——网络作为城市内部的创意“地点”；

——城市规划；

——从不动产到人力资源的转变；

——重点实现和改善社会学习；

——从供应者规划到网络革新（“urban emergence”：Hélie，2012）；

——经济学；

——从产业成分到适应性、复杂性和开放性较强的系统；

——文化与经济的相互作用；

——从版权到创新；知识产权到自发出现。

就物质性基础设施而言，重点不应该集中在生产设备上，而应该集中在关系的构建上，将注意力从不动产解决方案向社交网络和融合地点方面进行转移，尤其是城市的创意“角落”（Roodhouse，2010），包括“场景”、节日、有奖竞赛或奖项，文化和经济手段创意融合的地点，不同想法的融合以及多产“企业家消费者”（Hartley & Montgomery，2009）和创意企业之间的多元互动（见表5）。

表 5　城市作为社交网络市场的培养器

文化	“碰撞”/城市	经济
消费	中介	生产
需求	平台	供应
聚集新意	城市连接	机构和公司

续表

文化	"碰撞"/城市	经济
社交……	网络……	市场(Potts et al. ,2008)
知识资本	共同体情景	知识产权
身份	知识发展	
玩乐	综合/移动	工作
场合/节日	城市角落	产业集群
创意文化	创意城市	创意产业

构建创意城市需要符合表5中所有三组属性：自发文化；城市空间的混合碰撞；可以实现协调和规模化的经济。表5也表明了中间列，即城市如何作为文化和经济之间的媒介，为多产的“联姻”带来不同的价值观、行为人以及文化经济系统相关知识。

八　作为文化品牌的创意城市

发展中的城市需要依靠生产多样性、相异性和市民本身的创意，包括（知识、资本和文化的）全球流通和本地机构（所有的外来者，包括移民、下层阶级，也包括专业人士和艺术精英）的创意张力等来实现自身繁荣。其目的在于，将区别以及互相冲突的系统针对相互之间的影响进行开放，包括自下而上的企业、用户创意内容、“节日”混合形式，让各种想法及系统相互碰撞所造成的破坏和张力催生新事物，将机遇最大化。

目前，用于鉴别最具创意性的城市（Hartley et al. ，2012），以及用于了解人们对于其他城市想法的各种城市指数之间已经出现竞争局面（Anholt）。城市指数的价值在于对城市间良性竞争的促进作用，而其本身正是驱动创新和创业的引擎。所以，能够在创意、文化和联通性等方面脱颖而出的城市，也必须提高自身在贸易方面的竞争地位。创意城市作为文化品牌，得到了由全体市民和到访者所组成的无名创意企业贡献的力量，只有承认这一事实，城市才能获得竞争优势。

参考文献

Banet-Weiser, S. (2011) "Convergence on the Street: Rethinking the Authentic/Commercial Binary." *Cultural Studies* , 27: 4/5, 641 – 58.

Beinhocker, E. (2006) *The Origin of Wealth: Evolution, Complexity, and the Radical Remaking* of Economics. Harvard Business School Press / Random House.

Luís Bettencourt (2013) "The kind of problem a city is: New perspectives on the nature of cities from complex systems theory." SFI Working Paper. Santa Fe Institute, 1 – 14. Online: www. santafe. edu/media/workingpapers/13 – 03 – 008. pdf; and see: www. santafe. edu/news/item/science-bettencourt-cities-framework/.

Chandola, T. (2010) "Listening in to others: in between noise and silence" . Ph. D. thesis, Queensland University of Technology: http: //eprints. qut. edu. au/40760/.

Cooke, P. & L. Lazzeretti, eds. (2008) Creative Cities, *Cultural Clusters and Local Economic Development.* Edward Elgar.

Crutzen, P. and E. Stoermer (2000) . "The 'Anthropocene' ." *Global Change Newsletter* 41, 17 – 18.

Crutzen, P. and C. Schwägerl (2011) "Living in the Anthropocene: Toward a New Global Ethos." Yale Environment 360: Online: http: //e360. yale. edu/feature/living_ in_ the_ anthropocene_ toward_ a_ new_ global_ ethos/2363/.

Cultural Studies (2011) " Rethinking Convergence / Culture " (special issue) . Vol. 24: 4 – 5, 473 – 699.

Derrida, J. (1978) *Writing and Difference.* Chicago: University of Chicago Press.

Desrochers, P. (2000) "The Nature of Economies by Jane Jacobs" (review) . Le Québécois Libre 61: http: //www. quebecoislibre. org/000429 – 3. htm.

Florida, R. (2009) "How the Crash Will Reshape America." The Atlantic Magazine: www. theatlantic. com/magazine/archive/2009/03/how-the-crash-will-reshape-america/7293/.

Gillies, M. (2013) " City State. " *Times Higher Education*, 18 July: www. timeshighereducation. co. uk/comment/columnists/capital-gains-and-pains/2005766. article

Hargreaves, I. (2011) "Digital Opportunity: A review of Intellectual Property and Growth." London: Intellectual Property Office: www. ipo. gov. uk/ipreview. htm.

Hartley, J. (2009) "The Uses of Digital Literacy." St. Lucia: UQP; New Brunswick NJ: Transaction Publishers.

Hartley, J. (2010) "Silly Citizenship." *Critical Discourse Studies*, 7: 4, 233 – 48.

Hartley, J. , J. Potts, S. Cunningham, T. Flew, M. Keane &J. Banks (2013) "Key Concepts in Creative Industries" . London: Sage.

Hartley, J. , J. Potts & T. MacDonald, with C. Erkunt & C. Kufleitner (2012) "Creative City Index. " *Cultural Science Journal*, 5: 2 (whole issue): http: //cultural-science. org/journal/index. php/culturalscience/issue/view/10.

Hartley, J. &L. Montgomery (2009) "Fashion as Consumer Entrepreneurship: Emergent Risk Culture, Social Network Markets, and the Launch of Vogue in China" . *Chinese Journal of Communication*, 2: 1, 61 –76.

Hartley, J. &A. McKee (2000) *The Indigenous Public Sphere.* Oxford: Oxford University Press.

Hélie, M. (2012) *Emergent Urbanism.* Blog: http: //emergenturbanism. com/.

Hesmondhalgh, D. (2113) *The Cultural Industries.* 3rd edn. London: Sage.

Higgs, P. , S. Cunningham & H. Bakhshi (2008) "Beyond the Creative Industries: Mapping the Creative Economy in the UK" . London: NESTA: www. nesta. org. uk/library/documents/beyond-creative-industries-report. pdf.

Hodgson, G. (1998) "On the evolution of Thorstein Veblen's Evolutionary Economics. " *Cambridge Journal of Economics*, 22, 415 –31.

Howkins, J. (2009) "Creative Ecologies: Where Thinking is a Proper Job" . St. Lucia: UQP; New Brunswick NJ: Transaction Publishers.

Hutter, M. , AB. Antal, I. Farías, L. Marz, J. Merkel, S. Mu ? tzel, M. Oppen, N. Schulte-Römer, H. Straßheim (2010) " Research Program of the Research Unit ' Cultural Sources of Newness' " . (Discussion Paper SP III 2010 –405) . Berlin: Wissenschaftszentrum Berlin für Sozialforschung. Accessible at: www. econstor. eu/bitstream/10419/56935/1/69000155X. pdf.

ane Jacobs (1961) " The Death and Life of Great American Cities" . New York: Random House.

Jane Jacobs (2000) *The Nature of Economies.* New York: Random House.

Keane, M. (2013) *Creative Industries in China: Art, Design and Media.* Cambridge: Polity Press.

Lapo, Andrei V. (2001) . "Vladimir I. Vernadsky (1863 – 1945), founder of the biosphere concept. " Int. Microbiol. 4: 1, 47 – 9. Accessible online: www. im. microbios. org/13march01/09% 20Lapo% 20% 28P% 29. pdf.

Leach, E. (1964) "Anthropological Aspects of Language: Animal Categories and Verbal Abuse. " Reprinted in P. Maranda, ed. (1972) Mythology. Harmondsworth: Penguin, 39 – 67.

Lee, R. (2010) Knowledge Matters: *The Structures of Knowledge and the Crisis of the Modern*

World-System. Brisbane, Aus.: University of Queensland University Press, 2010; New Brunswick, NJ: Transaction Books (2011).

Lotman, Y. (1990) *The Universe of the Mind: A Semiotic Theory of Culture.* Bloomington: Indiana: Indiana University Press.

Lazzeretti, L., R. Boix, F. Capone (2009) "Why do creative industries cluster? An analysis of the determinants of clustering of creative industries". IERMB Working Paper in Economics, no 09.02.

Leadbeater, C. & A. Wong (2010) "Learning from the Extremes". Online: Cisco: www.cisco.com/web/about/citizenship/socio-economic/docs/LearningfromExtremes _ WhitePaper.pdf.

Luhmann, N. (2012) *Theory of Society*, Volume 1. Stanford, CA: Stanford UP.

Maxwell, R. and T. Miller (2012) *Greening the Media.* Oxford: Oxford University Press.

Mehaffy, M. (2011) "The Power of Jane Jacobs 'Web Way of Thinking'." Online: Planetizen: www.planetizen.com/node/53128.

Mehaffy, M. (n.d.) "The kind of problem architecture is: Returning to Jane Jacobs" final chapter of The Death and Life of Great American Cities' (includes excerpt). Katarxis N° 3: www.katarxis3.com/Jacobs.htm.

Miller, T. (2004) "A view from a fossil: The new economy, creativity and consumption-two or three things I don't believe in." *International Journal of Cultural Studies*, 7: 1, 55-65.

O'Connor, J. (2010) "The Cultural and Creative Industries: A Literature Review" [2nd edn]. Newcastle upon Tyne: Creativity, Culture and Education. Accessible at: http://eprints.qut.edu.au/43835/1/Literature_ review_ second_ edition.pdf.

Ong, W. (2012) "Orality and Literacy: The Technologizing of the World". 30th Anniversary edition with additional chapters by John Hartley. London: Routledge.

Papacharissi (2010) "A private sphere: Democracy in a digital age". Cambridge: Polity.

Roodhouse, S. (2010) *Cultural Quarters: Principles and Practice.* 2nd edn. Bristol: Intellect Publishers.

Ross, A. (2010) *Nice Work If You Can Get It: Life and Labor in Precarious Times.* New York: New York University Press.

Samson, P. and D. Pitt (eds.) (1999) "The Biosphere and Noosphere Reader, with a foreword by Mikhail Gorbachev". London: Routledge.

Saussure, F. de (1974; first published 1916): *Course in General Linguistics* (trans. Wade Baskin). London: Fontana/Collins.

Schumpeter, J. A. (1975; first published 1942) *Capitalism, Socialism and Democracy.* New York: Harper.

Shirky, C. (2006) "Here comes Everybody: The Power of Organizing without

Organizations". NY: Penguin.

UN (United Nations) (2009) "Urban and Regional Areas 2009". Online: www.un.org/en/development/desa/population/publications/urbanization/urban-rural.shtml.

Vernadsky, V. I. (1943; published 2005) "Some Words about the Noösphere." 21st Century, Spring, 16-21. Online: https://www.21stcenturysciencetech.com/translations/The_Noosphere.pdf.

Volosinov, V. N. (1973) *Marxism and the Philosophy of Language.* New York: Seminar Press.

Wallerstein, I. (2011; first published 1974) *The Modern World-System I: Capitalist Agriculture and the Origins of the European World-Economy in the Sixteenth Century, With a New Prologue.* Berkeley CA: University of California Press.

WHO (World Health Organisation) (2013) "Urban Population Growth". Online: www.who.int/gho/urban_health/situation_trends/urban_population_growth_text/en/.

B.6

文化科技融合：存在之物的创造及其对生活世界的重建*

李 平 杨国栋**

摘 要： 植根人在世生存的当代日常－产品之物是物质与精神、技术与艺术、文化与科技融会贯通的产物，因而具有全新内涵与强大功能。日常－产品之物贯穿渗透到社会生活的各个层面，成为全方位呈现当代文化创意生产－生活－生命－生存的价值载体与意义节点；不断推动并实现以产品之物为存在基因的生活世界的本体化重建、以产品之物为交往工具的生活世界的社会化整合、以产品之物为开路先锋的生活世界的全球化扩张。产品－存在之物撬动并重建一个不断绵延、日益庞大、生机勃勃的生活世界。

关键词： 文化科技融合 文化创意产业 产品之物 存在之物 生活世界 重建

一 引言

所谓存在之物即直接关乎人们衣食住行生活生存的日常器物，如智能手

---

* 本文系国家社会科学基金重大项目“文化与科技融合的内在机理与战略路径研究”（项目编号：11&ZD023）、深圳大学人文社科团队创新项目“第三种思维：设计思维研究”（项目编号：10TDCX05）研究成果。

** 李平，深圳大学教授，主要研究方向为文化创意产业，艺术设计及其理论；杨国栋，深圳大学硕士研究生，主要研究方向为文化创意产业、艺术设计及其理论。

机、汽车、时装、千千万万种工作生活小器具；乃至大到房屋、建筑等生存空间形态；更可泛化到当代高科技环境下各种人机互动的创新活动方式如虚拟观展、多种创新商业模式如网上购物等。这些狭义或广义的产品之所以称为“存在之物”，首先凸显其作为日常生活之（事）物，与人的原始生活水乳交融，与人在世劳作、上手使用的前理论生活－生存的实践关系，如韦尔施所说人与物直接使用的近距离乃至零距离的“近程感受”关系，而非仅从某一认识论视角将其解读为物质之物、经济之物甚或设计之物。例如传统二分思维将认定的日常之器“物”看作是与人的生活－生存及精神－文化分离的物理机械之物；又如鲍德里亚将“物”系统纳入消费社会研究，忽略“物”对人之原始生存基本功能及其真实生活的经验性关系，而仅将其抽象为消费社会的文化符号加以观照。

从存在的视角，植根人在世生存的当代日常－产品之物具有全新内涵与强大功能。在文化科技融合创新的时代发展中，当代产品是物质与精神、技术与艺术、文化与科技融会贯通的产物；在不断创新实现最基本功能的同时，产品之物贯穿渗透到社会活动的各个层面，成为全方位呈现当代文化创意创新生产－生活－生命－生存－生态的价值载体与意义节点；并由此产品－存在之物，传统生活世界之边界与理念得以不断拓展与重建。

二　产品之物何以通达存在

当今我们生活在人造器物－产品之物的包围之中，从农业时代的手工艺品到工业时代的机械产品、电子产品再到信息时代的数码、网络、多媒体等高新科技创新产品，产品已成为日常生活生存之功能强大、不可或缺的基本工具。

（一）产品之物：创造生活存在价值

产品之物之所以是物，首先在于其与人衣食住行最基本生活需要相契合的物质性、实用性与体验性功能。不管消费社会“物”如何衍生成为消费文化符号，都不能取消物与人这种最基本、最基础的物质性关系，而存在之物的物质性是植根于人的生活基因的物质性。例如法国生命现象学家勒维纳斯所说：“作为物质或用品，日常使用对象从属于享受——打火机从属于人们抽的香烟……酒杯从属于嘴唇。事物指向我的享受。这是一种最为平凡的察觉，对用具性的诸种分析并不能成功地取消这一察觉。占有本身和与抽象概念的任何关系都转化为享受。”① “享受”在此揭示了人丰满鲜活的存在状态，而享受，就是生活，就是生命。“‘生命’首先是‘生活’或‘活着’。而‘生活’或‘活着’，又总是：享用某物。”② 当代文化科技融合的产品之物正是从这个日常根基处丰富、改变、创造着人的基本生命体验、生活方式与生存价值。电灯把人造的光明带进世界，人类的活动从此可以摆脱日出而作日落而息的自然限制；今天的LED灯更加先进节能，使城市更加明亮绚丽也更加绿色环保；光的创造甚或丰富了传统宗教文化的含义。自行车作为最简单的机械系统也是最伟大的行走工具，汽车更将人对速度与自由的追求发挥到无限。电视让人足不出户而即时知道世界任何角落发生的事情，地球由此变得小而透明；智能手机则融信息、交互、娱乐、商业、办公等功能于一身，从根本上影响着、塑造着人们的活动方式与生活方式，乃至人自我存在、自我表达、自我实现方式。文化科技融合的创意产品打开了人类造物向着生活、生命、生存开放的广阔维度。设计一个产品就是设计一种人的使用方式，一种生活方式。生产一个产品就是成就一种生活文化；由传统“从摇篮到坟墓”的一次性线性设计观到生态时代“从摇篮到再生”的持续性环性设计观，产品意向、开发、形态、生产、营销、品牌、使用、回收乃至再设计等一系列产品设计问题实质是物质与技术向人的生成、向生活的生成、向生态的生成、向世界的生成、向文化的生成。一个产品必然是文化与科技的水乳交融，是科技的文化化与文化的科技化，是创意的产业化与产业的创意化。产品之物使人突破了身体感官的生理局限，并由电子数字等高新科技产品，将真实生活世界虚拟化、超现实化，建构着一个如鲍德里亚所说的“仿真”的世界。在虚与实之间，不断改变着并拓展着传统生存之生活世界的场域边界与理念认知。

作为功能强大的生活工具，当代产品建立着人与生活世界丰富多彩的存在关系。美国技术哲学家唐·伊德分析了这些以工具为中介的关系类型。比如人

① 转引自朱刚《享受：在元素之中存在——试析勒维纳斯的生命现象学》，《学术月刊》2013年第3期。

② 转引自朱刚《享受：在元素之中存在——试析勒维纳斯的生命现象学》，《学术月刊》2013年第3期。

与物融为一体的具身关系，物成为人的一部分，构成“人－物→世界”关系结构，眼镜就在这种人物合一中让人眼明心亮地面对世界。解释关系将人带到一个由物而解释的世界面前，通过温度计来了解的世界就是温度计测量与解释给我们的世界，构成“人→物－世界”的人机环境结构。由于物如此丰富强大的调节、整合、转译、解释功能，在这个以物为中介与节点建构的现象世界、生活世界中，模糊了生理与心理、主观与客观等种种界限，一种物质精神水乳交融的新感性更根本地改变着人具身存在的传统含义。梅洛－庞蒂呼吁一种“哲学的首创精神，以便使一种不再是物质，但也不是意识或精神的东西获得思考。身体运转了一种含混的意义，我们已经看到，它不是一个部分外在于一个部分的，但它更不是观念。”① 这种物我两忘、天人合一正是人在世生存的本真状态，文化科技融合的产品创造正是对这种心－身－物水乳交融状态的切近与回归。由此物质与精神融合、生理与心理融合而与生活同构、同在、同生、同长，产品之物全方位激发人的生存体验及存在意义，创造全新生活价值。

（二）产品之物：创意生命存在价值

产品之物更穿越存在，直抵本真，由生活世界回归人更原始的生命存在。伴随着当代生活文化的兴盛，是对生命存在现象的深思。本真生命不是工具人、经济人等传统规定，也非生物学含义的生理实体；本真生命是前理论、前意识的生命原始事实。法国生命现象学家米歇尔·亨利打开了生命的先验情感性及绝对独立性存在视域。生命的原始事实是“绝对主观性在其先验的情感性中的自我－感动。”②“它关涉的是生命的实在性，即一种与外在性无涉的彻底的内在性，一种物质性的直接情感性。”[1] 亨利的生命现象学展现出人类生命的全新图景，一种绝对先验的主观情感性，这种先验情感性是构成我们生命最基本的材料、物质。生命的先验情感性是生命之活生生的开端，而人类社会丰富多彩的活动则都是这种生命“有感而动”之感动性的激发物、创造物。

---

① 转引自杨大春《身体的神秘：法国现象学的一个独特维度》，《学术月刊》2010 年第 10 期。

② 转引自杨大春《文化与生命——米歇尔·亨利与科学批判的物质现象学之维》，《求是学刊》2009 年第 7 期。

通过这种原始感动性，生命在与环境交互中对世界做出最本然的反应与最本己的选择。只有充分强调其生命情感的先验性，在经验性之前、之先的先在性、天然性，才能超越对生命内在性、情感性、感受性等受动的、相对的、经验的表象性理解，真正理解生命情感的主动性、创造性，在终极存在的价值意义上理解生命的本真及创造的始源。

生命现象学也为当代产品设计指明了价值创新方向，好的产品必须是与人的生命情感与生存需求水乳交融的器物，生命的存在价值也正是在这个基础上充分展开，即生命本真中人是在感性直观中而非在意识认知中通达物，生命的感性直观正是生命现象学揭示的由生命的感动抵达的“本质直观”，生命内里的感性－感动直观可直抵生命的精髓。韦尔施具体描述了这种感性直观：“作为‘知觉’、‘感知’指的是对诸如颜色、声音、味道和气味等真正的感官属性，为‘认识’服务，然而，用作‘感觉’意义时，它指的是情感走向，以‘愉快’和‘不快’作为评价尺度。‘感知’的第一阶段是‘感觉’，它服从生存的兴趣，‘愉快’与‘不快’这样的评价客观对象的标准，指向的就是对人类的生存需要的满足有益抑或有害。”[2]“‘感知’作为感觉，最初只服务于生存利益，它服务于生活，令你生存、存活……在这个意义上，美学与伦理学在生存层面上，已经建立起了最初的和最基本的联系。这种原始的审美行为已经直接服务于一种伦理的目标——维持生活……这种与‘感知’相连的需求要求听命于观察，它于生活极为有用。这一生存的需求，是伦理/美学的最初需求。”[3]

感知→生存→审美/伦理在韦尔施这里的逻辑关系已非常清晰。今天触及生命、引人入胜的创新产品，必然超越单纯的高技术、新材料、精工艺甚或厚利润，而融入人性、融入情感、融入体验、融入文化，达至审美之境界，才能切中人情感感动的生命逻辑，从而真正回应当代产品创造的题中之义。

（三）产品之物：创构生态存在价值

由生命、生活世界得到了其本质法则的奠基，并不断扩展到人－世界－自然更广阔的生态关怀。勒维纳斯将存在现象学“在世界中存在”的生命还原为“在元素中的存在”。“元素从无何有之乡来到我们这里。元素呈交给我们的面并不规定一个对象，它完全保持匿名。它是风、是大地、是海洋、是天空、是空气。”① 在元素中的存在是生命融入广袤无垠无始无终的自然的存在，是沐浴在元素中、沉浸在自然中的生态化存在。“我享受着这个事物的世界，把它们作为纯粹的元素来享受，作为无支撑、无实体的质来享受。”② 生态-产品之物就是元素的结构与解构、自然的引领与回归。

作为沟通连接生产-生命-生活、人-世界-自然关系的中介与桥梁，产品之物蕴涵着创构生态的存在价值。“物”在海德格尔那里，是“天地神人”四元合一的聚集，是安居在大地之上的此在通达本真存在的道途。在中华造物文明，以“天有时、地有气、材有美、工有巧，合此四者，然后可以为良”之器物展现自然生态的意蕴整体。而在鲍德里亚，“物”是人进入消费社会的通行证。因此物天然具有向社会生态、文化生态、自然生态的生成维度与价值内核。生态存在的产品设计超越人类中心主义，设计向自然开放、向生命开放、向宇宙自然万事万物开放；自然返魅、物性重现、人性回归，天人共生的生态存在成为生活世界人类造物的新坐标。当代环境设计就展现了一个融通建筑、室内、景观、城市规划、社会文化、自然生态等多系统的意蕴关联的整体互动场域。建筑景观化、景观建筑化、建筑景观自然化，跨越人与人、人与世界、人与自然、技术与艺术以及学科分野的多边界限，整合设计多元与自然价值的统一考量。比如集生态农业、农业旅游、社区场所为一体的城市垂直生态农场；集商业、办公、居住、观光、城市地标等为一体的城市智能生态建筑；当代产品在人-物-环境的和谐共生中创构生活世界全方位生态存在价值。

三　产品之物何以重建生活世界

“生活世界概念最先由胡塞尔提出，哈贝马斯用它来把握现代社会的基本结构。生活世界是指人们以非对象化的参与态度介入的生活领域。”[4] 非对象化的参与态度即是日常实践的存在论态度，相对于社会系统及其意识形态，生活世界是前理论化、前课题化的人自在自然、自衍自足的生活场域，是人最基

① 转引自朱刚《享受：在元素之中存在——试析勒维纳斯的生命现象学》，《学术月刊》2013年第3期。

② 转引自朱刚《享受：在元素之中存在——试析勒维纳斯的生命现象学》，《学术月刊》2013年第3期。

本、最基层的生存空间。以不断创造生活存在价值、创意生命存在价值、创构生态存在价值为动力引擎，产品之物撬动并重建一个不断绵延、日益庞大、生机勃勃的生活世界。

（一）以产品之物为存在基因的生活世界的本体化重建

当代生活世界的最显著特点，就是物的丰富多彩与全面渗透。产品之物如同生命基因，天衣无缝水乳交融地与生活世界纠缠交织在一起，或者说正是产品之物的创新与演变造就了今天生活世界最基本的形态特征。当今生活世界日用器物的功能无比强大，如电子产品、数字产品、网络产品等，物无所不至地进入生活的各个层面，物质生活、经济生活、文化生活等都通过器物得以展开。因此，融于生活的基础性是产品之物可以穿越、撬动并重建生活世界的首要特性。物的影响与改变是从根基上开始的，是从生活世界的基因构成与基石奠定处的影响与改变；今天的个人不再是自然人，而是数字人、网络人；今天的城市也不再是自然城市，而是数字城市、智能城市；与其基础性密切相关的，是产品之物与生活世界的普遍性关系。正因其基础性，所以产品之物具有前所未有无所不在的普遍性；在中国几乎人人有手机，很多家庭都有汽车；家电下乡、购物上网；在电脑上玩游戏，在手机上看小说；在高科技、高文化之物基础性与普遍性的渗透与组织中，生活世界正发生着本体化的重建，传统生活世界的特点正从根本上被演化。

农业社会的手工艺之物与人具有原初的亲和关系，设计者－制作者就是使用者，器物与生活和自然和谐统一；但由造物本身的有限规模及有限功能，难以对社会生活形成如今天般强大的建构与组织功能。工业社会人造物发生了革命性飞跃，机器化、大批量、标准化的工业产品成为影响生活、改变生活的社会化力量。在带来丰富的物质文明的同时，工业生产内含的系统性、合理性、工具性要求也通过工业产品成为生活世界的塑造力量；公寓小区组成了居住系统；电视、广告构成了大众传播的信息网络。正如马克思指出，“在通常的、物质的工业中，人的对象化的本质力量以感性的、异己的、有用的对象的形式，以异化的形式呈现在我们面前”。[5] “功能第一、形式第二”的机械美学导向主客分离、心物分离的认知乃至生活模式，社会系统与生活世界的分离成为现代世界的基本趋向。对此哈贝马斯认为“现代性问题是工具理性调节的系统和交往理性调节的生活世界之间的关系问题”。[6] 哈贝马斯提出著名的“生活世界殖民化”理论，认为“‘生活世界殖民化’之所以是现代性的病态现象在于它混淆了两个不同的问题，以系统合理化取代生活世界合理化。一旦金钱和权力的系统驾驭侵入到本来应该由语言媒介调节的领域，必然导致生活世界的异化”。[7]

如果说现代社会是科技理性引导的社会系统与生活世界的区割与对立，那么当代全球化创意经济及生活型、生命型、生态型文化的兴起，则展现由生态理性引导的社会场域与生活世界由区分转向渗透融合。产品是时代文化科技的结晶，文化科技融合的产品之物正在这个时代潮流中大行其道，以其基础化、普遍化威力正重塑生活、重建生活世界；为生活世界的蓬勃发展及其“去殖民化”推波助澜。

（二）以产品之物为交往工具的生活世界的社会化整合

当代生活世界的蓬勃发展制约乃至逆转了社会系统对生活世界入侵的现代状况，更表现出生活世界对社会系统的渗透与整合，解构与重构。以产品为交往工具的生活世界的社会化整合意味着一种面向社会系统的交互视域，通过不同社会活动主体的交往互动与沟通协调，达成共同规范与普遍共识，从而不断创生新关系与新价值。而文化科技融合正是当代社会生产－生活方式的重要特征。工业设计作为一种文化生产力，以其创新产品改变生活、改变社会，促进经济文化化、文化经济化；生活审美化、审美生活化。高设计的文化产业正成为新兴经济支柱产业，工业社会的产品在后工业时代更演进为商品－符号，承载着更加丰富多彩的文化与生活意义。

“交往”是当代西方哲学家哈贝马斯提出的与“目的合理的行为”相对的概念，对话－交往超越了传统主客二分的对象化思维及绝对真理追求，期许生活价值与生存意义在人与人的交往实践中生成，内含着生活世界化的知识生产方式、价值选择契机与文化创新机制。生活世界因此成为“具有独立价值和基础地位的社会整合资源”，生活世界能够“完全独立地逐渐形成各种不同的合理形式——如实践和道德力量，民主和共构的集体意志”。[8] 构成具有强烈时代感的生活－生存文化。

产品是当代社会交往行为的实践载体，产品之物既是不同社会文化体系相互作用、交往构造的结果，其本身又直接承载着这种交往功能。由其高科技、高文化、高附加价值，产品成为个体存在的象征符号；同时由日常产品使用的基础性与普遍性，产品更将个体意识与意志带入社会，建构起广泛、普遍、透明的社会关系网络，达到多极因素的沟通，实现人的社会性存在。比如手机、互联网络及建立其上的微博、微信等形成的强大的社会交往、公共表达功能，社会意识、公共文化、伦理责任的培养促进，凝聚为当代社会生态、文化生态乃至自然生态建设的自觉意识与自觉行动。生活世界的交往既是逻辑通约的，又是情景感应的；生活世界的对话凸显了社会的个体话语功能及交往创造价值，相对于工具理性标准化、机械化、社会化的宏大叙事及其对个人的忽略与遗忘，物化与异化，生活世界的存在交往理性是人文关怀与人本主义的。生活文化的柔性智慧、沟通同情与整合力量是交往实践内在的驱动力、润滑剂与凝聚力，网络传媒等高新科技产品则将交往功能最大化实现。公众交流对话、个人观点表达成为信息社会中日益普遍的公共文化现象。这些正奠定了当代社会发展的基本文化价值——公共性的基础。民主政治与改革的推进、政府角色与功能的转变、公民身份与权益的强调，公共性与公益性领域的拓展，都表明当代制度文化的公共性转型。

如果说公共文化是生活世界社会化整合的公共－公益界面表述，消费文化则是当代生活世界社会化整合的商业－消费界面表达。消费文化构成当代生活世界另一重要场域。消费文化是由全球化创意经济及市场竞争支撑与塑形、以创意产品为载体而为大众广泛消费的生活文化形态。创意产品进入社会生活的方方面面，给人提供了从自然状态和社会控制中解放出来的感性形式，这是一种“通过完备本质的方式从自身内得到的超越”。① 由此生成“泛设计化”“泛文化化”“泛审美化”的消费文化景观。今天，这种消费文化正超越城市、地域与民族，在全球范围内建构与漫延。

在以产品为交往工具的社会活动中，孕育着新的活动方式与存在方式。如布尔迪厄所说“在所有社会场域（如经济、消费、文化、教育、审美等）中，存在着各种社会分层的实践”[9]。分层既是场域的细化和分离，又是不同领域的过渡与连接，是传统社会领域的解构重构、跨界创新。创意经济建构了一个

① 转引自高亮华《人文主义视野中的技术》，中国社会科学出版社，1996。

跨越传统物质生产与意识形态的社会中间场域，一个文化与科技、文化与工业相互渗透、相互融合的新兴产业形态，而与其一脉相承、交相辉映的，则是文化与生活相互融合的日常生活世界的蓬勃繁荣。生产－生活－生命－生态的融会贯通展现了当代生活世界社会化整合的创造实践与创新价值，其具有内涵与外延两个维度。从其内涵来看，生活世界打破了封闭自在自衍的活动性质及其界域，不再是远离上层建筑的物质空间或外在于社会系统的日常场所，也不再是和工业生产隔离的自然状态或与意识形态无关的单纯生活，而是与社会各个系统领域各种活动性质交织渗透、互动融合，边界模糊、跨界重组；并在这种融会贯通中不断创新发展。如果说现代世界是系统对生活世界的殖民化，当代融合发展则是以生活世界的生存价值、生存状态为导向、为范式的社会化整合。因而从其外延，生活世界不断以其存在价值及意义向社会系统渗透、辐射、整合，不断延伸拓展着自己的价值疆域与存在领域。

（三）以产品之物为开路先锋的生活世界的全球化扩张

以跨国制造、全球贸易、文化交流、合作共赢等为特征，当代生活世界在跨国界、全球化蔓延。以产品之物为开路先锋，打通了生活文化→消费文化→全球文化的生活世界全球化扩张路径。产品作为日常存在之物，承载着人最基本的生活需求及生存价值，因而也天然适宜携带着具有“共通感”的普适价值，跨越种种界限与屏障，而进入全球化的生活场域，从而实现生活文化的弘扬、生活世界的拓展。

如果说传统文化的结晶是艺术品，如绘画、雕塑等，是对象化的、静观的、无功利的、与生活无涉的观念意识形态；那么现代文化的结晶可以说就是产品，日常的器物用品。产品是实用的、使用的、体验的；是直接切入生活、参与行动的此在在世工具，或者就是一种人的存在方式；如果说艺术品敞开的是人与世界的观照关系、感受关系、认识关系，器物产品就敞开人与世界的实践关系、创造关系、存在关系。在文化与经济全面融合的消费时代背景下，高科技与高文化结晶的产品之物超越经济、文化、政治、国家、地域等意识形态及地理边界，以其设计与生活、创意与制造、文化与科技水乳交融的创新形态嵌入全球化的生产生活价值链条中。在消费时代，这是经济的胜利，也是文化的胜利，产品融入存在推动着生产－生活－生存文化的创新与弘扬，生活世界的拓展与扩张，推动着一种意义深远的人类文化与文明转型，一种广泛深刻的生存普世价值与生存创新范式选择。文化软实力正是以创新产品为载体，全球化地植入渗透并引导影响着消费者的生活方式与文化认同。

在这个过程中，产品之物又必须经受消费市场的检验与选择才能最终进入全球化的生活秩序中。消费文化秉承自由选择的规则，硬性规定在消费文化中无济于事，而只有软性的潜移默化才能促成消费者对产品的选择。因此，消费文化是产品打入市场、进入世界的过滤器与润滑剂，是生活世界全球化扩张的必由之路。优秀产品之所以具有进入世界的强大功能，就因为其作为赏心悦目、得心应手的关涉人日常生活的器物工具，必然蕴含游离抽象意识形态的生活指向性、市场规律性与消费选择性，与人的基本生活生存指向相协调，而生活的逻辑也正是消费的本真逻辑。

产品，将全世界联系在一起并赋予其崭新秩序与意义。一个优秀产品是打造一条蕴含丰富多元价值产业商业链条的核心，可激发起巨大的发展潜能及引致生活领域拓展。例如美国人发明了智能手机，对人们的生活生存方式造成重大影响，并将日本、中国等都依次纳入其制造产业链条。在电子商务、互联网经济的创新发展浪潮中，中国正充分认识到处于基础地位的制造业转型升级、创意创新的重要意义。由中国制造到中国智造、中国创造，需要实实在在的产品来说话。中国的产品设计与制造正长足发展，如一些民族品牌手机已迎头赶上世界先进水平。据报道国内著名企业中兴通讯终端 CEO 曾学忠认为，未来全球手机厂商只有进入前三才能赚钱，一家是苹果，另外两家一定是中国品牌，中兴的目标是尽快进入前三。中兴通讯自 1998 年成立终端部至今，移动终端产品在全球出货量已经达到 6 亿部，其中智能手机出货 1.8 亿部，覆盖到全球 153 个国家和地区，[10]在全球市场取得了自己的份额。近期深圳某企业研发出激光电视的核心技术，基于其设计的产品交由某国际巨头企业代工生产，开始扭转中国只是世界代工厂的历史。中国建筑师马岩松提出“山水城市”概念，将城市生态、自然生态与东方传统山水艺术融会贯通，探讨城市与自然、文化的和谐生存。其山水概念建筑作品不但建构了中国城市风景线，还走出国门，走向世界，在一些西方大都市中标建成，实现了东方文化的传播及设计创新价值，同时书写着东西方设计文化的新生态，开启了中国建筑师走向世界之路。

在全球化经济文化大格局中，只有不断提升文化科技核心竞争力，创造更多具有世界影响力的优秀产品，才能改变中国制造的低端地位。产品是科技、文化、生活的综合体、结晶体，是产业与人、与社会、与生活的连接点与贯通点，是国家文化软实力的直接载体，当然也是产业转型升级的关键。企业只有技术而没有产品，就不能直接面对生活、介入生活，也就难以成为深入人心、影响生活、承载文化的伟大企业。如果缺乏自己原创性、有影响力的产品，企业产业结构优化只能停留在“产业配套能力不断增强”上，只能为苹果、三星、索尼等世界巨头企业配套打工，只能停留在全球化产业乃至经济文化价值创新链的低端地位。技术、材料、工艺固然是制造的基本要素，但一个产品的诞生，则需要文化科技相互融合的整体创意及系统统筹相关要素。中兴通讯在产品创新中就面向生活，对目标市场进行大量用户调研，探索什么才是消费者真正需要的高端手机。从产品设计、功能整合、软硬件配置到市场渗透实施全方位设计战略，表现出全球化布局及整体产业链打造的眼光与实力。中兴近期发布了一款高端智能旗舰手机，其设计与配置等具有诸多全球领先的亮点，可望给消费者带来全新体验，占领创新与市场先机。产品 - 品牌是统辖带动开发、设计、生产、营销等多个文化经济环节的核心与枢纽；因此，以产品设计制造与品牌创意创造为突破口、由中国制造跃升到中国创造是当前文化科技创新、经济转型升级、打造文化软实力、民族文化走向世界的重中之重；是在以产品为开路先锋的生活世界的全球化扩张中锐意进取、立于潮头的当务之急。

参考文献

[1] 杨大春：《现象学的彻底化与物质现象学的主旨》，《哲学研究》2009 年第5 期。

[2] 沃尔夫冈·韦尔施：《重构美学》，陆扬等译，上海世纪出版集团，2006。

[3] 沃尔夫冈·韦尔施：《重构美学》，陆扬等译，上海世纪出版集团，2006。

[4] 俞吾金等：《现代性现象学——与西方马克思主义者的对话》，上海社会科学院出版社，2002。

[5]《马克思恩格斯全集》第 42 卷，人民出版社，1979。

[6] 俞吾金等：《现代性现象学——与西方马克思主义者的对话》，上海社会科学院出版社，2002。

［7］俞吾金等：《现代性现象学——与西方马克思主义者的对话》，上海社会科学院出版社，2002。
［8］包亚明主编《现代性的地平线——哈贝马斯访谈录》，上海人民出版社，1997。
［9］布尔迪厄：《论区分》，引自俞吾金等《现代性现象学》，上海社会科学院出版社，2002。
［10］陈姝：《中兴造出智能旗舰手机》，《深圳商报》2015 年 7 月 23 日，A07 版。

产业观察篇

Industry Observation

B.7 移动互联背景下的文化产业融合创新*

花　建**

摘　要：在移动互联网的背景下，文化产业正跨入融合创新的新阶段。其重点在于：更新文化产业的价值链和供应链，集聚更多的优质资源；扩大文化服务，为制造业等相关产业提供更大的文化价值；推动文化产业与金融业的合作，建设新型的文化产业集群；发展服务平台体系，促进文化产业园区升级。

关键词：移动互联网　文化产业　融合与创新

---

* 本文系 2013 年国家社会科学基金重大项目"增强我国文化整体实力和竞争力研究"（项目编号 13&ZD038）研究成果。

** 花建，上海社会科学院文化产业研究中心主任、研究员，2013 年国家社会科学基金重大项目"增强我国文化整体实力和竞争力研究"首席专家，长期从事文化产业、创意经济、城市文化的研究和决策服务，出版《文化产业的集聚发展》等 10 多部专著，先后荣获"文化部文化产业优秀课题一等奖""第八届、第九届上海决策咨询研究成果奖""第九届上海哲学社会科学成果奖"等诸多奖项。

党的十八大报告指出：建设社会主义文化强国，关键是增强全民族文化创造活力。要深化文化体制改革，解放和发展文化生产力。要让一切文化创造源泉充分涌流，开创全民族文化创造活力迸发的新局面。移动互联网是互联网技术的升级版，代表了信息化发展的新潮流。它正在为中国文化产业提供前所未有的机遇，为文化创造活力的充分涌流提供条件。这集中体现在以下四方面。

一　重组产业链：优化整合资源

移动互联网作为一种新的科技成果和经济形态，正在促进文化生产力的新组合。它通过整合创意、人才、资本、技术、信息等要素，形成具有高度联通性的文化产业体系。人们利用这种体系，可以把金融资本、文化资源、社会资源等进行更加灵活的组合，开发新的文化产品和服务，从而激发前所未有的文化消费市场活力。

从历史的发展进程看，文化生产力的发展必须具备三大条件：①开发相关的资源，即根据人类的文化消费需求，保护和传承历史遗产，并且与物质条件和技术手段相结合；②激发人才的创造性，即让有创造才能的人，通过个性化的创造，满足社会的文化需求；③营造开放和多元的环境，让不同文化的元素相互交融，同时扩大文化产品的贸易。

在移动互联网普及的时代之前，上述三大条件难以整合，文化生产被分割为在地文化生产（包括印刷、包装、文化产品制造等）、在场文化生产（演艺、电影放映、展览、节庆等）、在线文化生产（有线电视等）等不同的门类。从1960年代到2010年代，电脑和互联网技术与应用已经快速地经历了五代的变化，并且以移动互联网为标志，进入到互联互通、极致体验、智慧服务的新阶段。在全球化和信息化的时代，移动互联网通过整合信息、人才、技术、资金等要素，极大地拓展了文化服务的时空，形成高度联通性的文化商业体系。基于移动互联网的文化商业形态，表现出一系列新特点：①越来越快速的反应能力；②追求极致的视听服务体验；③充分发挥平台经济的威力；④让创新成为开发新领域的引擎；⑤以低廉和免费的服务吸引海量用户；⑥与金融、物流、商贸等网络形成紧密的联通；⑦迅速更新的技术支撑条件。在这样一个汹涌澎湃的潮流面前，谁如果漠视了这种革命性的巨大变化，谁就会被迅速地边缘化，甚至被潮流所淘汰。反之，如果谁把握了这一个重要机遇，就可能在新一轮的竞争中形成跨越式的增长。联合国贸发会议的专家指出：从全球范围看，北美、欧洲和亚洲正在新一轮互联网革命中获得空前巨大的动力。亚洲依托“移动革命”所联通的人口超过全球其他地区；发展的动力来自两个相向而行的领域：需求——稳步增长的富裕人口带来了巨大的文化创意消费市场，供给——创新活动开发出前所未有的产品和服务。一个强有力的规律，那就是“内容为王者，联通为杠杆”①。信息技术对经济增长的推动力表现在：一方面它不断地推出新的信息技术产品和服务，另一方面它与其他产业形成有机的结合，从而培育出新业态。2015 年 3 月，博鳌亚洲论坛、凯迪拉克、《财经》杂志联合发布“2015 亚洲经济前瞻指数”。它以出席“博鳌亚洲论坛”的嘉宾为对象，征求 200 多位全球知名经济学家、企业家、财经媒体和政商财界精英的看法。调查结果显示，新能源、节能环保、信息产业被财经精英们公认为是三大最有前景的产业，而三大地区是全球创新能力最高的地区：北美得分为 87. 8 分；欧洲得分为 70. 5 分；东北亚、东南亚得分分别为 61. 7 分和 56. 5 分。② 也正是在这三大地区，依托信息技术和信息产业的发展，文化创造力和文化生产力首先形成新组合，文化生产的价值链和文化资源的供应链正在不断更新。

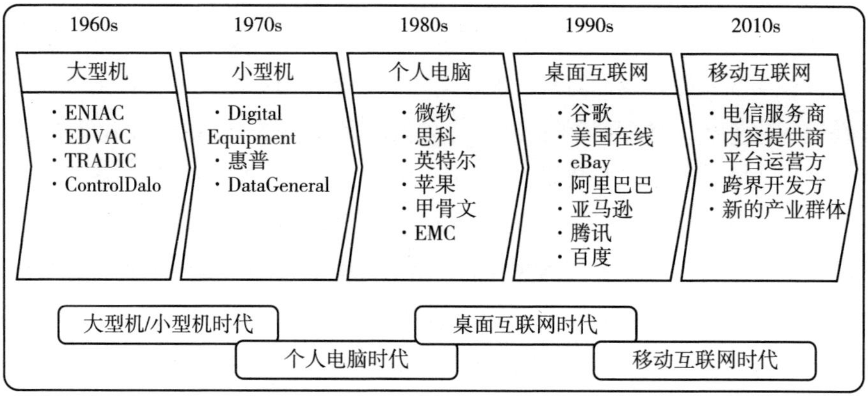

图 1　电脑和互联网技术与应用的代际变化

① Carolina Quintana: Culture, Creativity and International Competitiveness – Speech at Forum on Cultural Industries (Macao) 2015.

② 《“2015 亚洲经济前瞻指数”调查：增长动力正逐步显现》，财经网，www. caijing. com. cn，2015 年 3 月 23 日。

大量材料说明：在移动互联网技术的支持下，人类获得的信息正在海量地增长。数据一般以计算机仓储单位表示，比特 byte 即字节是最小的存储单位。大数据的入门级即为拍字节，所以也有人称大数据时代为拍字节时代，数据存储单位依次表示为：字节（B）、千字节（KB）、兆字节（MB）、吉字节（GB）、太字节（TB）、拍字节（PB）、艾字节（EB）、泽它字节（ZB）、尧它字节（YB）。《华尔街日报》将大数据时代、智能化生产和无线网络革命称为引领未来繁荣的三大技术变革。中国工程院院士邬贺铨指出：“全网流量累计达到 1EB（即 10 亿 GB 或 1000PB）的时间在 2001 年是一年，在 2004 年是一个月，在 2007 年是一周，而 2013 年仅需一天，即一天产生的信息量可刻满 1.88 亿张 DVD 光盘。”这是多么惊人的数据量。在这样大数据处理能力的支持下，为大型搜索网站以用户搜索记录为基础的影响分析，可对某个主题进行不同地域、时间和搜索热点分析，可对不同主题进行比较分析等，深刻地影响了文学创作和文化生产的决策与路径。比如，出版《哈利·波特》等畅销青少年小说的 Scholastic 出版社通过建立在线游戏追踪最吸引人的线索和角色，利用数据分析，为以此为基础创作的《39 条线索》系列小说之构思提供了帮助。在大数据作用的推动下，这些作品成为全球性畅销书，印刷数量超过了 1500 万册；而拥有 50000 名订阅用户的电子阅读平台 Copia 会收集有关人口特征和阅读数据的详细信息（年龄、性别和就读的学校以及这些书被下载、打开和阅读的次数）与出版商分享，开发出更加适销对路的文学作品；至于 Coliloquy 出版的电子书允许读者自己设计人物角色和情节线索，经过数据分析，提供有益的思路，让作家可以在新书中调整故事线索来体现受大众欢迎的选择。读者可以决定书中破案的途径、可以决定主人公的外貌和爱情场景的炽热程度，还可以选择女主人公与三位追求者中的哪一位产生故事，这样就集聚了大量读者的创意和智慧，体现了读者/作者/管理者等的角色互换和融合推动。①

有鉴于此，面对着大数据时代的大势所趋，许多融合互联网技术的文化企业，表现出越来越强的主动性和探索性，那就是把更大的生产主导权和控制权交给了企业和客户，借此来学习和适应环境。各个文化生产力的节点具有很强

① Eben Shapiro：《当心，电子书也在“读”你》，《华尔街日报》2012 年 7 月 17 日。

的自组织功能，并且通过各种支持系统来帮助它们管理和协调各自的行为，并且朝共同的目标迈进。与传统意义上的科层式管理和金字塔架构的企业模式相比较，“‘互联式企业’学习得更快。它们可以和合作伙伴以及竞争者一起协同发展，而且更容易适应环境，响应变化。它们把控制权分散给了半自治的群组，由平台支持，并通过共同目标而联系在一起”。① 这一革命性的变化，正在给中国文化产业企业带来深刻的影响。从盛大文学、腾讯文学开发的网络文学系统，到东方财富开发的网络金融文化媒体等，一个共同的规律就是依托广泛的互联互通，为客户提供无处不在、无时不在的文化服务产品，并且把客户的渴望和活力，整合到企业的发展中，推动文化生产力的倍增。

二　拓展大市场：从“蛋黄”到“蛋白”

移动互联网促进了文化创意和设计服务与工业、数字内容产业、城市建设业、现代农业等相关产业的融合。从全球范围看，工业正在向科技型、智能型、创意型升级，一股强大的“工业 4.0”新潮流正在给经济发展带来挑战和机遇。正如“工业 4.0”潮流的权威专家、美国辛辛那提大学教授李杰所说的：可以把产品的核心功能和衍生的服务比喻为“蛋黄”和“蛋白”的关系。按照传统思维的定式，最有价值的是价廉物美的大“蛋黄”，而在后工业化时代，衍生的服务即“蛋白”往往具有更大的价值。这就如同 iPhone 给手机业带来的颠覆性革命，如果只是一味地迎合消费者，那么史蒂夫·乔布斯就该创造出一个更厉害的通话机器，但 iPhone 却开创出一个巨大的移动互联网市场，从 iPod、iPad、iTune 到率先开创三维动画电影的 Pixar，以及无数的衍生产品和延伸服务，整个地改变了人类的生存、娱乐和生态空间。

英国国家科学和艺术基金会的研究报告《软创新》指出：人类的创新活动正在囊包括越来越广泛的内容和形式。过去很长一段时期，人们推崇经济合作组织 OECD 主张的创新，包括产品创新、过程创新、组织创新和营销创新，即材质性、技术性的“硬创新”。实际上，在人类的生产和生活中，出现了另外一种影

① 戴夫·格雷、托马斯·范德尔·沃尔：《互联网思维的企业》（中译本），张玳译，人民邮电出版社，2014，第 241 页。

响产品和服务感官知觉、审美情趣、知识认知的“软创新”，它主要是在造型、品牌、象征方面等唤起感情因素。这种软创新，适应了后工业化时代人类对体验经济的需求，具有巨大的市场潜力。推动软硬两种创新的结合，将有效地扩大一个国家和城市工业产品的总体竞争力，也大大拓展了人类的消费市场。①

如果说过去，许多制造业企业强调通过规模化、集约化来满足大规模标准化生产，如今则要将消费数据和大数据对接，与文化创意和设计服务企业紧密结合，将生产与服务更紧密融合，从开发“蛋黄”到拓展“蛋白”，以创意设计、品牌服务、授权交易等延伸产业链，走向“大规模智能化私人定制”。这一规律正在我国许多发达地区文化产业的发展中越来越活跃地凸显出来。从产业转型的总体角度看，制造犹如产业链核心的“蛋黄”，服务犹如制造产业链前后端的“蛋白”，制造产生了大量服务的机会，而服务又极大拓展了制造的空间，1 元钱的产品可以带来 6 元钱的服务，生产资料消费市场的规模可以达到日用品消费市场的 6 倍，从这个意义上说，在中国经济调速换挡、转型升级的“新常态”背景下，包括文化创意、设计服务、咨询会展等生产性的文化服务业具有极为广阔的应用前景和市场空间。

经过 30 多年的持续经济增长，中国成为全球性的工业大国。中国人民以勤劳、坚韧、智慧创造了世界经济发展史上令人赞叹的“中国奇迹”。中国制造业增加值在世界占比达到 20.8%。据国家统计局统计，2013 年，中国完成工业增加值 21.07 万亿元，规模以上工业增加值同比增长 9.7%。根据联合国工业发展组织资料，中国工业竞争力指数在 136 个国家中排名第七，制造业净出口居世界第一位。按照国际标准工业分类，在 22 个大类中，中国在 7 个大类中名列第一②。但是我们必须清醒地看到：我国工业生产效率的增速还低于规模的增速，我国工业产品的增加值率低于发达国家。这里所说的工业增加值率，是指在一定时期内工业增加值占同期工业总产出的比重，即企业新创造的价值占产品总价值的比重。增加值率越高，说明工业生产的效率越高。有专家指出：在主要国家的工业增加值排行榜上，中国为 26.45%，而美国为 44.85%，日本为 33.94%，英

① NESTA: Soft Innovation – Towards a more complete picture of innovative change, July 2009.

② 《2014 年中国制造业增加值在世界占比 1/5，钢铁等工业品产量世界第一》，中国产业竞争情报网，http://www.chinacir.com.cn/，2014 年 12 月 2 日。

国为33.04%，德国为28.51%，印度为20.07%。对中国来说，形成以创新为动力的新增长模式，提升工业的增加值率，全力提高科技、创新和创意的贡献值，提高中国工业的核心竞争力，是全面建成现代化强国的一个关键。

有鉴于此，近年来上海提出6R原理，即再设计Redesign、再利用Reuse、再减量Reduce、再循环Recycle、再制造Remanufacture和再消费Reconsumption，根据智慧生产、循环经济和绿色经济的原则发展工业，这对文化创意和设计服务与工业结合提供了广阔的天地。我国的诸多工业城市，要提升现代工业效益，就必须在创新技术、材质、工艺等的同时，结合感觉、审美、品牌等领域的创意和研发，进一步提高工业品的增加值率。正如工业4.0的首倡者、德国波茨坦大学克里斯托弗-梅内尔教授所说："工业4.0的实质是改变了生产的分工形式和产品的整合方式，一切围绕需求展开，它的实质性含义是对价值链和产业链进行全方位的整合。"①它推动了文化创意与工业和相关产业的产品融合、技术融合、产业融合、应用融合，形成了以零距离、全方位服务为导向的新兴业态。

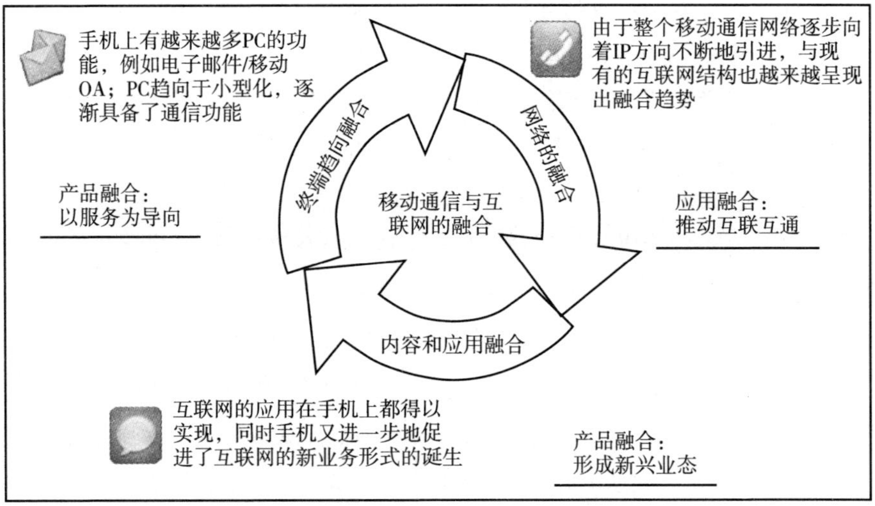

图2　融合成为移动互联网发展的主旋律

① 德国波茨坦大学哈索-普拉特纳信息技术系统工程研究院（HPI）院长克里斯托弗-梅内尔教授在上海社科院第120次新智库论坛的专题报告："工业4.0时代的发展趋势"，上海社会科学院网站，www.sass.org.cn，2014年11月4日。

值得关注的是，随着新型工业化和信息化的交融，中国许多城市的产业空间布局也发生着新的变化。许多工业化城市越来越注意发挥文化创意和设计服务的功能，以科技内涵、人性化服务、品牌魅力等，加大对实体经济的支持力度，作为提升产业竞争力的重大举措，形成了文化创意设计与制造业在空间上的集聚组合。例如上汽集团在2014年第10次入选《财富》杂志世界500强，名列第85，是第一个进入世界100强的上海企业集团。嘉定地区是上汽和全球汽车产业创新资源的重要节点，也是上海和长三角交界的一个新城镇。嘉定区根据“一核两翼”发展战略，综合考虑嘉定文化创意产业发展现状，形成“一个核心、两条产业带、三个组团”的空间布局，针对“汽车及工业设计之都”创建目标，鼓励发展汽车和工业设计集群，在嘉定新城和周边市镇形成一批具有较强竞争力的工业设计创新资源，推动了“嘉定制造”向“嘉定创造”转变，向国际知名、国内领先的汽车工业设计产业高地发展。

三　打造创新集群——文化金融与增长活力

移动互联网促进了文化产业和金融业的深度融合。邓小平同志在上海就高瞻远瞩地指出：“金融很重要，是现代经济的核心。金融搞好了，一着棋活，全盘皆活。上海过去是金融中心，是货币自由兑换的地方，今后也要这样搞。中国在金融方面取得国际地位，首先要靠上海。”①国际化大城市作为一个国家文化产业的中心，关键是发挥各种中高端资源的流通、集聚和配置作用，包括资本、技术、人才、信息、品牌和项目等。在产业链的运作过程中，创新是创造价值，金融是寻找价值，而市场是实现价值。资金的流通和运作处于主动和核心的位置，产业链对资源要素的配置主要是依托资金的运作来进行的。文化金融作为一种新的产业形态，正是大城市培育文化产业的核心服务功能。文化金融并非简单意义上的文化产业与金融业的结合，而是指以创新性的金融工具，动文化资源资本化、文化产权资本化的运作机制形成。在移动互联网的背景下，文化金融具有了跨越地域空间的限制，汇聚全球金融信息，推动远程交易等一系列新的功能出现，从而焕发出巨大的活力。

① 中共中央文献研究室编《邓小平思想年谱（一九七五—一九九七）》，中央文献出版社，1998，第455页。

大量实践证明，文化金融服务可以发挥如下作用：资金融通功能，即对资金的动员、筹措和集聚作用；资源配置功能，即通过金融工具，把资源分配到风险较低和回报较高的领域，实现资源的有效配置；风险管理功能，即通过对金融市场和文化市场的监测，及时发现各种风险信号，为有关文化机构进行投资的风险管理；价格信号功能，即分析和把握金融信息，向实体经济提供及时的信号，以协助它们做出明智的决策；国际流通功能，即针对我国逐步提高对外文化开放水平的趋势，依托金融创新，推动文化资源和各类资源的双向流通，促进中华文化走向世界等。在全球创新活力最为旺盛的地区，如美国旧金山湾区及硅谷，成为美国最早开展风险投资的地区之一，把创意、科技、金融、开放多元的要素进行了良好的结合，培育出了一大批信息、智能、创意、动漫等方面的优秀企业。著名智库——澳大利亚咨询公司 2Thinknow 从 2007 年开始发布《全球创新城市指数》，提出了从创新角度分析全球城市竞争力的新视野。在全球 331 个城市创新能力的排行榜上，波士顿、旧金山湾区夺得冠军和亚军，成为 Nexus 即创新的核心城市。在旧金山湾区东南方向的硅谷，邻近著名的创新型大学——斯坦福大学，面积约为 4700 平方公里，常住人口 300 多万，汇聚了苹果、英特尔、Facebook 等一大批新兴产业的领军企业，2013 年创造的 GDP 达 2580 亿美元。硅谷的传奇，与这里最早汇聚了大批风险投资机构，以风险投资撬动科技创新和创意开发的杠杆密切相关。

随着后工业时代和知识经济时代的到来，市场竞争正在对文化产业和文化金融提出创新驱动的要求。在金融业的历史上，大工业时代是它的辉煌期。由于大规模矿业开采和工业生产的推动，形成了近代以来的银行业和证券业，特别是建立了以设备、铁路、工厂、矿产等重要自然资源（如 1904 年美国以巴拿马运河开发权作为抵押）和重型资产进行抵押和评估的金融体系，而在人类社会跨入到后工业化社会和创意经济时代之后，上述的传统资产抵押和评估体系，越来越不能适应新的投融资服务需求。这就要求一种新的金融服务体系，以适应轻资产、知识型、智慧型的社会生产方式。这种生产方式注重的核心资产，是以科技成果、内容原创、商业运营等为主的核心竞争力，因此需要更加便捷而灵活的直接融资服务。互联网 + 金融的新型业态，体现了“全面感知、互联互通、智慧服务”的新型服务方式，把千千万万的中小投资者组合到金融之网、融资之选中，也提高了向各类文化创意企业提供精准服务的可能性。这种新型的文化金融服务方式，便于更加快捷地把握文化产业在推动创新和满足消费两个领域的需求，把文化资源、社会资本、金融资本进行灵活组合，为文化生产力的增长提供源源不断的活力。

2014 年中国成为全球仅有的两个经济总量超过 10 万亿美元的大国之一，2014 年中国实际使用外资（FDI）金额 1195.6 亿美元，而对外投资规模达到 1400 亿美元左右，首次超过利用外资的规模，意味着中国成为资本的净输出国，进入到一个资本相对充裕、吸引外资和对外投资越趋活跃的新阶段。在这样的历史背景下，北京、上海、深圳、广州等国际化大城市应该积极发挥文化金融中心的功能：①发挥金融在文化产业链中的动力和引导作用，特别是为最富有创新活力的文化科技项目，吸引到更多的资本，也为投资者设计出较高回报的投资模式；②发挥金融机构密集的吸引力和服务能力，培育各种文化艺术产品的估价、鉴定、拍卖、交易、仓储等功能，逐步建立全球文化财富的管理中心；③推动文化资源、项目和产权的各类交易，把一切有投资价值的文化资源、文化项目和文化产品，设计成为文化投资项目，推动丰富的文化资源向货币化、资本化、证券化转化；④活跃各层次的文化消费市场，包括生产型文化服务和消费型文化服务，培育国家级和国际级的一大批文化节庆、会展、合作开发项目，在全球文化产业的价值链、文化资源的供应链、文化品牌的服务链方面，显示中国的引领和主导作用。

大量实践证明在移动互联网的时代，金融和文化产业的结合，有可能形成巨大的聚合与裂变功能，释放出前所未有的巨大生产力。比如，上海文化产权交易所，以“开创具有中国特色、世界率先的文化产权交易平台”为目标，积极推进文化产业各类要素的交易和服务功能，便利供需双方实现项目的场内和远程交易。它以文化产权交易、文化金融服务、相关配套文化服务为三大主要功能，不断开发各类新的文化产权交易和文化金融服务项目。比如为了推动版权基金、影视基金、动漫基金、艺术品基金等文化资产权益投资私募基金的规范化设立、募集及运作，上海文交所推出了针对文化资产权益投资私募基金提供综合服务的文化产业场内基金，提供从基金设立辅导到基金权益流转的一站式全流程服务，建立基金高效、规范发展机制，开拓社会资本的投资渠道，并实现对投资人权益的有效保障。2014 年上海文交所实现各类文化产权交易 601 亿美元，成交 26488 宗；有 26904 个项目挂牌，全年主营业务收入 1014 万美元，同比增长118%；推动国有文化资产的交易：对接了26家中央文化企业，挂牌300家，交易额达到216.5亿美元。

而许多文化投资、科技、创意、研发企业，也依托文化金融服务的创新，破解了过去在项目投资方面的瓶颈，获得了重要的资源，把握了宝贵的先机。比如我国网络视频服务的领军企业——聚力传媒，引进IT业国际人才，包括微软互联网业务部全球资深高管、微软虚拟地球部的创始人等一批专家，开发出大规模高并发网络视频直播技术，清晰度比原有技术提升两到三倍，使得大屏幕电视通过宽带也能实现高清观看，突破超量网络用户在同一时间上线而形成的“堵塞”难题；在视频服务的内容层面，他们瞄准了体育赛事、综艺节目等特色服务领域，保持了竞争力优势。在上海自贸区制度创新的推动下，聚力传媒以技术优势和营运模式，吸引到苏宁云商和联想控股旗下的弘毅投资总金额为4.2亿美元等注资。这些案例为文化产业与科技、金融结合的创新，提供了有益的启发。

四　建设新型园区——发挥3M优势

移动互联网促进了文化创意产业集聚区的升级发展。区域是人类赖以生存和发展、具有明确边界的地理空间，也是各类文化生产力要素的集聚空间。文化产业在走向集约化、规模化和专业化的过程中，必然要建立一系列产业集聚区，作为文化产业壮大的载体。在全球化和信息化的背景下，以网络为基础的信息技术培育出了空间与事物、人类与地域的一种新的关系模式，营造出虚拟化的信息空间。这使得当前的文化创意产业集聚区，不但要积极营造实体形态的平台、设施、园区和空间，而且要大力发展虚拟化的网络服务和网络空间，更要推动实体空间和虚拟空间的结合，推动线下服务和线上服务的结合，推动文化产业与相关实体经济的结合，从而为新一代文化创意产业集聚区的发展提供了新动力。

建设文化产业集聚区的核心功能，是提升文化创新力。文化创新力是把各种资源转化成为文化产品、服务和成果的效率、业绩和能量的总和。文化创新力包括创意、创新、创造，是一个国家和城市所拥有的文化软实力的核心部分。从全球范围看，顶级和最有影响力的文化创意类奖项和荣誉，如诺贝尔文学奖、奥斯卡电影奖、建筑设计领域的普利兹克奖、工业设计领域的红点奖等，无不把创新作为评价和表扬的第一标准。有鉴于此，要使国家和城市的文化创新力充分涌流，就要建立引导创新、集聚要素、孵化主体、便利服务、辐射周边的空间，即以培育文化创新力为己任的文化创意产业集聚区。

跨入2010年代以来，在北京、上海、深圳、广州等国际化大都市和一大批文化创意产业活跃的中小城市，多种形态的文化创意产业集聚区正在蓬勃发展。从集中了聚力传媒、沪江网等300多家企业的国家级文化和科技融合示范基地——张江，到集聚了电视剧上市公司第一股——华策影视等一大批优秀企业的杭州西溪创意产业园；从位于广州萝岗区科学城的国家音乐产业基地飞晟园区，到华侨城创意文化园和中国（深圳）设计之都田面创意产业园等，它们犹如天幕上闪亮的星座，已经成为集聚大批优秀文化创意企业的发展沃土和孵化引擎。它们集聚的产业重点有所不同，依托的城市背景也有所区别，但共同的规律是把握三大要素：创新动力系统，在园区内培育创新理念、创新热情、创新人才，让创新文化的基因成为入驻企业“勇敢的心”；创新制度建设，探索文化+科技+金融的园区机制，破解阻碍各类要素流通和配置的瓶颈，使得政府、企业和社会的各方努力，形成有效的合力；创新要素管理，特别是为创新型、创业型人才提供一个独特的空间，以更有效的金融服务、更广泛的联通、更灵活的组合，来放大这些优秀人才的成果，使得园区成为可持续发展的创新引擎。

从全球范围看，文化创意产业的平台建设也跨入到了新的阶段，即从打造实体空间，集聚企业，扩大规模，提升产能的园区建设“1.0版”，发展到建立平台，集聚要素，注重研发和成果产业化的园区建设“2.0版”，进入到线上与线下结合，文化创意与实体经济结合，培育创新型企业，建立全球化网络联系的园区建设“3.0版”。新型集聚区在机制和功能上，出现了一系列的重要变化。

第一，从内部培育到广泛联通，从理查德·佛罗里达提出3T创意城市的特色，即人才Talent、技术Technology和文化包容性Tolerance以来，在互联网背景下如何使得文化创意产业园区成为培育创新的沃土，成为理论界和企业界热烈探讨的重点。正如英国NESTA和BOP公司的研究成果所指出的，在互联网众筹模式背景下，在后工业化时代和移动互联网时代，有关的文化创意产业集聚区越来越强调：获得更多的广泛的互联互通优势，即向3M优势转型：园区应该获得①更多的连接性（More Connection）；②更多的灵活性（More Flexible）；③更多的金融便利性（More Financially Accessible）。

第二，从招商引资到育商造商，在经济全球化和互联网技术的背景下，文化产业园区的应用服务开发者需要进行多个平台的适配开发，发挥产业集聚区在育商造商方面的强大功能：①资源池：推动资源配置和交换功能，实现资本、技术、人才、信息等的大量集聚，推动文化创意产业的核心要素——知识产权，尽快获得产业化的成果；②孵化器：企业孵化和产业培育功能：依托互联网和其他基础设施，结合自组织规律，有助于创造新产业形态；③大动能：集聚实体和集成创新功能，汇集上下游关联方和文化金融的合作，集聚商业流、信息流、物流和现金流，壮大产业集群。

第三，从扩大流通到发展多功能的平台经济。“平台经济”（Platform Economy）原来的含义，是指一种有效的交易实体，推动参与经济活动的各方之间，形成有效的交易，并且获得增值效应。在移动互联网的时代，随着国际文化贸易的不断扩大，货品贸易和服务贸易的领域不断延伸，大量的金融资本、社会资本和文化资源被纳入到文化产业领域，这一领域中的平台建设包括投融资平台、技术服务平台、企业孵化平台等，其功能也逐渐扩大：①资源配置和交换交易功能，突破文化资源的低/非标准化、轻资产型、低流通性等难题，建立各类文化组合产权交易，有利于文化资源的流通和优化配置；②企业孵化和产业培育功能；依托优良的基础设施和服务实体，有助于创业者创造新的文化企业；③跨界组合与集成创新功能，不但形成垂直型的组合，把文化创意产业的投资、咨询、研发、交易、推介等功能组合起来，而且有平面型的组合，链接文化与工业、商贸、现代农业和旅游业等，推动文化创意与实体经济的合作，提高生产力。

随着我国“十三五”规划的制定和实施，文化产业将以转型升级为突破口，进一步发展成为国民经济支柱性产业，文化创意产业集聚区建设也将迈向新的高度。各地文化创意产业集聚区正在进入新一轮的平台经济竞争，出现了政府投资的政策性平台和企业投资的商业性平台各自发展、多元探索的新局面。其中，如宋城股份以核心创意内容和经营模式，结合旅游演艺集聚区的开发，有选择地向重点景区辐射，形成“千古情”演艺产业网络的模式；华策影视从影视投资生产商，有重点地兼并和投资上下游的影视信息服务、文学创作、电影院线等企业，建立国际化影视服务平台，形成“基地＋园区”的全产业链模式；德必提出七大增值服务，强调园区建设从“招商”和“选商”发展到“育商”和“造商”，形成规模化效应等，都提供了富有启发的经验。这些富于创造性的探索和成果，预示着中国文化产业正在有效应用信息化技术，推动文化与科技的融合创新，迈向充满活力的新前景。

参考文献

阿尔文·托夫勒：《财富的革命》，中译本，吴文忠、刘微译，中信出版社，2006。

艾德·卡特莫尔、艾美·华莱士：《创意电力公司——我如何打造皮克斯动画》，中译本，方祖芳译，远流出版公司，2015。

杰夫·戴尔等：《创新者的基因》，中译本，管佳宁译，中信出版社，2013。

赵黎编《马化腾自述：我的互联网思维》，石油工业出版社，2014。

彭向刚、吴承忠主编《国际文化管理》第2集，对外经济贸易大学出版社，2014。

屠启宇主编《国际城市发展报告——国际城市蓝皮书2015》，社会科学文献出版社，2015。

于平、李凤亮主编《文化科技创新发展报告（2014）》（文化科技蓝皮书），社会科学文献出版社，2014。

UNDP & UNESCO，Creative Economy Report 2013 Special Edition.

NESTA，Soft Innovation – Towards a more complete picture of innovation change 2010.

EU，Good Practice：On the culture and creative sector's export and international support strategies 2014.

B.8

互联网众筹对中国音乐产业发展的影响作用

黄永林　朱娅阳*

摘　要：在互联网高度发达的今天，从当年的用户单向接收信息的Web1.0时代到如今用户可在互联网上自定义生成内容、用户与网页有着充分互动的Web2.0时代，众筹模式应运而生。众筹模式作为一种不同于传统的融资模式，是互联网背景下融资模式发展的产物，其为文化产业的商业模式提供了新的思路，让文化产业与互联网发展有机地结合在一起。本文引入并解释了众筹概念，分析了国外经典的众筹案例，并以音乐众筹为研究对象，以我国发展较为成熟的音乐众筹网站"乐童音乐"网站为例，分析了众筹模式进入中国音乐产业后为受众（粉丝）、音乐艺人、音乐产业等各方面所带来的深刻影响。同时对比国外较为成熟的音乐产业内的众筹模式，对我国音乐众筹的本土化做出了深刻思考，对音乐众筹模式的未来发展有所展望。

关键词：众筹　商业模式　中国　音乐产业　受众　平台

* 黄永林，华中师范大学副校长、教授、博士生导师，国家文化产业研究中心主任，中国民俗学会副会长，中国新文学学会会长，主要研究方向为民俗文化、大众文学、文化产业等；朱娅阳，华中师范大学国家文化产业研究中心，硕士研究生，主要研究方向为文化资源与文化产业。

一 众筹的起源及在国外音乐产业中的运用

（一）众筹的起源

众筹，即大众筹资、众募或众融，是指以团购+预购的形式，向网友募集项目资金的模式。众筹作为一种新生的商业模式，是随着媒介技术的迅猛发展而产生的，它充分利用互联网的传播模式尤其是 SNS 平台，让募资者通过互联网平台向大众展示他们的创意，获取受众的关注，从而赢得大家的支持，最终获得所需要的资金援助。但众筹并非捐款，支持者的所有支持是要有相应回报的，不同程度的资金支持会得到不同的回报。

众筹的雏形最早可追溯至 18 世纪，最初是艰难奋斗的艺术家们为创作筹措资金的一种手段。当时很多文艺作品都是依靠一种所谓的“订购”方法完成的。例如，莫扎特、贝多芬就采取了此种方式来筹集资金，他们在完成作品之前先去找订购者，这些订购者会给他们提供一定的资金，当作品完成时，订购者会获得一本写有他们名字的书，或是协奏曲的乐谱副本，或者可以成为音乐会的首批听众。类似的情况还有教会捐赠、竞选募资等，但上述众筹现象既无对投资人的明确回报，也未形成完整的商业体系。

众筹作为一种商业模式最早起源于美国，近几年，该模式在欧美国家迎来了黄金上升期，现在在欧美以外的国家和地区也迅速传播开来。根据 Massolution 数据显示，全球众筹融资产业规模从 2009 年的 36.1 亿美元飙升至 2012 年的 173 亿美元，3 年增长 380%。根据《福布斯》的数据，截至 2013 年第二季度，全球范围内的众筹融资网站已经达到 1500 多家。众筹利用了以公众为基础的决策和创新优势，把资金用于项目或商业投资，是一个得到大众高度认可的集资方式。艾瑞统计预测模型核算，预计在 2016 年全球众筹交易额能达到 1989.6 亿美元。[①] 汇筹网（www.huichou.net）统计的全球九大众筹平台是：①Kickstarter：全球最大最知名的众筹平台；②Crowdcube：全球首个股权众筹平台；③Idea.me：拉丁美洲领先的众筹平台；④ToGather.Asia：新加

① 《众筹模式：金融创新的必然趋势》，东方财富网，http://finance.eastmoney.com/news/1355,20141024438004441.html。

坡进驻一个巨大尚未开掘的市场，是亚洲第一家众筹门户网站；⑤Cut on Your Bias：对创意产品进行定制和投票；⑥ZAOZAO：香港推出的 ZAOZAO 是一家时尚设计的众筹平台；⑦Gambitious：是荷兰的一个针对游戏的众筹网站；⑧ZIIBRA：音乐的众筹平台；⑨AppStori：是一个针对智能手机应用程序的细分型众筹及协同开发平台。[①] 未来，众筹模式将会成为项目融资的主要方式。

起源于美国的众筹网站 Kickstarter 是整个众筹模式的开端，也是至今全球最大最知名的众筹平台。Kickstarter 上的项目主要以文化创意项目为主，但其中也包括美术、电影、出版、音乐等其他方面，其中促成了很多众筹成功的典型案例。2014 年初 Kickstarter 公布了其2013 年的最新统计数据，300 万用户参与了总计 4. 8 亿美元的项目众筹，平均每天筹集 130 万美元资金，或每分钟筹集 913 美元，有超过 80 万的用户参与了至少两次的项目众筹，并且又有 8. 1 万用户支持了超过 10 个项目，不过最终众筹成功的项目总共只有 19911 个，已累计融资 6 亿美元。[②] 截至 2014 年 3 月，Kickstarter 募集的资金已经超过 10 亿美元。有 224 个国家和地区的超过 570 万人参与该网站的众筹项目，分布在七大洲，其中包括南极洲居民。其中从美国募集的资金最多，达到了 66332 万美元。英国排名第二，募集的资金超过 5443 万美元，加拿大以 4491 万美元排名第三。图 1 是在 Kickstarter 网站上募集资金最多的 10 个国家。

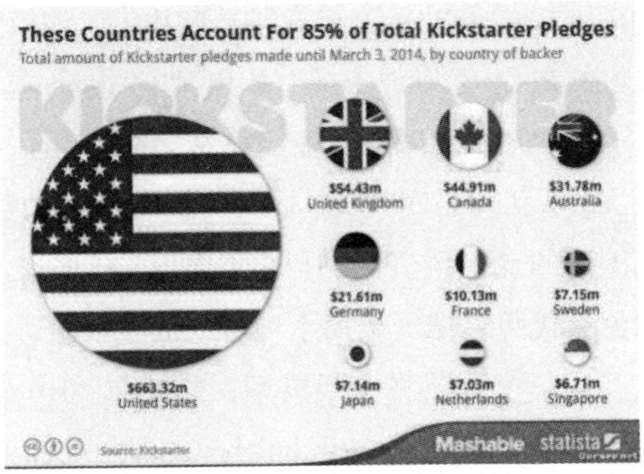

图 1　在 Kickstarter 网站上募集资金最多的 10 个国家

① 众筹天下行——全球九大知名众筹平台汇筹网（www. huichou. net），2014 年 8 月 30 日。

② 《Kickstarter 盘点：2013 年众筹总额 4. 8 亿美元》，新浪科技网，http：//tech. sina. com. cn/it/2014 - 01 - 09/10289081845. shtml。

从这些数据足以看出，众筹模式在全球推广速度之快，为全球商业所带来的影响越来越大。

（二）众筹模式在国外音乐产业中的应用

说到众筹模式在音乐产业中的运用，如 Rechel Baiman 发起的“纳什维尔与苏格兰”的音乐众筹项目、Amanda Palmer 发起的新专辑、新书以及世界巡演的众筹项目，Gregorio 发起的“哥伦比亚节奏与大乐队”众筹融资项目等等，这些都得到了人们的广泛关注，甚至在全球都引起了轰动。

在音乐产业内，影响最大的是 Amanda Palmer 在 Kickstarter 发起的众筹项目。自 2012 年 5 月开始，1 个月之内，她获得了 24883 名投资者的支持，共筹得 119 万美元（见图 2），到现在为止，其筹得的金额数依旧是众筹项目中最高纪录。Amanda 自身创作的优秀作品是促使她取得成功的主要原因，但与此同时她充分利用网络，注重与粉丝的互动、交流，也是她能获得这笔高额资金的重要原因。也是因为这次事件，她还被邀请到 Ted 上做了演讲分享，更是加深了其对社会、公众的影响。

图 2　Amanda 在 Kickstarter 上发起的众筹项目

在 Amanda Palmer 的成功案例中，我们不难从筹资人、筹资平台、投资者三者关系中看出众筹融资项目的以下特点。

其一，多方联动、共同受益。项目发起人即 Amanda Palmer 本人，众筹平台即 Kickstarter，项目出资人即 Amanda Palmer 的粉丝或其他受众，三者共同组成了一个闭环的三角系统，且在整个系统中三方都各自受益。

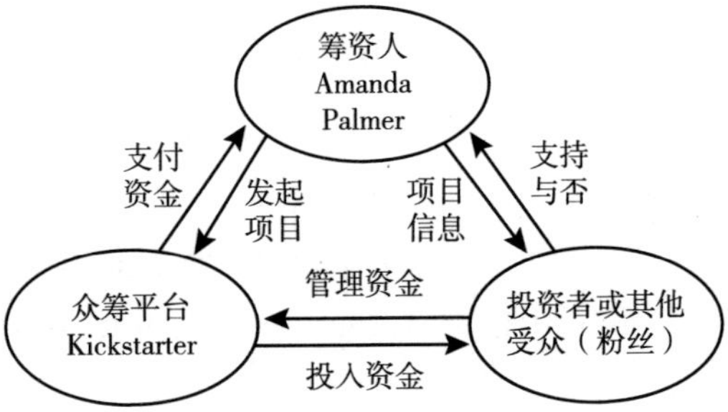

图 3　众筹三角系统

由项目发起人 Amanda Palmer 将所计划的项目信息（包括资金、报酬方式等）发布在 Kickstarter 网站上，此信息传达到网站受众人群当中（其中包括 Amanda Palmer 的粉丝或是其他受众），由受众做出选择（支持或者不支持），且投入意愿资金，这笔资金由 Kickstarter 统一收取后，分期或者一次性地支付给项目发起人（Amanda Palmer），项目发起人需要在规定时间内完成此项目并完成当初的承诺报酬。

其二，面对大众、筹投互信。发起此次项目是在 Amanda 与经纪公司毁约之后，她试图依靠自身力量向大众筹集资金来筹办巡回演唱会、出唱片。此举一出，便吸引了众多粉丝的疯狂参与，也让 Amanda 赢得了很多原有粉丝之外的受众的关注。Amanda 可利用筹集到的资金选择自己信任的唱片制作公司，同时利用强大的粉丝基础做好各方面的宣传等，与粉丝之间建立了牢固的信任关系，有了频繁的互动与沟通。

其三，去中介化、自主性强。由于传统的音乐产业依然遵循音乐艺人签约唱片公司→唱片公司为其制作唱片→包装艺人→举办演唱会→制作策划宣传艺人方案等路径，所有收入均由唱片公司提成后，艺人才可获得报酬。整个环节中艺人缺乏自主性、能动性，大多数行为受控于所在的唱片公司，且由于中间各方的提成，艺人受到了较大程度的剥削，使得音乐艺人在整个音乐市场中的生存状况愈发窘迫。而音乐众筹模式则将中间的中介机构尽可能简化，让音乐人自身有了充分的主动权策划自己的音乐活动，完成自己的音乐梦想。

其四，形态完整、服务多样。国外众筹模式在音乐产业领域中的应用已经形成较为成熟、完整的形态，众筹网站不仅为筹集资金的艺人提供了筹集资金的平台，同时也为其提供了包括唱片制作、演出场地选择、后期制作、宣传策划等一系列服务。

二 众筹模式在中国音乐产业中的发展

（一）互联网时代的音乐产业发展背景

进入21世纪后，随着科学技术和互联网的发展，音乐产品不再是传统的CD唱片，而是变为流行于互联网的数字音乐，以数字格式进行存储，可以在互联网和无线网络上传输的音乐。数字音乐不再单纯依赖物质载体，其下载和上传途径广泛、格式多样、音质损耗低且易于操作和处理。[①] 与传统音乐相比，这些特点使得它具有较为明显的优势，受到高度重视，于是很多企业甚至国家都纷纷大力发展数字音乐产业。

我们可以从以下数据看出传统音乐的衰落以及数字音乐的逐渐崛起。20世纪80年代，CD销量一直上升，从1982年至2007年，全球CD销量约2000亿张，年均80亿张。但到1991年达到顶点，从此开始走下坡路。法国唱片工业工会（SNEP）2013年1月底公布的数据显示，截至2012年，法国音乐唱片市场已连续十年萎缩。2012年，美国数字音乐专辑销量达1.18亿张，增加14%，而实体音乐专辑销量则下降了12.8%。法国唱片工业工会（SNEP）的数据还显示数字音乐目前已占音乐制作行业销售量的四分之一，成为音乐工业的主要增长点。[②] 2012年，全球数字音乐销售额较2011年增长约9%，达到56亿美元，占总销售额的34%。下载销量增长12%，达到43亿

① 金文：《浅论中国数字音乐产业发展之路》，《江西金融职工大学学报》2010年第23期，第71页。

② 《数字音乐逼死CD：音乐永生传统载体将死》，《财经国家周刊》2013年3月4日。

个单位（10次下载=1个单位实体销量）。数字唱片销量增长17%，达到2.07亿张。实体音乐市场持续收缩，在总销售额中所占比例从2011年的61%降至58%。①

中国数字音乐市场近年来也从无到有、增长迅速。据《2014中国音乐产业发展报告》数据显示，2013年中国音乐行业的整体市场规模达到了2716亿元，其中核心层的数字音乐市场规模达到了440.7亿元，远高于2012年的392.4亿元。其中无线音乐市场规模达到了397.1亿元，在线音乐市场规模仅为43.6亿元。与数字音乐市场相比，实体唱片市场更是堪忧，2013年中国内地实体唱片市场规模约为6.5亿元，仅为2013年中国数字音乐市场的1.5%。② 据了解，环球、华纳几家唱片公司，将有可能联合百度、QQ音乐、虾米等音乐网站尝试采取音乐下载收费包月制度，也许这意味着互联网音乐产业又一次尚在发动中的巨大变革。③

（二）中国音乐众筹——乐童音乐（Musikid）

2011年5月，中国第一家众筹网站“点名时间”上线。于是越来越多的众筹平台、产品在中国如雨后春笋般涌现，如综合类：众筹网；智能硬件：点名时间；电影：影娱宝；文创：觉；音乐：乐童，还有追梦网、天使汇、大家投等品牌较有名气。如今阿里、百度、淘宝、京东等也创办了自己的众筹平台。

在互联网时代，如今的唱片公司、经纪公司不管培养什么样的艺人、生产什么样的音乐产品，都需要拥抱互联网，拥抱新的商业模式，音乐众筹这种模式不管对于音乐艺人还是受众来说，都是一个连接彼此的有效方式。在互联网音乐产业中，存在这样三方的关系：服务提供商（Service Provider，SP）、内容提供商（Content Provider）和消费者（Consumer）。内容服务商是指创作出音乐产品的音乐人、音乐公司等，服务提供商多指在互联网上为音乐传播提供渠道、为受众提供音乐产品的渠道和平台。伴随如今音乐产业的发展，SP、

① 羽箭：《去年全球数字音乐销售额56亿美元同比增长9%》，新浪科技，2013年2月27日。
② 《2013中国数字音乐市场超440亿内地实体唱片仅6.5亿》，搜狐娱乐，2014年11月7日。
③ 冯璐：《互联网音乐的免费午餐即将终结?》，维普网。

CP与消费者这三者之间的关系需要处理好，开辟一条音乐产业发展的新路径。音乐众筹就是处理CP、SP与消费者三方关系的一个很好的路径，形成了较为完善的关系链，众筹网站作为SP，它很好地将CP与消费者两者融入同一平台，且让彼此加强互动，形成较为稳定的关系，对互联网音乐的创作、传播、销售等各个环节都起着积极的作用。

虽说目前国内出现了众多的众筹网站，但细分到音乐众筹这一领域的众筹网站还是少之又少。2013年乐童音乐网站（见图4）的建立，开启了中国音乐众筹新时代。乐童音乐是一个专注于音乐行业的项目发起和支持平台，旨在打造一个整合音乐迷群体、音乐人、音乐机构和品牌企业的产业链平台，一个为音乐人提供筹资、巡演以及音乐衍生品服务，整合音乐行销与音乐社交的音乐服务平台。在这里可以发起一个与音乐相关的创意性项目，并借助互联网平台向公众推广，从而获得受众的资金支持，完成所发起的项目。

图4　乐童音乐网站首页

截至目前，乐童音乐上线音乐众筹项目近200个，合作音乐人包括莫西子诗、铃凯、李志、M. I. C男团、拇指姑娘、文雀、HOPE组合等众多独立音乐人，合作机构包括音乐天堂、糖蒜广播、太合麦田、草堆民谣、理想国、荒岛音乐会、HIPANDA、LETS TEE等。在乐童音乐网站上，也出现了众多成功且影响力较大的众筹项目，如李志筹集资金制作他的首本吉他乐谱（见图5）。该项目在乐童上线不到4个小时就神速般地完成了资金筹集。还包括音乐人周云蓬筹集资金进行慈善演出；由乐童音乐与HIPANDA合作为M. I. C男团筹集资金预售其周边产品等等，都在业界产生了较为强烈的反响，可以说是中国音乐产业一大突破性的创新。

图 5　李志在乐童音乐上发起的“原创歌曲吉他谱”项目

乐童音乐另一突破性的创举体现在其与众筹网合作建立的原创音乐基金，旨在帮助优质原创音乐人汇集更多支持者从而更专注于音乐创作。原创音乐支持基金采用“1 + 1 = 11”的运作模式，音乐人的粉丝每支持 1 元，基金将跟进 10 元以支持音乐人在乐童发起的项目，帮助音乐人建立最初的 1000 个铁杆粉丝。原创音乐支持基金是一个全新的众筹模式，它借鉴凯文·凯利的千名粉丝理论：“每位只要有 1000 个铁杆粉丝便能糊口”，这一理论的现实意义在于给音乐人个体找到一个更明确、更实际的奋斗目标，把眼光从大众市场转向利基市场。而这也正是新时代独立音乐营销所需要的思维方式：帮助音乐人通过有效的方式找到自己的受众（粉丝）。乐童网站的创始人——马克先生称，这样的举动是为了让更多的人来体验乐童音乐所宣扬的众筹模式，从而为音乐众筹赢来更多的受众。

如今的中国音乐产业面临转型，乐童音乐作为一个众筹平台，以其创新与成功成为中国音乐众筹的引领者。它除了自身盈利之外，更多的是起到了引领音乐市场、帮扶更多的音乐人完成音乐梦想、吸引更多的受众参与到音乐中来的作用。就像乐童音乐的口号：“专注音乐，助力梦想”，以及乐童音乐的创始人马克先生所说：“我们需要做的是让更多的受众（粉丝）了解、体验音乐众筹的概念，让更多的受众（粉丝）参与到音乐产业之中。”乐童音乐要真正地帮扶音乐人，促进音乐的生产。

如今新浪微博也在探索另一种音乐众筹方式，他们将歌手音乐作品的下载方式改为受众（粉丝）直接付费给歌手，下载歌曲。每首歌曲都由歌手自己定最低价格标准，粉丝可以根据自己的意愿以高于或等于最低价格的任何价格直接付费给艺人，实现歌曲的下载购买行为。不管是这种直接购买的行为方式，还是借助众筹平台发起项目的方式，最终的共同目标都是让受众（粉丝）主动为音乐慷慨解囊。只有受众愿意消费音乐，音乐产业才能有足够的资金流来支持其发展，也能通过市场鼓励更好的音乐作品产生。

（三）众筹模式对中国音乐产业的积极作用

不得不说，音乐众筹是一个多赢模式，无论是对于音乐艺人、音乐艺人的受众（粉丝），还是对于整个音乐市场来说，都带来了诸多积极的影响和作用。

1. 音乐众筹对音乐艺人的作用

第一，拉近了艺人与受众距离。目前粉丝与艺人的互动多是在社交网络平台（SNS）上进行，以微博（Twitter）为主，但其他的线上互动较为缺乏。众筹平台则为音乐艺人与受众（粉丝）又提供了新的互动交流平台，这无疑增强了艺人与受众之间的沟通与交流，拉近了彼此之间的距离，让音乐艺人与受众（粉丝）形成了无缝对接，强化了粉丝的忠诚。例如在乐童网上，中国好歌曲的人气歌手——莫西子诗为自己的新专辑《原野》筹集 5 万元的资金，发起了唱片预售。莫西子诗曾表示，这一行为不仅能让他保留自己的个性，录制一张属于自己的专辑；同时在筹集资金的过程当中，让他听到了很多来自粉丝的声音，与粉丝形成了良性的互动，有的粉丝甚至还能为他提供一些有关专辑的参考性意见，这在整张专辑的制作过程中给了他很大的帮助。

第二，赋予了艺人更大自主权。音乐艺人自身作为项目的发起者，对项目掌握完全的主动权，对筹得的资金拥有支配权，艺人不用再受到其他中介（经纪公司）的干预，可以根据自己的想法，并参考受众（粉丝）的意见去完成自己的音乐计划。在此种环境下，由于艺人已经拥有了其受众（粉丝）的支持，不用再过多考虑市场以及其他因素，艺人的创作更为纯粹，创作出的作品质量反而更高，更能在受众面前展示自身真实的音乐水平。

第三，扩大了宣传艺人的途径。对于音乐艺人自身来说，众筹模式也是一个极为有效的宣传方式。一方面对于小众艺人，尤其是未签约的独立音乐人来说，众筹平台为其提供了一个互联网宣传平台，让他们更好地展示自己的音乐才能，从而被一些音乐公司知晓，为自己赢得签约音乐公司的机会。另一方面，对于已经签约的音乐艺人来说，众筹网站上的项目也可以作为一种公司宣传行为。通过调查研究，笔者发现很多艺人公司将投入到众筹网站上的项目的投资资金当作艺人宣传的费用支出。例如在乐童音乐网上同样发起了制作专辑的乐队 Elenore（埃莉诺）（见图 6），因其独特的音乐风格和高水平的音乐素养，在一次偶然的机会下获得了歌手老狼的资金支持，老狼还在自己的微博上进行了宣传（见图 7），这一扩散行为为 Elenore 赢来了大批的新受众和项目的多方支持者。如此一种利用粉丝基础雄厚、资格较老的音乐人来带动新音乐人的成长，不得不说也是一种高效且令受众信服的传播方式。尽管这只是一个“美丽的意外”，但这也为音乐众筹的宣传提供了一个新思路。

图 6　埃莉诺乐队在乐童音乐上发起的制作首张大碟项目

第四，强化了督促艺人的作用。从艺人发起项目筹集资金开始，一旦项目成功筹集资金后开始运作时，艺人就必须在承诺时间内完成该项目且及时给予受众（即投资人）以回报。在众筹项目中，我们发现很多音乐艺人利用此种方式来帮助自己完成巡演计划、制作专辑等，而筹款一旦成功，他们就必须提高自身效率，在一定时间内完成计划。相比于传统的制作新专辑或是安排巡演来说，从一开始就做了较大的宣传和造势，但由于其间艺人繁忙的工作或是制作团队、经纪公司等各方面因素，经常导致效率低下，延长了计划（制作唱

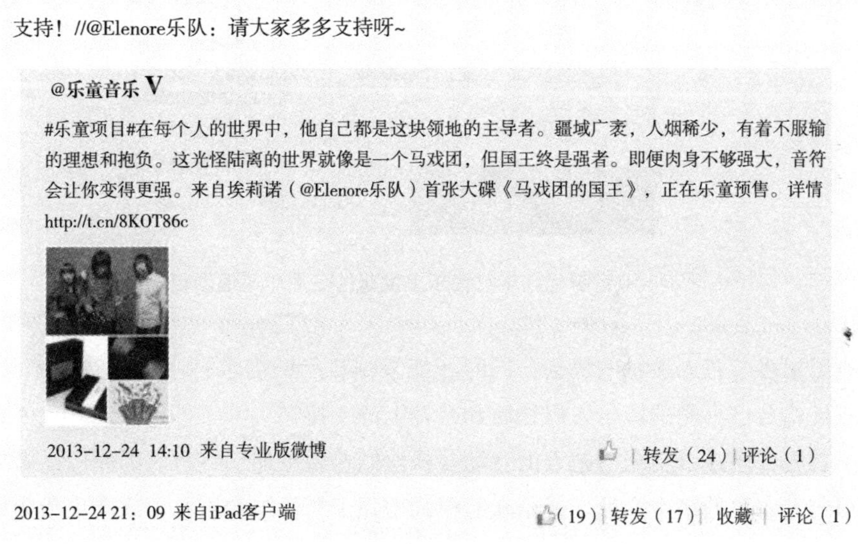

图 7　老狼在新浪微博上转发埃莉诺乐队微博

片、巡演等）周期，导致音乐产业生产的低效率。音乐众筹模式则让受众（粉丝）实现了对艺人执行计划的强有力的督促，促进了音乐产业的高效率生产运作。

第五，帮助了艺人掌控风险。音乐众筹模式能帮助音乐人（或音乐公司）预测市场，减少投资风险。在传统的音乐产业运作流程中，尤其是演唱会筹办的过程中，音乐人（或音乐公司）不得不提前做出市场评估，但提前评估的风险较大、精确度较低。由于受到场地、时间等多方面因素的影响，并不能准确预估唱片或是演唱会门票的销售数额。音乐众筹则为音乐人（或音乐公司）提供了一个提前预估市场的途径，让受众提前购买门票。比如独立音乐唱片公司简称独音在乐童网上发起的三周年现场演出（见图 8），以提前购买演出门票的形式，筹集到了 11930 元的支持，不仅为独音举办此次演出事前提供了资金支持，同时还帮助其预估了到场人数，由于场地的限制，还及时控制了其他渠道的售票限额。

2. 音乐众筹对音乐受众（尤其是粉丝群体）的作用

对于受众（尤其是粉丝群体）来说，音乐众筹也是一大福音，不仅让他

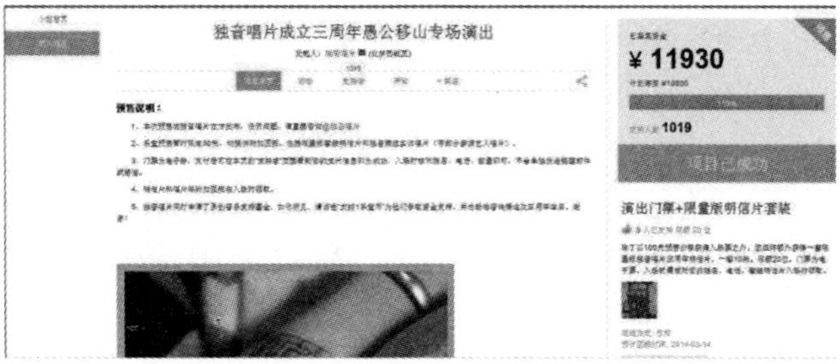

图8　独音唱片在乐童音乐上发起的三周年巡演项目

们有了更多与艺人接触的机会，同时还能根据自己的需求自主订购音乐产品，真正地给自己喜爱的音乐人以物质和精神上的支持。

首先，增强了受众与艺人的互动。粉丝们希望更加了解自己的偶像，希望购得与其有关的衍生产品，音乐众筹模式增强了粉丝与音乐艺人之间更为频繁的互动，调动了受众的参与热情。例如乐童音乐与HOPE组合合作，靠着HOPE在选秀节目上迅速飙升的人气，趁热打铁地推出了一个项目，快速推广了艺人的专辑。众筹不仅为音乐公司提供了新的与粉丝互动的方式，而且让受众（粉丝）在支持自己喜爱的艺人方式上有了新的改变，从而给予了受众（粉丝）前所未有的消费感受。例如前文提到的莫西子诗的众筹项目，其受众（粉丝）在众筹平台上提供了关于唱片的建议，这让粉丝对于音乐人的创作有了参与感，增强了受众（粉丝）与艺人间的互动。

其次，满足了受众个性化需求。众筹模式满足粉丝个性化需求主要体现在项目设计的不同的回报方式上，每个项目都会针对不同的投资金额设置不同的回报，受众（粉丝）根据自身需求可以自主选择不同的回报方式，从而满足其个性化需求。

以糖蒜广播在乐童网站上发起的开发ios/android系统糖蒜广播APP为例，糖蒜共获得了344名受众的支持，筹集到了103300元的资金，项目还超额完成了3%。这一项目对于投资人（即受众）的回报共分为以下五种（见图9）：50元获得糖蒜广播祝福式支持（APP开发者名单中会有支持者姓名）；100元获得糖蒜广播会员资格（在50元回报之外，再获得1年的会员资格）；300元获得糖蒜广播独家礼品支持（在100元回报之外，再获得糖蒜广播制作的限量级纪念品）；1000元获得糖蒜广播镌刻级别支持（在获得300元回报之外，再获得将支持者姓名刻于糖蒜工作的砖墙上的待遇）；5000 元获得糖蒜广播堂会级支持（除以上所有回报外，再获得由糖蒜广播创始人 Demone 带领乐队为支持者到支持者指定地点办一场私人 party）。仔细分析这五个不同级别的回报，每级回报针对的都是不同需求的受众（粉丝），尤其是最后一级的回报设置更能体现其为粉丝的个性化定制。当然，目前多数项目的回报方式也仅仅局限于四五种，其多样化方式还有待发展。

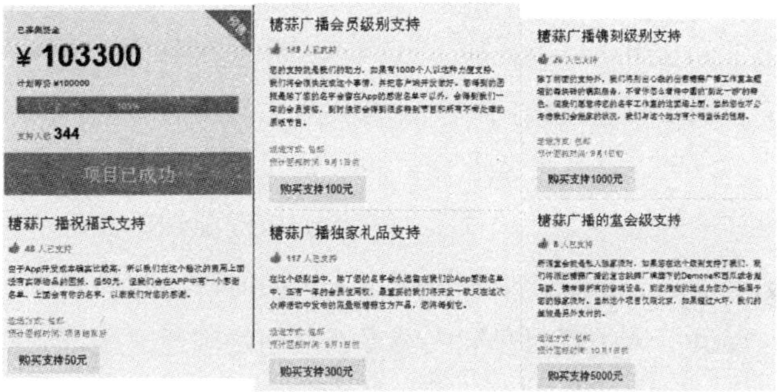

图 9　糖蒜广播在乐童音乐发起项目的回报设置

3. 音乐众筹对于整个音乐市场的作用

对于整个音乐市场来说，音乐众筹模式也无不是一个规范音乐市场、塑造音乐产业秩序的有力举措。

首先，突出了市场主体地位。音乐众筹模式能更好地利用受众（粉丝）在整个市场中所占据的主导地位，为市场培育高质量的音乐人，帮助音乐市场进行选择，这对于培养有序的音乐市场是很有必要的。如今，人们往往提到“粉丝经济”这一效应，目的在于强调粉丝（受众）在整个市场中所起到的决定性的作用。音乐众筹利用受众的购买行为（投资行为），判断音乐人的市场，帮助筛选受大众欢迎的音乐，帮助音乐市场淘汰低品质、不受大众欢迎的音乐，促进音乐市场的良性竞争。当然，音乐众筹能起到此作用的前提是受众（粉丝）具有一定的音乐鉴赏能力，而不是单纯的追星心理。

其次，培育了市场良好风气。音乐众筹让受众（粉丝）直接为喜欢的音乐买单，将受众（粉丝）对细分音乐的认可度转化为购买力，打破了粉丝“免费消费音乐”的惯性思维，让受众（粉丝）在行为上真正地支持正版音乐，促进了正版音乐的销售，培育了良好的市场风气。尤其在音乐版权越来越受到重视的今天，我们需要培养起消费者为音乐买单的行为，增强保护音乐人创作的意识，才能促进音乐行业的健康发展。

最后，促进了市场整合创新。众筹模式作为互联网背景下兴起的较为前沿、新颖且高效的集资模式，对市场这个宏观大环境来说本身就是一个发展的新契机。尤其对于音乐产业来说，互联网音乐如今作为音乐行业的新产物，有较大的发展空间和可开拓的发展方式。众筹模式则是充分连接了项目与受众两者，有利于整个音乐市场的资源整合和模式创新。在数字音乐发展的初期，盗版音乐的泛滥对整个音乐产业的发展造成了极大的不利影响，而随着音乐产业在互联网时代的复苏，其商业运行模式也随之发生了较大变化。众筹模式就是其商业发展模式的一大典型，该模式加速了音乐资源转化成可消费的音乐产品的进程，并通过团购、预购的形式销售出去；同时该模式利用了互联网鲜明的社交性特征，促进了音乐项目发起人与受众之间的沟通、交流，激发了受众的购买行为，活跃了音乐市场，促进了音乐市场秩序的建立与完善。

三　中国音乐众筹发展的反思

音乐众筹作为一种国外的商业模式来到中国时间并不长，在本土化的过程中还存在一些问题，对音乐众筹在中国音乐产业未来发展中的相关问题笔者作了以下思考。

（一）细分音乐市场，明晰众筹网站分类

随着众筹模式在音乐领域的不断发展，可以考虑更细致的音乐市场划分，使得音乐众筹网站分类明晰化。在国外逐渐成熟的音乐众筹模式中，很多网站已经有明确的根据音乐风格划分的网站类别，例如有的网站只做摇滚音乐的项目筹集，有的网站只做爵士音乐的项目筹集等。这样明确的细分，使得音乐市场的受众更为细致，众筹平台能对细分后的市场做出相应的、有个性的营销策略和发展计划等。当然这一划分需要整个音乐市场中受众兴趣的多样性、广泛性作为前提。随着我国音乐产业的发展，受众的音乐水平逐渐提高，爵士、摇滚等多风格的音乐为大多数受众所接受并喜爱时，这样的细致划分就更有必要了。

（二）制定审核标准，建立评审机制

随着中国音乐市场的发展，音乐众筹平台应该给予音乐市场以怎样的引导呢？音乐众筹的快速发展将使得越来越多的音乐项目在这里发起，这就会面临项目筛选的问题。虽说现在每个项目的申请都需要经过音乐众筹平台的后台审核，但资金的分配倾向于流向何种音乐风格的项目，更多地支持什么样的乐队等等，这些问题无论是作为一名音乐行业的从业人员，还是作为一名受众（粉丝），都十分关心。换言之，当越来越多的项目参与到音乐众筹时，审核的标准如何制定、评审机制如何建立等就成为当务之急。

（三）扩大服务范围，延长产业链

在国外，音乐众筹网站绝不仅仅局限于鼓励音乐人发起项目，其业务范围还包括为整个项目的完成提供一系列的衍生服务，每个环节都由成熟的团队支持。例如一名歌手在平台上发起了举办一场演唱会的项目信息，网站能够为该歌手提供演出产地、衍生产品服务、票务机构等各方面的服务商供其选择。而在国内，音乐众筹网站还缺乏各方的支持，资源的整合度远远不够。我们不仅要将音乐众筹网站建成一个能够整合音乐产业中多方面资源的平台，还应该扩大服务范围，提供产业链式的服务，从各个方面为项目发起人提供帮助，从而支持更多的音乐人完成自己的音乐梦想，促进音乐行业生产出更多更好的音乐产品。

（四）加强个性化服务，提高终端到达率

作为服务提供端（SP）的运营平台，音乐众筹应该增强其不可替代性，为消费者（即投资者）提供一套完整的甚至是个性化的服务，且不断开发新的产品促使受众不断投入，这种投入不仅是金钱上的投入，还包括建议、感情等的投入，让其转换成专属资产。利用消费者（投资者）的资产专用性心理，稳定 CP、SP 和消费者三者间的关系。所以，音乐众筹平台应考虑开发 APP（应用软件），稳定与受众的关系，增强受众的依赖性，充分扮演好 SP 的角色。随着城市化进程的加快，以及互联网上社会化媒体、社交平台、快捷支

付等功能和平台的迅速发展，个性化音乐产品需求已更大范围地参与到了音乐产品创作，两者有机地结合在一起，这为音乐众筹模式提供了最便捷的市场入口。

四　结论

在互联网时代，人人都可以成为赞助者。众筹并不是投资，也不是慈善，而是一种有感情参与的购买行为。这样一种情感参与让人与人之间有了更深的联结，人们在支持、购买别人梦想或创意的同时，也是在为自己曾经或现在想实现却未能实现的梦想来买单。参与、互动、购买并分享，这就是艺术众筹吸引人的地方。从国外环境来看，因为本身创意产业发展较为成熟，且有着完善的知识产权保护体系、个性化的消费需求等，众筹商业模式被广泛接受并得到了很好的发展。但从国内环境来看，首先文化创意产业本身发展并不成熟，加之知识产权的保护力度不够、创新能力不足、缺乏个性化的消费需求、诚信体系尚未建立等诸多原因，众筹商业模式仍需要较长时间来适应我国环境，但众筹商业模式作为一种互联网产物，一定会得到业界的普遍认同并爆发出巨大能量。① 众筹模式作为一种新元素加入到我国音乐产业之中，一方面可以说是音乐产业发展的曙光；另一方面，音乐众筹作为一种互联网的融资模式，风险与机遇是并存的。在互联网快速发展的宏观环境下，文化产业的发展也在酝酿着新的变化，本文讲述的音乐产业众筹模式就是充分融合了互联网平台发展的成果，将新的商业模式与产业发展有机地结合在一起，形成了新的产业价值，促进了产业结构优化，同时也完善了产业结构。但众筹模式本身需要完善的部分，以及运用到音乐产业中需要改善的部分都还需要我们做出进一步的思考与研究。

参考文献

邓柯：《众筹模式在我国传统音乐保护与开发中的运用》，《民族艺术研究》2014 年

① 范家琛：《众筹商业模式研究》，《企业管理》2013 年第 10 期。

第1期。

范家琛：《众筹商业模式研究》，《企业管理》2013年第10期。

张宗希、马良：《艺术众筹：他们在为谁的梦想买单》，《东方艺术》2013年第23期。

来艺博：《论众筹网站在中国的起步与发展——以“点名时间”网为例》，《今传媒》2013年第10期。

范家琛、众筹：《创意者与消费者的无缝对接》，《企业管理》2013年第10期。

冯梅超：《众筹网站中国式进化》，东方财富网，2013年12月2日。

肖本华：《美国众筹融资模式的发展及其对我国的启示》，《南方金融》2013年第1期。

吴志国、宋鹏程、赵京：《资本市场监管：平衡的艺术——美国众筹融资监管思路的启示》，《征信》2014年第3期。

胡云：《Web2.0环境下数字音乐共享的机制与策略研究》，中国科学技术大学，2010。

B.9

文化科技产品接受意愿的整合模型研究*

——以电子书阅读器为例

周志民　王 强**

摘　要：作为一种新兴产品形态，文化科技产品是如何被消费者接受的？基于技术接受模型（TAM）、理性行为理论（TRA）和任务技术匹配模型（TTF）整合的视角，建立了文化科技产品接受意愿形成机制的理论模型，然后以电子书阅读器为例，采用案例分析法对模型中的各个要素展开分析。该模型综合了三个理论的特点，更加全面地揭示了文化科技产品的接受意愿受到感知有用性、感知易用性、任务技术匹配度、主观规范的影响。理论模型整合的视角为文化科技产品接受意愿研究提供了更为全面的理论解释，同时也为文化科技融合产品的创新实践提供建议。

关键词：文化科技产品　文化科技融合　新产品接受意愿　整合模型

一　引言

随着时代的进步，消费理念在不断改变，传统文化产品已不能满足人们多

* 本文系国家社会科学基金重大项目“文化与科技融合创新的内在机理与战略路径研究”（项目编号：11&ZD023）、广东省教育厅人文社科类重点研究基地项目“基于创意指数的广东省文化产业竞争力研究”（项目编号：2012JDXM_ 0029）研究成果。

** 周志民，深圳大学文化产业研究院副院长，深圳大学管理学院副院长，教授、博士生导师，主要研究方向为品牌管理、文化营销；王强，深圳大学管理学院企业管理专业硕士生。

元的消费需求，亟待提升以顺应新时期的消费潮流。在网络信息技术和数字技术快速发展的今天，文化与科技的融合趋势正日渐凸显，成为当今中国文化创意产业发展的一种新模式和新趋势。在这一趋势下，网络游戏、手机动漫、科技演艺、电子图书等文化科技新业态层出不穷，各种文化科技产品得到了广大消费者的青睐，获得了极大的成功（如3D电影《阿凡达》曾一度刷新票房纪录）。这种成功缘于在文化内涵的基础上融入现代科技的表现形式，以及对趋势的精确把握和对市场的深刻理解。当前，文化与科技的融合已经延伸到文化产业的各个领域，文化科技产品的形式日趋多样化。尽管如此，目前成功的文化科技产品却为数不多。究其原因，影响文化科技产品接受意愿的因素越来越复杂，选择哪些文化、融入什么科技都会直接影响文化科技产品的成败。

为探究文化科技产品接受意愿的影响因素，本文整合了技术接受模型（Technology Acceptance Model，TAM）、理性行为模型（Theory of Reasoned Action，TRA）和任务技术匹配模型（Task-Technology Fit，TTF），将这三个模型的优势互补以构建一个整合模型。在学术界，技术接受模型通常被用来研究用户对于新技术（如二维码、虚拟支付）接受问题，基本观点是感知易用性和感知有用性会显著影响新技术的接受意愿及其使用行为。一些学者提出了不同的见解，如Dishaw（1999）就认为在某个特定的组织环境中，用户必然会感受到许多来自外界的压力（如来自同事或主管的压力等），主观规范（Subjective Norm）变量是应该要考虑的。基于理性行为理论，Dishaw将主观规范变量也纳入到整合模型中。任务技术匹配模型则从“匹配”角度来研究用户的技术接受行为，技术和任务之间的匹配关系决定新技术接受意愿和使用行为，这对于TAM模型单纯从技术角度进行研究起到了补充作用。全新的文化科技产品接受整合模型整合了以上三个模型的特点，将有助于文化科技企业从市场接受的角度来思考文化科技如何进行融合创新。为了检验这一模型的有效性，本文以典型的文化科技产品——Kindle电子书阅读器为例进行了案例研究。

二　理论及模型

技术接受模型（TAM）由Davis于1986年在其博士论文中首次提出，此后 Davis 及其合作者对该模型进行了多次改进，以提高其解释能力。TAM 模型从变革采纳理论、自我效能理论、期望理论以及投入产出理论等经典理论中吸收了丰富的营养。该模型认为用户的“行为意图”受到“使用态度”与“感知有用性”（perceived usefulness）共同影响，而“使用态度”则由“感知有用性”与“感知易用性”（perceived ease of use）决定，并且感知易用性会正向影响感知有用性。目前 TAM 模型已经被有效地应用于预测和分析用户对信息技术采纳意愿的研究和实践中。不过，该模型只是基于技术单一视角的模型，而没有综合考虑信息技术与工作任务之间的匹配程度对技术接受意愿及使用行为的影响。因此，TAM 模型只能解释用户行为意图的 40% ~60%，忽略了其他的影响因素（孙建军、成颖和柯青，2007）。

任务技术匹配模型（TTF）来源于感知合适理论，由 Thompson 和 Goodhue 于 1995 年提出。该模型的主要作用是解释信息技术对于用户工作任务的支持能力。该模型认为，工作任务和信息技术的匹配程度是由任务特征和技术特征两者共同决定的，而任务技术匹配对用户的工作绩效会产生影响。当技术特征与用户具体任务需求之间的匹配程度越高时，用户的工作绩效就会越高，从而使用户对该信息技术的接受意愿和使用意图就越强烈（董珏，2008）。

TAM 模型主要从用户对信息技术的感知易用性和感知有用性对使用意图及使用行为的影响来考察，更多的是基于用户个人心理及行为层面，而缺乏对技术特性和任务本身的考虑。其实，感知有用性和感知易用性都不可能脱离相应的工作任务而独立存在。TTF 模型基于工作任务和信息技术的相互关系来研究用户的行为意图，对 TAM 模型进行了有效的补充。但是，TTF 模型缺少对于用户个人层面的研究，技术与任务之间的匹配程度对于用户使用意图和行为的影响作用缺乏合理的解释，因此也存在一定的不足。TAM 模型和 TTF 模型各自都存在优势和不足，实际上，任务技术匹配是用户产生感知有用性和感知易用性的重要因素，因此在这个层面上，TAM 模型和 TTF 模型之间是互为补充的关系。Dishaw 等学者就曾认为，将 TAM 模型和 TTF 模型进行整合，可以更加充分地理解用户对于技术的采纳行为。TAM、TTF 整合模型不仅有效地解决了 TAM 模型对于特定任务关注不足的缺陷，而且还克服了 TTF 模型在任务技术匹配作用于用户个人层面内在机制不足的问题。

关于用户行为倾向前因的研究，西方一些学者在理性行为理论（Theory of

Reasoned Action，TRA）的基础上提出主观规范、行为态度和品牌态度等因素是消费者购买行为的前因。理性行为理论是由 Fishbein 和 Ajzen 提出的，可用于对消费者行为的预测。该理论认为，主观规范和行为态度是用户行为倾向的主要影响因素（宋晓兵等，2007）。因此，本文将主观规范和使用态度作为影响用户对文化科技产品采用意愿的因素也纳入到模型中。文化科技产品的使用环境包括用户、技术和任务三个方面，并且三者之间会产生交互作用。本文通过对 TAM 模型和 TTF 模型进行有效的整合，并结合 TRA 理论，从用户、技术和任务三个角度，来建立一个文化科技产品用户接受意愿的理论模型，如图 1 所示。

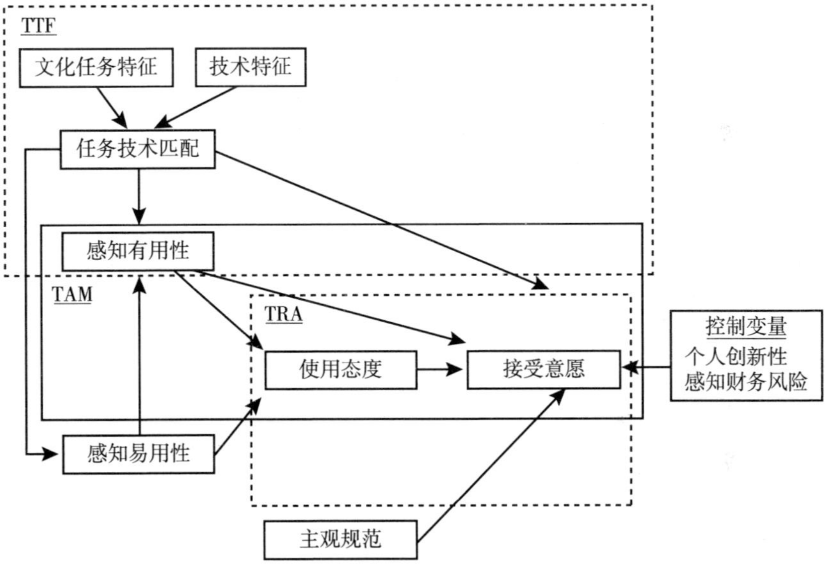

图 1　文化科技产品用户接受意愿理论模型

三　模型分析

由图 1 可知，该模型主要包括 TAM 变量（感知有用性、感知易用性）、TTF 变量（任务特征、技术特征、任务技术匹配）、TRA 变量（使用态度、主观规范），以及结果变量（接受意愿），并且模型加入了控制变量（个人创新性、感知财务风险），来探究影响文化科技产品接受意愿的要素。

（一）TAM 变量

在 TAM 中，感知有用性和感知易用性是影响用户对文化科技产品接受意愿的两个非常重要的因素。其中，感知有用性是指用户在使用文化科技产品的过程中主观感受到的能够提高其工作绩效的特性。以电子书阅读器为例，电子书阅读器对完成阅读活动有帮助就是使用者对电子书阅读器感知到的有用性；感知易用性是指使用者对文化科技产品主观感受到的易用程度，如用户认为电子书阅读器的使用方法容易掌握等。感知易用性会正向影响感知有用性，例如当使用者感觉到电子书阅读器容易使用时，他会认为该产品有助于阅读，即电子书阅读器是有用的，从而增强接受该产品的意愿。

使用态度是指用户对使用文化科技产品的主观评价，接受意愿是指用户对文化科技产品的使用意向强度。用户对文化科技产品的感知有用性和感知易用性会直接影响使用态度，又通过使用态度间接影响接受意愿，而用户的使用行为是由接受意愿直接决定的。当用户认为某文化科技产品有用且易用时，用户个人的使用态度就会越正向，对该产品的接受意愿会越高，从而会更愿意使用该文化科技产品。同时，用户对文化科技产品的感知有用性又会直接影响接受意愿，但是，没有足够的证据证明用户的感知易用性对使用意愿产生直接影响。Davis（1989）通过对 107 名计算机用户进行研究后发现，感知有用性是用户行为意图的主要决定因素，感知有用性对用户接受意愿的影响要显著高于感知易用性。Lui 和 Jamieson（2003）也通过实证研究证明了感知易用性对用户行为意图的影响并不显著。因此，本文将不考虑文化科技产品的感知易用性对其接受意愿的直接影响。

（二）TTF 变量

Jarvenpaa 于 1989 年提出任务技术匹配概念，强调具体任务需求与信息技术系统之间的匹配程度对接收信息技术的影响（吴利明、张慧、杨秀丹，2011）。在 TTF 中，关键变量包括任务特征（Task Characteristics）、技术特征（Technology Characteristics）和任务技术匹配。结合本文研究内容，文化任务特征是指用户使用文化科技产品从事某项文化活动的行为特征，如使用电子书阅读器从事阅读行为的特征；技术特征是指文化科技产品表现出来的功能特性，如电子书阅读器使用的方便性、界面的个性化、性能等都属于技术特征范畴；任务技术匹配是由文化任务特征和技术特征共同决定的，是指用户在利用文化科技产品进行文化任务行为的过程中，技术特征与特定文化任务特征之间的适配程度。

文化任务特征和技术特征会影响任务技术匹配。一般而言，在技术特征一定的条件下，文化任务越复杂、难度越大，任务技术匹配程度就越低；而在文化任务难度相似的情况下，文化科技产品的技术功能越强大，任务技术匹配程度就会越高（孙建军、成颖和柯青，2007）。接着，任务技术匹配会正向影响感知有用性和感知易用性。任务技术匹配较高说明该文化科技产品能够很好地满足用户完成文化任务的需求，因此会提高用户的有用性感知，Klopping 和 McKinney（2004）对电子商务网站的研究也证实了这一点。任务技术匹配程度越高，用户在使用该文化科技产品完成某项文化任务时花费的时间和精力就越少，从而会提高用户的易用性感知。另外，任务技术匹配对接受意愿也会产生直接的正向影响。当文化科技产品的任务技术匹配程度较高时，该产品会对用户完成文化任务起到极大的帮助作用，用户自然是愿意接受的。

（三）TRA 变量

理性行为理论认为一个人从事某项活动的行为意向（即接受意愿）是由行为态度和主观规范共同决定的。主观规范是指人们在从事某项特定行为时，感受到的具有一定影响力的团体或个人认为自己应该或不应该实施这种行为的社会压力（Ajzen，1991）。人具有社会性，个人的行为必然会受到社会或特定组织的影响，用户在选择某个文化科技产品的时候，如果身边的人对该产品的使用较多，并且评价也很高，那么他对该产品的行为态度会大大改善，其接受意愿也会更加强烈。如果他不去使用该新产品，他就难以跟上他人的步伐，会有落伍和不合群的感觉。另外，Ajzen（1991）认为主观规范也会直接影响用户的接受意愿。

（四）控制变量

个人创新性是指一个人的个性当中是否具有创新特质。创新特质强的人不仅会积极主动获得新产品的信息，而且愿意更早地尝试使用新产品。因此，个人创新性较强的用户会更加愿意接受并使用文化科技新产品。感知风险即消费者担心其购买行为中无法确知的情况发生的潜在风险，主要包括社会风险、时间风险、身体风险、心理风险、功能风险和财务风险等六个方面，其中感知财务风险是指消费者在购买决策过程中感知到的由于产品质量问题或产品定价过高而可能蒙受经济损失的风险。用户对文化科技产品产生的感知财务风险越大，那么他对该产品的接受意愿也就越低。

四 案例分析

（一）电子书阅读器与 Kindle

计算机技术、多媒体技术和网络技术的不断进步极大地促进了网络出版业的发展，电子书作为网络出版物的重要组成部分也越来越受到读者的关注。与传统图书相比，电子书能够简化出版程序，大幅降低出版成本，并且不会产生物流费用，同时也没有纸张印刷，所以不会造成资源破坏和环境污染。出版数量较少但同时具有较高学术价值和应用价值的图书，能够不受印刷数量的限制，降低出版成本，而且修订迅速。这些优点都给电子书带来了光明的前景，近年来受到了业内人士的广泛关注（季开祥，2003）。各相关厂商如今都积极地推出了自己的电子书阅读器，如美国亚马逊公司推出了 Kindle 电子书阅读器，如今几乎成为电子书阅读器的代名词，闻名遐迩，被美国科技博客网站 Business Insider 评为 21 世纪最重要的十款电子产品之一。日本松下和索尼公司分别推出了“Sigma book”“Librie”电子书阅读器，美国巴诺书店推出了“Nook”和“Nook color”电子书阅读器，国内当当网发布了“都看”电子书阅读器，另外还出现了爱国者、汉王、方正等品牌，都瞄准了这个不断扩大的电子书市场。

2009 年 12 月 27 日，作为美国最大的网络电子商务公司，亚马逊（Amazon）宣布其电子书的总销量已经超越实体书。随着电子阅读的不断升温，市场对电子书阅读器的需求也逐渐爆发。2007 年 11 月 19 日，亚马逊推出 Kindle 电子书阅读器，五个半小时内就被抢购一空。2013 年，Kindle 电子书阅读器正式在中国大陆发售，不到两天，北京、上海两地的零售店就已经脱销。国内的相关企业也先后发布了属于自己的电子书阅读器，如2008年汉王就进入了电子书领域，推出“电纸书”概念来宣传其类纸化的阅读体验。2013年7月25日，当当网对外发布了旗下电子书阅读器“都看”(doucon)，价格比Kindle更加低廉，当当网凭借其海量的读者资源也想在这个新兴的市场分一杯羹。自从苹果公司于2010年4月推出iPad以来，就持续受到了全世界范围内消费者的追捧。尽管iPad并不是专门的电子书阅读媒介，但是对于许多使用者来说，使用iPad的主要目的之一也是进行阅读。为检验以上所提出的模型的有效性，本文以Kindle电子书阅读器为例，结合TAM、TTF和TRA整合模型，来系统分析消费者对文化科技产品接受意愿的影响因素。

（二）Kindle电子书阅读器的TAM模型

用户对电子书阅读器的感知易用性和感知有用性都会通过影响使用态度来间接影响接受意愿。Kindle电子书阅读器体积和重量较小，携带非常方便，亚马逊提供的电子书资源也可以随意下载，读者可以利用碎片化的时间来看书，实现随时随地阅读，再也不需要手里捧着厚厚的纸质书籍。论坛上很多用户都表示拥有了Kindle之后，看书的时间增多了，看书的主动性也提高了，阅读量大增，并且可以看到许多原版图书，阅读习惯也有所改变，这种现象被亚马逊形象地描述为“阅读的复兴”。使用Kindle电子书阅读器的用户越来越多，但是Kindle自身也有一些缺点是部分用户不能接受的，如在阅读PDF文档方面，由于屏幕刷新太慢而且显示字体太小，给用户阅读造成了非常大的不便。正如参加Kindle试用项目的普林斯顿大学的在校学生一样，一旦不能容忍该产品的某些缺点，他们的态度就会发生改变，对其感到失望，当然也就不会产生购买意愿。由于目前国内知识产权大环境还不成熟，大部分读者还没有养成付费阅读的习惯，许多人仍然会在网络上寻找免费的电子书资源，如京东、当当等国内巨头都在网络上提供了大量免费电子书供网友下载，很多读者对亚马逊平台上提供的付费下载电子书并不感兴趣。而且与国内的竞争对手相比，亚马逊的中文电子书资源相对匮乏，加之获取成本较高，这会在很大程度上影响Kindle在华的发展。亚马逊应该积极寻求与中文出版机构的合作，以获得大量中文电子书资源，来满足中国读者市场的需要。并且要与其他竞争对手一道来共同培育国内的付费电子书市场，培养广大读者的知识产权保护意识，促进中国电子出版产业健康发展。

（三）Kindle 电子书阅读器的 TTF 模型

用户使用电子书阅读器的目的是更加便捷高效地进行阅读，这种阅读的行为特征便是文化任务特征；技术特征是指电子书阅读器所具备的技术含量和功能实现。Kindle 电子书阅读器的优点主要表现在以下方面：阅读内容非常容易获得，用户可以通过 Kindle 随意阅读或下载亚马逊提供的海量电子书；实现既环保又经济，不用纸张印刷，减少了对树木资源的利用，并且免去了物流和仓储费用，电子书的成本要明显低于纸质书籍的成本；读者可以感受到类纸化的阅读体验。与一般显示屏幕不同，Kindle 使用了电子墨水（E-ink）技术，并且外观和操作上都使其更像是一张纸，如可以“翻页”等；比 iPad 等产品对眼睛更友好，能够缓解眼睛长时间注视电子产品引起的疲劳；便捷易携带，Kindle 的体积不大，却可以储存上千本电子书，相当于一个小型的移动电子图书馆（匡文波、龚捍真和蒲俊，2011）。这些优点是其任务特征与技术特征匹配的产物，带给了用户良好的使用体验。一方面，用户会认为 Kindle 电子书阅读器方便使用，即用户对 Kindle 的感知易用性高；另一方面，用户会认为 Kindle 电子书阅读器能存储海量图书，可以方便用户随时随地看书，即用户的感知有用性高。同时，由于用户使用 Kindle 电子书阅读器的文化任务特征和技术特征的匹配度是较高的，即使用 Kindle 进行阅读是比较适合的，当然接受意愿也是较高的。比如，亚马逊的论坛上许多用户就表示在众多电子书阅读器中 Kindle 是最好的选择。因此在出版业整体并不景气的情况下，Kindle 电子书阅读器仍然表现出了相当大的潜力。

但是论坛上也有用户表示“电子书尽管方便，但是会损害某些经典书籍的收藏价值，自己很享受将实体书捧在手里的感觉”，对于这部分读者来说，他们对于电子书阅读器的感知有用性就是比较低的，会直接影响他们对电子书阅读器的接受意愿和购买行为。相对于传统纸质书籍，电子书阅读器还存在一些不足，比如标注困难、导航不便、翻页速度缓慢等，所以，对这些方面功能要求较高的用户对电子书阅读器的感知易用性就比较低，并且任务、技术匹配程度也是较低的，接受意愿就会大大减弱。例如参加 Kindle 试用项目的普林斯顿大学的 50 名在校学生和老师中，大多数对 Kindle 电子书阅读器感到失望。许多用户认为，电子书阅读器仅适用于休闲类资源的阅读，在学术环境中的使用效果是欠佳的，如美国普拉特学院接受调查的学生对 Kindle 2 就有这样的看法。

（四）Kindle 电子书阅读器使用中的 TRA 模型

当周围的人都在使用 Kindle 电子书阅读器并且对该产品有较高的评价时，用户的使用态度和接受意愿也会受影响，即主观规范对使用态度和接受意愿会产生影响。电子书刚刚问世的时候，许多人都质疑它的发展潜力，人们普遍认为传统纸质书籍才是最符合原始阅读习惯的，并且纸质书籍也更有利于保护视力。随着移动互联网技术的不断发展，人们越来越习惯于电子阅读，再加之出于环保的压力，人们逐渐改变了之前对电子书的态度，使用者也越来越多。具有强大品牌影响力的 Kindle 电子书阅读器进入中国，让沉寂多年的中国电子书市场重新焕发活力。Kindle 良好的用户体验及口碑让更多的读者愿意购买电子书阅读器，国产品牌也趁机加入到“电子阅读”的热潮中，销量急剧攀升，可以说 Kindle 对于做大整个中国电子书市场功不可没。只有中国的电子出版行业蓬勃发展，亚马逊才能够在这个庞大的市场中获取更大的利益。

（五）控制变量的影响

除此之外，消费者个人创新性、感知财务风险等控制因素也会对最终的行为意图产生影响。张红红等人（2010）对创新科技产品采用意愿的研究结果显示，个人创新性会对用户采用意愿产生显著的正向影响。一般情况下，个人创新能力较强的人更容易接受新事物，因此更愿意接受电子书阅读器。从价格上看，目前电子书阅读器价格在数百元人民币，相对于手机、平板电脑等移动终端而言，价格具有竞争力，且相关网站有大量免费的电子书可供下载，即使售价也大多在几元钱，所以成本不高。用户感知财务风险越小，越容易接受电子书阅读器。

五 结语

文化科技产品是一种新型的跨界产物，为文化消费提供了一种可以带来全新体验的工具。为了探讨影响文化科技产品接受意愿的因素，本文基于 TAM、TTF 和 TRA 理论提出了一个整合模型。该模型综合了三个理论的特点，更加全面地揭示了文化科技产品的接受意愿受到感知有用性、感知易用性、任务技术匹配度、主观规范的影响。此外，个人创新性和感知财务风险等控制变量也影响了文化科技产品的接受意愿。Kindle 电子书阅读器的案例分析表明，文化科技产品的接受意愿的确受到以上因素的影响。

该整合模型对于文化科技产品的开发工作具有指导作用。用户文化需求即企业的文化工作任务，在准确分析文化工作任务的基础上，企业可以针对性地开发新技术或借用现有技术来实现这些任务，从而达到工作任务与技术特征的匹配。在产品开发当中，要注重提高产品的感知易用性和感知有用性。感知易用性的提升可以通过技术来实现，而感知有用性的提升则应强调文化科技产品比传统的文化产品先进之处，前提还是强化任务与技术的匹配。除此之外，企业应该发掘和培养文化科技产品的意见领袖，让他们来影响身边的人，以便让主观规范发挥作用。

本文也存在一定的不足之处，在理论的基础上建立了模型之后仅仅利用案例分析来解释模型的有效性，并未通过实证研究方法来探讨模型中各变量之间的关系，缺乏一定的说服力。后续研究可以采用定量分析的方法来进一步验证该理论模型的合理性与解释能力。

参考文献

董珏：《基于 TTF 模型的网络信息资源利用效率研究》，《图书情报工作》2008 年第 4 期。

季开祥：《浅析电子书及其发展前景》，《现代情报》2003 年第 11 期。

匡文波、龚捍真、蒲俊：《电子书阅读器 Amazon Kindle 的发展及其影响》，《图书馆理论与实践》2011 年第 2 期。

宋晓兵、董大海、于丹、刘瑞明：《基于 TRA 理论的品牌购买行为倾向前因研究》，《大连理工大学学报》（社会科学版）2007 年第 4 期。

孙建军、成颖、柯青：《TAM 模型研究进展——模型演化》，《情报科学》2007 年第 8 期。

孙建军、成颖、柯青：《TAM与TRA以及TPB的整合研究》，《现代图书情报技术》2007年第8期。

吴利明、张慧、杨秀丹：《基于TAM与TTF模型构建高校教师信息使用行为影响模型》，《实践研究》2011年第5期。

应洪斌、郭琳、窦伟：《基于TTF和TAM整合视角的移动工作支持系统使用意向研究》，《管理工程学报》2012年第4期。

余庆泽、叶淑敏、李毅、钟艺瀛：《基于TAM的二维码使用意愿实证研究》，《科技管理研究》2014年第9期。

张红红、葛冬玲、相吉利：《基于TAM模型的创新科技产品采用意愿研究》，《科技进步与对策》2010年第18期。

赵勍升、王晓东：《基于TAM/TPB整合模型的虚拟货币支付行为实证研究》，《预测》2013年第3期。

Fred D. Davis, "Perceived usefulness, perceived ease of use, and user acceptance of information technology", MIS Quarterly13 (3), 1989: 319 - 340.

Hung KitLui and Rodger Jamieson, "Integrating trust and risk perceptions in business to consumer electronic commerce with technology acceptance model", ECIS 2003 Proceedings, 2003.

IcekAjzen, "The theory of planned behavior", *Organizational Behavior and Human Decision Processes* 50, 1991: 179 - 211.

Inge M. Klopping and Earl McKinney, "Extending the technology acceptance model and the task-technology fit model to consumer e-commerce", *Information Technology, Learning, and Performance Journal* 22 (1), 2004: 35 - 48.

Mark T. Dishaw and Diane M. Strong, "Extending the technology acceptance model with task-technology fit constructs", *Information & Management* 36 (1), 1999: 9 - 21.

B.10

中国网络游戏产业的国际化战略研究*

付文慧　南永镐**

摘　要：2008 年以来，中国网络游戏企业掀起了进军海外市场的热潮，且采取了丰富多样的进入模式：代理、合资、全资子公司等。本文尝试研究这些企业的海外战略动机和进入模式之间的关系。本文将延伸此类研究至创意文化产业中的网络游戏领域。本文总结出了相应的"海外战略选择矩阵"，包括目标能力（游戏开发能力或游戏运营能力）及战略目的（能力利用或能力探索），为了检测这些目标能力和战略目的的匹配度，本文深入访谈了十家在全球范围内有游戏开发或者运营业务的中国企业，分析它们在国际化进程中对某一市场进入动机和进入模式的匹配策略。研究结果表明，中国网络游戏企业的海外战略选择受到了对象市场条件、进入动机和进入模式三方面的影响。本文试图通过上述分析与结论提供一个创意产业国际化的基本理论框架，并为企业实践活动提供借鉴参考。

关键词：中国网络游戏产业　海外市场进入模式选择　硬服务　软服务

---

* 本文系国家自然科学基金重大项目"网络环境下的服务创新与服务设计研究"（项目编号：71090403/71090400）、韩国发展研究院研究项目"中韩网络平台协同方案：中国数字内容平台的海外战略研究"研究成果。

** 付文慧，博士，中欧国际工商学院供应链与服务创新中心研究员，主要研究方向为文化产业管理及国际化战略，重点在游戏动漫、影视娱乐及新媒体内容等行业；南永镐，博士，教授，博士生导师，韩国国民大学，主要研究方向为知识集成产业的国际化战略，重点在软件及数字内容产业。

一 引言：中国网络游戏产业的国际化现状

中国文化产业的国际化，相较于其产业的国际化程度，一直以来差距明显；且更大的挑战在于，当前中国文化出口仍以工艺品、手工制品等低附加值的产品为主。一些高附加值的文化产品，如电影电视、图书出版、数字内容、建筑设计、表演艺术、视觉艺术等，其国际化程度远远落后于发达国家（《中国文化发展报告》，2014）。

然而，有一类文化产品近年来正打破这种尴尬，为中国文化产业的国际化困境突围，这就是中国的网络游戏。自 2013 年起，网络游戏已经成为中国文化出口领域贡献最多的产业之一①，越来越多承载自主原创及中国文化内涵的作品获得美国、俄罗斯、德国、日本、东南亚等国家和地区用户的好评，中国自主研发网络游戏正在成为文化出口、人文交流的排头兵。

其实早在 2008 年，中国就已经由一个网络游戏进口国转变为出口国，中国网络游戏的产品和发行服务在全世界遍地开花。如果说从 1998 年至 2008 年，是中国网络游戏产业从无到有的十年；那么从 2008 年至 2018 年，就是中国网络游戏走向全球研发、全球运营的十年。中国自主研发网络游戏海外市场销售收入正以较高的年增长率发展，引领中国文化产业的国际化趋势（见图 1）。

国际化对于网络游戏产业来说并非业务上的锦上添花，而是发展必经之路。对于上游知识产权的拓展来说，在全球范围内搜寻优秀的游戏版权，是整合全球资源、提升研发效率和产品成功率的关键。对于下游运营服务来说，将本土市场的成功经验复制和应用到其他新海外市场，也是使得利益最大化的捷径之一。此外，国际化也是产品研发和运营服务质量提升的最好方式。搜狐畅游的一位游戏策划人员曾表示："自从 2007 年《天龙八部》系列商业化以来，开发团队在包括北美、欧洲、东南亚等 11 个国家和地区共发布了超过 500 次的版本更新和内容升级。只有通过五年间不断在各个市场收集用户

① News Report: Live News Room, News Channel, China Central Television (CCTV), 2013. 3. 27, http: //games. qq. com/a/20130415/000134. htm.

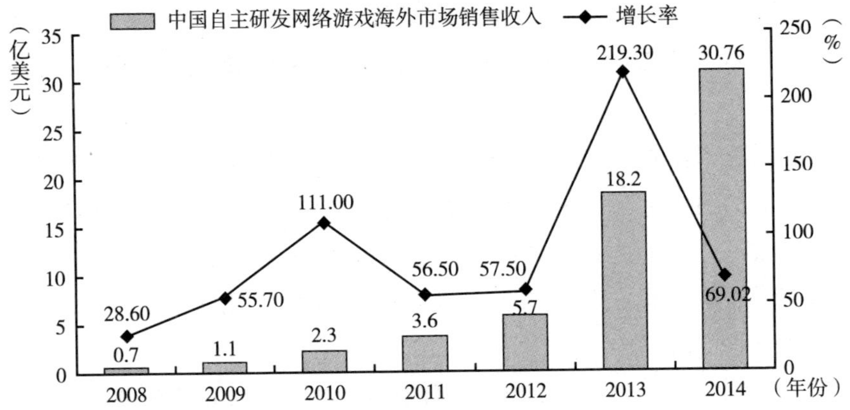

图1　2008～2014年中国自主研发网络游戏海外市场销售收入

资料来源：2014年中国网络游戏产业报告。

对于产品和服务的反馈意见，不断地完善产品，才最终将这部作品打造成了经典之作。”①

因此，中国网络游戏企业对于进军海外非常积极。很多企业都在创业初期就有进军海外市场的尝试和经验，结识了大批海外合作者。除了对外出口拥有自主知识产权的网游产品，中国的游戏公司也致力于全球运营以及在海外市场当地设立分公司或收购当地公司，以此扩展海外业务，整合全球游戏产业链。根据我们的调查，截止到2014年7月，共有21家中国网游公司进入了海外市场，海外市场进入模式有产品代理协议、兼并收购（M&A）以及全资子公司三种方式。有趣的是，很多公司同时应用兼并收购（M&A）及新建全资子公司两种方式，其中有一家公司同时使用了这三种方式。在这些企业中，腾讯和完美世界是应用海外投资并购模式最活跃的两家企业。它们都收购了美国著名的游戏公司，并通过这些公司开发的产品在国际战略上取得了成功。比如《英雄联盟》（*League of Legends*），截至2013年在全球拥有7000万注册用户②，

① Dragon Oath："Fifth Anniversary and a New Start（in Chinese）"，http：//news.17173.com/content/2012－05－09/20120509100834324_ 1.shtml.

② News Report："How Riot Games created the most popular game in the world"，http：//fortune.com/2013/07/10/how－riot－games－created－the－most－popular－game－in－the－world/.

《火炬之光2》（*Torchlight II*）更是获得了著名游戏媒体IGN颁发的2012年最受欢迎的游戏大奖①。很多其他企业纷纷跟随腾讯和完美世界的脚步，以投资兼并的模式进入全球各大市场。这种方式可以缩短建立当地团队的时间，获得优秀的游戏开发人力资源，并且有利于开发出适合当地用户口味的产品。此外，全资建立海外子公司也是一种广受欢迎的模式，获利更多、更灵活，并且拥有绝对的业务主导权。

多样化的海外市场模式，以及对于开发和运营不同业务环节的侧重，使得游戏产业的国际化战略比其他制造业或服务业更加复杂。每一家企业都可能根据自身核心能力和海外市场进入动机的不同而选择截然不同的海外战略模式。服务业海外战略相关的文献虽然丰富（例如Erramilli and Rao，1993；Ekeledo and Sivakumar，2004；Blomstermo，Sharma and Sallis，2006），但极少有对类似网络游戏产业这样属性复杂的行业进行清晰的界定和特别的关注。此外，在实践方面，网络游戏产业在海外战略上的成功，亟须复制到其他高附加值的文化产业和产品中，以促进中国文化产业的国际化程度，形成相应的文化优势。

因此，本研究将通过案例研究的方法，探索中国网络游戏企业的海外战略模式，找出企业自身核心能力与海外市场进入动机之间的关系。旨在一方面拓展海外战略理论中对于文化产业关注的不足，另一方面提供相应的实践指南，帮助其他文化产业和产品成功拓展海外市场。在具体研究步骤上，起初我们以韩国市场为样本，研究了单一海外市场中中国游戏公司的状况，并以5年为一个生存周期，考察了中国公司在韩国市场的生存（Fu and Nam，2014），此后，我们又扩大海外市场样本，考察了所有海外市场中中国游戏企业的状况（Nam and Fu，2014），最后，我们以13年的时间线，进行了一个整体研究（Fu，2014）。本文将展示该系列研究的一些核心发现。

本文结构如下：在第一节进行整体介绍之后，第二节着重于文献综述，第三节介绍研究方法及数据收集情况，第四节通过案例分析提出研究命题，第五节总结理论贡献及实践意义。

---

① News Report：" Best PC Role - Playing Game of 2012"，http：//www. ign. com/wikis/best - of - 2012/Best_ PC_ Role - Playing_ Game.

二　文献回顾及理论的开发

（一）网络游戏产业概述

网络游戏（Online Game），是指以互联网为传输媒介，以游戏运营商服务器和用户计算机为处理终端，以游戏客户端软件为信息交互窗口的，旨在实现娱乐、休闲、交流和取得虚拟成就的多人在线游戏。一个网络游戏由两部分组成：游戏开发和游戏运营。前者指游戏软件的开发过程，包括故事情节设计、游戏策划、图形艺术、客户端/服务器编程、测试等技术内容（Cohendet and Simon，2007；Wi，2009）；后者指向玩家提供该软件服务的过程，包括游戏产品的发布、广告、营销、7×24×365 的客服、支付系统管理、社区管理及网络维护等。

游戏软件开发和运营服务是不可分割却又各有特征的两部分（见表 1）。不可分割体现在：开发团队和运营团队需要实时的信息交互，交流玩家反馈信息，以便完善产品，通过软件的升级、剧情的拓展维持游戏的持续性；各有特征体现在两者的服务特征和知识特征不同，游戏开发活动属于生产过程和消费过程可分离的硬服务（Hard Service）范畴（Erramilli and Rao，1990；Ekeledo and Sivakumar，1998），每个开发过程都可以模块化、编码化，并可通过编程语言清晰描述，有些游戏开发公司甚至会将部分的开发模块外包出去，以节省成本或提高效率。然而游戏运营服务却属于另一种服务范畴——软服务（Soft Service）（Erramilli and Rao，1990；Ekeledo and Sivakumar，1998）。这类服务与一个市场和顾客群体的文化、习惯、社会风俗、行业法规等因素息息相关，

表 1　网络游戏产业的特征

特征	游戏软件开发	游戏运营服务
服务类型	硬服务	软服务
知识类型	显性知识	隐性知识
知识转移的难易程度	容易	困难

所需要的知识更多的是只可意会不可言传的经验（Johanson and Vahlne，1977），无法像游戏开发知识那样通过文本或者话语轻易传递（Kogut and Zander，1992；Zander and Kogut，1995）。此外，游戏运营服务的创新更多地依赖于与用户之间的价值共创活动。与用户之间的互动是一款游戏聚集人气、获得长久成功的关键（Hertog，2000；Gallouj，2002）。

（二）海外市场进入动机

由于网络游戏产业在开发和运营两方面差异化的服务特征，使得游戏产业的国际化模式也更加复杂。第一，在服务类型上，传统的海外市场进入模式相关文献多侧重于单纯的硬服务或单纯的软服务（i. e. Erramilli and Rao，1993；Blomstermo，Sharma and Sallis，2006；Ekeledo and Sivakumar，2009），然而网络游戏产业在服务属性上是复合的。第二，在海外市场进入动机上，组织理论认为，一个组织或一个业务单元的海外市场活动不仅包括利用原有核心能力（capability exploitation），也包括学习和发展新的能力（capability exploration）（March，1991；Teece et al.，1997；Benner and Tushman，2003；Gibson and Birkinshaw，2004）。其中，对于原有能力的利用（exploiting）体现在“完善、选择、生产、效率、执行等相关的行动”上；而新能力的探索（exploring）体现在“搜寻、实验、冒险、柔性、发现、创新等相关的行动”上（March，1991；Simsek，2009），因此，网络游戏企业的国际化动机可以在上述两个维度上总结出四种类型：①硬服务能力的利用；②硬服务能力的探索；③软服务能力的利用；④软服务能力的探索。

在网络游戏行业中，硬服务能力的利用，主要侧重于对现有的游戏软件开发技术或能力的完善、执行或使用。硬服务能力的探索，指的是发展一些新的游戏软件开发能力，比如开发一款新的引擎、新的编程语言、新的技术路径等，这是中国传统企业对外投资的主要动机，通过吸收国外先进知识提高自己的技术水平或自身品牌影响力（Deng，2004；Child and Rodrigues，2005）。软服务能力的利用，主要强调使用一些早先积累的市场经验，进行产品推广、宣传或者其他客户服务。软服务能力的探索则强调对于新的市场经验的获取和积累，比如一种新的运营方式或新的营销手段，这是中国网络游戏公司进入海外市场的主要动机之一，通过服务国外先进市场的先进用户，提高自己的服务水平和对服务的认知度。

（三）海外市场进入模式

一个企业在进入海外市场的时候，可以采取不同的进入模式，比如产品出口、产品代理、建立合资公司、投资兼并或者建立一个全新的子公司（Hill，2009），这些不同的海外市场进入模式有着不同的母公司控制能力（controlling power）、资源投入或承诺水平（resource commitment）、合作伙伴知识获取的难易程度（easiness of knowledge absorption），以及战略资产的外泄风险（possibility of dissemination risk of strategic assets）。表2展示了各类海外市场进入模式在上述几个方面的对比情况。控制程度和资源投入程度在四种进入模式中有着一致的强弱水平，然而伙伴知识获取程度和外泄风险却稍有不一致。多数股份收购和新建子公司有着较高的母公司控制水平，产品代理则是一种控制水平较低的进入模式。合资公司和少数股份收购介于二者中间。较高的控制水平要求较高的资源投入和整合（Hastings and Perry，2000；Blomstermo，Sharma and Sallis，2006），然而对于外泄风险来说，合资公司的风险最高，自建子公司则完全没有这种风险。

表2　各种海外市场进入模式的特征

海外市场进入方式*	控制程度	资源投入程度	伙伴知识获取程度	外泄风险
产品代理	低	低	低	低
合资公司	中	中	高	高
少数股份收购	中	中	中	中
多数股份收购	高	高	中	低
新建子公司	高	高	无	无

*根据相关文献的定义，本研究将“少数股份收购”定义为：被收购公司股份的0～50%，“多数股份收购”定义为：被收购公司股份的50%～100%。

三　研究设计与方法

（一）案例的选取

本研究采用扎根理论和案例研究的方法探索游戏产业海外市场进入动机与

进入方式的关系（Eisenhardt ，1989；Strauss and Corbin，1990；Yin ，2009）。探索性案例研究的方法，主要解决“是什么”“为什么”和“怎么样”的问题（姚铮和金列，2009）。案例研究除了可以验证、批判理论之外，还可以探索、构建理论（Eisenhardt，1989；Yin，2003），是基于定性证据进行理论建模的最佳方法之一（Eisenhardt and Graebner，2007），尤其适合于观察和总结企业内部的纵向演变机制（Pettigrew，1990）。

案例研究时，应选择突出、极端的案例以便比较，从而帮助扩展现有理论（Eisenhardt，1989）。本文据此标准，首先筛选出至少已经以一种方式进入了一个海外市场的网络游戏企业，共计21家，自其中剔除掉只有产品代理一种初级海外进入模式的企业，剩下10家（见表3），即作为我们的研究样本。

表3　样本企业的基本情况

公司代码	建立时间	员工数	2013年收入*（百万美元）	已进入的海外市场	所在股市
F1	2003	20000	5240.3	北美，东南亚，韩国	HK Stock Market
F2	1999	12000	712.3	北美，欧洲，东南亚，韩国	NASDAQ
F3	2004	12000	508.8	北美，欧洲，东南亚，韩国，日本	NASDAQ
F4	2003	15000	737.9	北美，欧洲，东南亚，韩国，印度	NASDAQ
F5	2003	3000	182.7	东南亚	HK Stock Market
F6	1998	5000	17.2	韩国	NASDAQ
F7	1999	3000	146.7	北美，欧洲，东南亚，日本	HK Stock Market
F8	2003	2000	N. A.	北美，俄罗斯	N. A.
F9	1999	2000	N. A.	北美	NASDAQ
F10	2003	2000	N. A.	日本	N. A.

*资料来源：相关企业的年报。

（二）实地调研及访谈步骤

资料的充裕性和广泛性是理论建构的前提（Strauss and Corbin，1990）。本研究小组自2010年起整理中国游戏企业国际化相关第二手资料，至2013年，已经收集了多达30万字的第二手资料，来自行业新闻、行业报告以及各样本公司的内部资料。与此同时，我们还进行了多次第一手资料的收集工作。通过每年一度的中国上海国际互动娱乐展（China Joy）和韩国釜山国际游戏展（Gstar），进行了针对10家样本企业的现场观察与访谈。每次访谈、讨论的平均时间为1～2小时。访谈对象包括母公司高层领导、海外子公司负责人以及海外合作伙伴公司。从外部行业信息、研究者观察和内部员工信息三个角度得到的资料也符合三角测量法的要求，提高了案例研究本身的效度。

质性研究中通常所得的理论都是扎根的理论（Eisenhardt，1989），是用归纳的方式（inductive approach），分析由田野所得庞大复杂的原始资料，使之概念化、相互联系起来，扎根于现实世界。本文严格按照扎根理论的“三步编码法”对数据进行分析（Strauss and Corbin ，1990），并借助ATLAS. TI专业编码软件，客观地对大量源文件进行提取、分类，并对数据段进行关联，众多的输出选项和协作工具也使分析结果呈现得更为直观。最后，对研究结果进行评估。

四　案例分析及研究命题的提出

（一）开发能力的利用与探索

如果一家企业的产品研发能力，即硬服务能力不足，它所期望获得的是对于技术的理解，而这种理解可以通过显性的、可编码的知识转移方式得到。向第三方组织学习，是获取这种知识的最优途径。因此，欠缺研发能力的企业在国际化的进程中，倾向于将外部组织的先进研发人力资源内部化，他们通过建立合资公司的形式获取对方先进的技术，或者直接收购一些拥有著名游戏产品版权的国外研发商。总之，硬服务知识及资源的获取依靠诸如合资、少数股权收购或者多数股权收购的合作的形式实现。

本研究的案例数据表明，F1在全球范围内总共拥有11家少数股权收购的海外分公司以及一家多数股权收购的海外分公司；F2拥有一家少数股权收购以及三家多数股权收购的海外分公司。F6拥有两家少数股权收购及一家多数股权收购的海外分公司。F9拥有三家少数股权收购的海外分公司。F2的总裁在收购一家日本游戏研发商时强调："作为一家游戏公司，最核心的能力就是产品研发能力。我们的目标就是通过国际化的方式增强这种研发能力。"F1 的执行副总裁在收购一家国外的游戏引擎开发商时也表示："我们有很多方面需要向对方学习，尤其是引擎开发技术上的差距。"

因此，笔者提出以下研究命题：

命题 1：以开发能力的探索为目的进入海外市场时，企业会倾向于选择利于吸收对方知识的进入模式，如合资、少数或多数股权收购。

如果一家游戏公司的优势就在于研发能力，那么其国际化的动机就很有可能是进行研发能力的应用。我们的案例样本中有两个这样的例子：F4 在美国新建了全资的研发中心，也在韩国建立了一家面向全球的研发中心，雇用了 200 名韩国游戏开发人员，他们之中的大多数来自著名的韩国游戏开发商。F4 是一家擅长开发中国武侠风格题材的公司，其韩国研发中心的主任在接受我们的调研时表示："我们使用韩国引擎技术和韩国开发人员的动机是可以节省成本，提高效率，同时，也为了更加本地化，更加贴合国外玩家对游戏的需求。"另外，前文曾提到，对于开发能力这种显性知识来说，技术外泄风险是很高的，因此有技术核心的企业大多避免使用合资或股权收购等伙伴合作方式，而是倾向于技术外泄程度低的海外市场进入模式。

因此，笔者提出研究命题 2。

命题 2：以开发能力的利用为目的进入海外市场时，企业会倾向于选择技术外泄可能性低的进入模式，如新建或独资收购子公司。

（二）运营服务能力的利用与探索

所有案例样本有在海外市场进行游戏运营服务的尝试，无论它们自身的资源禀赋是倾向于游戏开发或者游戏运营，以更加独立的方式在海外市场运营游戏，是一种比产品代理更有利润的方式，同时还可以在国外市场学习到新的用户服务经验。不同于开发知识的显性化，大多数软服务知识是基于特定海外市场的文化特征而形成的，因此游戏运营服务中有很多活动都是与当地情形紧密相关的。一家企业需要进行大量针对对象市场、用户以及政府政策的调研。不同海外市场所需的运营服务经验也各不相同。一家企业很难将先前在本国市场积累的运营服务经验和能力应用到新的市场情境中。因此，海外市场战略和动机并不取决于企业自身的资源禀赋，而是取决于海外各市场不同的状况。

中国游戏产业国际化的先锋 F3，其总裁曾经这样总结对于海外市场的划分：“第一类是像北美、欧洲这样的市场潜力较大的市场，我们会采用独资子公司的形式独立运营我们的产品，以追求利益最大化。第二类市场是诸如越南、泰国等小语种市场，市场潜力和空间有限，我们会采用合资或者产品代理的方式进入该市场。第三类市场是诸如韩国、日本这样的市场，虽然市场已经高度发达，盈利空间不大，但是用户水平很高，通过与用户互动、与当地游戏公司的竞争，可以提高我们自身的运营能力。”这样的市场划分方式与本文的案例样本数据不谋而合，第一类市场，诸如北美、欧洲，人口众多且已养成良好的付费习惯，这类市场被传统的电子游戏所主导，网络游戏刚刚兴起，具有发展空间。第二类市场包括东南亚和拉美市场，培育用户习惯需要极高的成本，过多的投入风险较大。第三类市场是网络游戏的起源和主导市场，比如韩国，虽然盈利空间不大，但学习资源丰富。笔者针对每一类市场单独分析相关的进入动机和进入模式。

具有发展潜力的市场

大多数具有发展潜力的市场，原是由传统的电子游戏（如视频游戏、街机、掌机等）所主导的市场，新兴的网络游戏产品和服务尚未普及，也没有太多成气候的网络游戏开发和运营商占据该市场。这样的条件使得中国网络游戏公司跃跃欲试，它们希望能够将中国市场的成功复制到这样的海外市场。F1 的海外战略负责人表示：“网络游戏已经风靡亚洲，我们相信北美用户同样会被吸引。”然而，由于运营服务知识的不可转移性，以合作的方式难以获取。从交易成本理论的角度考虑，采取合资或者入股的方式进入某海外市场，对于获取运营服务技能（Know-how）来说作用不大。换句话说，对于隐性知识的获取来说，市场的交易成本（transaction cost）大于组织层级成本（hierarchical cost）（Williamson，1981）。因此，全资子公司的方式是最为精益的。

案例样本也显示出相同的结论。F3 在美国、欧洲和东南亚各有一家自建的全资子公司，并在日本有一家全资收购的子公司。这些子公司的主要业务都是在当地市场运营 F3 自主开发的游戏。F4 在东南亚、美国、印度和土耳其也有四家自建的全资子公司运营游戏。F5 在马来西亚有一家自建的全资子公司。F8 在美国和俄罗斯有两家自建的全资子公司。F7 通过在上海和美国的两个全球运营中心，向六种语言的市场提供游戏运营服务。F1 在东南亚和美国有一家全资收购子公司和一家新建子公司；F2 有两家全资收购子公司位于美国和欧洲，另有一家自建子公司地处东南亚。F9 有两家自建子公司位于美国和日本，F10 有一家日本的自建全资子公司。

自建或全资收购的子公司最大的优势就是母公司完全的控制权、绝对的执行力以及对所有运营数据、利润的所有权。F7 的 CFO 曾表示“很多美国的游戏公司都向我们抛出橄榄枝希望与我们合作，但是我们还是倾向于以独立的身份进军美国市场。我们想知道美国的玩家有什么习惯特征，我们想实时分析运营数据以完善服务质量，我们需要快速的反应和执行力，而这些，无法通过依附于合作伙伴实现。”

因此，笔者提出如下命题：

命题 3：以运营能力的利用为目的进入海外市场时，倘若是一个具有发展潜力的市场，企业会倾向于选择高掌控水平的进入模式，如新建或独资收购子公司。

不具有发展潜力的市场

与第一类海外市场相对，第二类海外市场主要集中于发展中国家，且在语言上较为零散，各自有各自的小语种。在这样的市场条件下，网络游戏企业更倾向于采取较低的资源投入方式，例如产品代理或者少数股权收购。比如，F1 在越南有一家少数股权收购的子公司，其他的案例样本大多选取产品代理的方式，以控制成本并降低运营风险。再比如 F7，将运营服务的重点放在了全世界六大语种上，而放弃了其他的小语种市场。

因此，笔者提出如下命题：

命题 4：以运营能力的利用为目的进入海外市场时，倘若是一个无发展潜力的市场，企业会倾向于选择低资源承诺的进入模式，如产品代理或少数股权收购。

用以学习的市场

第三类市场是以韩国市场为代表的，用于提升运营能力的市场。我们在调研中发现，所有的样本在韩国有游戏运营业务，然而它们对于进入韩国市场的动机却不同于进入欧美市场，主要是训练或者测试自身能力。韩国是网络游戏的宗主国，有很多卓越的游戏开发公司和运营公司。韩国的游戏玩家也对产品的交互设计、画质、可玩性等品质有着更高的要求，对于游戏艺术有着更深的理解。因此，中国游戏公司可以通过尝试独立在韩国运营游戏，提升自身运营水平，并感知发展趋势。所有的受访者表示，他们的企业进入韩国市场不是为了追求利润，而是为了培训员工、测试游戏质量、提升服务能力以及提高自身的海外竞争力。大家都有这样的共识：一旦一款游戏在韩国市场获得了成功，那么在其他海外市场获得成功的可能性将大大提升。考虑到运营服务知识的不可转移性，为了在国际化进程中实践“干中学”（learn by doing）（Tsang，2002），这些公司都采用自建全资子公司的方式在韩国市场开展业务。F1 有一家自建的全资子公司运营一款自主开发的游戏产品，F2、F3、F6 也各有一家自建的全资子公司运营公司旗下产品。

因此，笔者提出如下命题：

命题 5：以运营能力的探索为目的进入海外市场时，企业会倾向于选择掌控水平高的进入模式，如新建或独资收购子公司。

五 结论

本研究通过考察企业海外市场进入动机和进入模式之间的关系，分析了网络游戏企业基于市场细分的国际化战略。通过对于硬服务、软服务、能力应用、能力拓展四个方面的框架匹配，分情况讨论了各类海外市场战略的特点。

网络游戏产业的国际化战略不同于其他制造业或服务业，它具有双重资源禀赋和双重能力作用动机。我们的研究表明，每一类海外市场模式的选择依赖于不同的选择标准。当一家企业利用其能力（无论是产品开发能力还是运营服务能力）时，海外市场进入模式的选择依据是母公司掌控能力的强弱。掌控能力与技术泄露风险息息相关。如果进入的市场不具有发展潜力和利润空间，资源投入则取代掌控能力成为最重要的考虑依据。而当一家企业探索新能力时，最重要的考虑因素则是在当地市场获取知识的难易程度。其次再分情况讨论，倘若需要探索的是硬服务能力，则采取合作的方式，这一点与传统制造业的国际战略选择一致（Ekeledo and Sivakumar，1998）。倘若需要探索的是软服务能力，则采取独资的方式。

本研究为网络游戏产业的国际化战略勾画出清晰的动机——模式匹配矩

阵，但是仍有两个局限，首先是研究方法，受到了样本量的局限；其次是对于被访者的个人观点筛选，没有进行相应的控制。他们的观点可能会根据各自行业经验的不同而有所差别。然而，本研究仍然为文化创意产业的国际化指明了战略方向，尤其是对于那些准备进军海外市场，但迷茫于进入模式和发展方式的企业。本研究的结论不仅深化了国际化相关理论在文化创意和数字内容产业新情境下的应用，拓展了海外市场进入动机和进入方式的内涵和外延，更为全球化趋势下中国文化产业的国际化战略思路提供了借鉴和指导。

参考文献

姚铮、金列：《多元化动机影响企业财务绩效机理研究：以浙江民企雅戈尔为例》，《管理世界》2009 年第 12 期。

《中国文化发展报告（2014）》，社会科学文献出版社，2014。

Benner, M. J. and M. L. Tushman (2003). "Exploitation, exploration, and process management: The productivity dilemma revisited". *Academy of Management Review*, 28 (2): 238 - 256.

Blomstermo, A., D. D. Sharma, and J. Sallis (2006). "Choice of foreign market entry mode in service firms". *International Marketing Review*, 23 (2): 211 - 229.

Child, J., and S. B. Rodrigues (2005). "The internationalization of Chinese firms: A case for theoretical extension?" *Management and Organization Review*, 1 (3): 381 - 410.

Cohendet, P. and L. Simon (2007). "Playing across the playground: paradoxes of knowledge creation in the videogame firm". *Journal of Organizational Behavior*, 28 (5): 587 - 605.

Deng, P. (2004). "Outward investment by Chinese MNCs: Motivations and implications". *Business Horizons*, 47 (3): 8 - 16.

Ekeledo, I. and K. Sivakumar (1998). "Foreign market entry mode choice of service firms: a contingency perspective". *Journal of the Academy of Marketing Science*, 26 (4): 274 - 292.

Ekeledo, I. and K. Sivakumar (2004). "International market entry mode strategies of manufacturing firms and service firms: A resource - based perspective". *International Marketing Review*, 21 (1): 68 - 101.

Eisenhardt, K. M. (1989). "Building theories from case study research". *Academy of Management Review*, 14 (4): 532 - 550.

Eisenhardt, K. M. andGraebner, M. E. (2007). "Theory building from cases: opportunities and challenges". *Academy of Management Journal*, 50 (1): 25 - 32.

Erramilli, M. K. and C. P. Rao (1990). "Choice of foreign market entry modes by service firms: Role of market knowledge". *Management International Review*, 30 (2): 135 - 150.

Erramilli, M. K. and C. P. Rao (1993). "Service firms' international entry-mode choice: a modified transaction-cost analysis approach". *Journal of Marketing*, 57 (3): 19 - 38.

Fu, W. (2014). "The Internationalization of Hard/Soft Service Integrated Industry: A Longitudinal Case Study of Chinese Online Game OFDI", Doctoral Dissertation, Kookmin University.

Fu, W. and Nam, Y. (2014). "Entry Strategies of Chinese Game Firms in South Korea". *Under Review in Games and Culture.*

Gallouj, F. (2002). *Innovation in the Service Economy.* Edward Elgar.

Gibson, C. B. and J. Birkinshaw (2004). "The antecedents, consequences, and mediating role of organizational ambidexterity". *Academy of Management Journal*, 47 (2): 209 - 226.

Glaser, B. G. and A. L. Strauss (1967). *The Discovery of Grounded Theory: Strategies for Qualitative Research*, New York: Aldine De Gruyter.

Hastings, K. and C. Perry (2000). "Do services exporters build relationships? Some qualitative perspectives". *Qualitative Market Research: An International Journal*, 3 (4): 207 - 214.

Hertog, P. D. (2000). "Knowledge - intensive business services as co - producers of innovation". *International Journal of Innovation Management*, 4 (4): 491 - 528.

Hill, C. W. (2009). *International Business: Competing in the Global Marketplace*, 7th edition, New York, NY: McGraw - Hill/Irwin.

Johanson, J., and J. E. Vahlne (1977). "The internationalization process of the firm - model of knowledge development and increasing foreign market commitments". *Journal of International Business Studies*, 8 (1): 23 - 32.

Kogut, B. and U. Zander (1992). "Knowledge of the firm, combinative capabilities, and the replication of technology". *Organization Science*, 3 (3): 383 - 397.

March, J. G. (1991). "Exploration and exploitation in organizational learning". *Organization Science*, 2 (1): 71 - 87.

Nam, Y. and Fu, W. 2014. "Choice of Entry Modes by Knowledge - intensive Service Industry". *Academy of Entrepreneurship Journal.* Vol 20: 95 - 105.

Pettigrew, A. M. (1990). "Longitudinal field research on change: theory and practice". *Organization Science*, 1 (3): 267 - 292.

Simsek, Z. (2009). "Organizational ambidexterity: towards a multilevel understanding". *Journal of Management Studies*, 46 (4): 597 -624.

Strauss, A. L. and J. Corbin (1990). *Basics of Qualitative Research: Grounded Theory Procedures and Techniques*, Newbury Park, CA: Sage.

Teece, D. J., G. Pisano, and A. Shuen (1997). "Dynamic capabilities and strategic management". *Strategic Management Journal*, 18 (7): 509 -533.

Tsang, E. K. (2002). "Acquiring knowledge by foreign partners from international joint ventures in a transition economy: Learning - by - doing and learning Myopia". *Strategic Management Journal*, 23 (9): 835 -854.

Wi, J. H. (2009). *Innovation and Strategy of Online Games*, Imperial Collegc Press.

Williamson, O. E. (1981). "The economics of organization: The transaction cost approach". *American Journal of Sociology*, 87 (3): 548 -577.

Yin, R. K. (2009). *Case Study Research: Design and Methods*, 4th edition, Sage Publications.

Zander, U. and B. Kogut (1995). "Knowledge and the speed of the transfer and imitation of organizational capabilities: An empirical test". *Organization Science*, 6 (1): 76 -92.

B.11

透视移动互联文化产业商业模式

李彤　陈雨良*

摘　要：文化之所以成为商品是科技发展的结果。文化成为支柱产业是科技进步与文化深度融合的结果，文化成为支柱产业是近十几年的事，我国近2年才提出文化是我们的支柱产业。文化成为支柱产业是文化生产的特殊性决定的。移动互联技术的发展推动了文化产品向广度、深度发展。我国移动互联技术与文化融合在发展中出现的问题，如融合的力度和深度不够，给人以新瓶装旧酒的印象；以移动互联技术为核心为主导的新兴文化产品，以纯技术的方式强调对传统产品形态的革命性和颠覆性，结果到现在大部分没有找到盈利模式；复制传统产品，模仿国外产品，烧钱不止，盈利无望等。商业模式是企业文化和生产经营的综合体，既包括战略战术，又不仅限于此；既有普适性，又具有独特的个性。本文将探讨移动互联技术改变文化企业再生产方式、移动互联背景下文化企业可持续盈利能力等方面的问题，并提出了一些建议。

关键词：移动互联　文化产业　商业模式

* 李彤，深圳大学管理学院教授，深圳大学移动互联产业化研究所执行所长，台北政治大学人工智慧经济学研究中心客座教授，主要研究方向为移动互联产业化（互联网+文化产业以及文化产业+互联网）、大数据商务智能与企业运营管理，技术经济评价理论方法与应用；陈雨良，深圳大学移动互联产业化研究所所长，对外经贸大学校董事，深圳大学MBA特约教授，主要研究方向为经济管理理论与实践。

一　引言

文化产业是一种精神生产，具有非物质生产的特征。文化之所以成为商品是科技发展的结果。科学技术是文化生产的重要手段，文化成为支柱产业是科技进步与文化深度融合的结果。世界各国最近十几年纷纷将文化产业作为支柱产业大力发展，2012 年我国也颁布了《国家文化科技创新工程纲要》，将文化科技融合发展作为我国文化产业发展的重要引擎。近年移动互联技术的发展更是推动了文化产业向深度和广度飞速发展，形成了新的商业机会、新的发展模式，甚至部分改变了人们消费文化产品的习惯和方式。但在发展中，移动互联技术与文化产业的融合发展还存在着一些问题和误区，本文将从文化企业商业模式的角度探讨出现的问题，并提出解决问题的建议。

二　理解移动互联

移动互联在此指“互联网”“移动互联网”和“物联网”，移动互联技术泛指所有与此相关的技术。移动互联给我们的商业带来了如下效益。

（一）极为低廉的沟通成本

一是设备硬件价格遵循摩尔定理不断下降。即使有安迪 - 比尔定律（英特尔公司总裁安迪・格罗夫 - 微软 CEO 比尔・盖茨）的对冲，例如笔记本电脑之类的终端价格仍然持续不断降低，在显性的经济成本方面，成本明显得到节约。

二是互联网、移动互联网及物联网不仅进一步降低了显性的沟通经济成本，更降低了包括时间成本在内的各种隐性成本，显著提高了信息和服务的可获得性。

（二）大数据分析方法更有效地支撑了产品服务的设计、营销、生产和运营

随着获取和处理数据的成本急速下降，人类社会的数据呈现急速膨胀的指

数式增长。根据维克托·迈尔·舍恩伯格和肯尼思·库克耶合著的《大数据时代》，“2007 年人类大约存储了超过 300 艾（2 的 60 次方）字节的数据，其中模拟数据只有 7%，其余全部是数字数据。人类存储信息量的增长速度比 GDP 增速快 4 倍，计算机数据处理能力增速则快 9 倍。”

数据的维度也在进一步多元化。例如，移动互联网技术就将“位置”这一维度与其他维度的信息关联起来，此外交叉验证也进一步丰富了信息的维度，信息的用途也因此实现几何倍数的增长。数据总量的急速膨胀和维度的日益丰富拉开了大数据时代的帷幕。

“大数据时代”显著区别于抽样统计的小数据时代。纳米技术通过将事物分解至分子级别而显著改变了事物的物理属性，大数据与此类似，通过海量数据处理使得人们能够更清楚地看到抽样统计所无法揭示的细节信息，使得产品的设计、营销和生产运营更加有效。

《大数据时代》告诉我们未来分析信息时将面临三个转变。

一是在大数据时代我们可以分析更多的数据，有时候甚至可以处理和某个特别现象相关的所有数据，而不再依赖于随机采样；

二是研究数据如此之多，以至于我们不再热衷于追求精确度；

三是我们不再热衷于寻找因果关系，不必知道现象背后的原因，只要让数据自己发声。

《大数据时代》虽然提出了大数据应用的特殊性，强调了过去由于成本的原因采取随机采样方法的局限性，但笔者认为大数据方法是随机采样技术的发展，是技术发展螺旋式上升规律的体现。其准确的描述转变应该是：一是我们不再“仅”依赖于随机采样；二是我们不再“仅”追求精确度；三是我们“有时候可以不必”寻找因果关系，因为我们的认知还没达到理解它们的程度。

大数据的应用使得如下问题变得越来越重要：一是数据隐私保护的法律法规问题；二是获取数据的能力成为一种稀缺资源。

（三）经济活动的组织形式出现了“大规模业余化”的现象

传统理论认为，经济活动主要有市场、企业和政府（非营利组织）三种组织方式。市场承担交易成本，企业承担管理成本，政府负责公共事务。

以科斯（Coase，1937）[①] 为代表的企业理论提出：当市场交易成本高于企业内部的管理协调成本时，企业便产生了，企业的存在正是为了节约市场交易费用，即用费用较低的企业内交易代替费用较高的市场交易；当市场交易的边际成本等于企业内部的管理协调的边际成本时，就是企业规模扩张的界限。

但现实中存在着很多这样的事情：它们对一些人有价值，又非公共事务，以市场或企业或政府等任何机构的方式做成本都太高昂。在交易成本和管理成本都较高的环境下，这些事情无法完成。

克莱－舍基（Clay Shirky）在其著作《人人时代》举了这样的例子：六月最后一个星期天的“美人鱼游行”是一场纽约时尚人士的游行。上百人聚集在布鲁克林老旧的游乐园中，身着各种奇装异服。游行队列中有巨大的红色章鱼木偶、一群晃着呼啦圈的美人鱼，还有用两个头骨扣在胸前的比基尼少女。旁观者四处拍摄照片。这些照片中的绝大部分被上传至 Flicker（图片分享网站）并通过共享标签组织起来。

互联时代带来的沟通成本极大幅度的降低使得这些事情可以通过新的组织形式得以实现。《人人时代》将这一形式命名为“人人组织”。这一类型的组织超越了传统上的市场、企业和政府（非营利组织），多种社会化工具使得具有松散结构的群体，可以处于非营利性目的、不受管理层指挥而运行，因此也被称为“无组织的组织力量”。

人人组织的外溢效应在互联网时代随处可见，特别是文化产品服务：如微博的自媒体以及人际网络传播特征、淘宝买家信用评级对后续购买者的便利、微信“打飞机”的病毒式传播等。人人组织的兴起，其表现特征为“大规模业余化”的现象。例如摄影、摄像、报道、编撰百科等，从而在这些领域中形成了巨量的中低端产能供应。在一些专业门槛不是很高的行业中，大规模业余化从职业从业者手中抢走了巨大的市场份额。但对于其他专业性门槛很高的行业来说，例如律师、医生、基金经理等，其影响还微乎其微。

“大规模业余化”现象也导致了开源分享的文化，一些专业的公司也参与进来，如 Linux 操作系统、Google 公司的 Android 操作系统、特斯拉电动汽车技术等使得创新具有一种全新的形式。

---

① Coase，Ronald H. “The Nature of the Firm”. *Economica* 1937，4：386－405.

（四）平台战略的重要性大幅上升

互联网时代人人组织的兴起使得所有的需方或所有的供方在网络平台上相互促进，而这极大地推动了平台的发展，使之成为近年来平台战略重要性大幅度上升的核心因素之一。比如，传统消费行为中，更多的消费者意味着更拥挤的购物环境、更恶劣的服务态度以及更高的价格。而在淘宝平台上，消费者越多反而具有正示范效应，主要原因在于消费者对店家的信用评级为克服“缺乏品牌和信誉”的小店家消费中的信息不对称提供了巨大的帮助，因此购物前先查看店家的星级成为淘宝买家的基本习惯。

在传统的环境中，“组织消费者对众多小商户进行信用评级”不可能实现。只有当交易成本极大地降低之后，依托于松散的消费者“人人组织”，这一体系才得以建立，随之而来的示范效应极大地刺激了消费者对淘宝的使用。

“70－20－10 定律”成为互联网经济中的一个重要规律，即第一名占据 70% 的市场份额，第二名占据 20%，而余下的所有竞争者只能分享 10% 的市场份额。该定律与传统行业更为分散化的竞争秩序不同，首先出现在与 IT 信息技术相关的行业中，普遍呈现出“赢者通吃”的现象。平台战略正是这种发展规律的体现，它的效用会呈现平方倍数的增长。例如消费者的增加既提升了其他消费者的效用，同时又提升了商户采用淘宝平台的效用。

一般认为赢者通吃定律产生的原因在于 IT 产业具有高固定成本（主要是研发成本）、低边际成本的特点，而互联网经济下，平台战略进一步显著强化了这一规律。

另外，在商业实践中，平台往往成为大数据时代重要的数据积累方式，由此带来的数据资源独占优势进一步强化了平台战略的自然垄断性。

平台战略的经济学解释可以为：在边际成本趋近于零的自然垄断条件下，企业的竞争策略自然演变成：先期零价格推广产品，抢占市场份额，后期利用自然垄断优势谋求获利。但垄断性，会阻碍技术的进步，因此当平台的垄断性阻碍经济发展时，会有政府或其他的力量打破这种垄断，促进社会的进步。

三　理解商业模式

（一）商业模式的客观性

科学技术创新是一个国家获得竞争优势和取得可持续发展的关键因素，同时是一个企业具有可持续竞争力的内在变量。

而对“商业模式”（Business Model）的重视是由于2001年互联网泡沫破裂时，许多基于互联网的企业虽然可能有很好的技术，但还是破产倒闭了。而另一些尽管它们的技术最初可能不是最好的，但由于有好的商业计划，好的盈利模式，依然保持很好的发展。为此人们相信：在全球化浪潮冲击、技术变革加快及商业环境更加不确定的时代，决定企业成败最重要的因素，不仅仅是技术，而且应该还有它的商业模式。2003年前后，创新并设计出好的商业模式，成了商业界关注的新的焦点。商业模式创新（business model innovation）被认为能带来战略性的竞争优势，是新时期企业应该具备的关键能力之一。

这些现象的出现笔者认为是由于。

（1）人类社会的发展由卖方（短缺）经济时代，到达了买方经济时代，需求变得多样化，导致多品种、少批量成为主流。仅仅依靠技术的进步导致企业竞争优势的获得越来越困难。

（2）通过技术（科学技术、管理技术）能力获得竞争优势的时间越来越短。移动互联导致知识传播速度加快，技术的获取成本越来越低，在别人的基础上研发使得技术更新速度越来越快。

（3）企业的竞争优势不再是完全在技术上，而是越来越体现在技术的应用上或称“商业模式”上，特别是移动互联时代的到来，越发显示出商业模式的重要性。

（二）企业理论与商业模式的理解

从前述的以科斯（Coase，1937）为代表的企业理论知道：企业的有效边界在边际管理成本的增加超过边际交易成本的节约这一点上得以确定。而交易成本产生的核心是信息不对称导致的信任成本。

我们的问题是：是否可以既获得市场交易信息不对称导致的成本的节约又不负担企业内部的管理成本？这是科斯所代表的企业理论中没有论述到的问题。笔者认为通过打开企业边界，构建利益相关者的交易结构可以做到这一点。这里“利益相关者”包括客户本身、供应商，也可能有经销商等。围绕焦点企业构造的生态环境，进行主动的制度安排，将外部性内部化，减少交易风险，获得收益。笔者认为这是“商业模式”客观存在的理由。

人的机会主义倾向，使市场交易过程中会有隐藏、欺瞒倾向获得收益。对整个社会来说是非帕累托最优。而通过制度安排，可对隐藏欺瞒等负外部性行为给予惩罚，通过制度改变信息不对称，减少交易成本。所以说，商业模式是一种制度的安排。

另外，从企业的三类职能活动来看，有与移动互联带来的影响，体现出了全新的特征。

（1）客户关系维护活动：为顾客提供尽可能多的产品和服务，特征为多样性，体现为范围经济。移动互联使企业与客户的沟通渠道和范围大大增加，并且可以形成互动关系，这在过去是不可想象的。

（2）生产运作活动：高绩效是其驱动因素，标准化大批量生产是其达到高绩效的选择，体现为规模经济。

（3）创新活动：快速推向市场是其关键，其特征是企业要关注能开发最新技术和最佳产品的天才员工，而非客户，体现为速度。但现在情况发生了变化，移动互联使客户也可以参与创新和产品的开发。

企业要生存，三个活动一个都不能少，但由于范围、规模和速度是相互矛盾不可能同时满足的任务，企业在三者中取得平衡是关键，在一定的具体环境资源等的约束中，可能有一个相对优化的方案。简单放在一起必然造成资源的浪费。这个优化的方案我们可以称之为“好的商业模式”。优化的方向可以是：降低交互成本，移动互联技术使其成为可能；获得业务活动而不拥有该业务，即通过交易获得业务活动，但放弃占有业务活动所需要的资源，专注自己擅长的业务活动，即企业关注自己所长，打开企业边界，构建合作网络，打造生态环境，即构建商业模式，共同服务客户。

（三）商业模式的定义与商业模式创新

商业模式，简言之，是企业创造价值的模式。企业经营的目的就是创造价值，企业的价值创造是通过商业模式来实现的。具体来说，商业模式是一种包含了一系列要素及其关系的概念性工具，用以阐明某个特定实体的商业逻辑。它定义了一个公司能生存发展的意义：怎样以优于竞争者的方式为用户提供价值，内容包括：提供给用户的价值是什么，公司创造实现这一价值的组织方式和公司产生持续盈利的方式。商业模式在学术上为多数人公认的定义是："为了实现客户价值最大化，把能使企业运行的内部外部各要素整合起来，形成高效率的具有独特核心竞争力的运行系统，以为客户提供产品和服务，达成持续赢利目标的组织设计的整体解决方案。"① 其中"要素""系统"是基础或先决条件，"整合"是手段，"客户价值最大化"是主观目的，"持续赢利"是客观结果。"持续赢利"也是检验一个商业模式是否成功的唯一的外在标准。

商业模式我们理解有"共性"和"个性"两个部分。商业模式的本质内涵是组织创造价值的核心逻辑。逻辑有其内在的规律，这是商业模式的"共性"，是企业可以学习效仿的部分，也是研究者研究得最多的部分。

另外，商业模式建立在对外部环境、自身的资源、能力的假设之上，因此没有一个商业模式适用于任何企业，也没有一个商业模式永不过时。这是商业模式的"个性"部分，与企业家本人的特质密切相关，很难照搬照抄。

企业创新主要分为"技术创新"和"商业模式创新"。企业仅仅有技术创新往往是不够的，新技术再通过商业模式创新将使企业或某个产业发生巨大的变化，甚至创造一个新产业或颠覆整个旧有的产业。

在当今移动互联信息化时代，宏观、微观的环境瞬息万变，科技飞速发展，给企业持续经营和发展带来了极大的挑战，原有的商业模式在经历一个短暂稳定的阶段之后，马上就面临着"创造性破坏"的境地。在这种机会和挑战并存的状况下，企业要想把握住市场机会，在竞争中立于不败之地，在利用

---

① 孙永波、陈柳钦：《商业模式创新的动力机制及其路径选择》，《发展研究》2011 年第 11 期，第 78～85 页。

新技术的基础上对商业模式进行不断创新就显得尤为重要。因此，商业模式的创新是一个系统工程，而不是仅仅就某一个环节进行改良的企业改革。

（四）理解移动互联商业模式

在当今移动互联时代，笔者认为，所有的“网”只是一个工具，它革命性地改变了我们的沟通方式，包括获取信息、传播信息和互动交流的方式，这些方式的改变，对企业商业活动中两项核心职能——营销与创新影响最大，一个是获取用户需求拥有新的方式和渠道比过去来说要容易很多，它是设计开发产品服务的第一步，是企业营销职能的开始；由于有“网”作为互动交流平台，现在了解需求与营销融为一体了，甚至是需求、设计开发、生产、运营、营销都融为一体了，掌握并运用了这一关键点，是我们所看到的案例中企业成功获得竞争优势的关键。另一个是企业的创新模式发生了改变，“网”使得知识分享和开源这些概念获得新生，这使得过去传统的封闭式创新正逐渐成为历史或退居第二位，开放式创新成为主流，甚至是用户和合作伙伴也参与创新活动。这些融合的方法模式其实就是我们谈论的商业模式。所以，可以看到，无论是什么模式，最终的核心还是生产出用户需要喜爱的高品质的产品服务。这里面有两个关键词，一个是“用户需要喜爱”，一个是“高品质”缺一不可。

四　移动互联文化产业发展中的问题

（一）文化产业

文化产业，这一术语产生于20世纪初。最初出现在霍克海默和阿多诺合著的《启蒙辩证法》一书之中。它的英语名称为 Culture Industry，可以译为文化工业，也可以译为文化产业。文化产业作为一种特殊的文化形态和特殊的经济形态，影响了人民对文化产业的本质把握，不同国家从不同角度对文化产业有不同的理解。联合国教科文组织关于文化产业的定义如下：文化产业就是按照工业标准，生产、再生产、储存以及分配文化产品和服务的一系列活动。

国务院于2013年8月发布的《关于促进信息消费扩大内需的若干意见》指出，到2015年，信息消费规模超过3.2万亿元，年均增长20%以上，带动相关行业新增产出超过1.2万亿元。

据联合国统计，全球文化产业创造的财富已大大超过制造业，成为世界经济增长的主要动力。

美国文化产业占整个GDP的1/3，2012年我国文化产业占GDP的3.48%。在世界文化市场上，美国一国占了43%，我国仅占了不到4%，这与我国作为一个文明古国的历史地位和世界第二大经济体的经济规模很不相称。为此，我国适时提出要使文化产业成为我国国民经济的支柱性产业。同时强调坚持中国特色社会主义文化发展道路，必须坚持把社会效益放在首位，坚持社会效益和经济效益有机统一。

文化产品的特殊性决定了它同时具有意识形态属性和商品属性。文化产品的消费在马斯洛需求层次理论中属较高层次的精神层面的尊重和自我实现方面的需求。这决定了消费者对产品需求差异大且拥有绝对的权利。因此，文化产品的生产具有需求不确定、风险高的特点，它是高智商高智力的活动，由于风险大，收益具有很大的不确定性。另外，通常一次性固定投入大，变动成本较小，甚至一些产品的变动成本可以忽略不计。

经济学上把循环往复的生产过程称为物质再生产，文化传承这种周而复始的延续过程也可比作一种再生产，即文化再生产。与物质再生产各环节有所不同，文化再生产可分为创作、生产、传播和消费四个环节。

文化产业由与文化创意活动相关的企业所组成，根据国家统计局2004年《文化及相关产业分类》标准，本文研究的对象主要是文化产业的核心层企业，即以文化为核心内容，为直接满足人们的精神需要而进行的创作、制造、传播、展示等文化产品（包括货物和服务）的生产活动。

文化产业的表现形式，也是文化产品与服务，它既符合一般产品服务的特性，也有它的特殊性。

文化产业是由文化产品市场组成的，文化产品市场包括：

- 注意力经济：广告市场（第三方付费）；
- 版权经济：著作、影视作品、艺术（动漫）作品等市场；
- 服务经济：文艺表演、电影放映服务市场；

- 体验经济：网络游戏、手机游戏及动漫角色扮演市场；
- 搜藏经济：艺术品古玩拍卖市场；
- 专利经济：文化相关的技术市场；
- 商品经济：文化相关的实物产品市场。

（二）移动互联文化产业发展中的问题

通过上述的分析，笔者可以得出如下结论：移动互联时代从以下几个方面，改变了文化产业的形态：第一营销方面。传播渠道的增加，如电脑、手机、Pad 等终端。第二文化产品形态的增加，如在线游戏、自媒体、在线教育等。第三产品创新形态发生变化，人人组织催生了许多新的在线服务产品，如在线小说、（开源的）百科全书、人人字幕、自媒体等。具体在移动互联的背景下我国文化企业在生产过程中发生了如下变化。

（1）由于“移动互联”使得内容传播几乎是“零”成本，内容创作生产方式发生了根本变化，过去是专业或业余作家为主进行内容的创作生产，常人要成为作家有相当高的门槛。现在，只要愿意，你就可以在网上分享自己的创意、思想、经历等。但同时带来内容良莠不齐、垃圾信息泛滥等问题。

（2）基于移动互联的文化产品中，制造与展示也发生了变化，制造与展示完全是以软件开发技术人员为主来把控，这导致基于移动互联的文化产品有以技术为主导的现象，他们以纯技术的方式强调对传统产品形态的革命性和颠覆性，不从商业逻辑上考虑是否适合成为平台，仅一味注重所谓免费“用户数”和“流量”，结果到现在大部分移动互联文化产业没有找到盈利模式，只能以融资烧钱的方式或短暂生存，或准备等死关闭。这些误导了一些跟风的投资者，对整体的社会成本是一个巨大的浪费。

（3）仅以移动互联新技术简单将传统产品移植到网上，缺乏两者的相互深度融合，是典型的新瓶装旧酒。

（4）移动互联背景下，由于传播几乎零成本，知识产权的维护成本越来越高，导致保护知识产权越来越困难。

（5）模仿国外产品，没有从文化习惯本身考虑产品服务的适合性，烧钱不止，盈利无望。

五　移动互联对文化产品市场的影响

对文化产品市场，移动互联带来的商业模式的变化我们将从利益相关者、价值创造、价值专递和价值获取等方面进行分析，具体如下。

（一）对广告市场的影响

● 利益相关者：新闻等提供关注力的内容制造者、读者、观众、渠道商、广告商、广告主。

● 价值获取：付费者是产品广告主，读者、观众的注意力是广告主愿意付费的表面原因，根本原因是读者、观众通过关注广告后的产品购买行为。

● 影响或建议：人人组织的自媒体使内容供给无限放大，但需求没有大变化，注意力被分散，导致广告价格下降。大数据分析，精准营销，广告变为精准投放，广而告知的产品广告需求总量会有下降趋势。网络平台之间的流量交换是零和游戏，光靠流量没法挣更多的钱，价值获取受阻。传统报纸杂志互联网化也没法获得合理收益，原因是大众制造内容导致内容的泛滥，未来还是需要为内容的真实性负责才有长久性。获得合理收益的网络平台由于先发优势，它具有绝对的垄断性，长远看会阻碍创新进步，不利于市场经济的发展。由于文化产品的意识形态属性导致内容同质化较为严重，内容的本地属性会变得重要。

（二）著作、影视、艺术动漫等版权市场的影响

● 利益相关者：版权内容制造者、版权使用者、读者、观众。

● 价值获取：版权使用者或读者或观众付费。

● 影响或建议：移动互联技术使内容制造供给渠道和制造方式成本下降，版权价格下降。版权维护成本加大，为避免市场逆向选择问题，需要新的思路和方法保护版权。大数据分析、实时交互有利于提高作品质量和产量，扩大销量，利用低版权价格获利。

（三）文艺表演、电影放映等文化服务市场

• 利益相关者：观众、导演、演员；剧院、剧场及相关餐饮服务等增值服务提供者。

• 价值获取：观众付费。

• 影响或建议：导演、演员与粉丝的互动，消除了信息不对称，降低了交易成本，有利于表演的成功或电影票房的提高。

（四）网游、手游、动漫角色扮演等文化体验经济市场

• 利益相关者：玩家、游戏制造者、游戏平台提供者。

• 价值获取：游戏产品供给加大，价格下降，玩游戏免费，利用虚拟世界的体验买卖虚拟产品获利。

• 影响或建议：虚拟世界的体验有导致玩家上瘾的特征，会影响游戏玩家现实世界的生活，因此具有一定的负外部性，从社会进步发展的角度应逐渐加以纠正，这会影响其市场的扩张，导致市场的天花板出现等等。

六　移动互联与文化企业商业模式融合创新的建议

目前，由于科技工作者知道内容创作不是他们所擅长的，利用新技术进行传播是他们的特长，所以他们追求流量，内容多有拷贝且有侵犯知识产权的嫌疑，但为了维持运营，这些移动互联文化企业追求融资，盲目烧钱，没有发现商业本质，只看到别人平台战略的成功，忘记了在交易成本几乎为零的移动互联世界里还有7:2:1的法则，错过了竞争最佳时机就错过了发展的机会。

而文化工作者由于害怕技术，限制了自己的思维，对部分科技工作者投机取巧愤愤不平，侵犯自己的知识产权，但由于查处取证困难，维权成本高昂而只能望洋兴叹。

为此，只有两者有机融合，相互促进，才能使技术创新与商业模式创新融合，发挥它们神奇的效力。

对具体不同的文化企业而言，移动互联技术创新发展为它们的发展带来了机会与挑战，谁在发展中既重视技术的应用又关注商业逻辑和商业本

质，就会在这轮竞争中获得发展优势。根据我国核心文化产业分类，笔者分别建议如下。

（1）为社会公众提供实物形态文化产品的娱乐产品或活动的企业，如书籍、报纸的出版、制作、发行等。

由于传播渠道的变化，网上交易成本几乎为零，移动互联时代对媒体的冲击最大，现已出现网络媒体、移动媒体抢占传统媒体的大部分份额的现象，传统媒体应该积极拥抱移动互联世界，改变业务流程，降低管理成本，与创作内容的作家分享收益为突破口，以品牌为生存之道，充分利用大数据分析进行精准广告投放以及拓展相关的业务。另外，网络媒体、移动媒体也要与传统媒体合作或向其学习，提供媒体的权威性，建立约束垃圾信息的产生的机制，成为新时代真正的媒体权威。

（2）为社会公众提供可参与和选择的文化服务和娱乐服务的企业，如广播电视服务、电影服务、文艺表演服务等。

广播电视服务受到移动互联时代的冲击最大，但在我国由于受意识形态的影响，目前广播电视是国有企业垄断，其拥抱新技术的改革动力不足，直接受国家政策的影响，一旦国家政策有所松动，垄断地位不在，广播电视的好日子将一去不复返。

电影和文艺表演企业，本身是注重线下体验的产业，在移动互联时代要注重线上线下的互动，了解客户需求，让用户更有参与感，提高商业收入。

（3）与文化、娱乐相关的其他活动的企业，如工艺美术、设计等活动。

从事工艺美术、设计活动的企业，一方面要注重“人人组织”的作用，另一方面要注重品牌的铸造，平民、粉丝与精英相互促进。

在移动互联时代，对于文化产业，技术与商业模式创新融合发展，才能走出一条符合时代规律的发展之路。

商业模式创新随移动互联的发展而受重视，就技术而技术推动发展往往不够，只有技术应用在实践中才有意义，利用移动互联带来的沟通便利，围绕消费者需求来发展更为重要、更有持续性。

构建“人人组织”式的众包、联盟、社会化的商业模式促进文化创意的发展，利用大数据分析进行深度营销，促进注意力经济、体验经济等向深度与广度发展。

参考文献

殷俊等：《新媒体产业导论》，四川大学出版社，2009。

闵大洪等：《数字传媒概要》，复旦大学出版社，2003。

Coase，Ronald H. "The Nature of the Firm". *Economica* 1937，4：386－405.

王加胜、刘统霞：《赢者通吃现象与国有企业的对策》，《经济理论与经济管理》2001 年第 4 期。

范黎波：《互联网对企业边界的重新界定》，《当代财经》2004 年第 3 期。

姚小涛、席酉民、张静：《企业契约理论的局限性与企业边界的重新界定》，《南开管理评论》2002 年第 5 期。

石磊：《新媒体概论》，中国传媒大学出版社，2009。

翁立伟：《新媒体产业论》，中国广播电视出版社，2010。

尹韵公主编《中国新媒体发展报告（2011）》，社会科学文献出版社，2011。

孙永波、陈柳钦：《商业模式创新的动力机制及其路径选择》，《发展研究》2011 年第 11 期。

杨状振：《中国新媒体理论研究发展报告》，《现代视听》2009 年第 5 期。

B.12

“互联网 + ”时代演艺市场趋势分析

鲍　婧*

摘　要：“互联网 + ”时代，互联网与传统行业展开了广泛的联姻合作，人们的生产生活方式得到全局性改善，作为传统行业之一的演艺行业也不可避免地经历了深层次“触网”。当下，研究如何借助互联网平台、利用互联网技术拓展艺术作品生长空间、实现演艺产品的目标收益十分必要。本文在总结我国当前演艺市场现状基础上，对“互联网 + ”时代演艺市场发展趋势进行了实证分析，如利用大数据技术进行目标观众定位、票房渠道设计、传播路径延伸、演出价值拓展、改变固有文化消费模式等。在巩固现有演艺市场基础上，开发新的盈利模式，提高演艺从业主体抵御风险能力，实现紧跟互联网潮流的市场转型和产业升级。

关键词：互联网　演艺市场　大数据　市场趋势

一　演艺行业总体状况

（一）宏观政策环境调整

2013 年 8 月，五部委“节俭令”的颁布，使得以前由政府买单、企业包

---

* 鲍婧，艺术学硕士，毕业于中国艺术研究院，主要研究方向为公共文化政策，现工作于国家京剧院。

场的演出订单大幅减少，部分依赖“团单”“送票”生存的文艺表演团体，演出收入一落千丈。然而，不可忽视的是，政策冲击迫使演艺业经历“寒冬”的同时，也令市场自发进入倒逼式的理性调整：演出产业链各个环节运营主体开始积极探索转型之路，摒弃“奢华舞美”“人海战术”等依靠宣传噱头、外在包装的做法，转而关注艺术本体的锤炼——注重提升剧本、编曲、编舞、舞美、服装、化妆、道具的艺术品质及审美内涵，演艺市场由泡沫溢出状态逐渐过渡到正常的市场供求平衡状态，创作生产也走上充分遵从艺术规律的发展轨道。

2013 年底设立的国家艺术基金，对舞台艺术作品创作、艺术家个人、艺术作品传播交流推广、艺术人才培养等方面进行了系统全面的公益性资助。以专家评审和面向机构与个人直接拨款的资助方式，打破了行政项目拨款逐级审批的繁琐程序，在促进文艺表演团体有序发展、鼓励艺术家创作艺术作品、提振演艺市场活力等方面起到积极的推进作用。

自 2015 年以来，《政府向社会力量购买公共文化服务工作意见》《支持戏曲传承发展若干政策》等一系列政策法规的颁布，在鼓励艺术创作生产、完善艺术人才培养、扩大财政税收优惠、加大政府购买力度等方面为演艺生产主体提供了切实可行的支持举措，从宏观层面为文艺表演团体、承办剧场、演出经纪机构、票务销售等各类演艺从业主体创造了优良的发展环境。

（二）国有文艺院团体制改革

作为国内演艺生态圈主力军的国有文艺院团，从 2004 年起开启了转企改制之路，全国各省市文艺院团纷纷由事业单位转制为企业单位，成为独立的市场主体。中国演出行业协会统计报告显示，截止到 2013 年末，全国国有文艺表演团体 1422 家，收入 78.54 亿元，其中转企国有文艺表演团体 1283 家，未承担改革任务保留事业编制院团共 139 家。虽然转制后的院团改变了依赖公共财政资金拨款运转的被动状态，开始按照企业的经营模式主动迎接市场，但部分转企院团整体市场化程度普遍较低，底子薄、包袱重、经费自给率低、盈利能力弱，市场化运营机制不健全，无法融入演艺市场大环境；与观众需求间的信息不对称，使得艺术作品的形式与内容和观众的欣赏意愿脱节，无法获得观众认可。

二 “互联网 +”时代来临

2015 年两会政府工作报告首次提出“互联网 +”行动计划，鼓励移动互联网、云计算、大数据、物联网等信息技术与现代制造业结合，促进电子商务、工业互联网和互联网金融健康发展，引导互联网企业拓展国际市场①。随着移动互联网科技的加速发展，互联网不断加速对传统行业的渗透，金融业、服务业、教育行业、零售行业等都与之展开了广泛深入的融合，产业发展、政府管理、社会治理、城市建设等领域在此趋势下，开启了向智慧型社会的演进和发展。

由此，舞台演艺业也成为其中深度“触网”的行业，演艺产品的内容、创作方式、输出渠道、剧目营销、演出经纪等环节与互联网的全方位结合，已形成独特的互联网生态链，为观众带来更多观剧体验。丰富多彩的演艺产品在高速发展的同时，也面临着越来越多的可变性和生存挑战。面对来势汹汹的“互联网 +”这把双刃剑，如何利用大数据、云计算、信息共享等技术对演出市场进行预期评估、核算成本，准确细分观众群，避免投资风险；如何搜集观赏评价、消费者观剧习惯，形成有效数据库系统，从而定向生产演艺产品，收获最佳观赏效果；如何最大限度衍生演艺产业链，探索演艺产品新型传播方式、创新演艺周边衍生品，获得丰厚市场回报，是“互联网 +”时代演艺生态圈从业主体需要主动思考的问题。

三 演出市场未来发展趋势

营销 3.0 时代以消费者情感价值为中心，消费者偏向能与自己产生价值共鸣，娱乐化、内容化、个性化、体验化的产品；而互联网市场环境移动化、碎片化、场景化的特点，使消费者的行为更加偏向随机性、全天性、泛渠道性。两种市场环境理念的同时并存，推动“互联网 +”时代的演出市场呈现出以下趋势。

---

① 2015 年 3 月，《第十二届全国人民代表大会第三次会议政府工作报告》提出。

（一）输出平台的多元发展

互联网作为传播媒介，打破了演出现场的时空限制，演艺产品实现了线上线下同步传播。成功案例诸如2014年汪峰鸟巢演唱会在乐视网视频直播，观众付费30元即可与现场观众同时观看演唱会实况。统计数据显示，当天观看直播的达到4.8万人次，之后回看的达到2.7万人次，乐视网也由此收获了超过200万元的收益。通过双渠道的产品输出，传统演出的商业空间得到大幅扩展，票房收入已经不是唯一盈利点，PC、平板、移动终端在线观看带来的无限度流量丰富了舞台艺术作品的衍生价值。

“现场观看、小屏观看、同步互动”的另一优势在于观看演出的同时，观众通过微博、朋友圈、弹屏实时话题讨论（点评作品、表演者、舞美灯光、艺术内涵，甚至参与演出流程、舞台台本的再度创作）。观众的意见可以通过数据捕捉的形式，汇总反馈至文艺表演团体和营销推广团队，通过解构观众欣赏时的即时表情、态度，了解观众的关注点、兴趣点所在，演出主体即可提取有效信息，在日后的创作生产时，将观众欣赏意见及需求纳入考虑范畴，对作品内容、表演形式、舞美道具设计等进行修改完善；在推出市场的宣传推广时，抓住目标观众的消费期望，以打动人心的精准文案促成最终销售。

（二）大数据、云计算的强势推进

在互联网对一切进行重构的今天，海量数据的产生、获取、挖掘及整合，使之呈现出巨大的商业价值。以大数据和云计算为代表的互联网技术为演艺市场的发展提供了无限发展空间。

演出内容生产制作方面，根据大数据和云计算的分析结果，搜集潜在观众的相关资料，他们的年龄、职业、地域、受教育程度等信息被数据化比对分析、存储传送，从而提炼归纳为不同类型的“观众群”。文艺表演主体可以此为根据，为特定观众群量身定制剧目内容，以精准化的创作有针对性地进行内容输出。

演出票价制定方面，传统的定价模式由演出主办方或代理方根据演出内容和成本核算制定，现在，依托大数据对目标观众的消费能力和消费行为分析，可以明确知晓观众此前在该类演出内容中愿意付费的价格，以及同类演出内容的成本收益比，从而提前计算出市场回报率、目标收益率、投资回收率等指标，使目标观众成为定价主体，将垄断式、单项性的演出票价转为规模化、数据化的定价模式。

宣传营销方面，在对目标观众基本信息进行数据处理的基础上，根据不同观众群喜爱的演出类别、观剧时间、常去的观剧地点、喜欢独自观赏还是与朋友、家人一同观赏等信息分析结果，计算其潜在消费能力和艺术消费的真实意愿，从而目标精准地在终端平台上推送相关剧目的演出信息，设计出个性化的宣传材料、剧目介绍，以富有针对性的宣传文案和营销方式促进循环消费。

（三）终端平台的全面搭建

1. 在线票务销售平台

传统的票务系统供应链由文艺表演团体提供演出内容，由主办方划定票面价值、票源数量，再将票源下放至票务一级代理甚至二级代理。当前我国演出票务代理机构基本分为两类，一是作为分销渠道，开展零散式的门店销售、电话销售、上门销售的票务代理机构，如各剧场售票窗口；二是拥有网上在线票务销售系统，汇集国内外各门类演艺内容，拥有网站、手机客户端等网络销售平台，向演艺产业链上下游提供综合性服务的售票机构，如大麦网、聚橙网、中演票务通、买票网等。随着 PC、手机终端功能和业务的不断发展壮大，第二种在线票务系统受到更多青睐，其便捷的购票方式、一目了然的选座功能成为越来越多消费者的购票选择。在线购票系统将演出资讯、表演团体简介、剧院信息等统一汇总至平台，依托网银、信用卡、支付宝等支付系统完成购票程序，最大程度简化观众订票方式，抓住了观众随机性、情感性的消费需求。基于此，国家大剧院、梅兰芳大剧院、中国歌剧舞剧院、中央芭蕾舞团、开心麻花等综合性剧场、文艺表演团体等均在自己的官方网站开设了独立的售票系统。

2. 演艺类 O2O 专业资讯平台

建立专业演出资讯平台，汇集演出资讯、艺术知识、票务销售、社群互动为一体，为艺术表演团体、剧场、演出经纪机构、舞美公司、导演、演员、观众等演艺行业上下游提供一站式交流空间。

文艺表演团体可在平台上列明院团简介、演出类别、代表剧目、出场费用、合作方式等信息，按不同客户需求进行节目规模、演员阵容的自由组合，根据目标观众的地域特色、文化特点、年龄层次、教育层次的不同，调整节目内容及舞美服装的配置；剧场可标明场馆容量、承载演出剧目类型、场租报价、配套资源等信息，与全国演出商在线接洽，将场馆以配置、租赁、委托管理等多种方式供给文艺表演团体使用；艺术家可发布个人简历、代表作品、可参演剧目类别、所在地区、合作费用等信息，供文艺表演团体、培训机构、企业商家等选用；舞美工程企业提供舞美、灯光、音响、道具、服装等的设备销售、租赁，及舞台设计、装台卸台等专业工种从业人员的聘用。

针对观众社群性的消费习惯，平台还可建立全网覆盖的社交网络，提供用户观看评价查询、专业人士艺术评论，鼓励用户互动交流，提高用户参与度，增强用户的持续黏性。除为用户提供一应俱全的演出要素外，便捷智能的平台还可根据用户的观赏目标、经济预算等为用户推荐合适的演艺产品。

3. 生活服务类 APP 平台

百度地图、美团、大众点评、滴滴打车等生活服务类软件是日常大众使用频率较高的移动终端 APP，其定位系统、后台客服支持等为用户提供导航、美食推荐、订车等服务。附带的点评系统还可实时呈现用户的真实消费体验，为后续的消费者选择提供参考依据。演出行业主体应开拓营销途径，打破行业壁垒，探寻与此类 APP 平台的合作方式：依托定位功能和用户以往的消费对象、关注领域等，计算出用户的文化消费趋向，向用户推荐周边演出资讯；利用平台已有的支付系统完成在线选座购票；提醒观剧时间，提供目标位置导航、天气提示、打车、餐饮、周边住宿等信息。

值得关注的是，近年来，百度、阿里巴巴、腾讯等互联网巨头开始着手布局影视产业，控制电影产业链上游。比如百度专设影视公司、投资华策影视；阿里巴巴成立阿里影业，入股优酷、土豆，推出理财项目“娱乐宝”进行影视众筹；腾讯斥资 4.5 亿元收购华谊兄弟 4.6% 的股权。由此，吸引财力雄厚且具渠道优势的平台运营商进入舞台演艺产品生产一线是抢滩未来 O2O 演艺市场的重要举措。从源头上与互联网平台联姻，主办方和制作方即可根据观众需求进行剧目制作，以销定产，更有针对性地赢得市场。

四　结语

综上所述，“互联网 +”时代为演艺行业带来了创新变革的无限可能，作为演艺生态圈主体的文艺表演团体、专业剧场、演出经纪机构、舞美工程企业等，积极探索利用互联网技术和平台进行产业的智慧型升级，以互联网思维进行整体运作，是赢得国内外演艺市场的必要举措。演艺生态圈主体要转变经营理念，以创意创新的内容设计，以开放、合作、共享的互联网视野共创优质的演艺生态环境。在作品创作、编排阶段利用互联网大数据进行精准定位，以潜在目标客户需求为参照标准，进行定向推广和有序销售，积极主动与互联网企业进行业务对接，寻找合作契机，搭载互联网高新技术及智能终端平台，推动演艺产品顺利走向市场。

参考文献

中国演出行业协会：《2013 中国演出市场年度报告》。

周玮：《剧场空巢原创缺乏等问题亟待解决》，《国际商报》2014 年 4 月 17 日。

刘登佐、刘武阳：《观湖南省文化创意产业的发展》，《经济导刊》2007 年 11 月 15 日。

石侃：《新经济类股的机会与风险》，《股市动态分析》2015 年 3 月 7 日。

曹新卓：《全球文化创意产业巡览》，《世界文化》2007 年 5 月 1 日。

B.13

深圳创意产业园区演化与城市空间重构研究*

段杰　朱丽萍**

摘　要：21世纪以来，全球化浪潮与知识经济的快速发展推动着各国经济文化与社会转型，创意产业成为城市发展的新增长点。创意经济与城市经济相互作用，创意空间与城市空间互相推动。创意产业园区的演化发展与城市空间结构的转型息息相关；如何借助创意产业园演化带动城市空间转型优化，以城市空间重构促进创意产业发展，成为学界关注的热点之一。深圳是中国首个被授予"设计之都"的城市，创意产业发展迅速，创意产业园区的空间集聚形态特征明显。本文以演化经济地理理论为切入点，深入探讨创意产业园区发展演化及其与城市空间结构转型的互动关系。首先从发展规模、集聚程度、发展环境等方面讨论深圳创意产业发展现状，定性分析城市创意产业园区的空间演化过程。其次运用地图分析法阐明深圳创意产业园的集聚区域及其空间分布特征，并进一步探讨创意产业园演化的空间扩展模式及组织模式；在此基础上，本文从经济、社会、文化、交通等多个层面定性分析深圳创意产业园演化与城

* 本文系广东省哲学社会科学"十二五"规划项目（项目编号：GD13CYJ08）、深圳市哲学社科"十二五"规划2012年度项目（项目编号：125C037）研究成果。

** 段杰，理学博士，深圳大学经济学院副教授，深圳大学文化产业研究院兼职研究员，主要研究方向为城市地理，区域经济；朱丽萍，深圳大学经济学院区域经济学专业硕士生。

市空间重构的互动关系，并有针对性地提出促进创意产业集聚发展的策略与建议。

关键词：创意产业园区　城市空间　空间演化　空间重构　深圳

21 世纪以来，全球化浪潮与知识经济的快速发展推动着各国经济文化与社会转型，创意产业成为城市发展的新增长点。创意经济与城市经济相互作用，创意空间与城市空间互相推动。创意产业之父霍金斯（John Hawkins）指出，全球创意经济每天所创造的产值达 220 亿美元，并且以 5% 的速度在增长①。中国正处于转型的关键时期，创意产业已成为城市的战略性新兴产业并得到迅速发展，深圳、北京、上海、广州、杭州等大城市均将创意产业作为支柱产业发展；同时创意产业的迅猛崛起催生了创意产业园区的集聚与繁荣，如北京的 798 产业园、十里河文化产业园、南锣鼓巷；上海的田子坊、8 号桥；深圳的华侨城创意产业园、大芬油画村、南海意库。根据伦敦西区、纽约 SOHO 区的成功经验，创意产业园区通常以城市中的“三旧”（旧城区、旧街区、旧厂房）区域、高校周边等为空间载体，通过市场机制或政府引导的作用，重塑城市空间结构的形态、功能与性质，推进城市空间重构。创意产业园区的演化发展与城市空间结构的转型息息相关，因此，如何借助创意产业园演化带动城市空间转型优化，以城市空间重构促进创意产业发展，成为当今学术界探索与实践的重要任务。

一　深圳创意产业发展概况与特点

20 世纪 90 年代以来，创意产业以其低消耗、无污染、高附加值性和强渗透性的特征，被视为全球经济增长的新亮点。在此背景下，深圳积极响应经济全球化浪潮，借鉴伦敦、纽约等城市的成功经验，结合自身特色，将发展创意产业、建设“两城一都”作为提升城市竞争力的重点。截至 2012 年底，中国

① 约翰·霍金斯：《创意经济——如何点石成金》，上海三联书店，2006。

已有6个城市加入全球创意城市网络，深圳则是中国最早被授予“设计之都”称号的城市。

（一）发展态势迅猛

创意产业已成为带动深圳经济发展的新引擎。2004年以来，创意产业增加值以年均20%的增速稳步上升。2012年创意产业增加值达966.75亿元，占全市GDP的8.07%；同时创意产业发展还创造了大量就业机会，2004～2012年，创意产业从业者人数从5万飙升至15.6万，增幅高达212%。深圳创意产业的快速发展也得到世界认可，2008年11月，深圳获批加入全球创意城市网络，并获得由联合国教科文组织认定颁布的“设计之都”称号，逐步向世界一流创意城市迈进。

表1　深圳主要年份创意产业发展指标

年份	创意产业增加值(亿元)	创意产业增加值占GDP比重(%)	创意产业从业者人数(万人)	创意产业从业者占劳动者比重(%)
2004	237.64	7.03	4.970	1.44
2008	499.12	7.55	8.9567	1.87
2012	966.75	8.07	15.5804	2.30

资料来源：历年《深圳统计年鉴》。

（二）初步形成特色发展模式

依靠坚实的科技基础、区域性金融中心地位和优美的海滨旅游资源，深圳已初步形成以“文化+科技”“文化+旅游”“文化+金融”为核心的创意产业发展模式。腾迅、华强文化、天威视讯等企业在掌握自主产权高新技术的同时，融入大众文化娱乐需求，奠定了在经营模式和创新能力方面的全国领先地位。华侨城集团等建立的融文化与旅游于一体的主题公园和创意产业园区，不仅有效延伸创意产业链，还成为中国建设此类休闲旅游胜地的学习典范。以文化产权交易所为代表的创新金融机构，有效增加社会对创意企业的金融支持强度，搭建创意产业投融资和创意企业孵化的公共平台。

（三）空间集聚效应逐步显现

以引导创意产业健康发展为目的，深圳通过实施行业集聚、空间集中的发展策略，培育建设了一批重点项目与园区，创意产业集聚效应逐渐显现。

为了定量测定行业在空间分布的均衡水平，克鲁格曼等结合洛伦兹曲线和基尼系数的原理及方法，创造性地构造了空间基尼系数，其计算公式为：①

$$Gini = \frac{1}{2(N-1)} \Sigma_i^N = 1 \Sigma_j^N =_1 | \lambda_i^s - \lambda_j^s |^1$$

表 2　主要年份深圳创意产业及主导产业空间基尼系数

年份		创意产业	信息传输、计算机服务和软件业	科学研究、技术服务业	文化、体育和娱乐业
2004	按区计算	0.55	0.71	0.53	0.36
2008	按区计算	0.61	0.72	0.60	0.52
2012	按区计算	0.65	0.73	0.63	0.58
涨幅（%）		18.2	2.8	18.7	61.1

资料来源：全国第一次经济普查、全国第二次经济普查，《深圳统计年鉴 2013》。

总体而言，深圳创意产业空间基尼系数均大于 0.5，表明其空间集聚程度在 2004 年已经达到较高的水平。近年来，政府部门在税收及投资等方面对产业园区的选址进行宏观调控引导，使创意产业进一步集聚，空间基尼系数上涨 0.1，涨幅达 18.2%。从各主导行业而言，信息传输、计算机服务和软件业的空间基尼系数最高，这归因于其发展初期即根据政府的导向，有计划有目的地进行集聚。文化、体育和娱乐业的空间集聚程度陡增，其空间基尼系数的增幅达到 61.1%，原因主要在于政府对文化娱乐的重视程度提高，文化基础设施的数量激增，且所增设的设备大部分集中于原关内区域。

① Gini 为空间基尼系数，N 指全市共有的行政区划，λ_i^s 和 λ_j^s 指地区 i 和 j 的 s 产业占全市该产业就业人数的比重。Gini = 0 时，产业在空间分布上是均匀的，Gini（最大值为 1）越大，表明地区产业的集聚程度越高。

（四）产业环境不断优化

良好的产业环境是促进创意产业发展的主要因素。深圳市政府先后出台了《深圳市文化产业发展规划纲要（2007—2020年）》《深圳市文化产业发展促进条例》《关于支持和促进深圳文化产权交易所发展的若干意见》等专项文件，初步构建了保障创意产业发展的政策法规体系。此外，深圳积极建设文化创意产业的展示平台，形成良好的展销一体化模式。2004年，深圳首次创办文博会；其总成交额及文化产品出口交易额屡创新高，2013年分别达到1665亿元及123亿元①。文博会为深圳甚至全国的创意产业提供优秀的展销平台，成为引领中国文化产业发展的重要风向标。同时，市民文化大课堂，“深圳读书月”“创意十二月”等相关活动的开展，有效促进创意文化氛围的形成及市民文化素质的提高。

二　深圳创意产业园区空间演化特征

（一）创意产业园区发展历程与类型

20世纪90年代后期，面对土地紧张、资源匮乏、人口激增、环境恶化的发展困境，深圳开始实施产业外迁及产业结构升级战略，以转变城市发展模式。2003年，深圳率先提出“文化经济”的理念，并确立“文化立市”的方针，吸引部分具有创业意识的创意阶层进驻产业更新遗留下的旧厂房，并把旧厂房当作工作场所进行创意产品的生产。2005年，创意产业被确立为深圳四大支柱产业之一；同年，创意产业园的发展被纳入政策规划范畴。2013年7月，《深圳市文化创意产业园区认定办法》出台，规定以市文体旅游局为执行单位，对经认定的文化创意产业园实行动态管理；并将原来的文化产业园改称为文化创意产业园区。截至2013年底，经文体旅游局和文产办共同认定的创意产业园区共有54处。

根据进驻企业主导行业的不同，深圳形成了以创意设计、动漫游戏、数字娱乐、休闲旅游、传媒出版、工艺美术及综合类为主要产业类型的创意产业园，构建了较为合理的产业布局。深圳具有较多以“三旧”（旧厂房、旧工业

① 数据来源：深圳市文化产业信息网，http：//www.szwenchan.gov.cn/#。

区、旧村）为载体改建而成的创意产业园；在公示的 54 个创意产业园中，共有 22 个属于旧改项目，占总数的 41.5%。这种建立创意产业园的方式对城市老旧空间复兴带来巨大助力。

表 3　深圳认定并公示的文化产业基地一览

产业类型	创意产业园名称
综合性文化类	深圳书城中心城实业有限公司、深圳华强文化科技集团股份有限公司、深圳市人文天地实业有限公司深圳购书中心、深圳市乐器城市场管理有限公司、**深圳市非遗文化创意产业园(巷子坊)**、深圳文博宫
创意设计类	深圳市嘉兰图设计有限公司、**中国(深圳)设计之都田面创意产业园**、**深圳 F518 时尚创意园**、斯达高瓷艺发展(深圳)有限公司、**南海意库**、**深圳市同源南岭文化创意园有限公司**、**深圳设计产业园**、雁盟酒店创意文化产业园、127 陈设艺术产业园、深圳 182 设计产业园
动漫游戏类	**怡景国家动漫画产业基地**、环球数码媒体科技研究(深圳)有限公司、南山数字文化产业基地、**深圳动漫园**
工艺美术类	**大芬油画村**、**深圳市永丰源实业有限公司**、深圳市满京华艺展中心专业市场有限公司、**深圳市雅诺信珠宝首饰有限公司**、**世纪工艺品文化广场**、深圳市汉玉文化发展股份有限公司、**宝福·李朗珠宝文化产业园**、**深圳市古玩城文物监管物品有限公司**、**深圳 22 艺术区**、**三联水晶玉石文化村**、**笋岗工艺礼品城**、中国·观澜版画原创产业基地、中国(观澜)山水国画产业基地、**深圳市楼尚家居饰品市场**、**深圳市宝安艺术城**、深圳西部国际珠宝城、**深圳坪山雕塑产业园**
休闲旅游类	深圳东部华侨城有限公司(华侨城文化产业园区)
传媒出版类	深圳报业集团、深圳广播电影电视集团、深圳出版发行集团公司、深圳雅昌彩色印刷有限公司、深圳市劲嘉彩印集团有限公司、深圳雅图数字视频技术有限公司、深圳市力嘉文化创意产业园
数字娱乐类	深圳市腾迅计算机系统有限公司、深圳市华动飞天网络技术开发有限公司、深圳市网域计算机网络有限公司、深圳市迅雷网络技术有限公司、深圳市中青宝网网络科技股份有限公司、深圳南山互联网产业园、**蛇口网谷**、**深圳南山互联网创新创意服务基地**

资料来源：深圳市文化产业信息网，黑体处为旧改项目。

（二）创意产业园区演化空间分布特征

克鲁格曼认为产业集聚最初是随机偶然的，随着规模的扩大，集聚具有的成本、创新、扩张优势将会使集聚产生自强化效应，最终形成集聚发展的

"路径锁定"现象。本文利用 MAPINFO 软件，绘制深圳创意产业空间分布图（见图 1），总结创意产业园区的空间分布特征，并进一步分析影响空间分布的主要因素。

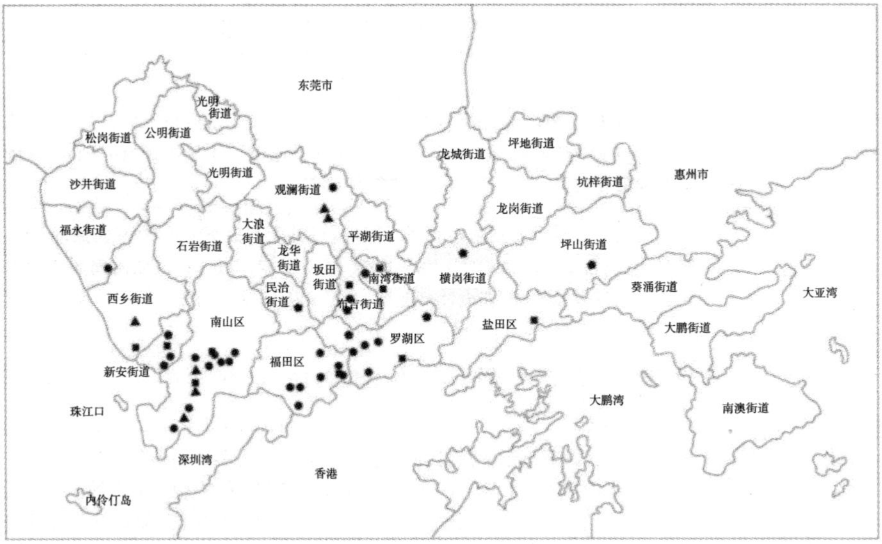

图 1　深圳创意产业园分布示意图

说明：图中的不同符号表示经政府相关部门认定的四个批次主要创意产业园区的具体区位。

（一）因智力因素沿科技园、高校的圈状分布

高素质的人才是创意发展的必要条件，高校及科研机构则是输送人才的重要根据地；依附科研机构及高校，充分利用其外溢效应是创意产业集聚的一个主要特点。深圳的高校资源与国内其他一线城市差距明显，创意产业主要依附科技园集聚。从图 2 可看出，迅雷网络、腾讯、华动飞天等 9 个园区均落户科技园，而华侨城创意园则选择科技园周边区域。深圳科技园分布的企业涵盖电子信息和生物医药等行业，其中包括华为、中兴、IBM、菲利浦等知名企业。区内具有完善的公共服务平台，各企业信息互动、资源共享，形成浓厚的创意产业发展氛围，并为产业园区提供大量创意人才及智力资源。

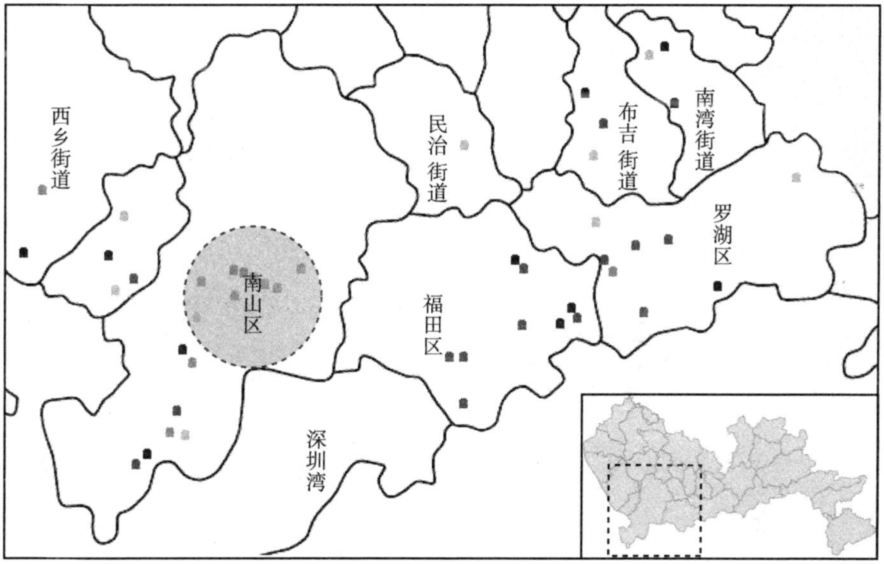

图 2　沿科技园、高校的圈状分布示意图

深圳鼓励企业走自主创新道路，支持产学研相结合的发展理念，积极引进各大高校，建立虚拟大学园区。清华大学研究院、香港科技大学、武汉大学深圳产学研大楼等均落户科技园周边区域，进一步强化科技园区的知识溢出效应，为锁定创意产业园沿科技园集聚现象提供助力。

（二）因主导产业因素沿产业集聚区分布

外部经济效应与集群效应是催生创意产业园区的原动力，大量创意企业为了降低生产成本，同时享受相应配套基础设施、外溢知识的机会，纷纷落户已形成相关产业基础的区域。例如，数字娱乐、动漫游戏业对高新科技的依赖性较强，因此以其为主导产业的园区主要分布在科技园所在的南山区（见图 3、图 4）。深圳以数字娱乐为主导行业的园区共有 8 个，其中 7 个落户南山区。沿相关产业集聚地分布的创意产业园较其他园区具有更稳固的产业链，具备更丰富的知识和人力资本。同时，结合地区原有产业特色，能够形成强大的辐射力，引导所在区域空间发展方向。

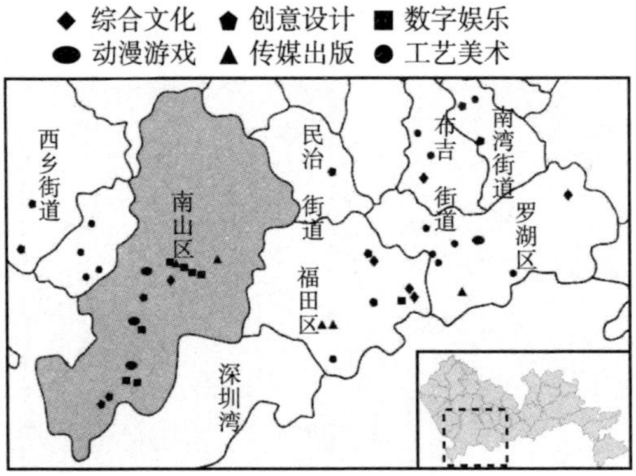

图3　沿产业区分布示意图

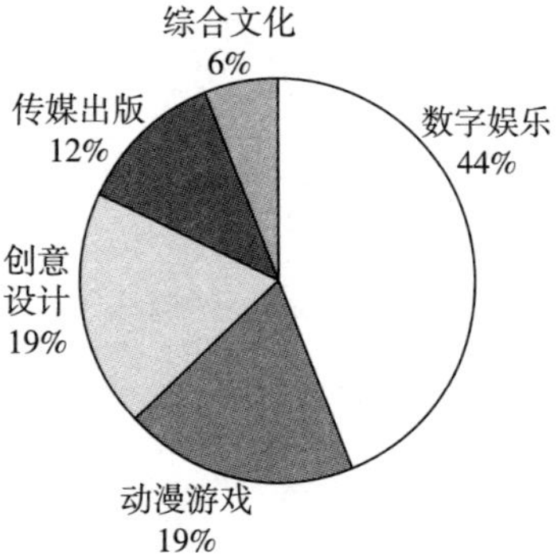

图4　南山区园区主导行业构成示意图

（三）因交通因素沿交通干道的条状分布

便利的交通是产业集聚的重要区位因子之一，该原理同样适用于创意产业园的分布。创意产业的发展对城市交通的依赖性很强，主要体现在创意的生产及产品的销售都与城市内城空间形成密切关联。首先，创意企业的发展需要完善的公用服务设施的支撑，创意阶层需要便捷的对外联系方式以获得创意灵感；其次，创意产品作为较高端的消费品，其受众以城市中产阶级为主，创意产品的销售途径必须借助城市公共传播平台。

深圳创意产业园基本位于主次干道两侧，其中，最具代表性的就是沿深南、南海、广深大道形成的 Y 状分布。具体而言，以科技园路段为起点，沿着深南、广深、南海三条主干道的延伸方向，创意产业园区的分布形成一个贯通南山区与宝安新安街道的 Y 形（见图 5）。三条大道形成了横跨深圳宝安、南山、福田、罗湖的交通带，顺着这三条主干道，就可到达深圳最繁荣的商业中心及 CBD。此外，“Y”形集聚区域位于“深港半小时经济圈”范围，可快速经由深圳湾口岸到达香港。香港作为全球闻名的大都会，其创意产业的发展处于世界前列。“Y”形集聚区域内的创意产业园可凭借良好的地理位置和便捷的交通将生产的创意产品经由香港送往世界市场，使创意的商品化及品牌化进程实现大幅度缩短。

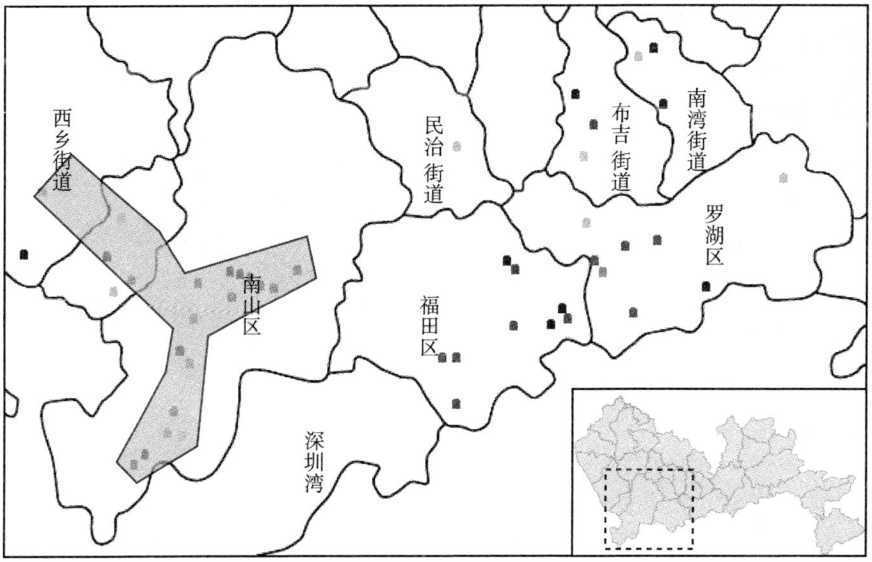

图 5　沿交通干道的条状分布示意图

（四）因文化因素依旧厂房分布

不论是发达的国际化大都市，还是发展中迫切需要产业转型升级的一般城市，都不可避免地面临城市中心区出现旧工业厂房的困境。创意产业园正是抓住旧厂房复兴机遇，顺势而为。深圳 54 个创意产业园中有 22 个园区是在旧工业厂房基础上改建形成（见图 6）。目前深圳正处于优化产业结构、转变经济增长方式的新时期，“退二进三”“腾笼换鸟”等政策的实施，使得罗湖、福田区的部分区域及蛇口工业区遗留了大量工业厂房。厂房的特殊大跨空间结构不仅可改造成商业建筑，也符合创意人员在创作阶段对空间开阔、租金低廉场地的需求。此外，废弃工厂的空间符号和历史感可内化为文化资本对创意产业园发展进行投资，进而使企业获得额外收益。因此，旧厂房所在区域吸引了大量创意企业的进驻；换言之，旧工业厂房作为必要的物质载体，推动了创意产业的空间集聚。

从图 6 看出，华强北商业区及地王大厦商业区包围的半环状区域中，分布着 10 个创意产业园区。其中，位于属深圳 CBD 中央商务区的田面创意产

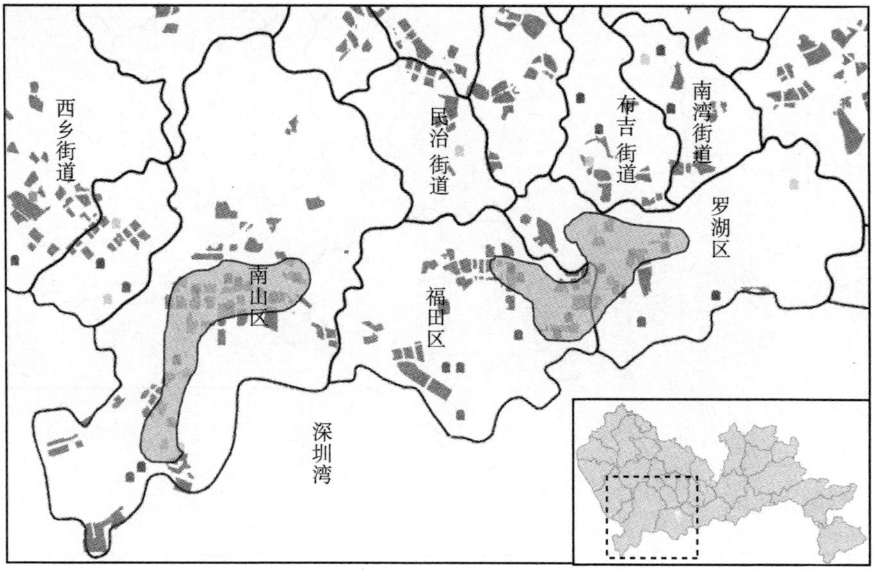

图6　依旧厂房分布示意图

业园是旧工厂成功改造为创意产业园的经典案例。深圳灵狮文化传播有限公司作为主要投资建设者，通过对园中原有“三来一补”厂房进行改造，形成现今10栋美观而具有艺术气息的建筑。园区是在旧工业建筑的基础上进行彻底翻新，着重将艺术、环保理念及深圳的文化符号融进改造工程中，复兴破败的城市区域。目前，园区以工业设计为主导，吸引大量中外名企进驻，并致力于打造具有一站式公共服务平台的园区，实现创意设计、研发、制作、交易过程的一体化。

（五）因管理因素依行政区域分布

从行政区域层面而言，创意产业园区主要集聚于原特区内，即南山区、福田区、罗湖区及盐田区（见图7、图8）。截至2013年，共有34个创意产业基地位于原特区内，占总数的64.15%。相比宝安和龙岗区，城市中心行政区的政策支持力度更大。

此外，各区发展时间的长短也与深圳创意产业园形成现今布局有密切关系。原特区内作为发展较早的区域，城市规划较完善，营造了良好的生活环

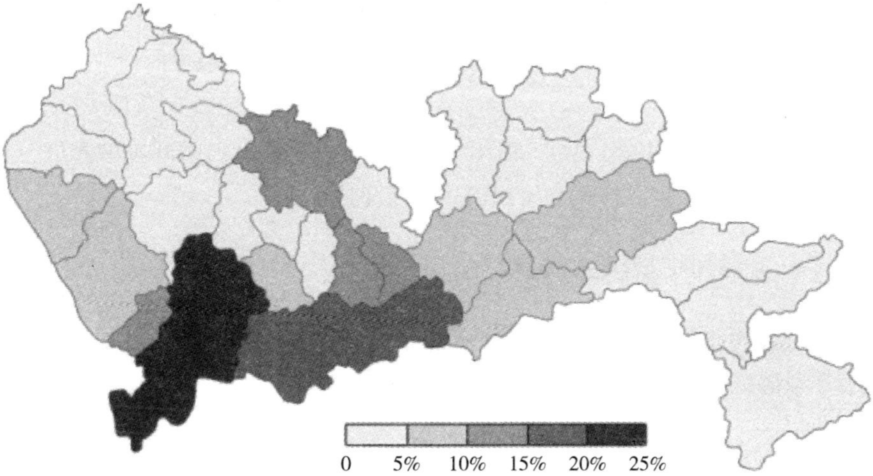

图 7　深圳创意产业园区分布密度示意图

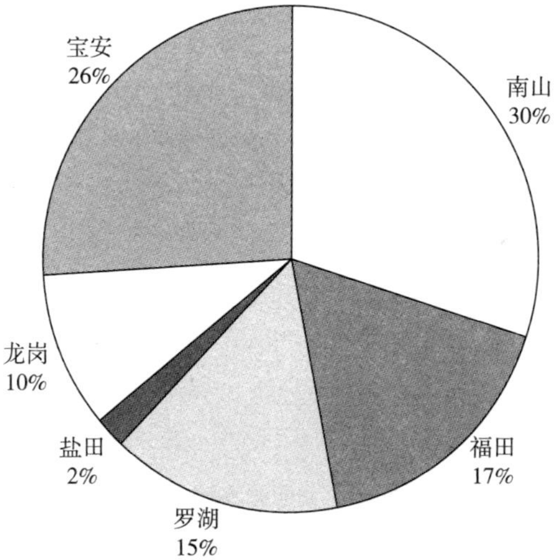

图 8　深圳各区创意产业园分布

境。原特区便捷的交通网络，繁荣的商业中心，宽阔的休闲广场，有利于创意氛围的营造，促进创意的诞生与商品化，吸引大量创意阶层。创意的形成依赖大量具有独创意识的人才，创意企业在选址时将创意阶层的意愿作为权衡的重要指标。

三 深圳创意产业园区演化模式分析

以深圳现有的54处创意产业园区为分析对象，以纵向时间轴的角度分析创意产业园的空间扩散模式和组织模式的演化。

（一）空间扩散模式演化

自创意产业萌芽以来，由于各时期深圳经济形势发展不同，故不同批次的创意产业园区的空间推进演化依次呈现3种模式（见图9）。

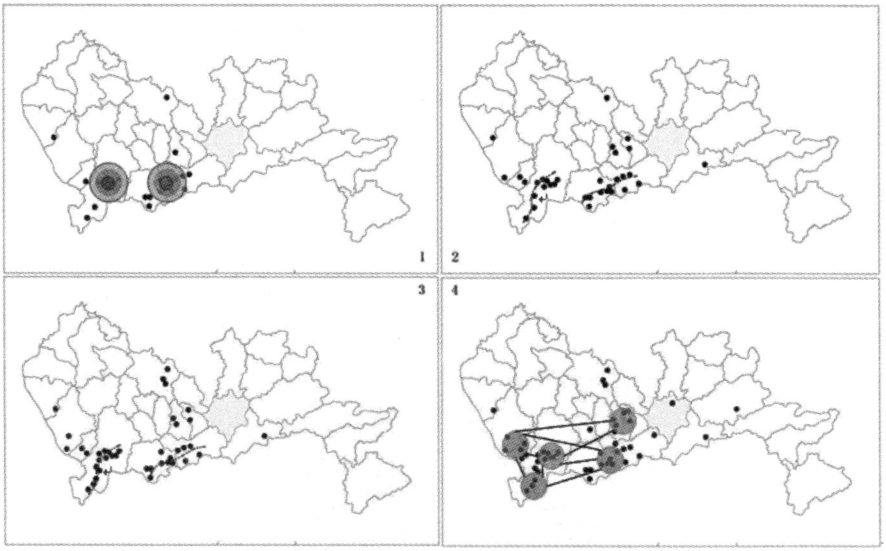

图9 深圳创意产业园分布演化轨迹示意图

1. 圈层扩展模式

创意产业集聚初期，第一批创意产业园以罗湖、福田旧工业园区及科技园为中心，逐渐向外扩散。创意产业园区主要在市场力量的推动下形成，创意阶层作为理性人，追求较低的生产成本创造较高的经济价值。因此，最初的创意产业园主要选址在租金低廉、交通便利、空间活跃的废弃工厂或者与人力技术资源距离最短的区域。由于空间的有限性及城市更新速度加快，中心区未被利用的旧厂房数量逐渐减少，改造难度增大，后续形成的园区只能选址在附近外围区域，故空间流向呈现由内向外蔓延的趋势。

2. 轴向裂变延伸模式

创意产业集聚发展中期，第二、第三批创意产业园沿深圳主要交通轴和文化发展轴方向延伸扩散，呈现轴向裂变延伸模式。其根源在于创意产业园迈入迅速发展阶段，对文化技术要素的需求日趋增大，对创意产品流通贸易渠道的便捷度要求提高。此外，首批建成的创意产业园实现了周边产业类型及就业形态的改变，同时综合配套设施不断完善，吸引更多创意企业集聚。而原有园区租金上升、空间日益拥挤等原因导致部分创意企业搬迁至附近区域，形成新创意产业园，产生巨大的裂变效应。

3. 多级互补模式

创意产业迅猛发展，第四批园区的建设主要呈现出错位发展、多级互补的模式。由于创意产业对经济发展的带动作用日益显著，各级政府高度重视创意产业发展战略的实施，引导建设了一部分新园区；另外，开发商也开始涉足创意产业园建设。因此园区的建筑物质载体不再局限于旧厂房，而是选择具有发展前景的区域建造新建筑；导致该批园区的扩散呈现明显离散性。此外，创意产业园的发展出现质的突破，在空间上初步形成产业发展的增长极，数字娱乐、工艺美术行业均出现新的代表性区域。与分散发展的创意产业园相比，处于增长极区域的园区更具竞争力。

（二）组织模式演化

创意产业园的演化是政府、企业、创意阶层、中介机构等行为主体，从分散运作与简单协作到相互合作与专业分工的过程，是一个从低级向高级转变的发展过程；其主导组织模式演化主要经过以下几个阶段。

1. 自发集聚模式

发展初期，深圳创意产业园的形式表现为创意企业在地理空间上的单纯集聚。创意产业园主要是以某一类型的创意企业为中心，该企业通过固有吸引力召集更多相关企业，形成自发集聚。在此期间，创意企业之间并没有在融资、生产、销售领域形成互相配合的密切关系，集聚产生的规模经济及外溢效应不强。公共服务和中介服务机构的缺失成为严重阻碍园区进一步发展的绊脚石。

例如大芬油画村的形成源于著名画家黄江率先在当地设立工作室，进而吸引大量艺术家追随。

2. 市场引导模式

根据市场经济规律，企业基于由市场需求引导的利益最大化目标而集聚在同一区域，形成具有一定规模效应和品牌效应的创意产业园。该模式主导下的园区，通常已形成一定的产业基础，并通过规模效应等正效应吸引大量企业和公共服务、中介服务机构加盟，进而形成较为完整的产业链。此时，创意产业集聚进一步发展，企业联系日渐紧密；由于业务往来频繁，相互间建立了有效协作关系，集聚不再局限于地理空间层面上的集中。比如笋岗工艺礼品城、深圳古玩城就是基于经济利益最大化而形成的。

3. 政府统筹模式

创意产业园对经济发展产生巨大推动作用，因而政府统筹模式应运而生。政府在创意产业园建设过程中发挥统筹协调的作用，从园区选址到部分基础设施的建设均以政府为主导，随后再通过制定优惠的税收政策、发放补助等方式吸引创意企业进驻。华侨城创意园的形成就是地产商在“腾笼换鸟”政策下改造旧厂房、盘活资源的权宜之举。这种模式在一定程度上促进优势创意资源的快速集聚，即创意企业的集聚是在开发商和政府部门完善园区基础设施的基础上，吸引大量创意企业进驻。政府的干预在园区发展进入轨道后逐渐减少，园区快速成长。

4. 官产学研合作模式

创意产业园演化发展到较成熟阶段，已具备外溢效应和品牌效应，如何使园区提升创新能力和竞争优势成为面临的又一难题。深圳积极借鉴美国硅谷的成功经验，全面推动由政府牵头，利用科研机构、高等院校的优秀人才和先进技术，缩短创意产业快速产品化的进程，进而达到创意产业园形成完整产业链并获得显著竞争优势的目的。比如腾讯集团与深圳虚拟大学园结成合作伙伴关系，加大对技术研发的资金及人员投入，现已掌握数百项自主研发的高新技术，其成果的产品化率远远优于其他企业。

（三）单体创意产业园演化分析

1. 大芬油画村概况

面积约 0.4 平方公里的大芬村隶属深圳龙岗区布吉街道。目前，大量油画相关从业人员集聚在以大芬村为中心的布吉街道及周边地区；其中，油画生产、经营、培训人员突破10000人，主体油画制作人员超过3000名，独立工作室和经营门店775家，画廊300多家。①

2. 演化历程及影响因素

1989年，受低廉房租及便利交通的吸引，香港画家黄江在大芬村以民房为基地，招收大批学生和画匠，专门经营油画相关业务，包括创作、临摹、收集和批量转销，大芬村油画行业进入初步发展阶段。低成本和流水化商业艺术创作构成了大芬最初的利润来源，并随其规模的扩大逐渐分离出专门的接单代理业务和油画生产作业，另外还吸引美术培训、装裱行业、油画材料等配套产业在大芬村聚集。

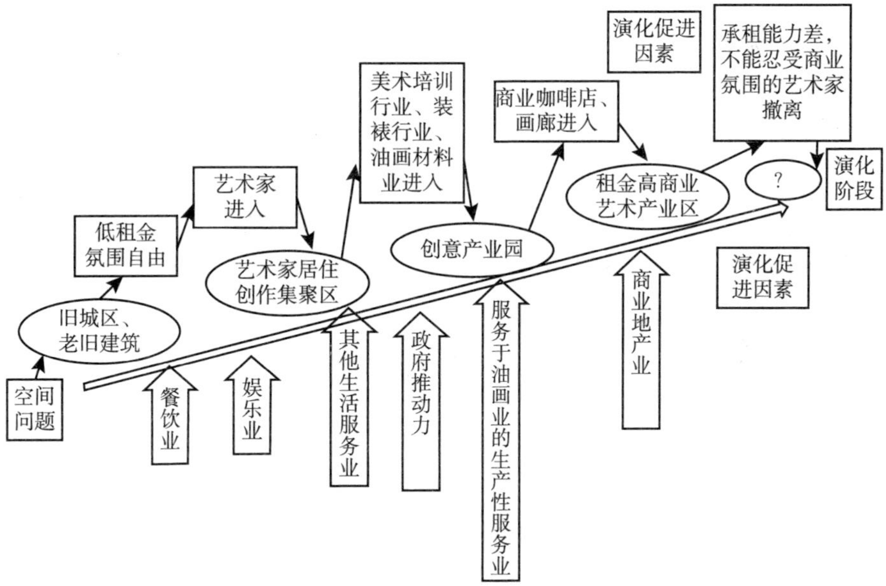

图10　大芬油画村演化轨迹

除了市场自发形成的集聚，政府的推动也加速油画村的扩张。1998年，政府着手把大芬油画村打造为独特的文化产业品牌；通过对村内外环境进行有

① 深圳市文化产业信息网，http：//www.szwenchan.gov.cn/#。

效改造，对油画市场进行规范和引导，大芬村的品牌形象得到提升。政府的推动主要体现在以下方面：一是制定总体规划，改造村内居住、创作、商业环境。二是成立深圳首家镇级文联，搭建公用平台以供外来画家进行交流和合作。三是通过举办作品展览、展示高水平美术作品的方式，引导原创绘画逐步向高档次发展。2004 年，大芬村被确定为文化博览会的分会场之一，并获得国家级文化产业示范基地的称号。

总体而言，大芬油画村的形成动力主要源自艺术家自发行为、原居民的出租逐利行为和政府推动力。发展初期，低廉的租金吸引创意阶层的到来，规模效应产生的低成本进一步推动产业集聚的加强。产业集聚达到一定程度引起政府的重视，出台相关政策给予支持，完善基础设施及政策环境的软硬条件，加速园区扩张。

3. 演化趋向

艺术家、原居民、政府对经济利益的追逐与博弈，仍将成为大芬村未来演化过程的主要驱动力。作为城中村，大芬村成功转型为创意产业园，给创意企业、创意阶层、原居民、政府都带来巨大利益。但是，随着商业氛围的渐趋浓厚，艺术家对逐利行为的厌倦，租金上升带来的压力，大芬油画村在发展过程中呈现创意发展受约束的倾向。部分创意阶层开始选择迁至更偏僻租金更低廉的大望村、南岭村等地，大芬村的集聚效应已扩散至周边区域，形成新的集聚中心。大芬村可能会丧失作为集聚区的核心地位，成为多个次级中心的一员。

四　创意产业园演化与城市空间重构互动分析

（一）创意产业园演化促进城市空间重构

创意产业不仅是城市经济发展的驱动器，也是促进城市空间重构的重要因素。创意产业园区的演化过程，可以解读为创意产业空间布局的优化。依附创意产业园而进行的城市空间革新变化不只是机械化地推倒重建，而是通过融合城市的文化形象、文化符号及城市历史而进行空间转型优化。

在创意产业园区演化过程中，创意产业重新配置生产要素，并重新调整其区位；通过改变城市的产业空间、居住就业空间、交通空间、文化空间，引导城市空间重构向优化方向发展。

1. 经济空间——改善产业布局

创意产业优化经济空间的作用体现在产业结构和空间分布的协同演化过程中。

第一，产业结构转型升级。创意产业发展对商业渠道、生产服务体系等支撑条件提出更高要求，必然会促进城市第三产业发展，进而带动产业结构转型升级。2012 年，深圳第三产业增加值占 GDP 比重自 2004 年的 48.1% 上升至 55.6%；第三产业取代第二产业，成为对深圳 GDP 贡献最大的产业。

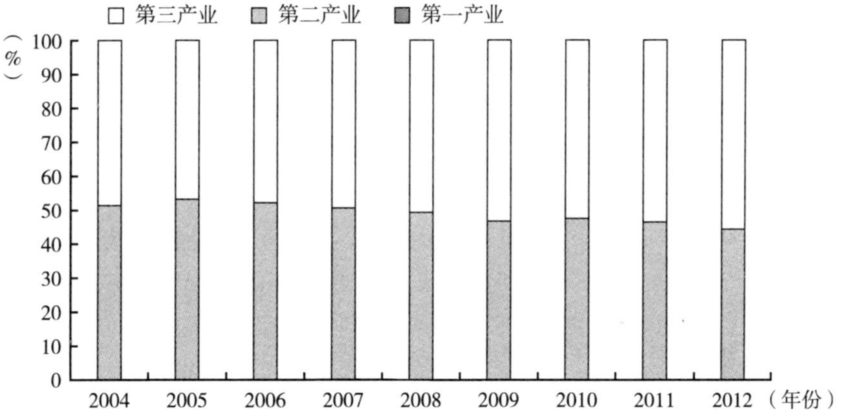

图 11　深圳生产总值三次产业构成

资料来源：深圳历年统计年鉴。

第二，产业空间布局变化。在地理空间层面，创意产业的演化体现为创意产业园空间布局的改变。深圳经济空间有限，制造业和创意产业均具有明显集聚特征，故两大产业之间存在既互补又排斥的作用。创意产业发展初期，创意企业以被动者身份进驻工业遗留厂房，二者之间主要为互补关系。创意产业逐渐壮大，其发展引起区域人力资源等生产要素的重新组合、区位选择及集聚，使园区在演化过程中逐渐形成综合性功能区，并凭借完善的基础设施吸引更多企业参与地理集聚。创意产业呈现向心集聚的趋势，而制造业则受制于土地资源等生产要素，被迫迁往城市外围地区；此时二者之间主要为排斥关系。创意产业作为新兴朝阳产业，在与传统工业的空间竞争中产生排挤效应，使工业企业发生位移，达到重置空间的效果。从深圳工业用地演化过程可看出，创意产业凭借良好的经济效益及承租能力，逐渐占据城市中心位置，而传统工业则被迫迁至城市外围区域，从而达到有限生产资源的优化配置，实现城市经济空间结构转型。

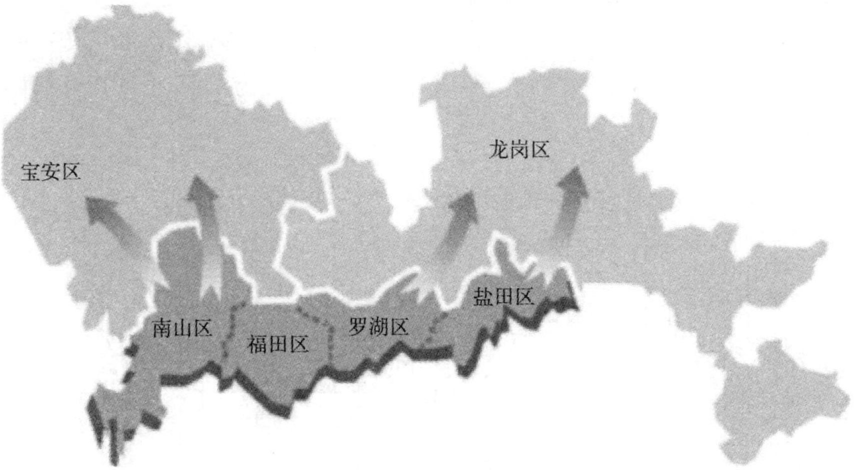

图 12　深圳工业重心迁移示意图

2. 社会空间——重组就业居住空间

作为就业居住的主要行为主体，创意阶层对居住就业空间具有特殊需求。为追求福利最大化以及居住就业空间的最佳组合，必然会对社会空间产生影响。而企业作为个人就业的主要承载体，在空间选址中存在与个人居住选择的竞争关系。

第一，就业空间：企业的选址决定个人的就业空间。就业空间依附于产业空间而存在，两者相伴相生。由于创意产业具有对生产要素进行重新组合的明显优势，已逐渐取代传统工业在城市中心区域的位置。由推论可得，创意产业从业人员将削弱深圳中心区域原有产业从业人员的主体地位，形成创意人才的集聚。2011 年，创意产业从业人员总数达 17.58 万，与 2004 年相比增长 117.8%。

第二，居住空间：个人居住空间在园区演化的不同时期呈现两种不同状态。在演化发展初期，个人为了获得就业的便利性，选择的居住空间一般紧邻就业空间，分散在创意产业园周边区域内。园区演化进一步发展，激化个人就业、居住空间之间的竞争。在城市中心区域的空间存量基本保持不变的情况下，创意企业持续向城市中心集聚，挤占大量空间，且城市中心区企业密度增大，引致居住环境恶化，导致个人居住空间被迫向城市外围扩散，即呈现居住郊区化现象。从图 13 中可以看出，城市中心区域常住人口比重逐年下降，而居住重心迁移至龙岗、宝安区，其常住人口比重稳步上升。同时，外围空间居住密度增大。2011 年，深圳宝安区人口密度为 6290 人/平方公里，是 2004 年的 2.2 倍，年均增幅高达 18%。

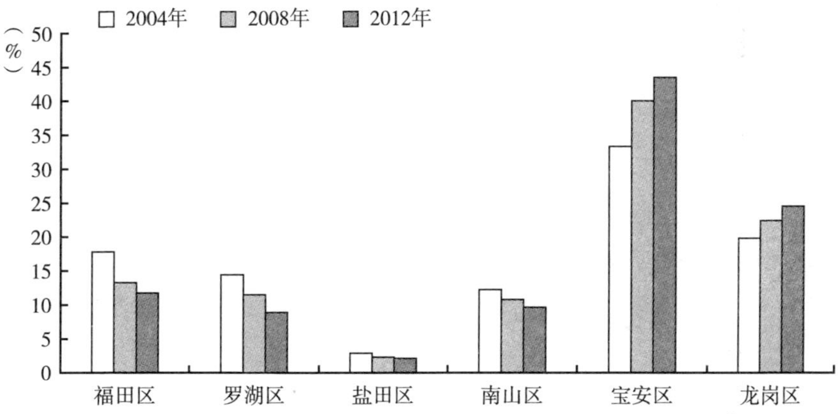

图 13 深圳各区常住人口占全市比重示意图

资料来源：深圳历年统计年鉴。

3. 物质空间——完善城市公共交通

创意产业园在城市中心区域集聚，工业空间及居住空间受到挤压，选择向外围扩散，逐渐形成城市不同功能空间。各分离的空间需要通过媒介获得连接，完善城市公共交通的需求应运而生。

第一，城市内部交通的完善。根据福利最大化原则，个人选择就业居住空间的主要衡量指标是通勤成本。由于居住就业空间分离，就业人员从居住空间到产业园密集区域工作需要交通媒介的支持，这必然对城市交通空间的走向及承载能力提出相应要求。创意产业对城市经济贡献增大，减少其从业人员通勤成本的初衷深刻影响了深圳交通建设规划，使城市轨道交通网络覆盖面积扩大。

表4　深圳创意产业园集聚区、交通走向与城市空间演变对应关系

集聚区	交通轴线	城市空间演变
沿科技园圈状集聚区、华侨城创意产业园、依罗湖旧工业集聚区	1号罗宝线、5号环中线	城市向东西方向延伸
依蛇口旧工业集聚区、依华强北旧工业集聚区	2号蛇口线、4号龙华线	城区功能结构提升
布吉、南湾、横岗街道集聚区	3号龙岗线	连通市区与城市外围区域龙岗区，城市向南北向延伸

资料来源：深圳规划局网站。

第二，城市对外交通的完善。创意产品的特殊性决定其产品面对面交流的需求大，创意产业进一步发展依赖交通运输的支持。创意产品商品化过程中，创意企业需要制造业的配合，而产业空间的分离阻碍两者合作，克服距离问题的要求导致对城市交通的高标准。产业间的联系涉及空间区域更加广泛，不仅要求城市内部交通的完善，更追求城市间的连通便捷，故城际地铁、动车的建设必不可少。

从城市层面而言，创意产业园演化导致就业居住空间分离，间接带来城市内部运输交通网络的完善，进而使城市内部空间结构更趋于合理；从区域层面而言，城际交通的开通，有助于拉近深圳与周边城市的联系，形成区域间交通网络，使城市间资源信息互通有无成为现实，催生深港经济圈、广深莞经济圈的发展模式。

4. 文化空间——延续文化底蕴，丰富文化内涵

文化空间是指由特定人群依附城市的历史背景所产生的文化产品或营造的特殊氛围。创意阶层是一个具有自身特征的人群，其集聚形成的行为空间对深圳的文化空间产生深远影响。

第一，延续文化底蕴。创意产业园发展的物质载体是建筑，创意企业由于租金低廉、空间开阔等因素而把旧厂房作为创作基地。创意企业的进驻与传统

城市更新的方式不同，不再是将建筑拆除重建，而是将城市固有历史文化融入建筑更新过程中，促进内城空间的复兴，有助于城市文化底蕴的延续。例如，以艺术创作和设计为主导行业的南海意库，就是依托原蛇口工业区三洋厂区改建的产物。园区改建在保留原有框架基础上强调生态特征，设置绿化率高的外墙，有效实行对可再生能源的利用，并综合考虑城市建设的和谐性，凸显了创意产业对城市生态建设的正向推动。

图 14　南海意库改造前后对比

第二，丰富文化内涵。创意产业园演化加速创意阶层在城市集聚与分散进程。创意阶层的生活和工作行为使城市日常生活空间发生转型。创意阶层对集生活、工作、休闲于一体的多功能空间的热烈推崇，催生城市复合功能区。此外，沟通交流合作是创意主要来源之一；对交流空间的强烈追求，势必使城市内部交流休憩休闲空间增加。例如华侨城创意产业园，其规划设计强调空间的开放交流性，园内配有大面积生态广场，营造了促进创意交流的空间氛围，由此吸引大量优质创意企业集聚，形成了显著的创意文化符号，丰富深圳的文化内涵。

（二）城市空间重构推动创意产业园演化

1. 吸引人才汇聚

创意人才对创意产业发展产生决定性影响，缺乏人才将导致城市创意产业面临崩盘的危机。创意阶层结合个人的积累经验及灵感结晶，为创意产业提供层出不穷的创意，提出新思想和新技术。与传统产业以企业集聚为先导因素的特性不同，创意产业具有以人才为先导的特征，可以说创意阶层的集聚催生创意产业集聚。

“创意之父”佛罗里达（Florida）认为，创意阶层主要是活跃在计算机、建筑工程等学科专业领域的创意专业人才和从事相关管理、商业、法律和金融等行业的高级创意核心层人才。创意阶层倾向于在满足 3T（Technology、Talent、Tolerance）标准的城市居住工作；他们普遍对新事物持开放接受态度，偏爱灵活的工作方式；同时，他们身兼创意产品的开发者和消费者两种身份，出于对共同兴趣爱好和区域艺术氛围的追求，选择集聚在符合其特性的区域。改革开放三十年来，深圳不仅经济实力雄厚，而且已成为区域文化、资本、人才的集聚地；完善的交通、教育、金融公共基础设施和先进的技术等硬件设施以及多样化、宽松的包容性强的移民文化品牌等软件设施，使得深圳吸引了来自世界各地的创意阶层，形成创意产业发展所需的智力源泉。

2. 营造文化氛围

创意产业是在赋予传统文化产业以独特的文化属性和创新精神的基础上形成的，而文化属性来源于城市历史文化的沉淀。

首先，深圳具有完善丰富的文化基础设施。20 世纪 90 年代，深圳就已积极建设“八大文化设施”，包括深圳图书馆、深圳大学、电视台、博物馆、科学馆、新闻大厦、体育馆和大剧院①。同时，凭借毗邻香港的地理优势，建设歌舞厅等文化设施，为文化活动的举办提供舞台。而深圳中心图书馆、深圳音乐厅、青少年宫和深圳书城中心城的建设运行，则被视为文化设施建设史上的又一里程碑。

---

① 《深圳文化产业年鉴 2011》。

其次，自2004年起，深圳联合文化部等多个政府机构共同举办“中国（深圳）国际文化产业博览交易会”。文博会产生良好的社会和经济效益，除会展中心外，其分会场由2004年的1个增至2013年的30个①。文博会是深圳继“高交会”后，国内最具影响力和综合特色的文化盛典，成功宣传了创意产品的消费理念，树立深圳创意都市的城市品牌，吸引众多著名创意企业及人才慕名而来，扎根深圳。

3. 提供空间载体

城市空间重构最显著的特征体现在城市用地功能布局的合理化。深圳全面实施“退二进三”及“腾笼换鸟”政策，工业企业大量迁移至城市外围区域，大批传统旧工业厂房被遗留在中心城区，这些建筑大多具有自然的通风采光、宽敞的大跨结构空间和独特的时代特征，因而在改造过程中具有其他建筑所不可比拟的兼容性和适应性，可充分满足创意阶层对灵活、开阔的工作空间的需求，且其独特的历史文化符号可作为初始资本投入创意产业园的发展，有效激发创意阶层的创作灵感。同时，旧工业区早期租金廉价、交通便利，有效吸引大量经济实力不强却具有强烈创业精神的创意人员集聚。因此，旧工业建筑成为良好的空间载体推动创意产业腾飞发展。

4. 保证技术支撑

2011年，深圳高新技术产品达11876亿元，专利授权数达39363件，均居于全国首位。在基础研究、前沿性技术和关键技术的研发孵化等领域，深圳具备国内领先实力。同时，深圳完善的技术研发支撑体系为创意产业充分实现“文化+科技”模式提供助力。目前，深圳新兴文化项目及产品体现出较高科技含量；无论是舞台的光声电等特殊效果的处理，还是剧院的内外设计，都充分体现科技的力量。例如强调科技与文化相融合的腾讯、A8音乐等企业快速腾飞，而深圳电子音像行业更是占据中国市场的半壁江山。

与创意产业生产链存在前向或后向关联的金融业与服务业，在科技进步的推动下，也与创意产业相互渗透融合，促使创意企业自主创新能力提升。高新技术为先进传播通讯平台提供必要的技术支持。深圳拥有网络、数字电视等发达媒介，可以发挥大量吸收和传播创意信息的功能；并在发展过程中融合前沿

---

① 数据来源：深圳市文化产业信息网，http://www.szwenchan.gov.cn/#。

科技元素，形成新型传播媒介，使创意信息流动的质量和数量得到有效提高，进而加速创意产业发展。

五　发展策略与建议

创意产业园与城市空间的关系表现在前者演化促进后者转型速度，拓展了深圳城市功能，而后者转型为前者集聚发展提供良好基础，加速前者的演化进程。针对二者互动发展中产生的问题，结合主要关联因素，深圳在引导创意产业园进一步演化的过程中，要明确产业园区定位，整合园区规划，同时着重从强化行业科技对创意产业的推动作用、提高人才素质、增加创意产业产品需求量等方面入手，通过创意产业的发展促进园区演化，进而推动城市空间重构。

（一）完善培养引进制度，提高人才素质

目前，创意产业从业人员对城市空间的促进作用较小，主要原因在于深圳创意人才匮乏，人才专业素质亟待提升，亟须建立多元分层次人才培养引进模式。

首先，推动院校培养创意产业经营管理人才。应充分利用现有的深圳大学、高职院校、深圳大学城等高教资源，设立相关人才培训基地及研究机构，培养高层次、高素质创意人才。

其次，增设创意人才的短期培训。新经济背景下的知识更新非常迅速，只有掌握行业的最新信息，创意阶层才可能规避风险并做出相应突破。

最后，建立有效可行的高素质人才引进机制。当前深圳的居住环境、医疗教育体系及收入体系仍有待改进。应着力于积分入户、收入倍增等计划的具体落实，打造适合创意人才工作与生活所需的软硬环境。在此基础上，创意产业才能拥有腾飞的助力，实现创意产业园与城市空间重构的良性互动。

（二）培育创意氛围，扩大消费市场

创意源于需求，可主要从以下两方面对创意消费市场进行引导。

第一，丰富文化产品种类，深入研究创意产品消费趋势，结合不同层

次居民需求，开发多样化、结构合理的产品体系。同时，深度挖掘深圳历史文化特色，加强地域文化与创意产品的有机整合，实现创意产品的可持续发展。

第二，引导居民对创意产品的消费意识。深圳经济发达，消费能力较高，但居民对创意产品的消费意识仍然比较滞后。政府、企业及行业协会可以通过传播各种知识信息，引导居民的消费需求。例如，政府可实施“创意社区”计划，在公共场所利用雕塑、绘画等艺术产品进行装饰，对市民社会文化意识形态进行引导。企业则通过电视、报纸、网络等媒介对产品进行宣传，创意行业协会通过举办主题展览、论坛等，扩大消费者对创意行业及其产品的认知。只有各方努力，才能培育市民的创意产品消费理念。

（三）完善法律监管体系，保护知识产权

第一，根据创意产业链的不同环节，有针对性地制定相应知识产权保护政策。目前对创意研发阶段的知识产权保护不力，侵权违规行为时有发生。政府应设立专门机构以防止创作者的创意积极性受挫。

第二，当前知识产权出现多头管理的现象，政府应着力促进立法、执法、监管等部门的协调配合，尽快推行创意产业相关专利和版权的统一管理制度，提升创意产业知识产权管理效率。

第三，加大宣传力度，普及知识产权保护法。凭借“4·26”世界知识产权日、文化产业博览交易会、高新技术成果交易会和专利周等重大活动的广泛影响，积极开展知识产权教育工作，培养广大创作者及市民对知识产权的保护意识。

参考文献

冯建：《转型期中国城市内部空间重构》，科学出版社，2004。

金元浦：《文化创意产业概论》，高等教育出版社，2010。

克鲁格曼：《空间经济学：城市、区域与国际贸易》，中国人民大学出版社，2011。

理查德·佛罗里达：《创意阶层的崛起》，中信出版社，2010。

约翰·霍金斯：《创意经济——如何点石成金》，上海三联书店，2006。

厉无畏、王慧敏：《创意产业促进经济增长方式转变——机理·模式·路径》，《中国工业经济》2006 年第 11 期。

刘友金、胡黎明、赵瑞霞：《创意产业与城市发展的互动关系及其耦合演化过程研究》，《中国软科学》2009 年第 1 期。

褚劲风：《创意产业集聚空间组织研究》，上海人民出版社，2009。

Koichi Kana. "An experiment in urban regeneration using culture and art in Senba, Osaka's historic urban center, with a focus on the regeneration of urban space". *City, Culture and Society*, 2012, 3: 151 - 163.

Masayuki Sasaki. "Urban regeneration through cultural creativity and social inclusion: Rethinking creative city theory through a Japanese case study". *Cities*, 2010 (27): 3 - 9.

Scott, A. J. "A new map of Hollywood: the production and distribution of American motion pictures". *Regional Studies*, 2002, 36: 57 - 75.

Scott, A. J. "Culture Economy and the Creative Field of the City. Swedish Society for Anthropology and Geography". *Human Geography*, 2010 (2): 115 - 130.

实践前沿篇

Practical Frontier

B.14

移动互联背景下数字公共文化服务的构建机制分析*

——以数字博物馆为例

白国庆 许立勇 李苏 历巍**

摘 要： 现代科技赋予传统文化以新的活力，以数字博物馆、数字图书馆、数字美术馆等为代表的公共文化服务设施借助互联网把这种“活文化”推向世界，使静态的公共文化“活”起来，给大众带来了崭新的公共体验。移动互联技术

* 本文系国家社科基金艺术学重点项目“文化艺术与科技融合视域下的文化产业发展路径研究”（项目编号:13AH006）、国家社科基金重点课题“转变文化产业发展方式的思路和支持体系研究”（项目编号:10AZD009）、北京市科委课题“首都文化科技融合协同创新模式研究”（项目编号:Z141108001314095）研究成果。

** 白国庆，文化部海外文化设施建设管理中心主任，研究方向为文化科技、文化政策；许立勇，国家行政学院文化政策博士后，中国艺术科技研究所助理研究员，文学博士，研究方向为文化科技、文化政策、区域文化产业；李苏，中国艺术科技研究所研究人员，地理学硕士，研究方向为文化科技、文化政策；历巍，中央民族大学博物馆学硕士研究生。

是数字公共文化服务扩展和延伸的重要支撑，体现了传统文化与科技的高度融合，有利于实现公共文化服务由传统领域向移动互联等高技术领域的移植。本文基于数字公共文化服务的基本特征，具体通过对数字博物馆在公共文化服务体系中的作用、构成要素、面临现状和存在问题等的分析，探讨数字公共文化服务的构建机制，最后提出实现路径与建议。

关键词：移动互联网　公共文化服务　数字博物馆　构建机制

一　数字公共文化服务的基本特征

信息网络数字化被看作信息时代最显著的特点。与之相对应，在“互联网+”时代下的高科技应用已经成为一股潮流，为公共文化领域带来了前所未有的机遇与挑战。现代公共文化服务体系概念的提出，是中央对新时期文化建设理论和发展方向的新表述，是对新形势下公共文化工作的全新概括①。2015年1月，中办、国办联合印发《关于加快构建现代公共文化服务体系的意见》，要求“创新公共文化服务内容和形式，促进文化与科技深度融合”，同时指出要“加快推进公共文化服务数字化建设，统筹实施全国文化信息资源共享、数字图书馆博物馆建设”②。数字公共文化服务作为现代公共文化服务体系中重要组成部分，是最能体现均等化、标准化和现代化的服务方式。数字博物馆、数字图书馆、数字美术馆等公共文化设施兼具创新性、时代性和开放性特征，日益影响着人们利用公共文化的习惯方式。因此，互联网、云计算等信息技术手段，对于打破时空壁垒，推动数字资源利用，实现公共文化服务创新与均等化，确保互联互通都具有积极意义。

---

① 兰凯军：《建立健全现代公共文化服务体系的路径》，《光明日报》2014年3月2日。

② 中共中央办公厅、国务院办公厅印发《关于加快构建现代公共文化服务体系的意见》，《中华人民共和国国务院公报》2015年第2期，第5～13页。

二　数字博物馆在公共文化服务体系中的作用

博物馆是为社会及其发展服务的机构，可以实现教育对象的广泛性，提供多样性的知识内容，但是教育方式的生动性需要借助现代高科技手段，多渠道、多形式向公众传播信息，有效提高传播效率，不断扩大传播范围。

先进技术在公共文化服务领域应用与人们精神文化需求提高相结合是确保数字博物馆产生的前提。新技术的不断发展为数字博物馆提供了重要的科技支撑。在互联网高速发展的时代，国家级博物馆普遍建立了藏品信息数据库，为博物馆核心数据库建设打下基础。

数字博物馆是采用先进的数字化手段，对博物馆现有藏品进行信息采集、保存，通过网络传播为大众提供服务的虚拟博物馆。数字博物馆以信息为基础向社会提供更加广泛、深入的公共文化服务，它超出了实体博物馆的建筑界限，让广大公众足不出户就可以了解馆藏现状、单个藏品信息甚至包括不对外展出的精品文物信息，以及参观各类展览。同时，数字博物馆还可以通过特制纪录片、小视频、数字化录音导览、多媒体电视墙、电子互动设备等数字多媒体设备，让观众可看、可听、可摸，不仅学到相关的知识，还增强了参观的互动性与感官体验。可见，数字博物馆是传统文化与数字文化的有机结合体，满足了人民基本的数字文化需求，在促进藏品数字资源利用、提升公共服务能力等方面占有重要地位。

三　数字博物馆的构成要素

数字博物馆，即通常所说的“虚拟博物馆”，是指以文物所负载和蕴含的历史、文化、科技等方面的信息为收藏、展示的主体，借助网络或其他信息传播途径进行传播、发布和推广、宣传的不具实体意义的博物馆。①数字博物馆

① 王向阳、严允：《数字化博物馆建设初探——以江西省博物馆为例》，《南方文物》2008 年第 4 期，第 170～171 页。

的建设需经过信息的采集、加工、展示和网络支持等多个方面。本文以藏品信息采集、藏品信息管理、网络环境、信息展示传播作为数字博物馆构建的基本要素，并分别进行分析。

（一）藏品信息采集

采集内容包括：藏品长、宽、高、名称、年代、材质、形制、保存程度、颜色等相关基本信息。对珍贵的、特殊的藏品还应该包括学术界、专家的研究情况，包括具体的历史、艺术、科技价值等相关研究信息，以及藏品目前的管理保护等相关管理信息。采集的方式包括：人工数据录入、藏品拍照、图片扫描等。

（二）藏品信息管理

信息管理包括藏品信息的保存和组织两方面。信息保存主要指实物保管的延续，既有对进入藏品数据库的信息进行统计、查询和知识整合，又有将人作用于藏品的保护、研究和管理信息不断积累，形成藏品的“生命档案”①。信息组织是将藏品信息由独立变成关联，从而进行藏品的陈列设计。

（三）网络环境

网络环境包括博物馆内部局域网连接和互联网接入，是数字博物馆的硬件需求，如网络和计算机设备、综合布线、网络管理技术、安全设施等②。

（四）信息展示传播

信息展示与传播涵盖博物馆内部辅助实物藏品的展示、互联网上的展示和数字文化产品。藏品主要以文字、声音、静态图像、视频、动画或立体影像、虚拟模型等形式展现。

---

① 魏记、宗恬、崔海：《NCITY 虚拟体验技术在数字博物馆中的应用》，创意科技助力数字博物馆，2011。

② 金瑞国：《数字博物馆：应用与发展》，创意科技助力数字博物馆，2011。

四　博物馆数字化进程中面临的现状与主要问题

我国博物馆数字化经历了三个阶段，即单馆模式、群馆模式和整合模式，面临的主要问题有以下几方面。

（一）信息采集标准不一

从21世纪初开始，我国博物馆数字化建设进入了起步探索阶段，只有部分博物馆建立了藏品信息采集数据库。当时各博物馆实际情况不同，藏品实体也具有多样性，博物馆以其自身实际情况选择技术，导致了博物馆藏品信息采集标准各异，自成标准。藏品信息采集标准不统一，使当时的数字博物馆建设只能停留在第一个阶段即单馆模式阶段。国家文物局发布了《博物馆藏品信息指标体系规范（试行）》和《博物馆藏品二维影像技术规范（试行）》等一系列行业规范，在很大程度上增强了博物馆信息化建设的规范化意识，也为数字博物馆建设的信息采集工作奠定了基础。

（二）信息展示内容单一

博物馆一般只展示藏品的基本信息。例如首都博物馆官网涉及青铜器、陶瓷器、佛造像、玉器、金银器、钱币、书法、绘画、绣织、文玩等十大类，每类又下设几十件至几百件数量不等的单独藏品信息，然而这些信息只是最基本的名称、年代、尺寸、出土地点等简单的藏品描述，数字展示器只显示藏品信息，内容与官网展示内容大同小异，仅仅在藏品图片上增加了放大和上下左右的展示功能。

在信息展示传播方面，国家博物馆和故宫博物院等国家级博物馆均处于国家前列。以国家博物馆为例，除了藏品基本信息的展示外，国博增加了藏品相关研究信息的链接，观众可以根据自己对藏品的兴趣程度自主选择不同的浏览程度；设有站内搜索，观众可以直接搜索藏品信息，省去中间烦琐的搜索步骤。故宫博物院的宫藏珍宝游的藏品信息展示包括正文、图说、链接三方面：正文即藏品描述、价值体现、时代意义等；图说即藏品图片细节展示包括整体、局部、铭文等；链接即目前学术界及其专家学者对此藏品的研究现状。这两个博物馆代表的是我国博物馆的最高水平，但是却不能反映我国博物馆普遍发展情况。一般的博物馆不可能具备如此雄厚的财力、丰富的藏品、顶尖的技术以及强大的人才支撑等。

（三）信息展示传播单向化

目前我国博物馆正处于博物馆数字化阶段，博物馆的工作模式也在逐步改变。在博物馆信息导览方面，以前以人工讲解为主，现在很多博物馆已经推出二维码、App、语音导览等新型导览模式。二维码、App、语音导览等是移动互联背景下的必然产物，能够让观众不受人工讲解的限制，可以自由设定参观时间、路线和内容，让自主、自由地参观博物馆成为可能。然而，这些二维码、App、语音导览仅具有单向性传播的特点，只是把存储的信息单向转换为文字、语音、图像等内容，缺乏双向互动性。在观众阅读文字时，语音导览按照特定的程序播放内容，不具有人工讲解的情感，无法像人工讲解那样当场解答观众的问题。观众来到博物馆是为了寻求服务，博物馆应该做到“寓教于乐”，让观众在参与互动的同时享受服务并学到知识，也充分体现出博物馆为社会及其发展服务的价值。移动互联背景下的数字博物馆应利用高科技手段让信息展示减少单向传播，增加双向互动。

（四）文化创意产品意识薄弱

2013 年，台北故宫博物院设计并推出一款康熙朱批纸胶带“朕知道了”的文化创意产品，在两岸引起了强烈的社会反响①。“朕知道了”胶带是由馆藏的康熙真迹衍生的文化创意产品，随后推出了“乾隆御览之宝”“宫院藏印章”“青铜器图纹”“金文”等一系列创意产品。这些产品让传统文物变得栩栩如生，更加贴近生活，同时创造出了巨大的商业价值。目前，台北故宫博物院已经推出了 2400 多种文化创意产品。继台北故宫博物院之后，北京故宫博物院也相继推出了朝珠耳机、“朕就是这样汉子”折扇、黄袍加身的手机壳、尚方宝剑中性笔、御前侍卫手机座、顶戴花翎官帽防晒伞等创意产品。尽管故宫注重文化创意产品开发，但就全国来看，故宫只是一个特例。三星堆博物馆、南京科举博物馆、六朝博物馆等博物馆也仅限于生产“青铜器面具”饼

---

① 九歌：《台北故宫的“文创”生意》，《新商务周刊》2013 年第 14 期。

干、“盐水鸭”别针、六朝魔方和瓦当图案冰箱贴等个别有代表性的产品，目前全国大多数博物馆尚未形成文化创意产品体系。

我国历史文化资源丰富，但是文化创意产业在博物馆领域还处于待开发阶段。增加博物馆的文化内涵，让文化创意点亮博物馆，生产满足大众需求的文化产品，更有助于提升公共文化服务质量。

五　数字公共文化服务构建的对策与建议

数字化和信息化正在深刻影响公共文化服务的发展方式。在“互联网＋”时代背景下，将现代科技应用于公共文化服务体系建设，发挥高科技手段的集成创新优势，促进文化科技深度融合，是适应时代发展的必然要求和战略选择①。为了让文化信息得到更好的展示与传播，使广大公众享受到更丰富的公共文化服务，本文提出以下建议。

（一）完善统筹规划，统一行业标准

在数字博物馆等公共文化服务建设过程中，存在着藏品信息采集标准不统一问题，致使一些数字博物馆建设只能停留在单馆模式阶段，阻碍其总体建设的步伐。数字公共文化服务体系的构建应明确定位，制定数字公共文化服务标准规范体系，推动公共文化信息采集规范化，提升数字公共文化服务整体标准化和专业化水平②。

（二）推动平台建设，增强公共文化的传播效应

推动数字公共文化服务平台建设，将数字出版等领域中涉及文化事业的部分纳入数字公共文化服务体系，增强公共文化的传播效应和影响力。目前，我国数字出版业在教育领域完成了众多有建设性的项目，但从实际情况来看，这些项目的应用程度还很低，教学传播方式还未发生根本性转变。因此，数字出

① 陈露：《我国公共数字文化服务体系研究》，南京大学，2013。

② 高福安、刘亮：《基于高新信息传播技术的数字化公共文化服务体系建设研究》，《管理世界》2012 年第 8 期，第 1 ~4 页。

版业在未来应加强对数字出版公共服务实用性的探索，在一些基础领域大力推广，推动教学传播方式的数字化转变。数字出版企业通过与政府、教育机构以及相关互联网科技行业共同合作，打造数字教材辅导平台、互动数字图书馆、电子书包等公共服务活动平台，提升教育行业数字化、信息化水平和数字化出版公共服务质量，增强公共文化的传播效应。

（三）加大科技创新力度，推动公共文化服务均等化发展

依托互联网、大数据、云计算等信息技术，统筹文化科技的有机融合，提升公共文化服务产品的科技含量和创意内涵，整合多层次多类别的公共文化资源，利用专用视听设备、无线发射装置等技术装备，实现快捷而精准传送公共文化服务和产品，提高边远地区公共文化服务均等化水平，形成文化建设和经济建设的双赢。

（四）加强文化科技复合型人才培养，保障公共文化服务的智力支持

人才是构建数字公共文化服务体系的核心资源之一，建立科学的人才引进与培育机制，建立健全文化科技人才考核评估体系。[①] 鼓励有条件的院校开展数字出版、数字新技术等专业，主动开辟能够适应和满足文化科技创新所需的前沿学科，完善人才激励措施，创造有利于公共文化发展的良好环境，保障公共文化服务的智力支持。

总之，在“互联网 +”的时代背景下和创新驱动的指引下，如何让博物馆“活”起来，让历史“站”起来，让服务“好”起来，让产业“旺”起来，“数字化”是重点更是路径，我们期盼公共文化服务的数字化“生存”。

参考文献

张永新：《深入学习贯彻〈意见〉〈标准〉，全面推进现代公共文化服务体系建设（上）》，《人文天下》2015 年第 3 期。

---

① 文化部、财政部：《关于进一步加强公共数字文化建设的指导意见》，2011。

陈刚：《数字博物馆概念、特征及其发展模式探析》，《中国博物馆》2007 年第 3 期。

徐士进：《数字博物馆概论》，上海科学技术出版社，2007。

汪宇：《以科技创新推动现代公共文化服务体系建设》，《中国文化报》2015 年 2 月 6 日。

朱晓冬、周明全、耿国华：《虚拟博物馆开发模式研究》，《计算机应用与软件》2005 年第 61 期。

黄秋野：《博物馆中的数字化展览及展示技术研究》，江南大学，2008。

B.15

文化艺术与科技融合的空间转向

——面向人文主义智慧城市和欧洲案例*

李蕾蕾　Philippe Kern**

摘　要：“经济视角”和“技术视角”是目前国内研究文化科技融合的两大视角。本文提出文化科技融合研究需要“空间转向”，强调新媒体应用及其与文化艺术的融合，如何与城乡建设和城市空间结合起来。这种“空间视角”特别突出“科技与艺术”的融合作用，以及新型城镇化对城市艺术的要求。本文初步探讨了空间视角的基本内涵，强调可持续新型城镇化就是借助文化艺术和科技融合的动力，从新自由主义城市化向人文主义城市化的演变过程，将偏重技术的智慧城市概念修正为人文主义智慧城市的基本思想。本文通过展现作为城市创新项目的欧洲文化艺术和科技融合的个案，并与美国模式进行初步比较，探讨它们对中国发展文化艺术与科技融合、建设人文主义智慧城市的启示。

关键词：艺术与文化科技融合　人文主义智慧城市　空间转向　城市创新　城市空间

---

* 本文系国家社科基金重大项目（项目编号：11&ZD023）、国家自然科学基金项目（项目编号：41471124）研究成果。

** 李蕾蕾，深圳大学传播学院教授，深圳大学文化产业研究院兼职研究员，主要研究方向为文创产业、艺术地理学、工业遗产；Philippe Kern，男，比利时布鲁塞尔人，KEA 欧洲事务所文化产业咨询机构创始人。

一　文化科技融合的视角转换：从经济和技术视角转向空间视角

（一）经济视角/产业视角探讨

以往有关文化科技的融合及其相关政策的讨论，多采取面向文化科技企业或传统产业转型的“经济视角”，经济视角是文化科技融合讨论的显著视角，主要由文化艺术领域和IT科技领域的相关学者、企业和机构推动。强调通过文化艺术与科技的融合，实现传统加工制造业、传统文化艺术行业的转型升级，甚至还包括纯粹IT科技企业的转型升级（李蕾蕾，2014）。例如，通过让传统的文化艺术行业插上科技翅膀，实现文化遗产和文博观光的数字化；让科技企业转型从事相关信息内容和娱乐内容的生产与服务，形成文化科技型企业（如深圳的音乐A8、华强文化科技、腾讯游戏等）；让传统制造业注入设计密集度和文艺气息，从而提升时装、玩具和工业设计行业的附加价值等，都属于这类强调“经济视角”的探讨，这种讨论的来源和结果与新出现的科技型文创企业和示范基地（或园区）密切相关。

此外，有关移动互联改变生活的讨论，也属于“经济视角”的范畴，因为它强调技术驱动下新业态和新的商业模式的探讨，特别是在移动支付的基础上（如支付宝的开发、手机钱包的推广），加速了传统业态的消失，催生了各种新兴业态。典型地表现为淘宝类电子购物的流行，传统音像店和书店的逐渐消失（如被亚马逊和当当等电子书店替代），印刷类书籍被Kindle电子书替代，国内一些著名的电脑商城实体店，如北京中关村和深圳华强北等地的柜面人流大大不如从前，甚至深圳东门服装批发实体店也在发生着电子商务的变化。与面对面日常生活密切相关的“超市”以及社区服务业的数字化趋势，进一步显示出食品类超市消失的可能性。例如，顺丰旗下社区嘿客店的铺设以及城市鲜品和冷链系统的开发，以逐渐消灭社区超市实体店为目标。获得2011年戛纳广告媒介类金奖的广告①，展现了韩国地铁车厢的虚拟超市

---

① 相关视频广告可参见 http：//www. kaixin001. com/repaste/7278241_ 5269352822. html。

(Home plus subway virtual store)，让人们在上下班乘坐地铁的时候，通过手机直接扫描广告中的商品二维码，即可下单购买，且实现商品送到家的便捷服务。总之，移动智能新业态 Apps、B2B、B2C、O2O、P2P 的发展，进一步加剧了人类从交通、购物、旅行、阅读、交友、金融，到购买蔬菜或新鲜食品乃至每日三餐的日常生活的虚拟化。

（二）技术视角

与此同时，最近几年兴起的有关大数据和智慧城市的讨论，主要凸显了“技术视角”的重要性，这一视角的采用以城市规划、建筑和地理信息系统以及相关业界领袖为主导，他们关注通信传播技术、智慧城市、智慧旅游和数字星球的基础设施建设及其全面应用；除了移动互联和智能终端以外，特别突出大数据、云计算、万联网/物联网/工业 4.0/人 - 机 - 物社会物理信息系统或一体化（王飞跃，2014）、实况地理（Live geography）（钟耳顺，2013）、无人机和第三次工业革命的广泛影响。2014 年的深圳高交会上大量的创新产品，如可穿戴移动设备的发明和发展，其实也是某种微观人体的基础设施，进一步加剧了人类生活的虚拟化和电子化。人体作为有机体被装配成为技术体和机器人。总之，技术视角突出的是技术逻辑，技术不仅试图实现人类有机体向“后人类（post-human）”的转变，而且试图将整个地球铺设传感器和电子皮肤，实施地理控制，为微观人体和宏观星球提供全面的技术基础设施。不过，技术改变人、改变社会、重塑日常生活和经济生活的趋势，被编织到科幻片《星际穿越》中，这部科幻片的背景是想象人类进入一个不再需要工程师而是需要出色农民以便解决生存问题、实现星际移民的高度发达的无人机时代，隐含着某种对发达技术的反讽。

（三）空间转向与空间视角

经济视角和技术视角基本上奠定了目前研究文化科技融合的核心框架。不过，这两个视角相对而言缺乏基于城乡建设或以城市空间为载体的普通日常生活，如何实现文化科技融合的讨论，也相对缺乏对文化艺术本身的关注。我们提出研究视角的空间转向，试图将艺术、文化、科技和基于空间的城乡生活的需要综合起来加以探讨。

空间视角主要有两个含义：①反思技术对人类的规训和控制的发展趋势，特别是反思移动互联、可穿戴等高新技术日益展开的技术逻辑对人体的控制，我们提出应大力发展那些有助于人类从内向性的虚拟生活，重新回归到外部实体空间、城乡空间的文化艺术与科技的融合，强调为我所用的人对技术的能动性即对技术的驯化/驯养过程，而不是反过来的技术对人的控制和规训，从而平衡技术逻辑和人文逻辑的未来关系；②在此人文回归的基础上，强调如何在更大的外部世界（如人们所生活的普通城乡空间），提供带有空间性体验的文化艺术和科技的融合，强调智慧城市的建设并非仅仅是智能基础设施的铺设，而是一种人文主义智慧城市的概念，着重于如何在目前的城市现实空间，增强对文化艺术和现实生活的智能体验。

总之，空间视角强调通过文化艺术与科技的融合，平衡人们日益失衡的虚拟生活，将人们拉回实体空间的现场，提升实体空间和现实生活本身的可感性与吸引力。因此，我们特别关注发生在城市空间的文化艺术科技融合的创新案例和项目，认为艺术作为可感性最强的来源，通过与科技的融合，能够实现科技与人文、虚拟与现实的平衡。

二　欧洲城市文化艺术与科技融合的创新项目

事实上，欧洲不少城市，已经开始探索和运营文化艺术与城市空间和城市生活的科技创新项目，展现某种人文主义智慧城市的目标。其中一些项目由KEA欧洲事务所以国际文创专家的身份策划，例如KIICS①和Creative Spin②计划。笔者认为艺术与科技碰撞，有利于营造城市良好环境，从而提高城市的多样性生活水平，获取可持续发展能力和创新能力。

具体来说，城市公共空间对于汇聚城市各社区居民意义重大，能够丰富他们的集体文化和艺术生活；这对社会互动和城市区域之间的交流至关重要，对社会凝聚力和创意经济的发展也能做出非常大的贡献。新科技的出现及其在城市公共空间的运用，促进了这种互动作用和交流，以及随之产生的创新精神。

---

① 详见http：//www. kiics. eu/en/。

② 详见http：//urbact. eu/en/projects/innovation – creativity/creativespin/homepage/。

以下取自欧洲城市的发展范例，展示了科技与艺术/文化在城市空间的紧密结合及其所能带来的正面作用。

（一）比利时蒙斯市——“欧罗巴咖啡厅计划”（2015 - Café Europa）项目

蒙斯市（Mons）获选为2015年的“欧洲文化之都”①。该市位于比利时首都布鲁塞尔的南面，居民不到10万人，却已建立多个数码化项目，例如欧罗巴虚拟地铁项目（Metro IT Europa）②可让游客和文化工作者了解和穿行整个城市；欧罗巴咖啡厅项目（Café Europa）③则是一个横跨多个欧洲城市的网络，能让不同国家的人们通过数码平台，进行文化合作与交流。该项目通过创新性地融合新科技，把位于不同城市的传统咖啡厅实体店链接起来，实现社会互动和交往，形成一种新的社会文化空间，人们可在欧罗巴咖啡厅（Café Europa）开会、讨论、分享想法和发挥创新思维。整个项目通过3类实体空间（即咖啡馆、fab lab创新实验室 - “Europa Lab欧罗巴实验室”、培训中心）以及1个虚拟空间加以运行。虚拟空间指的是欧罗巴围墙（Europa Wall），这是一个实时连接多个前任“欧洲文化之都”的欧洲城市网络技术。欧罗巴咖啡厅（Café Europa）是一个多功能、建筑风格灵活、空间流动性强的项目；不但切合当地实际需要，同时也能与欧洲其他地方保持联动。可移动的货柜车厢模块，可以放置在城市里的任何角落，也可打破广场、花园或公共空间的原有功能，有利于激发市民的积极参与和好奇心。

此项目的构想，是汇集艺术家、设计师、ICT技术专才、学生和市民，并为他们创造一个能互动交流和创新实验的空间。这个空间能促进创新思维，推动来自欧洲不同角落的人互动见面。从咖啡厅的商业模式看，Café Europa能够提供真实和虚拟的平台，展示艺术作品、创意产品和创新理念，从而抓住数码时代的机会。虽然此项目在2015年才会正式全面运作，但在2014年的春天已开始进入试行阶段。在试行的六个星期里，Café Europa主办了很多活动，包括讲座、工

---

① 详见http：//www.mons2015.eu/en。

② 该项目的视频可参见http：//vimeo.com/89204427。

③ 详见http：//www.mons2015.eu/en/caf%C3%A9 - europa。

作坊和注重参与性的活动（例如：早午餐见面会，当地市民获邀与市政府的“蒙斯2015”团队见面，并提出他们对“欧洲文化之都”各项目的意见）。拉脱维亚（Latvia）首都里加市（Riga）作为2014年“欧洲文化之都”的主办方①，也将此项目置于当地的RIXC中心加以运营，并以新媒体文化为项目主题，作为对“里加2014”和“蒙斯2015”的支持。

（二）伦敦/曼彻斯特——“会说话的雕像”（Talking Statues）项目

“会说话的雕像”（Talking Statues）是一个科技艺术项目②，它能让目前分布在伦敦和曼彻斯特街头的35座公共雕像“说话”，即通过英国著名演员和知名人士的声音读出与雕像有关的由著名作家编写的经典传说。此项目由“歌唱伦敦（Sing London）艺术基金”构思和策划③，得到了Nesta艺术基金的支持，并且获得数字艺术研发基金（Digital R&D Fund for the Arts）的专项拨款④。

“歌唱伦敦”是一个总部位于伦敦的非营利艺术团体，该团体使用最新的智能手机技术为雕像注入“生命”。任何人路过雕像，都能通过雕像外表的智能刷新界面，利用智能手机直接听到有关雕像的著名历史与小说人物的独白。该艺术项目运用的NFC临近无接触通信技术⑤是由高科技行业专家、博物馆指南的开发者（Antenna Lab）、内容创作者和文化领域的专才通力合作的成果。项目中的数据经有效收集，可提供给莱斯特大学博物馆和艺术画廊研究中心（RCMG）⑥博物馆学院的学者们进行分析。此项目诠释了新科技如何帮助文化遗产获得推广和价值提升，也产生了新的商业服务机会。具有教育、社会和经济等不同层面的目标，旨在帮助人们与其居住城市的历史链接起来，也是具

① 详见 http：//riga2014. org/eng/news/49538 - cafe - europa - opens - in - riga and http：//www. riga2014. org/eng/notikumi/726 - cafe - europa - riga - 2014 - mons - 2015 - innovation - laboratory。

② 详见 http：//www. talkingstatues. co. uk/。

③ 详见 http：//www. singlondon. org/。

④ 详见 http：//www. nesta. org. uk/project/digital - rd - fund - arts。

⑤ 有关NFC技术（Near field communication）的介绍可参见 http：//www. nearfieldcommunication. org/。

⑥ 详见 http：//www2. le. ac. uk/departments/museumstudies/rcmg/projects/talking - statues。

有吸引力的旅游设施，可为整个城市塑造现代和高科技的正面形象。

NFC 技术在消除文化推广的障碍上，拥有极大潜力，为日常生活空间注入科技的生机，为文化项目带来新的观众。由于 NFC 技术能让公众在公共空间随时随意接触不同的文化艺术内容，作为一种强大的传播工具，可以有效地吸引年轻人、科技爱好者和平时难以接触的潜在观众。此外，NFC 技术还提供了一个创建综合性文化载体的途径，即把各个类别的文化团体联系在一起，并将各自的观众混合起来。比如，喜欢听雕像故事的人士，也会收到附近博物馆或文化机构的邀请信息，增加文化接触的数量。参观维多利亚女王雕像活动的观众，会被邀请参观附近伦敦肯辛顿宫举行的维多利亚展览；参观塞缪尔·约翰逊雕像活动的观众，则被推荐到大英图书馆，阅读约翰逊先生字典名著 *Dictionary of the English Language* 的复印件。

（三）奥地利林茨市——电子艺术节(Arts Electronica)

奥地利电子艺术节（Arts Electronica）诞生于 1979 年，试图在艺术（电子音乐）、科技（新的音乐表达方式）和社会之间建立联系。发展至今，电子艺术节已经衍生出 4 个部门：筹办和制作奥地利电子艺术节的林茨市电子艺术节有限公司（Arts Electronica Linz GmbH）①、电子艺术大奖主办机构（Prix Arts Electronica）②、电子艺术中心（Arts Electronica Centre）③ 和电子艺术未来实验室（Arts Electronica Futurelab）④，为世界数字媒体艺术领域提供了一个全方位的发展平台。得益于奥地利电子艺术节，林茨市已成功提升其国际形象。据 2014 年的统计数据，该市有超过 85000 人次的访客量，包括来自全球 59 个国家的 579 位艺术家、科学家、科技专家、音乐家和声音艺术家、企业家和发明家等专家人士。电子艺术节一共举行了 427 场独立舞台节目，其中包括 114 场巡回演出，以及各类研讨会和展览。

电子艺术节致力于把艺术与新兴电子科技带入主流社会。艺术节每年都会把研讨活动布置在城市的各个角落和公共领域，以接触到更多来自不同领域的

① 详见 http：//www. aec. at/festival/en/。

② 详见 http：//www. aec. at/prix/en/。

③ 详见 http：//www. aec. at/center/en/。

④ 详见 http：//www. aec. at/futurelab/en/。

观众。主办单位每年会发布有关媒体艺术的最新研究，并提供机会举办与艺术和科学相关的研发讨论；这些新技术讨论，关系个人以及整个社会对待文化发展的心态。

奥地利电子艺术节的成功，也有益于提升当地传统文化艺术活动（如安东·布鲁克纳古典音乐节 Anton Bruckner Festival）的吸引力。在融合传统和未来文化的目标下，新项目“声音之云”（the Cloud of Sound）试图将电子艺术节和布鲁克纳古典音乐节联系起来。具体来说，当布鲁克纳音乐厅（Brucknerhaus）正在进行现场音乐演奏时，通过最新的音乐增强传导技术，可将这些音乐串流到室外周边地区①，当晚的天空也会上演一系列精心编排的烟花和激光表演，古典音乐与新科技的融合将人们汇聚在多瑙河上，并得到广泛赞誉。

（四）英国——“爆炸理论”（Blast Theory）艺术团体的数字定位游戏

“爆炸理论”（Blast Theory）是一个广受国际认可的艺术团体，总部位于英国的布赖顿，主要专长是开发有关移动和定位媒体技术。此团体与诺丁汉大学的混合现实实验室（Mixed Reality Lab），在数码互动、社会政治层面的科技应用以及观众角色的研究上，保持长期合作关系。为了实现高质量的互动式体验，也一直挖掘新科技的相关潜力，创作一些新奇和引人注目的数位内容。

“爆炸理论”（Blast Theory）旗下的项目主要为公共艺术作品，但以游戏形式展示。这些项目致力于推广共同表演的理念，包括 Rider Spoke（车手宣言）②、Can You See Me Now（你现在能看见我吗）③ 和 Uncle Roy All Around You（罗伊叔叔围绕你）④。这些项目的目的是为（和或与）公众（共同）创造参与式体验，突出如何将新研发的无线定位技术，应用到新类型的艺术体

① 有关技术可参见 http：//nexo - sa. com/en/articles/909/nexos - cloud - of - sound - in - austria/。

② 详见 http：//www. blasttheory. co. uk/projects/rider - spoke/。

③ 详见 http：//www. blasttheory. co. uk/projects/can - you - see - me - now/。

④ 详见 http：//www. blasttheory. co. uk/projects/uncle - roy - all - around - you/。

验。这些试验将无线定位技术从实验室中带出来，尝试让大量用户同时实地参与实验（Giannachi, et al.，2010）。

定位游戏是一种在城市街道上进行的崭新娱乐模式。游戏参加者通过配备手提或可穿戴装置，在城市中穿插移动；与此同时，传感器会获取参加者的最新位置信息，让参加者都能有畅快的游戏体验。在分队合作的游戏中，这些传感信息还会同时发送给其他街上或者线上队员。这种新的游戏体验，为城市带来异样的观感和新型的社会互动方式。定位游戏同时也拥有很好的商业潜力。在现有智能手机移动游戏（通常是非连线的、和定位无关的）的基础上加以研发，将会在今后几年带来巨大的收入，也意味着3G网络电信商能够从中获得巨额潜在收入。艺术与新科技之间的试验性合作，或许能为科技的未来发展带来更多可能性；尤其当科技被视为疏离人与社区关系的原因之一时。

“爆炸理论”（Blast Theory）的创新项目显示了游戏和新型通信技术的强大渗透力，能为公-私型的虚拟和真实项目，创建新的社会空间。通过研究如何运用科技（尤其是移动设备）创造全新的文化空间，让每位参与者都能通过艺术实践，获得独一无二、个人化的定制体验。正因为如此，“爆炸理论”（Blast Theory）的定位游戏不只是一般的刺激性娱乐体验，而且通过邀请参与者思考当中的互动元素，产生多样性的学习机会。艺术研究则能从定位游戏的实践中，得到意义深远的资料；这些资料在未来可转化为人们对地点和日常生活的固有认知和体验（Wilken，2014）①。

三　结论和讨论

本文通过回顾有关文化科技融合的讨论视角，说明以往的探讨和相关政策多采取面向文化科技企业和产业转型的“经济视角”，关注技术驱动下新业态和商业模式的探讨；与此同时，最近几年兴起的有关大数据和智慧城市的讨论，凸显了“技术视角”的重要性。这两个视角基本上奠定了目前国内研究文化科技融合的核心框架。本文提出文化科技融合研究视角需要“空间转向”，强调新媒体应用及其与文化艺术的融合，如何与城乡建设结合起来。这

① 详见 http://www.blasttheory.co.uk/projects/rider-spoke/。

种“空间视角”特别突出“科技与艺术”的融合创新，以及新型城镇化对城市艺术的要求。“空间视角”的基本内涵，强调可持续新型城镇化就是借助文化艺术和科技融合的动力，从新自由主义城市化向人文主义城市化的演变过程，将偏重技术的智慧城市概念修正为人文主义智慧城市的基本思想。

从本文所展现的作为城市创新项目的欧洲文化艺术和科技融合的个案，可以发现这些城市创新项目特别重视将文化艺术和科技的融合创新应用于城市公共空间和公共活动，这与欧洲对公共生活的理解有关。城市空间为公共互动提供了不可缺少的场所。城市如果对审美趣味、内在意义和社会关联等价值观视若无睹，将无法发挥应有的社会化功能。城市因此需要发挥公共空间的可用性，使不同层次的文化和艺术活动，能够接触不同社区的各个群体，让整个社会环境有利于社会凝聚力、幸福感以及创新能力的发展。文化艺术为城市带来各种类型的活动和表演，强调社区和社会互动，有助于建设社会内部的关联性和创新能力。通过科技融合能够显著提升文化和社交体验，能够给予城市过去新的生命，让集体回忆更接近人群，有利于城市文化遗产向年轻人传承。

欧洲文化艺术和科技融合的创新项目，对于中国发展文化艺术与科技融合、建设人文主义智慧城市的启示，还可以进一步结合欧洲与美国的对比，加以理解。显然，欧洲的媒体技术在城市生活和城市空间的使用，特别强调通过文化科技融合提升生活质量，因此，他们所理解的智慧城市是一种人文主义智慧城市的内涵。相反，美国提出的实况地理学（Live geography）概念，重视将整个地球布满传感器和电子表皮，体现的是一种技术主导的思维模式。

欧美模式的区别或许在于欧洲主要以中小公司为主，难以产生类似数字地球这样的宏大项目，而美国的风投模式盛行，有利于大公司形成趋势性、长远性和革命性的创新项目。此外，欧洲所具有的工程技术传统，属于机械时代的技术，与美国发展起来的互联网新技术可能存在本质区别，导致美国特别重视虚拟生活的项目。此外，欧美两者在艺术发展方面也有区别，欧洲将艺术确定为某种审美和公共性的东西，而美国多为商业性的艺术。因此，欧洲的艺术与文化科技的融合强调公共艺术，艺术与日常生活的关系、与生活质量提升的关系，以及与现实世界的平衡关系等等，而美国的文化科技融合很可能强调走向科幻电影所描述的技术世界。中国目前的文化科技融合所选择的模式，如果以腾讯和淘宝等移动互联为标志，那么，还主要表现为如何营造虚拟生活的模式，即偏重于美国模式，反而未充分重视欧洲关注现实世界和公共空间的融合模式。这一点正是欧洲案例和人文主义智慧城市概念，对中国未来如何发展文化艺术与科技融合创新项目的启示。

参考文献

李蕾蕾：《通过文化科技融合实现全面转型升级》，载于平、李凤亮主编《文化科技创意发展报告（2014）》（文化科技蓝皮书），社会科学文献出版社，2014。

王飞跃：《工业 4.0：皇后的新衣?》，《中国科学报》2014 年 11 月 24 日，参见 http：//www. chinahightech. com/html/742/2014/1124/09253277. html。

钟耳顺：《地理控制与实况地理学——关于 GIS 发展的思考》，《地理信息科学学报》2013 年第 15 卷第 6 期。

Giannachi，G. et al. “Blast Theory's Rider Spoke，its documentation and the making of its replay archive”，*Contemporary Theatre Review*. Vol. 20，No. 3. 2010.

Wilken，R. “Proximity and Alienation：Narratives of City，Self and Other in the Locative Games of Blast Theory”，in Farman，J. （ed.），*The Mobile Story：Narrative Practices with Locative Technologies*，New York：Routledge，2014：175 – 191.

B.16

手机自拍视频与电视娱乐节目

——澳门莲花卫视《澳门开唱》节目分析

吴玫　李婧*

摘　要： 在电视娱乐真人秀节目流行且日渐丧失其新颖性的今天，如何创新已成为节目生存的关键所在。而手机作为除了报纸、广播、电视、网络之外的“第五媒体”，其高度的移动性、互动性、草根性、全球性等特质引起越来越多的电视节目制作人的关注，手机程序被越来越多地应用于电视节目。如何发掘手机提供的新型媒介特质，将它与传统的电视娱乐内容整合，从而开发出新型的娱乐节目，对电视娱乐节目媒体人是一个挑战。本文以澳门莲花卫视节目《澳门开唱》为样本，在质化研究的基础上，对手机自拍视频应用于电视娱乐节目的新型节目方式进行介绍与分析。鉴于内地电视娱乐节目发展缺乏创新且“山寨”现象较多，笔者希望能够提供一个新媒体文化创新使用的案例，对今后电视娱乐节目与新媒体结合的发展方向提供启发与参考。

关键词： 电视真人秀　手机自拍　微信　澳门开唱

* 吴玫，澳门大学传播系副主任、副教授、博士生导师、硕士生导师，主要研究方向为媒介技术、传播与社会变迁；李婧，澳门大学传播与新媒体专业硕士生。

一　节目介绍

《澳门开唱》是一档于2014年2月在澳门莲花卫视开播的全新歌唱直播互动真人秀节目。歌手先要上传自拍视频，电视台每周一至周四，晚上八点开始有十分钟的迷你版直播，每期正式节目在周五晚上八点开始，时长为一个小时。节目直播中会有一个主持人、一个固定的现场键盘手，以及一位特邀明星嘉宾。该节目面向全球征集唱歌视频，歌手通过搜索《澳门开唱》官方微信号，加入官方微信群上传唱歌自拍视频，也可以通过在唱吧拍摄视频然后分享链接到官方微信平台，还可以加入官方QQ群参与直播实时互动。节目同时鼓励观众参与，对歌手表现进行投票。观众可以随时登录电视台合作网站养家网投票，投票时间为一周，即从每周五晚直播之后到下周五直播之前。每期节目会由嘉宾选出心目中排名前三位的歌手，再由观众投票选出得票率最低的六位。这九位歌手能有机会成为年度大奖歌手得主，冲击更高的奖励。每期节目的奖励是4000港币现金和4653枚金蛋。① 值得一提的是，歌手中得票率最低的将获得高额奖，这个奖被称为“曲高和寡奖”，获奖者将得到400港币现金和990枚金蛋的奖励。而4000港币中的3000港币以及1386枚金蛋，将奖励给投中得票率最低歌手的观众。所以，不同于其他比赛规则，观众在投票时需要对大众心理做出判断，把票投给自己判断得票率将会是最低的那位歌手。②

二　发展过程

（一）真人秀节目的发展

就电视娱乐节目的发展历程来看，其类型一直都在依观众口味需求的变化而变化，甚至有人曾断言，“娱乐经济将成为新的世界通货”。③ 而其中，真人

① 金蛋是指在养家网流通的电子化金条，10000枚金蛋代表1克黄金，当累积一定数量时可以兑换相应的礼品和服务。

② 《澳门开唱》官方网站，http：//www. lotusbtv. com/index. php/Sing/index/p/4#page5。

③ 孙隽：《超级女声VS超级策划》，安徽人民出版社，2006。

秀节目的变化最为显著，诸如荷兰的《老大哥》、美国的《幸存者》《美国偶像》、英国的 *Take Me Out* 等节目都曾风靡全球。真人秀一词源于对美国电影《楚门的世界》（*The True Man Show*）的音译，目前国内学者对于真人秀定义为“由普通人而非扮演者，在规定的情境中按照规定的游戏规则展现完整的表演过程，展示自我个性，并被记录或者制作播出的节目”。①

其实早在2000年，受欧美真人秀流行的影响，广东卫视就先试水推出过一档野外生存类的真人秀节目《生存大挑战》，之后中央电视台以及一些地方电视台也开始争相效仿，推出了多档各种类型的真人秀节目。但是业内以及学界普遍认为，2004年湖南卫视主办的大众歌手选秀节目《超级女声》，真正使真人秀节目在中国的发展具有跨时代的意义。根据《超级女声》的节目设定，几乎零参赛门槛，只要喜爱唱歌的女性，不限年龄（2006年开始由于原国家广电总局的限制，参加者年龄需满18岁）、不限地区、不限唱法，均可在指定唱区免费报名参赛。而且赛程设置了海选、复选、晋级赛、PK赛、复活赛层层选拔，再加上专家评审、大众评审和短信投票这三者结合的评审设置。② 这使得中国的真人秀节目真正进入全民参与的新时代，而在社会阶层中数量众多但个人势力较弱的“草根”阶层也开始慢慢在各大节目中崭露头角。在此之后的电视选秀节目诸如《中国好声音》《声动亚洲》，包括本文分析的《澳门开唱》也都或多或少在此种模式的基础上展开。

（二）自拍、语音、社交类应用程序的发展

随着科技的发展，手机这一除了报纸、广播、电视、网络之外的“第五媒体”拥有了大量功能丰富的应用程序。智能手机提供了一种最受欢迎的媒介娱乐形式：自拍，不仅能够自拍照片，也能自拍视频。自拍的概念最早产生于20世纪80年代，源于英文 self-timer，指照相机的一种能够自行设置拍摄时间的功能。③ 随着新媒体技术的飞跃发展，可拍照摄像的智能手机迅速取代了照相机，使得自拍开始大行其道。

---

① 谢耘耕、陈虹：《真人秀节目：理论、形态与创新》，复旦大学出版社，2007。

② 《超级女声》维基百科，https：//zh. wikipedia. org/wiki/% E8% B6% 85% E7% BA% A7% E5% A5% B3% E5% A3% B0。

③ 王蕾：《网络自拍的美学探究》，《大众文艺》2009年第3期，第75～76页。

在手机自拍发展的同时，各种语音类应用也层出不穷，除了即时通信的微信，YY 语音和唱吧也是语音类产品发展历程上不可不提的典范。YY 语音最初是用于网游《魔兽世界》玩家团队语音指挥通话，2009 年起偏向娱乐应用。2013 年 YY 语音推出了视频互动业务“YY 精彩世界”，成为集团队语音、频道 K 歌、视频直播、应用游戏等功能于一体的综合型实时通信软件，注册用户甚至超过 4 亿。[①] 相对于 YY 语音在桌面客户端拥有强大的用户基础，唱吧在移动客户端更为流行。唱吧这款免费程序内置混响和回声效果，提供伴奏以及同步显示的歌词，提供有趣的智能打分系统，录制完成的歌曲还能同步分享至微博、微信、QQ 等社交网络。[②] 2012 年唱吧和微信合作推出了 K 歌大赛“一起微信，一起唱吧”，2013 年唱吧更新版本中添加了视频录制 MV 模式，这也标志着移动客户端产品从语音到视频的发展新趋势。

YY 语音和唱吧的成功同时基于社交媒体提供的社群网络，特别是当这些应用与拥有亚洲地区最大用户群体的微信移动客户端相结合的时候，就具有了更大的推广影响力。微信目前拥有超过 6 亿的注册用户，它是集即时通信、互联网和社交媒体于一体的新型媒介工具，它同时也支持多平台的资源共享，这使得微信越来越多地成为各种信息交流共享的平台，特别是应用于各种新媒体营销。

（三）澳门电视节目面临的困境

澳门整个电视广播业的现状其实是不容乐观的。澳门目前有一家免费无线电视台——公营广播机构澳广视，四家商业卫星电视台（澳门卫视、中华卫视、澳亚卫视、莲花卫视），及商业性的澳门有线电视和 IPTV 数字电视。[③] 因为澳门独特的历史遗留因素以及地理环境，澳门整个电视行业的发展系统相对来说不是很成熟，收视市场也不够大。再加上澳门地区一直能收看香港无线电视节目，居民也可以通过有线电视或者其他方式收看到内地的卫星频道，这使得澳门本土制作的节目在竞争激烈的内地及港台节目的“夹击”中更难以得到收视关注。在整个澳门电视行业低迷的情况下，利用新媒体提供的新兴技术条件，来开辟一个

---

① YY 语音百度百科，http：//baike. baidu. com/view/2209808. htm。

② 唱吧百度百科，http：//baike. baidu. com/view/2881155. htm。

③ 澳门电视服务研究小组：《澳门电视服务研究中期报告》，2014。

独特的娱乐节目，成为私营的莲花卫视的一个大胆的选择。《澳门开唱》节目组利用澳门电视节目相对开放自由的环境，利用新媒体跨地域特征，制作了一个在澳门本土录制，但面对以东南亚和内地为主的非澳门地区观众的节目。所以，进行节目创新，吸引更多收视观众，成为《澳门开唱》生存的关键所在。

三 节目特色

（一）手机自拍模式

《澳门开唱》是第一个将手机自拍唱歌视频整合于电视娱乐节目中的范例。尽管已经有 YY 语音和唱吧的成功经验，但是真正把手机自拍唱歌视频应用于电视节目，《澳门开唱》可以说是头一例。手机自拍唱歌视频，通过微信上传，然后在电视节目中播出，通过主持人的介绍和嘉宾点评，个性化的自拍视频获得了能在电视上展示的机会，从而吸引了更大范围的受众。

手机自拍是目前新媒体时代一个十分引人注意的现象，它涉及自恋、自我认同、自我展示、自我宣泄等多种心理状态。自拍视频在电视节目中被播出或是放在网页上供大家投票，为歌手提供了得到很多人关注的机会，观众会和自己的朋友圈讨论，而歌手也能通过这个平台得到更多认识相同兴趣爱好者的机会，满足了其社交需求。节目直播中主持人和嘉宾不会批评歌手的演出，他们会从鼓励的角度来评价视频中选手的表现。而且因为赛制规定得票最少的选手可以得到更好的奖励，所以即便自己得票最低，也不会有被人否认的难过，满足了其受尊重的需求。如果自己的自拍视频在节目中被播出，会得到参与的奖励，如果被嘉宾选为好声音中的前三，那么还能继续参加后续的比赛。通过节目，参与者被更多人认识，其歌唱也被专业评委肯定，这就满足了其自我实现的需求。林秋耕提到过一个观点就是，人们收看真人秀节目的目的在于娱乐与放松，而并不要求节目中能有高尚的人物会给他们带来感动，或是成为行为上的模范给他们指导。[①] 所以，手机自拍视频的模式，一方面满足了参与者的自我需求，另一方面，也满足了观众对节目的审美需求。

---

① 林秋耕：《假相亲，真人秀——解析江苏卫视娱乐节目〈非诚勿扰〉》，《学理论》2010 年第 5 期。

（二）微信运营方式

微信是一款基于手机通信录直接与联系人建立连接的一款实时通信软件，它具有腾讯强大的平台优势，而且充分挖掘了实时通信软件的社交潜力，能够搜索附近用户添加好友，传送文字、图片、语音和视频，同步分享状态到朋友圈等等，基于微信强大的功能性，其具有占尽先机的营销推广能力。

《澳门开唱》采用了微信运营模式来进行节目推广，主要是观众加其官方微信账户为好友，在聊天页面发送自拍唱歌视频，节目组通过基本筛选，会在直播中播放这些自拍唱歌视频，然后在节目播放的第二天，通过官方账户，给所有好友进行精选推送。内容包括前一天的节目视频、人气自拍唱歌视频的推荐或者是其他专业歌手的视频推荐、最近节目进行中的活动宣传以及节目参与方式的宣传。这样的内容选择方便了那些无法收看直播的观众进行节目回顾，而且可以让观众时刻掌握节目的最新动态。

微信运营具有极大的成本优势，因为微信这个软件本身是完全免费的，实时产生的上网流量费用由网络运营商来收取。以联通运营商的流量收费 0.3 元/M为例，每兆流量可以发送成百上千条文字短信或者是数十张照片，可是同样的价格以手机短信的形式只能发送 3 条，性价比显而易见，更不用说在 wifi 连接的情况下不需要收取任何上网费用了。而且，微信营销可以实现多平台、多元化的整合传播。除了语音聊天、文字聊天、图片聊天、视频聊天等多种花样体验，微信还支持第三方程序共享。这就意味着，只需要通过微信这个平台，你就可以和好友分享你推荐的来自视频网站的影片、来自唱歌软件的音乐或是其他微信运营号里你认为精彩的内容等等，这一切都可以在一个小小的手机应用程序里发生。

（三）独特节目规则

一般的选秀类节目，如《超级女声》，报名条件没有任何区域、外貌的限制，感兴趣的参赛者都可以在相应赛区免费报名参加。赛制主要分为海选、复赛、晋级赛、全国总决赛。最后全国前三名排名结果是依据观众的短信投票支持率而得出的。不同于《超级女声》的低门槛全民娱乐的宗旨，《中国好声音》更多的是强调一种故事化叙事①，其报名标准并非无门槛，而是要经过事先筛选然后录制 VCR 再进入盲选环节。其赛制分为盲选（即导师背对选手，只凭声音做决定）、复活赛、导师考核、终极对决和总决赛。其年度好声音得主是依据现场投票支持率来决定的。虽然这两个节目在发展上代表了真人秀从“娱乐秀”向兼具审美趣味的“精品秀”的转变②，但是我们可以发现，国内选秀节目趋势主要还是偏向一个依据专业评委喜好或是人气高低来淘汰的赛制。

《澳门开唱》也是按照投票人气来选择得胜者，但是饶有趣味的是，选的是得票最少的那位选手。根据赛制，歌手中得票率最低的将获得高额奖，这个奖被称为“曲高和寡奖”，而剩余奖金中的大部分，也将奖励给投中得票率最低歌手的观众。所以，《澳门开唱》在宗旨上更多的是偏向《超级女声》，强调一种草根性的全民参与，它的侧重其实是更多地参与，包括观众也不会要求参加者有很厉害的唱功。所以这种选得票率最低的规则，不会像其他的选秀一样给参加者带来心理压力，能让他们更轻松地释放自己。同时，这对观众来说也是一种刺激的悬念设置。因为观众在投票时需要对大众心理做出判断，把票投给自己判断得票率将会是最低的那位歌手才能得到更多的奖励。

（四）养家网的合作平台

《澳门开唱》还有一点不同在于，它的投票并不是在其莲花卫视《澳门开唱》的主页上进行，而是要通过注册养家网来进行。这其实是一种比较冒险的尝试，因为一般节目选择和大的品牌冠名合作，而养家网的知名度较低，在互联网上搜索都无法得到一个准确的百科名词。根据养家网官方网站上的介绍，用户可以在养家网发布服务信息，出售所提供的商品或者服务，然后获得报酬，这个报酬就是金蛋，也就是参与《澳门开唱》的奖励之一，所以金蛋是养家网内流通的电子化货币。养家网所展示的这个平台所能兑换的商品或服务称得上品目繁多。比如可以用 1300 个金蛋兑换一份新疆大枣，可以用

① 马俊骅：《我国表演类真人秀节目叙事特点》，《新闻世界》2014 年第 8 期，第 409 ~ 410 页。

② 田荣娟：《浅析音乐选秀类真人秀节目的本土化尝试与创新——以〈中国好声音〉为例》，《新闻研究导刊》2014 年第 8 期，第 17 ~ 19 页。

260000 个金蛋兑换一个 iPhone6，可以用 1100 个金蛋兑换一本童话书，可以用 7100 个金蛋兑换一个立灯。① 目前养家网上有约 1600 项兑换商品，主要是集中在中国内地，有少量分布在澳门和香港地区，这也很明显地能看出《澳门开唱》这个节目所针对的受众主体是中国内地观众。

《澳门开唱》与养家网平台的合作也反映了电视真人秀在媒介发展的大环境中，在网络营销与广告营销等方面所进行的创新。电视真人秀是在消费文化的背景下，借助电视这一传播媒介而兴起的，人们观看电视本身就是一种休闲娱乐的方式，审美，不管是窥探隐私，还是替代性满足，亦或是审丑，其本质都是一种娱乐消费。真人秀首先是商品，然后才是艺术，资本化的逻辑是运营节目的根本所在。②

四　不足与发展方向

（一）节目内容形式单一

《澳门开唱》最初的形式就是观众添加微信官方账号发送自拍唱歌视频加上官方 QQ 群内参与直播实时互动，参加选手可以选择唱任意想唱的歌曲。在节目初期，观众都存在新鲜感，所以能够维持对节目参与的热情，但是长久维持一样的内容而没有变化肯定是不够的。毕竟连《快乐大本营》这样每期要玩上好几个花样的综艺节目都要在一定周期内轮换节目游戏，不然肯定会引起观众的审美疲劳。

不过最近《澳门开唱》节目进行了一些小的调整，部分解决了这个问题。首先是在每周五直播中加入了一个竞唱大赛的环节，即每周指定一首曲目，不管用何种唱法，只要上传演唱指定曲目的自拍视频，就有机会在节目中被播出，并且还能和节目的键盘手主持人进行 PK 对决。除此之外，在每天下午三点，人们只要加入《澳门开唱》的官方 QQ 群，就能参加视频 K 歌，键盘手主持人会实时在线跟观众互动。而且参与的观众还有机会被截屏录制，推送为

① 养家网，http：//www. makeliving. com/application/macauopenmic！sing. action。

② 马伟红：《真实与消费：电视真人秀的文化解析》，首都师范大学硕士学位论文，2013。

当日的主角。这样的话就增强了节目与参与者的联系，不再只是参与者“自说自话”式的表现，互动性有所提高。

（二）多媒体平台整合宣传力度弱

《澳门开唱》的表现形式主要是电视播放，对于其他媒体的运用就只是QQ、微信和养家网平台，这也是造成节目收视率没有提高的主要原因之一。首先，《澳门开唱》这个节目在百度百科和维基百科上都没有专门词条，更不用说它的合作平台养家网了。这就体现了它的不专业性，不利于吸引新观众来进行了解。

其次，《澳门开唱》在主要的视频网站都建立了自己的账户，但是通过浏览可以发现，优酷上只上传了2014年2～5月的31个节目视频，总播放次数3597次。[①] 土豆上只有2014年3月的15个节目视频，而且还都只是节选，总播放次数424次。[②] 而澳门境内可正常收看的Youtube上，也只有2014年3月份的11期节目节选视频，总播放次数比土豆网更少。[③] 电视节目与视频网站的合作是必不可少的，可是《澳门开唱》明显忽略了这一点，只是在自己的官方网站以及养家网平台进行节目回放播出，这也极大限制了潜在收视群体的发展。

因为《澳门开唱》主要面向中国内地观众，所以即便不谈Facebook，现有的微信平台运营其实也有很大的可提升空间。目前《澳门开唱》的官方微信账户每天推送的内容主要还是节目回放与参加方式科普，而且对于节目内容没有提供关键词搜索，这对关注者来说是十分乏味的。

以《潇湘晨报》的官方微信运营号为例，每天上午这个微信号会推送当天新闻精选，可以令手机用户也能方便浏览新闻。它还推送其他微信订阅号推荐关注，这其实也是一种和其他微信平台的战略合作关系。每天晚上这个微信号会推送和白天风格大相径庭的新闻内容“节操碎了”，主要是以吐槽的方式来点评一些国内外的新闻事件，以其幽默轻松的风格来吸引用户。而且这个官

① 《澳门开唱》优酷主页，http：//i. youku. com/u/UMTQwNzU2NjEzMg = =/videos。

② 《澳门开唱》土豆主页，http：//www. tudou. com/home/_ 358842675/item。

③ 《澳门开唱》Youtube 主页，https：//www. youtube. com/channel/UCDOu047dnrtHq0ND41VAfBA/Videos。

方微信号有衍生平台，网友在聊天页面可以选择《潇湘晨报》运营的“有味社区”进行有拍、小组活动；可以在“晨互动”页面报名参加《潇湘晨报》举办的诸如旅游、车展类的活动；还可以直接点击进入“晨话题”加入当天《潇湘晨报》发起的话题讨论。所以，微信平台尚有很大的广告营销潜力可以挖掘。

再有就是，《澳门开唱》没有重视在中国拥有极高使用率的微博社交平台的运营。以湖南卫视节目《快乐大本营》为例，其官方新浪微博拥有700多万粉丝，五位节目主持人中最多的拥有5000多万的粉丝，最少的也有1500多万粉丝。随便一条关于节目的微博发出就能上微博话题热门榜，得到成千上万条评论和转发。而输入《澳门开唱》，搜索结果首页却没有一条和这个节目相关的，由此可见《澳门开唱》在微博营销上的空白。电视节目的广告营销重点在于制造话题、吸引关注、加强互动，这一点通过新媒体手段来实现其实是非常有利的。

五　对电视娱乐节目的启示

电视真人秀节目日趋成熟，但也更像是一种以利润为最终目的的流水线商品，非原创且同质化现象十分严重。从《超级女声》开始，就是对英国《流行偶像》节目进行的借鉴模仿，一经成功，《梦想中国》《我型我秀》《绝对唱响》等选秀节目开始如雨后春笋般出现。这种现象在我国的电视娱乐节目发展史上屡见不鲜。《非诚勿扰》《我们约会吧》《百里挑一》《称心如意》等交友类节目是以国外 *Take Me Out* 节目为原型。《中国好声音》买了《荷兰好声音》的版权，《我是歌手》买了韩国《我是歌手》的版权，《爸爸去哪儿》买了韩国《爸爸去哪儿》的版权，《爸爸回来了》买了韩国《超人回来了》的版权。甚至中央电视台和东方卫视还为韩国《无限挑战》节目的中国引进版上演了版权之争，诸如此类的现象，简直数不胜数。这也使观众形成一种固定思维，但凡国外节目，特别是韩国综艺节目一火热，马上相应的中国版本就会随之而来。说到这些娱乐节目我们不可否认其收视率之高，人气之热，可关键的是，这并不是我们自己真正的原创节目。

先欧美，到日韩，再港台，最后被内地借鉴，这是我国娱乐节目的一个发展“潜规则”。我国娱乐节目被批“抄袭”由来已久，创新难也早已不是一个新问题，但是十多年过去了，这个现象并没有得到扭转。大多数收视火热的娱乐节目仍旧是在借鉴境外节目的“舶来品”，只是现在美其名曰探索境外成功节目在我国的本土化尝试，购买版权而能正大光明地进行借鉴。这些节目再成功也只是别人节目的中国影子，就像我们在惊叹中国商场里国外奢侈品销量，感叹国人消费能力的时候，从不会意识到这笔消费的资金流向是国外。这些娱乐节目收视大热所获得的口碑也只是更加证明了国外原版节目的创新和成功。所以，相比如何使别人成功的节目能本土化成功，做一个成功的代理商，不如从根源去创新节目，做自己品牌的老板。

在现在这个网络发达、自媒体盛行的时代，《澳门开唱》紧扣住手机、社交网络这些新媒体，以受众为中心，对节目形式、节目规则以及节目运营进行创新，不失为一个新媒体与电视娱乐节目创新的好例子。只需要上传自拍视频，自拍镜头不受表现限制，掌控权在参与者本人手中，节目主持人和嘉宾只充当一个旁观者的角色，不会像其他节目一样对表演现场进行全方位彩排与要求，这正能反映真人秀节目的“真”。面向所有观众，不刻意强调草根大众，也不会排斥明星红人，所有想参加的观众可以很简单地参与进来，不会让参与者被身份化，这代表了“人”。满足了观众对表演者的审美欣赏，提供了悬念刺激的同时，也满足了参与者的自我实现，省去了层层关卡步骤就能简单释放自我，这才是真正全民参与的“秀”。虽然《澳门开唱》的收视率并不高，自身发展过程中也暴露了一些不足，但必须承认的是，这种新媒体化的节目运作想法给我国娱乐节目的发展方向还是提供了一些思路。

参考文献

高寺东：《微信的传播价值探析——基于社交、营销的视角》，《青年记者》2013 年第 9 期。

马俊骅：《我国表演类真人秀节目叙事特点》，《新闻世界》2014 年第 8 期。

田荣娟：《浅析音乐选秀类真人秀节目的本土化尝试与创新——以〈中国好声音〉为例》，《新闻研究导刊》2014 年第 8 期。

赵小东、熊安慧、张庆功：《手机媒体的传播现状及特点》，《新闻爱好者》2011 年第 11 期。

王蕾：《网络自拍的美学探究》，《大众文艺》2009 年第 3 期。

孙隽：《超级女声 VS 超级策划》，安徽人民出版社，2006。

谢耘耕、陈虹：《真人秀节目：理论、形态与创新》，复旦大学出版社，2007。

刘瑞生：" A Survey of China's New Media Development in 1st Season 2014." China Media Report Overseas, 2014, 10（2）, pp. 100 - 107。

B.17

智能设计拓展文化“心”商机

陈　军*

摘　要：在互联网时代，以往工业化时代“人的分化”过程开始发生逆转——数位3D打印技术可使设计师从烦琐的技能性工作中解放出来，在向设计者“个体赋能”的过程中再次确立人的中心作用并指向“创新设计”，在“互联网+”的大概念背景下，包括文化产品在内的社会生产开始向以“消费者”为中心的“定制时代”快速进化。智能设计突破以往感性设计的范畴，根据大数据分析“人”的内在需求来进行的“精准设计”，使人“心所想即可得”已经成为不争的事实，谁抓住了人“心”，谁就抓住了未来的无限商机。

关键词：定制时代　3D打印技术　数据经济　精准设计

一　“定制时代”的利基市场与大众市场

美国著名学者杰里米·里夫金（Jeremy Rifkin）在他的《第三次工业革命》中宣称：以互联网、绿色电力和3D打印技术为引导的“第三次工业革命”将产生全球性的影响，特别是人机交互技术将极大改变人类生产、生活与消费方式。美国《连线》前总编克里斯·安德森（Chris Anderson）在其《长尾理论》与《创客：新工业革命》中也强调：以“数位3D打印技术”

* 陈军，博士，副教授，安徽工程大学艺术学院数字媒体专业主任，中国高校艺术与科技创意联盟理事、美国桥港大学访问学者。

为代表的数字科技，将率先吹响“第三次工业革命”的号角。正在发生的变革不只是将“人与人”，还将“人与机器”，甚至“人与未来”进行了全新的链接与重组，包括文化产品在内的社会生产的各个领域在数位科技的冲击下都在发生剧烈的变化。笔者在纽约艺术与设计博物馆“失控——后数位化的成形”数字设计展作品中，听到了智能时代社会新的工业革命匆匆而至的脚步。

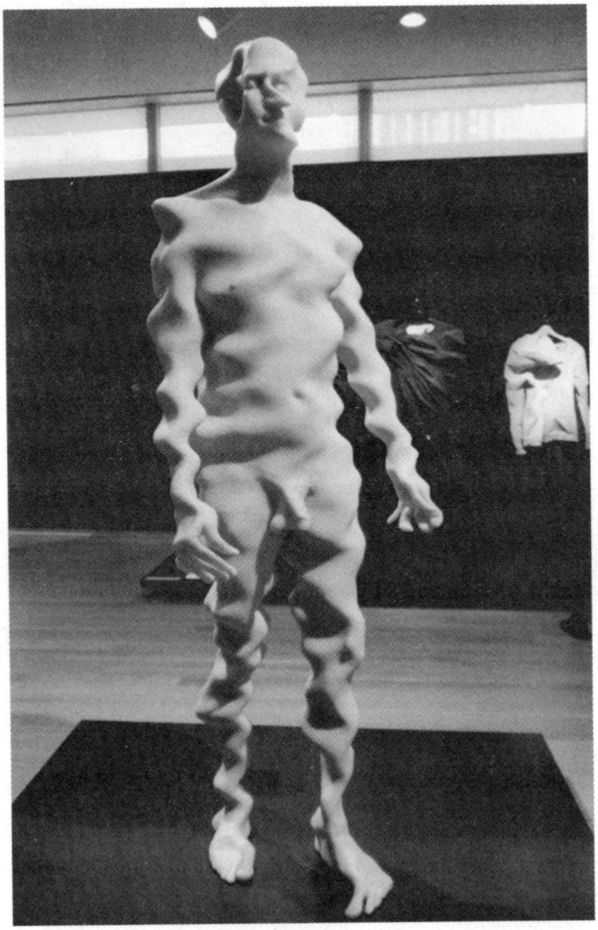

图1 Richard Dupont，In Direction，2008

资料来源：New York “Out of Hand：Materializing the Postdigital” Exhibition at MAD. 2014；Photo by Chenjun。

工业时代设计与制造需要的两个前提：一个是“创意”；另一个是“技能”——在人机交互等智能数字技术诞生之后，“技能”门槛已经越来越低：即便不具备美术、设计与机械等专业背景，艺术家、设计师甚至普通人的创意在电脑里做出来后，通过数字 3D 打印机即可生成原型，人机交互过程正是经过数次反馈、修正直至完成，甚至可以互联网为平台最终推向市场。数字化制造进程的一个附加结果——工业生产时代人的“分化”过程，在数字 3D 打印技术背景下，将会产生一个“逆向进化”的过程，也是向“个体赋能”的过程，它克服了人力创作费时、耗力与成本高的弊端，显现出了巨大的技术优势：人只需通过专业软件绘制出三维图形，即可快速制作出原型并生产出成品，并且，由于摆脱了烦琐的制作过程，以及追求大批量、流水线作业以求降低成本的限制，人的“个性化的需求”与“人的创新力”被空前地释放出来。

图 2　Greg Lynn Flatware Collection，2006

资料来源：New York “Out of Hand：Materializing the Postdigital” Exhibition at MAD. 2014；Photo by Chenjun。

相比近乎垄断式的、以专家系统为核心的传统产品设计模式，人机交互时代自诞生伊始，就打着鲜明的“开放、参与与互动”的烙印，只要你愿意，每个人都有可能成为一个产品设计师，这意味着无论是对数字技术研发人员、专业设计师还是普通人而言，人人都是创客，以数位科技为代表的数字智能设计时代正在悄然而至。并且，工业时代“资本驱动”的以“生产资料”为核心的“大众化”“规模化”“标准化”产品制造业，正向以“创新驱动”为特征的数位智能制造为核心的“小众化”“定制化”“个性化”快速转变……由于互联网将世界不同地域链接成一个信息池，因此，大数据时代庞大的消费人口基数，把个性定制涉及的小众“利基市场”再次转变成“大众市场”。由于数位时代产品生产更加高效与精确，在设计、生产与价格上显现的优势也将是革命性的。不过，克里斯·安德森在2012年来清华大学的演讲中也强调，这二种制造方式在当下并非彼此冲突，在今后很长时间里是并行与兼容的，数位化智能制造为人们提供了一种新的选择。

二　“大数据”实现“心想事成”的精准设计

有人拿传统工业的“减材制造”对比基于数字3D打印技术的“增材”制造，肯定数位化智能制造在大幅降低生产材料成本上的先进性；也有人在数字技术与文化创意设计融合的新思路上肯定数字化制造优越性；还有人在产品数据跨域传输与云端制造方面肯定数字化制造的便利性……如此种种，仍然没有触及另一个核心所在——数位化智能制造革命性的一面在于：利用消费者无所不在的数据分析，数字技术再将作为生物体的人与机器接驳起来，通过数据联通、分析与转换，最终会制造出甚至“比你自己还了解你自己”的产品——类似电影《隐婚男女》中那位日本客户记忆与灵魂深处的香水设计过程，不是偶然所得，而是一种生产常态，这意味着数据化的“个性定制”将成为后工业化时代的一个重要特性——“心”所想即可“得”的智能设计是以消费者为中心感性设计的具体表现。不仅如此，随着大批量低成本传感设备的普及、数字模式识别、视觉计算、自动化控制、机器自我学习、迭代进化，以及大规模数据采掘等技术的日趋成熟，与前二次产业革命发展的“人类肢体的延伸”不同，数字化的产业革命将在设计、生产与销售（消费）等领域，全方位推进“人类智力的延伸”，也就是说，任何能够用数字化表述的统计规律、特征描述或编码索引的日常提取、分析甚至决策都将被信息化与自动化。

图3　Marc Newson Doudou necklace by Boucheron, 2009

资料来源：New York “Out of Hand：Materializing the Postdigital” Exhibition at MAD. 2014；Photo by Chenjun。

显而易见，未来包括文化产品在内的设计师究竟能走多远将取决于三个因素：一是他对智能数字化设计流程的熟悉与把握程度；二是他在专业领域的素养与创意能力；三是对消费者个性需求大数据的掌握程度，因此，数位智能设计的关键在于跨类知识的协同、集成与应用。

三　智能设计实现“数据形态”转换的新突破

当然，智能化设计首先是编程设计，计算机把形状的设计过程描述成一系列有特定顺序的操作步骤，比如，我们可以轻易地在一个装饰挂件上绘制上万个复杂无比的精美图案，这项工作对于手工设计来说是一个艰苦漫长的过程，而计算机却可采用分形生长智能系统自动生成，或按照一套设定好的生长规则来建构；或加上随机扰动随着时间线的推进；或迭代进化生成所需个性化图案。又如，在建筑设计方面，数字智能设计可让建筑造型根据物理学、环境与美学的参数变量自动进行实时调整，基于算法的智能设计软件能够最大限度地优化建筑的空间形状，从而使建筑结构更加稳定、功能更加智能与人性化，并实现让既定使用与审定人（群）最大限度认可的文化与美学价值。

采用数位智能设计的另一个途径是增强人、环境元素、生态现象与计算机之间的“交互性”，有时自然界存在的各种微观图形，有的有序重复，有的杂乱无章，有的按照分形几何自相似性地螺旋重复，尽管大多数情况下非人裸眼可见，可一旦与数字智能化设备以及各种辅助装置进行接驳，就能够将诸如图形、声音、光、运动以及电驱活动进行数据转录，如果需要再将它们进行形态转换，比如转换成三维物体——这样就可以将声波、脑波以及反射光等数据，转换成以建筑、首饰、家具、雕塑等可触可见的三维形式呈现。

图4　Studio Wim Delvoye，Twisted Dump Truck (Counterclockwise，Scale model)，2011

资料来源：New York “Out of Hand：Materializing the Postdigital” Exhibition at MAD. 2014；Photo by Chenjun。

用一段声频数据生成一个三维物品；或者用平面装饰图案可以转换成一块特定形状的金属；再或者用一段音乐转换成一串项链或某些轻质大体量的有序结构……先进的数位针织技术，通过编织和缠绕控制纤维的铺放，进而实现各类数据从鞋类、服饰到建筑等各类产品形态的生成与转换。

在很多情况下，数位化设计所涉及的生物与生态的现象（数据）常常成为产品设计师灵感与创新的出发点，因为有时连设计方式本身都在使用智能技术，其属性是由制成品的最终设计目标设定的，并且为从微观有机体到宏大景观的结构模拟提供方法，比如，像骨骼的进化、人物的姿态、植物的生长以及水流等客观发生的事情，都可以被捕获、模拟，并以三维形式再现出来，计算机数位程序通过不同的算法实现了上述种种可能性。这些数字程序一步一步地指令是遵从人想要完成的最终目标来设定的，也就是说，设计师有时生成的模型正是模仿自然进化的生物体微妙的生长进程来完成设计的。

在很多情况下，智能设备可以根据对你的信息收集与分析，设计成不同特质的产品来呼应、满足你需求的变化，设计师不需要了解计算机设计的内部原理，而只需从计算机推荐的参考形状中做出挑选，计算机再根据对消费者使用的反馈数值进行分析再对设计进行优化调整，如此反复——这种基于人的数据的定量化的“感性设计”会大概率地生成设计者与用户都满意的产品，利用互联网渠道实现的所谓“精准营销”利用的也是大致相同的原理。

四　艺术风格的数字“延续”抑或“重构”？

我们知道，数位智能设计得益于先进理论对传统欧几里得数学的超越，并且在三维数字智能设计中扮演着基础性的角色——无论是描绘繁复的自然界图形，还是表述生物体意识涉及的某种抽象的文化概念，仍可以通过不同算法、以各种不同的角度、体面或曲线置于数字空间图表中显现出来，再通过数字3D打印机把数据转换成小件成品，或利用CNC数控机床生成大件成品，像“分形”“空间桁架”“六角形平铺”诸如此类的术语，它们一旦成为数学家、设计师或工程师通行的用语就会被用来作为题示或描述他们的工作，从而通过设计学勾勒出科技与文化之间“跨界”的关联性。因而，数位智能设计使“学科跨界与协同创新”成为一种可操作的新常态。

因此，在过去的几十年间，很多艺术家与设计师一直尝试在创作活动中采用了数位设计方法，但其创作内容仍沿用不少传统样式与装饰风格，而先进的数字3D激光扫描技术使物体能够转换成数字化三维模型，再进行传统艺术风格的“延续”或“重构”，在艺术与设计样式上与新古典主义、哥特式的复

图 5 Kent Pell, Bust of Lady Belhaven (after Samuel Joseph), 2011. Courtesy of Phillips de Pury and Company - Form.

New York "Out of Hand: Materializing the Postdigital" exhibition at MAD. 2014. Photo by ChenJun.

兴、罗可可式复兴、机器美学、有机现代主义等保持着千丝万缕的联系，既可把过去熟知的经典作品进行重塑，又可再将当代性元素融入其中，从而创作出具有时代性的艺术品。实际上，我们当代艺术创作（音乐、绘画、雕塑与公共装置艺术等）很多在实现手段上已经突破传统的“手工性”，大量利用数位技术来进行创作。

五 数据经济背景下的学科跨界与创新设计

随着“互联网+”（包括即时通信、电子商务、O2O、P2P等）应用越来越广泛与深入，数据经济也越来越向纵深领域拓展。基于人工神经网络和遗传与进化算法的数位技术，在互联网平台的支撑下，近年来取得快速发展，数位智能设计不断介入的常规设计取得突破性进展，可以确定的是，在未来若干年智能设计日益成为社会资本追逐的一个焦点。

由于互联网和数位新技术对传统行业颠覆性改造的延伸与拓展，在设计学领域的突出表现在于，单一知识背景的“闭环”模式逐步瓦解，各学科从不同专业角度朝着“设计总目标”按序推进，设计过程遵循“一致性原则与评价策略”，这种跨学科背景下的“协同求解”成为一种设计常态。这种“跨界”设计一般可分解为若干节点，每个节点对应一个专家系统，多个专家系统协同合作、信息共享，共同推进，以致最终完成一个满意的解。目前这种多学科“跨界”求解的关键在于，需要开发出由“知识源”“全局数据库”和“控制结构”三部分组成、具有实用价值的人机环境系统，并且一旦设计结果不能满足要求，系统能够自动返回到相应的节点，根据反馈数值进行再设计，以修正局部或完成全局的再设计任务。

同时，整个系统可以采用归纳推理和类比推理等方法，不断获得新的知识、扩充知识库，获得经验，通过学习与再学习，不断进行人机系统的自我完善，在这个智能系统的各个设计节点，设计师可以输入相应的参数来控制、影响与完成整个设计过程，由此可见，数位智能设计活动是由人机共同承担的。由于数字3D打印机可以胜任复杂的三维结构，我们可以快捷地低成本地进行设计、制造、反馈、修正与再制造，因此，从3D打印机技术的角度来看，具有集成化和开放性的特性的高级CAD系统，不仅可以胜任常规设计，还可支持创新设计，甚至在大规模集成环境下基于数据的统计与分析可以实现设计决策的自动化。并且，设计师在人机系统中作为知识、美学或创意灵感的源点，在从繁琐的技能性工作中解放出来之后，可以专注于设计创新。借助强大的人机交互系统，设计师能对智能设计整个过程进行干预，“人”的重要性不但不会削弱反而会加强，因为智能化设计系统要解决的核心问题正是指向“创新设计”。

图 6　Michael Schmidt and Francis Bitonti Articulated 3D – Printed Gown, 2013

资料来源：New York "Out of Hand：Materializing the Postdigital" Exhibition at MAD. 2014；Photo by Chenjun。

然而，以往设计型专家系统与人机智能化设计系统在内核上存在差异，设计型专家系统一般只解决某一特定问题，是一个相对孤立的“闭环”流程，很难与其他知识进行系统集成，而人机智能化设计系统面向整个设计过程，是一种开放的多学科（造型、功能、材料、工艺等）集成的整体，因此，兼备多学科知识的复合应用型人才是该领域资源争夺的一个焦点。目前，以3D打印技术为基础的数位智能设计广泛应用在服装与服饰、交通设备、医疗与器械、建筑、虚拟影视场景、精密机械、室内用品、艺术品以及其他文化产品领域。

不久的将来，人机交互系统由于具有学习和控制能力，会根据人的不同情绪、情感与认知上的变化，可以量身定制地推出从日常物品到文化产品几乎你能想到的各种东西。我们甚至可以通过把智能设计从地球拓展到火星，数位3D打印机作为新一代智能机器人，可以设计、制造、升级、修理、回收包括自身在内的各类设备，实现“机器制造机器”完成人类移民火星的梦想……或者只要你能想到任何领域、一个个以往不可想象的新的应用案例仍不断涌现，是名副其实的“创新设计”，或许真有一天，人类可以利用3D打印机“打印”出不只是骨骼或器官而是完整的人类自己。

图7　Behrokh Khoshnevis，Contour Crafting，2012

资料来源：Behrokh Khoshnevis，Anders Carlson，Neil Leach，and Madhu Thangavelu。

六 智能设计拓展文化“心”商机

智能设计的最大核心问题是“人”，无论是作为“群体分析”还是作为“个体分析”人都是极其复杂的。在人的消费行为中，设计师还要充当人类学家的角色，不仅要研究人的多样性，而且要研究人的差异性。特别是涉及文化产品的消费，如何进行“人”的分类与分层是智能设计的一个重要环节，它根据人行为产生的时间维度定义了不同类型的人类行为，并以此描绘出了问题涉及的空间，模型有四个频带，分别是生物频带、认知频带、理性频带和社会频带。还有学者从符号学的角度进行分类，比如名词性分类：性别分类、年龄分类、教育程度分类、母语分类、国别分类、民族分类、地域分类、左撇子与右撇子分类、方言分类、南方人与北方人的分类、东部人与西部人的分类；还有更为细化的形容词分类，比如：高个子和矮个子的人分类、长相一般与较丑（美）的人的分类、强壮的和柔弱的人的分类、喜欢运动与不好动的人的分类、富有尝鲜刺激与因循守旧的人的分类、喜欢网购与喜欢实体店的人的分类、喜欢电影与喜欢电视的人的分类、喜欢读书与喜欢上网的人的分类等等——这样的分类仍可以持续分下去，只是针对不同的设计目标，智能设计会选择性地建构一个完整的分类分析模型。智能设计一直致力于建构一个持续性的、可靠的分析系统，但不可否认有时其缺乏稳定性，还有待进一步调整完善，也就是说，我们目前还不可能百分之百地精确掌握人们真正“心想”程度，但我们可以通过大数据分析、人机交互等手段，已经可以设计出近似的文化产品。

显然，设计师越了解人就越能设计出更好的智能产品，从而不是被动把握，而是不断地主动创造出新的商机。设计师在操作上需根据设计目标锁定研究范围，定义某一类人群的文化消费习惯，让其在特定环境中使用某一特定系统完成“试错”任务，我们通过对互动与反馈数据的分析就能观察到人机间的互动真实情况，从而比较精确评测出人的行为习惯，通过对错误的记录、分类与计算，将错误产生的位置及缘由进行细化列表说明——利用这样的方法收集信息，会让我们得出一个相对精确的近似答案。如果我们再进行足够多类别的交叉锁定研究，那我们可能会得出一个更加广义的答案。

实际上，国内的某些敏感的电影制片方在拍摄某个题材之前，已经在作观众趣味的数据分析，而基于数位技术手段较为精确的数据分析是与以往感性决策的最大不同，其中针对观众目标的趣味区的界定、分层与分类的数据分析模型是制片决策的最关键一环。目前，这种有关“人群”的描述性模型是有效的，但还只是一种辅助性的分析工具，离进化成为精确的预测性系统仍有很长的路要走。

在“互联网+”概念背景下，“智能设计”用技术来弥补大机器工业化时代人与人的冷漠与疏离感，已经成为一种前所未有的选择。很显然，技术越进步，我们就越希望创造高情感价值的人文环境，因此，尽管新技术可以提供一个便捷的平台与无所不至的可能性，但随着消费者对文化产品的差异化要求越来越强烈，注重产品本身文化附加值的开发与拓展越来越成为体验经济最有吸引力的部分。怎样让文化在内容上为人们提供情感的、心理的与心灵的等多方面的感受，努力将文化价值和产品功能融为一体，这才是设计者在新技术背景下努力拓展商机的一个主要方向。在此背景下，人对产品的文化功能需求会越来越多元化、分层化与精细化，也就是说，谁真正抓住了消费者内“心”的真实需求，谁就赢得了市场。无论是马云在德国汉诺威现场演示的刷脸支付，还是深圳智造的 Cuptime 智能水杯，尽管还属比较初级的智能产品，但这种类型的创新的确勾勒出了一个商机无限的未来图景。

七 结语

从笔者亲历的纽约 MAD“Out of Hand：Materializing the Postdigital”数字设计展展出了包括扎哈·哈迪德、斯蒂芬·琼斯、卡普尔、艾伦·麦科勒姆、阿拉德等来自逾 80 多个国家的艺术家、建筑师和设计师利用计算机数位手段创作的作品，从众多当今最前沿数位作品中，我们可以看出全球正快速发展中的数字智能设计的大体轮廓，这些作品代表了世界最前沿的设计学方向上创新性成果。

目前，国内的数字智能设计主要集中在航空航天、文化创意、电子电器、交通工具、建筑、教育与医疗等领域，产业发展速度与规模有快速增长的趋势，我国智能设计整体上尤其是产业化水平与美国相比仍有差距。2015 年将成为中国产业转型关键性的一年，要抓住新科技带来的历史性机遇，摆脱传统制造业产业链位置偏低、高能耗、高污染等积弊，紧跟最新数字科技发展的步伐、深化产业结构的转型升级，在“互联网＋”数据经济的大背景下，大力发展包括文化产业在内的“精准设计”与“定制设计”，加快自主设计与创新的步伐。因此，努力实现在数字智能设计领域的“弯道超车”是中国数据经济向纵深发展的一个关键点。

（文章图片由笔者现场拍摄）

参考文献

杰里米·里夫金：《第三次工业革命》，张体伟、孙豫宁译，中信出版社，2012。

克里斯·安德森：《长尾理论》，乔江涛译，中信出版社，2012。

克里斯·安德森：《创客：新工业革命》，萧潇译，中信出版社，2012。

杰里米·里夫金：《零边际成本社会》，张谷若译，中信出版社，2014。

胡迪·利普森、梅尔芭·库曼：《3D 打印：从想象到现实》，赛迪研究院专家组译，中信出版社，2013。

余来文等编《物联网商业模式》，经济管理出版社，2014。

约翰逊、格雷厄姆：《高速数字设计》，沈立、朱来文译，电子工业出版社，2010。

彼得·蒂尔、布莱克·马斯特斯：《从 0 到 1：开启商业与未来的秘密》，高玉芳译，中信出版社，2015。

B.18

"大数据"语境下"全民阅读"的困境与破局

——以2014年全国公共图书馆借阅排行榜为中心

韩 晗*

摘　要： 2014年是"大数据"对中国文化产业产生影响的转折年，作为"全民阅读"的风向标，当年的公共图书馆借阅排行榜反映了"大数据"语境下，现代通信技术所带来的观念变化与新交往方式对"全民阅读"的影响。调查显示，格调不高的网络文学占据阅读榜主流，而人文阅读受到了冷落。我们应趋利避害，积极应对"大数据"这一时代趋势，发现"全民阅读"的困境以及为其寻找破局之术，即将公共图书馆作为平台，鼓励正确舆论导向，引领"全民阅读"的新风尚。

关键词： 全民阅读　大数据　公共图书馆

可以这样说，全国十大城市公共图书馆的借阅排行榜（如无特指，下文简称"排行榜"），在很大程度上反映了一个社会特别是城市人群①的知识修养、阅读状况与文化水平，无论中外，概莫能外。在当下这个大数据的阅读时

* 韩晗，中国科学院自然科学史研究所博士后，深圳大学文化产业研究院研究员、中国作家协会会员，兼任四川大学符号传媒学研究所兼职研究员、武汉大学文艺生产与消费研究中心特约研究员。

① 本文基于专指中国大陆地区城市主流人群阅读状况，不涉及农村地区或县乡镇的阅读状况。因此，后文不再使用"城市人群阅读状况"而是以"阅读状况"简要称之。

代，公共图书馆对于全民阅读状况的重要性更加不言而喻，它不但反映了当下社会的阅读状况与国民意识形态，而且对于作为文化生产的图书出版与数字化传播有着重要的参考作用。

2010年以来，笔者一直从事“全民阅读”与全国公共图书馆的借阅、馆配研究工作，在研究的过程中笔者深深地感觉到了“大数据”语境下“全民阅读”存在着持续发展的困境，如果不积极寻找破局之策，不仅会危害全民阅读的质量，而且对图书出版特别是数字化出版有着极大的误导性。因此，如何通过对海量数据的分析打破“全民阅读”今后发展的瓶颈，这是整个学界、业界都迫切直面关注的问题。①

2014年是中国互联网特别是个人通信技术发展最快的一年，学界称之为“大数据元年”,② 也是中国出版业的转折之年。在2014年里，数字阅读及出版、“双微”（微博、微信）营销等新媒体技术已经臻于成熟，图书馆的数字化设施（如微信扫码借书、地铁社区借还书设施等）也相对齐备，因此图书馆的借阅排行榜实际上反映了“大数据”语境下城市全民阅读的总体特征。

2015年，“全民阅读”被写入《政府工作报告》，这预示了“全民阅读”将会以政府引导、重点扶持的形式在媒介深入融合的“大数据”语境下进一步开展。与此同时，笔者也发现，在2015年2月的全国公共图书馆借阅排行榜上，已经出现了令人耳目一新的“风清气正”新气象。③ 但这并不意味着“全民阅读”已经完美无缺、高枕无忧。相反，学界更应该关注当下“全民阅读”普遍状况中的不足之处，借以反思并为今后的“全民阅读”导向乃至图书出版、文化生产提供建设性的建议。

本文拟从2014年全年的排行榜数据入手，就“大数据”语境下全民阅读的困境及所反映的问题做出梳理，并就此问题的破局提出自己的看法。力图为今后的“全民阅读”的推广，以及图书出版甚至文化生产的决策，提供有效的决策与建议。

---

① 韩晗:《“大数据”悄然改变大众阅读》，载《中国出版传媒商报》2014年5月5日，第6版。

② 韩晗:《“数据化”的社会与“大数据”的未来》，载《中国图书评论》2014年第5期。

③ 韩晗:《十大公共图书馆借阅榜传递什么信号》，载《中国出版传媒商报》2015年3月17日，第1版。

一

本文所研究的全国十家公共图书馆，分别是首都图书馆、国家图书馆、沈阳图书馆、上海图书馆、重庆图书馆、西安图书馆、山西省图书馆、广州图书馆、深圳图书馆与湖北省图书馆。它们均匀分布于华南、华北、西南、西北、东北、华中与东南地区等九座千万人口以上的都市中，其中有三个直辖市以及多个国家级区域中心城市，基本上能够代表当下中国城市主流阅读人群的阅读状况。

因此，本文研究对象的样本总量是1200本上榜图书（包含重复），它们共同构成了十家公共图书馆一年内（十二次）颁布的借阅前十名“月排行榜”，这是一个颇为庞大的数据库，它们涵盖了2014年全年中国全民阅读的总体状况，综合反映了在个人通信终端、Android操作系统与4G互联网所推动的“大数据”语境下大众阅读、图书出版乃至文化生产的发展趋势与总体特征。

在上述1200本图书中，笔者将其分为网络文学（包括悬疑、言情、奇幻、穿越等网络作家的著作）、人文社科、教育技能、生活健康与经典名著（包括当代作家名作）等五大类。这五大类分布见图1。

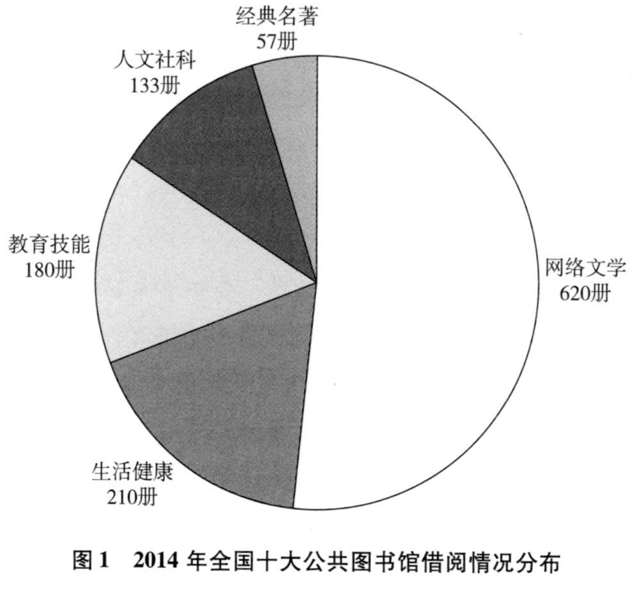

图1　2014年全国十大公共图书馆借阅情况分布

根据图1可以知晓，以玄幻、穿越、宫斗为主的“网络文学”占据了2014年全国十大公共图书馆借阅的绝大多数，其次是以实用为主“生活健康”，占了总量的约1/6。其余的“教育技能”“人文社科”均为1/10强，而“经典名著”仅为总量的5%。

在“网络文学”中，如匪我思存的《爱你是最好的时光》、忆若清风的《与君执手画倾城》、一世风流的《特工皇妃》与孤钵的《满朝风华之保护皇上》等作品多次上榜，而且匪我思存与孤钵两位作者亦为“网络文学”分类中上榜次数最高的作者。根据笔者在2012～2013年所做的调研显示，这些作品在当下中国并非大众阅读而是分众阅读，即并非大多数人读过甚至知晓这些作品的存在，这实际上也反映了构成全国公共图书馆主流借阅人群的主要社会阶层。①

在“生活健康”分类中，笔者也发现，上榜较多的书有三类。一类是旅行、“穷游”攻略，如陈坤的《突然就走到了西藏》与尼玛达娃的《西藏，改变一生的旅行》等等；另一类则是婴孕护理与老年健康，如《让食物与运动成为你的健康良药》等等；再一类则是职场心理、理财投资如李昊轩的《一本书读懂投资理财学》等等，而“教育技能”则主要是职业技能与外语技能的培训类出版物，如李志研的《朗文新托福考试听力特训》《中文版Photoshop CS5白金手册》等等。

上述这三类图书的读者构成实际上反映了目前中国大型城市的外来人口结构的主体——都市白领及中老年人群，而后者一度曾是许多大型城市（特别是沿海城市与直辖市）公共图书馆的主要读者群，他们是“全民阅读”活动的重要组成。②

毫不奇怪，人文社科与经典名著的遇冷，反映了当下阅读状况中人文情怀的缺乏。在人文社科与经典名著中，笔者不得不提到两个特殊的个案。一个是“双高”的国家图书馆，由于其馆配要求高，借阅门槛高，因此其上榜的十本书中，多半是人文社科类著述，它拉动了全国的平均数；二是中国作家莫言在

① 韩晗：《地域差异依然明显，类型小说渐成主流》，载《中国图书商报》2013年4月26日，第10版。

② 韩晗：《警惕“全民阅读”走向“全民低俗”》，载《出版广角》2013年第13期。

2012 年底获得诺贝尔文学奖，这导致在 2014 年全年，全国公共图书馆借阅中，莫言的作品出现了 31 次，占到了“经典名著”的 2/3。

从全国的角度看，整个公共图书馆借阅状况大致如下：网络文学成为重要主体，其次是生活健康、教育技能的功能型阅读，而真正人文类阅读则占据较低的比重。据笔者比较，这与国内大型书城、网络书店的图书销售排行榜基本吻合，更接近当下中国“全民阅读”的基本状况，反映了大数据时代下“全民阅读”的人云亦云、重视功利，缺乏人文情怀、抗拒主流文化、崇尚亚文化的重重困境，因此这更值得深思与研究。①

二

互联网的三十年发展，改变了中国人的世界观，而今日的“大数据”时代，则彻底改变了中国人的交往方式、生活观念与精神需求。通过对 2014 年排行榜的分析我们不难看出，现代科学技术（尤其是通信技术）对阅读状况产生的影响深远且复杂，这将在如下几个部分表现出来。

首先是现代通信技术特别是个人通信终端的高速发展，使得“手机阅读”成为都市“地铁族”与大学生的阅读首选，甚至在阅读偏好、作品选取上，都深受“手机阅读”之影响，纸质传统阅读几乎成为“手机阅读”在内容上的延伸。②

在 2014 年上榜的“网络文学”中，大部分的文学作品曾在“红袖添香”“晋江文学城”与“起点中文网”等网络文学网站上迅速走红。这些网站无一例外地都建立了手机客户端，据不完全统计，平均每个主流文学网站的日访问量在 600 万人次左右。

这是一个相当庞大的读者群，许多文学网站对于网络作家实际上都是采取“线上线下”的包装模式，即每部作品都必须要求长篇大论，甚至多卷本。这些作品只有 5% 是在网上供免费阅读的，然后再开放 50% 付费阅读，剩下的 45% 不

① 韩晗：《“浅阅读”保持稳定，“深阅读”渐有影响》，载《中国出版传媒商报》2014 年 4 月 29 日，第 9 版。

② 韩晗：《论移动通讯语境下的文本生产及其接受困境——以大陆十省市“手机阅读”调研报告为核心的学术考察》，载《出版广角》2011 年第 6 期。

再提供网络阅读，而是将全本以纸质版的形式出版印刷。

据笔者统计，一部情节跌宕、荒诞诡异并带有一定言情色彩的“穿越小说”，在文学网站上平均可拥有400万左右的实际阅读点击率，除作者分成之外，网站可因此获利8000～1万元，如果再印刷成纸质版，总共将超过两万册，按照通行7%的版税以及文学网站的利润分成比例来看，一部相对比较有影响力的网络文学作品，将给文学网站带来近十万元的收益。①

这样独特的出版营销方式，使得文学网站成为整个链条上最大的获利者，比传统出版高出许多的利润，实际上反映了其拥有庞大的读者受众群。在主流文学网站上的网络文学作品，其平均点击率为近500万次，这是大数据时代对网络文学、传统出版的颠覆与重构，是自媒体设备、个人通信终端与电子货币高速发展之后所带来的文本生产、传播与消费方式的变迁。

“大数据”语境下的文本生产既是高利润化，亦是快餐化。对于大多数网络文学作品而言，它们都不具备重复欣赏的经典性，而是依靠带有悬念的情节取胜并吸引读者付费阅读。在这样的前提下，读者从公共图书馆借阅网络文学作品的纸质版明显是成本最低的阅读方式，这构成了“大数据”语境下独特的全民阅读景观，这也是缘何网络文学作品能够雄踞排行榜“半边天”的原因所在。

其次，以微博、微信为代表的SNS（社会性网络服务）的广泛普及，不但改变了人们的交往方式，而且还逐渐取代传统媒体，在SNS的自媒体用户中不断形成新的热点话题，对阅读状况产生了引导性的影响。

根据阅读心理学可知，读者借阅，从宏观上受两个方面的影响，一个是客观的内在需要，另一个则是人云亦云的“跟风”。在“大数据”语境下，近似于亚文化的网络“热点”话题呈链条状不断呈现，这是和传统媒体所带来的社会热点话题截然不同的。根据有关机构所发布的数据，2014年互联网上排行前四位的“热点”话题分别为：雾霾、空难、世界杯与埃博拉。②

在排行榜中，《孩子生病总不好　竟是过敏惹的祸》《世界大空难秘闻》

① 如上关于文学网站的具体数据请参阅李强《“起点”：挣扎着走向终点——起点中文网2014年度报告》，载《名作欣赏》2015年第3期；参见李青云《网络文学出版经营管理研究——以盛大文学为例》，安徽大学硕士论文（2014年）等论稿。

② 详见新浪微博与微信联合推出的“2014年热门话题盘点”。

《世界杯宝典》与《埃博拉出血热公众防护问答》等与热点话题有关的出版物均有上榜。而且，2012 年底获得诺贝尔文学奖的中国作家莫言，其作品在 2014 年仍热力未减，占到了排行榜的 2/3，几乎与 2013 年莫言作品所占的比重持平，因为“莫言”也是 2014 年微信、微博上较为活跃的热点话题之一。

由是可知，“大数据”语境下所形成的“热点”话题对于读者的阅读是有引导作用的。除了读者的内在需求之外，外来因素对阅读的影响在很大程度上与“大数据”语境下所凝练出的社会热点话题息息相关。从这个角度我们亦可以反观出出版界的“跟风”——因为有了热点话题，出版方才会急急忙忙地“上马”策划出跟风图书并进入图书馆的馆配，但这类图书中相当大的一部分和网络文学一样，属于“快餐读物”。据笔者对 2012、2013 年上榜图书的调查知悉，当中约有 20% 的当季热门图书，在第二年、第三年鲜有人问津，形成了对出版、馆配资源的巨大浪费。①

最后，“大数据”所带来新的支付方式、借阅方式开始逐渐取代传统图书馆的“入馆借书”的形式，支付、借阅方式的数字网络化促使更多的社会新兴阶层开始成为公共图书馆的读者，使得大众阅读呈现出年轻化的特征。

在 2010 年之前，笔者曾就公共图书馆主流读者群做过调研，其中 60 岁以上的老年人占到总读者人数的 70%，他们当中又有 60% 左右是常读者，总体来看，公共图书馆中有 42% 的常读者系 60 岁以上的老年人。② 但随着“大数据”时代的到来，传统公共图书馆开始进行数字化建设，比如上海、武汉、广州等地的图书馆已经开通适用于 Android（即安卓系统）手机的 APP 程序或微信公众平台，这大大服务了依赖于个人通信终端的年轻人，而且武汉、上海等公共图书馆都相继在写字楼、社区、地铁站、高档小区与商业街区开通了自助借还书设备甚至因图书丢失而赔偿的“扫码支付”平台，这大大方便了借还书的读者，也提高了单本图书的流通速率，使得公共图书馆的主流读者将回归为 18～45 岁的中青年人群。

实际上，通过对 2014 年排行榜的解读我们也不难看出，以网络文学为主

---

① 韩晗：《出版取向亟待调整，人生阅读当成主流》，载《中国出版传媒商报》2014 年 03 月 7 日第 3 版。

② 韩晗：《十年阅读：从读图时代到畅销时代》，载《中国图书商报》2011 年 1 月 1 日第 2 版。

体的排行榜恰恰证明了当下公共图书馆的主流读者群是中青年而非老年人。这是图书馆数字化工程建设不断深入的结果。尽管相当多的城市公共图书馆还保留了传统的借还书渠道，但是新增的借书渠道逐渐成为馆藏图书流通的主体。笔者乐观估计，在未来的很长一段时间内，这一特征还会进一步强化。

三

正如前文所述，先进的通信技术将公共图书馆带入到了“大数据”时代，而这又与图书出版、信息的网络传播息息相关。作为图书产业链上的“分配”环节的组成之一，公共图书馆阅读只是一个非常小的分支而已，但是本文所论及的图书馆却是国内十所规模最大的公共图书馆，单本书在这类图书馆内的流通影响力远远要大于网络书店或实体书店的影响力——图书馆的特征是重复性影响，而书店的特征则是一次性影响。比如网络作家一世风流的《特工皇妃》一书，在上海图书馆一年被借阅近2000次，在全国十家公共图书馆总共被借阅超过10000次，但这本书在华中地区最大的新华文轩书店的销量却不足700册。

因此，考察当下中国“全民阅读”的状况，公共图书馆则是一个相当重要的考量窗口。本文通过对2014年全国公共图书馆借阅排行榜的系统性研究，试图探讨“大数据”语境下“全民阅读”所存在的困境及破局，进而为图书出版、图书馆工作提供可资参考的建议。

首先，“大数据”语境下的技术进步繁荣了图书出版业，并使得图书馆工作更加简便，扩大了借阅人群，但与此同时，先进的通信技术也使得原本已经产业化的大众阅读更加粗浅、庸俗、跟风化。

前文就上榜图书的构成已经做了详述与分析，这里不再赘述。笔者需要指出的是，图书馆的阅读实际上与实体书的销售、电子书的下载出现了趋同化，即同样一本书，它既是图书馆的热门借阅图书，也是实体、网络书店的畅销书，同样它还是网络上下载率较高的作品。

因此，借书、买书、下载书的主体现在基本上已经是相同的人群，先进的通信技术激活了社会上最有消费能力与话语权的中青年群体，使其构成了公共图书馆主流读者群，但他们与此同时会促使网络亚文化乃至庸俗文化影响图书馆的馆配（如读者荐购、馆际文献传递）等等。或者更直接地说，图书馆的馆配来自各大出版机构，无论是网络文学作品，还是人文经典，在进行馆配时并无差异，但是新兴的读者群却将其中的网络文学作品进行强化了，形成了“一家独大”的差异化。图书馆本身是公益机构，不会因为盈利而刻意选购大量网络文学或情趣低俗的作品，但是“群选”会凸显当下出版业媚俗的一面，使得公共图书馆看似成为“文化垃圾站”。

无疑，这不是一件令人乐观的事情。公共图书馆在很大程度上与博物馆、美术馆与影剧院一道，承担着社会公共文化建设的导向责任。我们无法想象博物馆、美术馆时常推出内容低俗的展览而影剧院则展演格调不高的影剧作品，网络文学似乎已经成为当下公共图书馆中最为活跃的馆藏书。网络文学固然有其多样性，大大丰富了当代中国的出版、文化体系，为当下中国文学的发展注入了新鲜的血液，但是我们也必须直面当下网络文学中所存在的问题。

与早期网络文学率性自然、业余创作的“私人写作”不同，此时的网络文学，都是文学网站与出版公司联合包装、运作的产品，甚至是对网络写手的命题作文，其目的并非基于审美或是文化建设，而是诉求于高额利润——如何通过强悬念的情节甚至露骨的性描写来吸引读者对这一文本进行付费阅读。在这样的语境下，很难对作品的审美品格有很高的要求，乃至因为“命题作文”，而时常导致情节的雷同或网络写手之间的互相抄袭。显然，这样的作品当中很多是跟风、庸俗的文化垃圾。

正如作家玛拉沁夫所说：“不能在文化垃圾上建设社会主义大厦。”① 图书出版产业化十余年来，既促进了文化产业的迅速发展，同时也带来相当庞大的文化垃圾，作为公益性的公共图书馆，决不能成为文化垃圾场。因此，图书馆在进行馆配时，笔者建议要适当引入专家、学者的参考建议，与作家协会、文联与政协文史委员会广泛合作，甚至可以仿效香港、台湾地区，建立“纯学者”的图书馆建设委员会，而非被动接受出版社的推荐或受畅销书排行榜的驱使，并积极地利用先进的通信技术，传播正确的阅读导向。唯有这样，出版社才可以引领“全民阅读”的正确方向。

其次，“大数据”语境造成了阅读的分层化，即纸质阅读与数字阅读的差

① 雷晓斐：《玛拉沁夫：莫悲落花白头翁 依旧文学美少年》，载《光明日报》2015 年 3 月 26 日，第 10 版。

异性。公共图书馆应该联合出版机构一道，将先进的通信技术、出版印刷技术与数字制作技术服务于数字出版物的出版，将一些功利化、快餐化的出版物进行数字化处理，推行无纸化或少纸化出版，以节约纸张、印刷与馆配资源。

本文所调研的排行榜的上榜图书，全为纸质印刷品。但其中上榜的网络文学作品基本上有可供下载且更为便宜的数字版，而保健养生、教育培训类的图书也不乏可供个人通信终端阅读的数字版甚至与之一样的电脑程序。既然如此，那么再出版纸质版，显然是巨大的资源浪费。之于大多数读者而言，许多作品实际上都不具备重复阅读或收藏的价值，一些网络小说与考试试题尤甚。因此，出版方完全可以借鉴德国或我国台湾地区的出版模式，采取纯数字化或是 BOD（按需出版）的模式，以节约纸质书的资源成本。①

"大数据"的技术并不只是成为连接图书馆与读者之间的桥梁，相反，它应该从图书出版产业链的下游走到上游，促进图书出版新范式的形成。出版方应该积极地将数字出版或按需出版引入传统出版领域，建立健全纸质书出版制度，对于纸质图书的书号进行严格管控，把好出版关，提升出版行业在推动媒介融合中的影响力。

借此，"大数据"语境无疑向公共图书馆提出了更高的要求。公共图书馆除了要利用"大数据"语境下先进的通信技术，提高馆藏图书的流通率，为读者尽可能地提供方便之外，也要积极改变观念，化被动为主动，积极参与图书生产、分配与流通的各个环节，切实引领"全民阅读"的新风尚。

综上所述，公共图书馆在"大数据"时代已经走到文化建设的前列，在社会各个行业中已经成为数字化的先锋。比如中部地区的黄石市图书馆，已经相继开通"掌上图书馆"（APP 程序）与"扫（二维）码"自助借还书系统。② 笔者认为，这只是万里长征的第一步，公共图书馆既是图书产业领域中相当重要的角色，也是引领"全民阅读"风尚的先锋。因此，如何借助"大数据"的语境，为当下"全民阅读"发展困境破局，是摆在出版机构、图书馆以及所有读者、作者面前的共同责任。

---

① 韩晗：《比较性研究如何为出版实践服务——兼以"中德出版业比较"研究现状为例的学术考察》，载《出版参考》2012 年第 2 期。

② 张晗：《把一座图书馆"握在"手掌间》，载《东楚晚报》2015 年 3 月 28 日。

B.19

科技让博物馆更好地服务公众

——以国家博物馆为例

马先军*

摘　要：当代中国博物馆事业快速发展、不断满足公众精神文化需求的过程也是与现代科学技术逐渐融合的过程。这种融合使中国博物馆界出现了如迈向数字化、动态展示在展览中的分量不断增加、文化传播方式多样化、服务方式智能化等趋势，文化产品的品质不断提升，公共文化服务取得长足进步，中国博物馆事业的发展进入了一个新的历史时期。在此背景下，中国国家博物馆树立科技服务理念，提高科技服务意识，积极引进现代科技手段，不断提高服务公众水平和文化传播效能，为公众带来了更多的方便和更好的享受，彰显了科学技术的力量和神奇。

关键词：科技　服务　公众　博物馆

改革开放以来，伴随着我国国力的不断增强和政府对发展文化事业的日益重视，博物馆作为国家重要的公共文化服务机构，正在经历一个快速发展的阶段。截至2013年底，我国博物馆的数量已由1978年的349家增加到4165家，目前年均举办各种展览一万多个，全年接待观众数量超过5亿人次，在满足公

* 马先军，中国国家博物馆社会教育宣传部副主任，研究馆员，中国人民大学法学硕士，中国博物馆协会市场推广与公共关系专业委员会副主任委员，主要研究方向为中共党史、现代中国外交与国礼、展览策划与营销、博物馆文化传播与公共关系。

众精神文化需求、服务中国特色社会主义精神文明建设方面做出了重要贡献。[1]

在博物馆事业快速发展的同时，现代科技也逐渐融入其中，这种融合主要是在整个文化领域都十分重视和逐渐采用新科技的背景下出现的。博物馆与科技的融合涉及博物馆的各项工作，其中主要是在文物保护、展览陈列、观众服务、文化传播、安全保卫等方面，这既是时代发展的促进，也是为了满足观众的需求；既是为了更好地履行职能，也是自身发展的需要。融合使得博物馆的硬件设施科技含量不断增加，文化产品的品质不断提升，公共文化服务水平不断提高，为观众带来了更多的方便和更好的享受，彰显了科学技术的力量和神奇。在引进和采用现代科技、提高服务水平的过程中，中国国家博物馆走在了中国文物博物馆界的前列。

中国国家博物馆简称国博是中华文化的祠堂和祖庙，是中华文明与世界文明对话的重要窗口，是展示整个人类文明和中国软实力的宏伟殿堂。目前，国博正以其壮美的建筑、体系完备的展览、丰富的藏品、优越的地理位置和周到细致的服务吸引越来越多的观众前来参观。以展览为例，国博已经建立由基本陈列、常设展览和临时展览组成的展陈体系，年均举办各种展览几十个，2014年新举办展览 48 个。参观人数方面，2011 年观众量是 370 万人次，2012 年达到了 537 万人次，2013 年和 2014 年分别达到 745 万和 763 万人次。为了适应时代发展变化，满足公众不断提高的精神文化需求，国博立足于本馆实际，遵循博物馆发展的基本规律，树立科技服务理念，洞悉科技表达方式，充分利用现代科技手段，极大地提高了文化传播效能和公共文化服务水平。

一　树立科技服务理念，提高科技服务意识

科学技术的进步，尤其是互联网和大数据时代的来临为以博物馆为代表的公共文化服务事业的发展带来巨大的变化，不仅使服务内容不断丰富、服务方式不断改进、服务手段不断更新，而且极大地扩展了文化传播渠道，提高了传播效果，从而使越来越多的公众可以分享和学习到古今中外人类优秀的文化成果。国博一直注重树立科技服务理念，提高科技服务意识，密切跟踪当代科技，认为只有不断将科学技术与传统文化传播手段相融合，才能促进文化观

念，尤其是中华优秀传统文化的传播，为提高国家软实力和公众文化素质做出应有的贡献；才能吸引更多的公众走进博物馆，让体验博物馆成为人们生活和学习的一种方式；才能提高文化服务的便捷度，满足大流量观众的不同需求，使博物馆成为深受大家欢迎的精神文化殿堂；才能更好地履行公共文化服务职能，为不同层次的公众和工作提供各种周到而准确的服务；才能顺应时代要求，使本馆硬件整体科技含量不断提高，更好地向前发展。

当然，博物馆有其自身的发展规律和行业特点，对于现代科技的采用是有选择性的。比如说，博物馆应以展示人类发展历程及人类生存环境的物证为主，而不应该是新科技的试验和展示场所；博物馆展示必须以文物为主，而不是以声光电等为代表的科技辅助手段为主，形式必须要服从内容；博物馆采用新科技必须以满足保护、研究、宣传、展示、服务等方面的需要为目的，而不应该为了吸引公众眼球，制造新闻热点。尤其是国博作为一个大型博物馆，在国内外有着重大影响，在采用新科技方面必须立足本馆实际，有自己的原则。国博采用现代科技主要有三项原则。

一是成熟的采用，不成熟的不采用。成熟是指新的科技手段经过其他类似机构使用，并且证明是开发比较成熟、故障解决方案较为全面、在使用过程中性能比较稳定的。相对而言，不成熟是指这些科技手段在使用过程中可能有风险，会出现无法预见的故障、造成事故。国博作为一个长期正常对外开放的大型公共文化服务机构，运行过程的惯性很大，所采用新技术应能完全保证常态化运行，基本上不出现故障。

二是别的博物馆有的，我们也可以有。这是指在了解其他博物馆采用了新科技手段，并在使用过程中反映良好的，国博可以考虑引进和采用。毫无疑问，我们在采用新技术方面应跟上时代发展潮流，引领全国公共文化服务机构中科技与文化相融合的趋势，但作为中国博物馆界的形象代表和大型博物馆，我们在实际操作中还应谨慎行事，在采用新科技手段的时间方面不提倡在全国争第一，但会很快跟进。例如 2012 年 4 月在广东博物馆新馆举办的《雪域瑰宝》西藏文物展中首次使用了二维码技术。国博闻讯后经过调研和评估，很快在展览展示、服务等多个领域大范围采用这种技术。

三是适合国博的可以采用，不适合的则不采用。这是指国博在对待新科技手段方面，充分考虑自己的实际情况，适合于自己的，则引进和采用；不适合的，则不会引进。例如国博和国内几个大型博物馆在发放门票方面都采用了自助式发票机，其中，国博发放的是纸质门票，而河南博物院等博物馆发放的是RFID卡。国博之所以没有采用这种电子门票，是因为它的观众入口虽然可以固定，但出口很多，并且需要在每个出口都安装回收卡片的闸机，不但会占用大量的公共空间，而且在视觉上很不雅观。更为重要的是，国博位于天安门广场附近，若遇到观众在短时间内需要疏散和机器出现故障等问题，则会出现严重的安全隐患，造成严重后果。

目前，国博已经确立实现数字化的战略目标，努力打造具有国博特色的数字化平台，为掌握文化发展的主动权、提高中华文化的影响力、更好地服务公众创造良好的条件。各项工作正在有序推进中。

二　引进现代科技手段，提高服务观众的水平

作为公共文化服务机构，现代博物馆的主要功能是满足公众的学习、欣赏、交流、娱乐等精神文化方面的需求。这样，博物馆首先应尽可能为观众的参观提供方便和创造良好的氛围。在这方面，国博大力引进现代科技手段，不断提高服务观众的水平。

（一）门票管理采用数字化系统

国博目前实行观众参观免费不免票的政策，以便加强观众入馆管理、统计相关数据，为馆里的业务工作提供数据。观众入馆须凭借有效证件，如第二代身份证、驾照、护照、户口本、社保卡、学生证、港澳通行证、老年证、工作证等，领票入馆参观。鉴于每天入馆观众人数较多，国博采用先进的门票数字化管理系统。该系统集系统化、电子化、网络化、智能化于一体，覆盖全馆，主要由自动票务终端、数据库系统和后台管理工作站组成。

门票发放分为自助式发票和人工发票两种方式。自助式发票主要针对凭第二代身份证入馆的观众。观众将身份证放在自动票务终端机的服务器上，机器经过识别和读取信息，六秒钟之内发放门票。门票上有观众姓名、领票时间、注意事项、开放时间、可以确认观众信息的二维码等。人工发票主要针对预约和团体观众、持第二代身份证以外的其他有效证件取票的观众，由工作人员在

读卡器上对证件予以识别后发放门票，票面信息与前者基本相同。观众凭借上述证件每人每天只能领取一张门票。取票后，观众或团体的基本信息也被自动存储在数据库系统中。观众持票入馆时，工作人员用手持终端机现场验票，并将数据通过无线网络传入数据库系统。

数据库系统主要收集观众取票和入馆时的信息，内容较为丰富：一是观众的基本信息，包括姓名、性别、户籍所在地、领票时间、身份证号等；二是参观团体的基本信息，包括名称、联系人、联系方式、领票数、参观时间等；三是每天观众情况，包括当天观众人数、团体数，等等；四是动态统计数，即在此前一定时期内至当天为止，上述各种观众情况的总数；等等。后台管理工作人员若有需要，可将上述数据予以分类、统计和提取出来。

门票数字化管理系统的长处是显而易见的：一是发票和验票速度快，减少观众等待时间；二是统计数据快捷方便，客观准确；三是直接验证证件的真伪，将持假票证者拒之门外；四是防止观众持多证多领票，可以保证观众每天凭有效证件只能免费领取一张门票；五是在观众出现意外时可迅速联系其亲属，进行救助；六是减少工作人员与观众发生矛盾的可能性；七是可以有效防止出现假票现象；八是节省人力，尤其是对于像国家博物馆这样观众量大的博物馆；九是可以及时了解场馆现场人数，有利于管控；十是所采集信息可为馆里科研、业务工作、服务、管理等提供科学依据。例如，国博根据馆里观众的实时数量，将参观指数分为非常舒适、舒适、一般、拥挤、非常拥挤五个等级，并在官网上实时发布，提醒观众选择合适的参观时间等等。该系统的使用极大地方便了门票的管理，同时提高了管理工作的科技含量和效率。

（二）建立电子导览系统

初到国博，绝大多数观众会出现不知道看什么、不知道怎么走等问题。为此，国博在馆内外建立了全馆联网的电子导览系统，为观众提供全方位服务。

一是分别在馆外立了四块大型 LED 显示屏、在馆内不同位置安装了 22 块大小不等的 LED 显示屏，通过统一的控制系统分门别类地播放各种展览信息、活动信息和服务信息，为观众提供精确的定位和查询服务。

二是推出名为“文博任我游”的手机自助导览服务，观众可通过现场租用手机或者自带智能手机、平板电脑等设备安装国博导览客户端。这项服务通过简单的界面操作，使观众获得如下便利：一是点播导览，输入文物编号就可收听文物语音介绍信息；二是展厅导览，按展厅的分类和顺序对文物进行讲解，历史故事娓娓道来；三是场馆地图，可为观众提供各楼面展馆地图和相关设施标注；四是路线推荐，可根据观众的时间和爱好，设计最佳参观路线，高效省时；五是向观众介绍体验区活动。这款软件还有票务预约、我的收藏、使用指南和精彩回顾等功能。上述资讯实时更新，可离线使用。观众一机在手，不但可以基本解决在国博的参观游览问题，而且能够了解常设展览和部分展品的相关知识，让观众的参观更具知识性、趣味性和交互性。[2]

（三）开通覆盖全馆的免费 WiFi

2013 年，国家博物馆着手在全馆范围内开通免费的 WiFi。国博建筑面积近 20 万平方米，是世界上单体建筑面积最大的博物馆，内部结构复杂，需求多样。国博无线网络项目基于整体化无线网络架构方案，将无线漫游技术、射频信号优化技术、安全加密技术、综合管理系统、业务功能设计等按照网络架构进行分层模块化部署设计，具有极强的可靠性、扩展性和易维护性，并从接入认证、数据加密、安全策略等多个角度进行安全一体化设计，充分保证无线数据通信的安全性和完备的无线系统防御措施。该设计提供了高质量、高可靠性的无线网络，保证观众在安全可靠和便捷的条件下使用电脑、智能手机等各种无线电子设备，使他们一旦进入国博，就可以上网查询资料，了解各种信息，享受国博提供的文化产品及相关服务项目，与馆内外的亲朋好友进行互动，还可以在参观之余玩游戏、刷微博、发邮件，从而使他们的国博之旅更加充实和难忘。

上述科技服务手段的采用，大大提高了国博的服务效率，有效缩短了观众在参观和休闲之外被动花费的时间，增加其可控制时间，极大地方便了观众，较好地体现了国博“服务立馆”的理念。另外，通过现代科技手段收集到的各种信息及观众反馈意见对于国博进一步做好管理、业务和服务等方面的工作也提供了客观、准确、迅捷的信息，彰显了科技带来的便利。

三　提高展览科技含量，增强诠释展览力度

展览是博物馆履行职能最重要的方式。在展览制作过程中，尽管在博物馆

行业内有着“内容第一、内容决定形式”的基本共识，但毫无疑问，展览形式对内容的影响不断增加，好的展览如果没有好的展示形式也会使其效果大打折扣。在现代社会，展览形式设计中的科技含量不断提高已成为一种趋势。国博在展览过程中，不断采纳最新科技手段，提高展览科技含量。从20世纪晚期的触摸屏、半景画和全景画、电子翻书、电子留言簿、模拟快速列车驾驶到后来的幻影成像、电子动态沙盘；从21世纪初出现的多媒体互动屏幕、二维码，到描述一件事或一项科技成就过程的立体书和数字化视频；从单件文物的数字化说明牌到集成各种先进技术的数字化展厅，每一次新技术的采用都大大增强了诠释展览主题及展品的力度，提高了展览的感染力，给观众带来新的体验和惊喜。下文略举几例。

（一）数字化展厅

2014年12月28日，国博数字化展厅正式开放。该展厅是国博庞大数字化计划一期工程的第一部分，它利用当代先进的数字化技术，通过立体、连续、互动的模式，对馆藏清代著名画家徐扬奉乾隆皇帝旨意所绘《乾隆南巡图》的第一卷“启跸京师”进行处理，将长68.6厘米、宽1988.6厘米的原画投射到长4米、宽30米的巨幕上，动态复原了清朝乾隆十六年（1751年）乾隆皇帝第一次南巡时队伍从正阳门出发，沿西河沿大街西行，转出广宁（安）门，过宛平县拱极城、卢沟桥、长新（辛）店，止于良乡黄新庄行宫的情景。图卷人物众多，包括了山川形势、城池车船、各行各业等诸多清乾隆年间的历史信息。全卷宣传时长7分30秒，第一卷6分38秒。这是国内目前处于领先水平的数字化展厅。这种领先主要表现在以下几个方面：一是国博研发部门共制作三维模型2500多个，其中人物约1200个，动物约500只，工具约750件，数字场景约45个，使画面立体感非常强，远远超过以前的动画技术和效果，从而使观众能更加全面、深入地领略这套作品的风采。二是平面展示画卷时像素较高，在巨大的幕布上将作品的各个部分，如题跋、印章、画面内容、衬纸等纤毫毕现地展现出来，如同将原作放大，效果逼真。此外，在数字化音响技术的采用、背景解说、将乾隆皇帝的诗词嵌入画面等方面精益求精，巧妙融合，达到了较高的水准。三是在数字化展厅后面的原作鉴赏区中，设置了包括画卷解读、画里画外、专题展览在内的若干二维码区域，观众可以在欣赏原作的同时，通过扫描这三个二维码区，了解原作的背景知识。该区域还设立了英语、日语、德语三种语言，以满足来自不同国家观众的需求。[3]

（二）数字化视频说明牌

说明牌是博物馆展览中必备的辅助展品，是对展品所蕴含信息的解读。为增加观众对部分文物背景知识的了解，提升展览的互动性和感染力，国博在几年前开始逐渐为一些展品量身定制了数字化视频说明牌。数字化视频是在数字化技术发展的基础上产生的，其呈现出来的图像效果让观众有身临其境的感觉，动感十足，画面大小也不再受屏幕大小的约束，具有高清、立体、逼真的效果，给观众别具一格的视觉享受。

“古代中国”基本陈列中多处设立这种说明牌。比如在介绍唐朝首都长安时，按照中国古代文献记载，用数字化技术将长安城的主要建筑和景点分别建立三维模型，其中既有壮丽的宫殿，也有巍峨的城墙；既有整洁的市坊，也有宽阔的大道；既有清澈的河湖，也有鲜艳夺目的花草树木；既有飘着白云的蓝天，也有撒欢的飞禽走兽。在动态播放时，宛如当代人用高清摄像设备到按照规划刚刚建成投入使用的唐代首都进行拍摄时的效果，加上得当的配音和解说，令人对这座当时世界上规模最大的城市和中国古代最大都城的王者风范和壮美景色赞叹不已。

（三）多媒体触摸屏

触摸屏在展览中出现是20世纪的事，但其科技含量在不断提升。国博在《丝绸之路》等展览中将数字化技术融入触摸屏中。例如在介绍西汉张骞通西域、东晋高僧法显西行、唐朝鉴真和尚东渡日本、元代马可·波罗来华、明代郑和下西洋等事件时，不但在屏幕上展示其出行路线，还采用数字化技术使上述人物活动起来，这些人物沿着其往返路线或步行或乘船，而在其旁边则是人物及事件的介绍，给观众留下深刻的印象。

推出好的展览内容并取得理想的理念、信息传播效果是每个博物馆都在追求的目标。国博利用不断进步的现代科技丰富展览的手段，寓教于展，寓乐于展，极大地丰富了展览内容，增加了展览的信息量，提高了展览的观赏性，较好地实现了“以人为本”的展览理念。

四 借助现代科技平台，提高文化传播能力

博物馆实际上是一个文化传播机构，无论是它为观众所提供的各种文化服务，还是它结合品牌、建筑和藏品所设计制作的各种文化产品，以及其他相关业务工作，实际上都是围绕文化传播这个目的进行的。现代科技的发展为博物馆充分发挥文化传播功能提供了广阔的空间。国博一直将履行文化传播的职能上升到服务建设文化强国战略目标的高度，立足本馆实际，不断将新科技手段运用于文化传播工作之中，传播手段在不断开拓创新、不断丰富，在全国公众面前树立起了一个“时尚”大馆的形象。

（一）二维码导览

二维码数字导览是主要针对博物馆的实物陈列展品，通过以二维码为入口，以实物模拟、图片、文字、音视频等多媒体手段对展品进行详细介绍和展示，使参观者通过扫描二维码即可对相关展品所蕴含的信息进行详细了解。二维码具有信息容量大、编码范围广、纠正错误能力强、可引入加密措施、印制要求不高、可用多种设备阅读等特点，故而自 2012 年国内博物馆界引入后，逐渐在一些条件较好的博物馆开始普及。国博是中国最早引进二维码技术的大型博物馆之一，并有计划地在基本陈列、常设展览、临时展览中推出。2013 年 5 月，“名馆 · 名家 · 名作——纪念中法建交五十周年特展”在国博隆重开幕，国博首次为每件展品做出专属二维码，推出二维码导览业务，让观众在观展过程中体验文化与科技的融合，充分享受到科技带来的智慧与便捷，真正做到了掌上博物馆，实现了展馆与观众的双向沟通。

国博推出二维码导览方式后，深受观众欢迎。例如，据统计，仅“道法自然——大都会艺术博物馆精品展”在展出期间，二维码总扫码数量已超过 41 万次，少数著名展品的扫描数达到万次。在有的临时展览中，国博还设置二维码墙，把该展厅内所有展品的相关信息集中在一起，观众不但可以集中一段时间在二维码墙附近了解自己感兴趣展品的信息，而且可以离开展品，不妨碍其他观众进行观赏。

二维码导览的优点比较明显，从观众角度而言，它一方面可以充分节

约参观时间，另一方面可以通过各展品的二维码来了解相关信息。对于博物馆来说，一方面为展品增加了延伸的阅读方式，给观众参观带来了新的观展体验；另一方面也可以通过扫码结果，后期统计出观众最感兴趣的展品，以及看到观众对展览的反馈，对于后期的展览工作有着明确的指导性意义。

（二）微博

微博是一种新型网络媒体，比较注重时效性和随意性。国博是国内较早开通官方微博的博物馆。2010 年 4 月，国博开通新浪官方微博；2011 年 1 月，开通官方腾讯微博和人民网微博。2014 年原创发布微博 1131 条，共计约 10.9 万字；当年先后举办“国礼猜猜猜”“新春读春联”、元宵节“长勿相忘、与宪宗一起过元宵”等活动，推出“约会毕加索”赠送图录线下活动 4 期。截至 2014 年 12 月底，微博总粉丝数达 421 万。2013 年初，国博腾讯微博被腾讯网评为 2012 年度十大最具影响力政务微博。

国博微博之所以获得如此多的关注，与其栏目和内容的设计密切相关。国博微博根据受众人群不同，以及考虑到信息的权威性、知识的系统性、服务的全面性，通过加标签的形式系统化地开设了许多栏目，栏目按内容和受众者主要分为如下几类：信息服务、欣赏品鉴、摄影类、学术类、活动展览等。此外，国博微博内容更新频次也坚持“减少条数，提高质量”的原则，注重谨慎把握。

目前，国博微博已成为国博与公众直接交流、服务公众、传播文化信息的重要渠道。[4]

（三）官方微信

微信是当前一般智能手机都具备的功能，也是多数公众比较喜爱的获取信息和进行相互联系的便捷方式。国博设有两个官方微信账号：国家博物馆（服务号，微信号 ichnmuseum）、小博（订阅号，微信号 iguoxiaobo）。两个账号根据不同的服务对象，提供差异化的服务内容。

官方服务号微信“国家博物馆”于 2012 年 12 月 21 日开通，是国内博物馆界较早开通的官方微信账号，主要提供包括微信语音导览在内的信息推送和关键词自动回复功能，为观众参观国博、了解国博最新信息提供帮助。观众进入国博，只要从手机下载微信软件，安装注册，再查找国博官方微信号“ichnmuseum”，并添加关注，即可享受国博推出的微信语音导览服务。为增加亲和力，国博还特邀一些文化名人参与到这项服务中来。比如2013年2月，国博就邀请知名电视节目主持人胡紫薇、李文文录制了“道法自然——大都会艺术博物馆精品展”的微信语音导览中127件作品的语音解说。该账号上线微信语音导览功能时，由于创造性地使用先进的社交媒体工具开发出便捷使用的功能，因而迅速引起社会广泛关注，曾一天增加近8万用户，自动回复的实时消息达到42万多条，成为之后国内博物馆界运用微信提供服务的参考对象。2014年，微信服务号“国家博物馆”关注人数达36万人。

官方订阅号“小博”于2013年9月1日策划上线，用以弥补服务号信息发布限制之不足。其以拟人化的形象出现在公众视野，定位更加轻松活泼，发布内容涵盖面更广泛，可读性也更强。该账号上线当月，成功地完成了法国卢浮宫博物馆馆长让-吕克·马丁内兹在“国博讲堂”讲座招募300多观众的任务。如今，在“国小博”微信中，不仅向广大网友日常性征稿，还开设有多个专家栏目，如国博副馆长陈履生专栏“为书一生”等，其他专栏还有如“博物馆早餐”“穿越古代中国”“万花筒”“品瓷”等。2014年，微信订阅号“小博”关注人数达1万人。

两个官方微信的成功运营还吸引了传统出版社以及数字出版的注意，纷纷前来寻求合作。目前与小米公司下属的“多看阅读”平台合作，出版了系列电子书《微博物》，每月一期，作为国博官方微博和微信的延伸，将微博、微信信息总结整理，精心编排成广大读者喜闻乐见的精彩读物，截至2014年12月已经上线6期，下载量达12万次。2014年，国博官方微信在电子政务理事会组织评选的年度政府网站评选中获得2014年政府网站政务微信卓越奖。

此外，2014年除夕夜，国博官方微视策划上线，在春节期间发布员工团拜微视。全年微视发布330条，粉丝1.2万。2014年，国博还继续与百度百科合作运营数字博物馆“国家博物馆数字展厅”，继续与优酷合作运营国家博物馆优酷视频空间，继续与CNTV运营网络博物馆国家博物馆视频空间。

目前，国博新媒体的运营规模不断扩大，从官方微博、微信、微网站，到官方微视、电子书、二维码导览，已经形成一个“微媒体”系统，成为国博与观众互动、与中外博物馆界同行互动，进而传播文化信息的重要窗口和平台。

（四）虚拟展厅

虚拟展厅是在互联网背景下，以基于数字化摄影技术的三维虚拟展厅将实体展览在电脑和网络上的还原和再现，其特点是既忠实于实体展览又将实体展览作适当的延伸。其优点是显而易见的：一是延长了实体展览的生命力，可实现7×24小时不间断展示，营造出“永不闭幕”的展览景象；二是可以传播海量信息，扩展实体展览中无法展示的信息和内容；三是可以将实体展览用数字化技术“录制”下来，作为电子档案资料永久保存，并可以在实体展厅以外任何有条件的地方播放。

国博在近几年开始陆续将基本陈列、常设展览和一些临时展览制作成虚拟展厅，并在网上展示。用户进入国博官网后，点击“展览”栏目。在该栏目下，点击“虚拟展厅”即出现不同的展览，如“复兴之路”和“古代中国”两个基本陈列、“丝绸之路”展、“来自肖邦故乡的珍宝”展、“永远的思想者——罗丹雕塑回顾展”“罗马与巴洛克艺术展”“道法自然——大都会艺术博物馆精品展”等。打开展览页面后，点击进入，即可进入该展览的虚拟展厅，通过选择拟参观展厅、确定操作模式，就可以参观展览和欣赏展品。360度无死角地观看当时场景的效果，给观者以身临其境的感受，展览中的作品可以点击弹出，详细观看作品信息内容，立体、生动，光影效果强烈。

国博的虚拟展厅、数字化展厅、上述新媒体等正在构成一个庞大的数字化文化传播平台，这个不断改进和完善的平台正在将传统形态的实体展览逐渐变为移动终端的“掌上展览”，在传播文化信息和推广展览内容取得了良好的效果。

（五）官方网站

2011年5月16日，国博网站简体中文版和英文版正式发布。目前，国博官方网站以拥有英文、日文、韩文、法文、德文、意大利文、西班牙文、俄文而成为国内首屈一指的同时拥有8种外语版本网站的博物馆，也是目前国际上仅有的3家拥有8种外语版本网站的博物馆之一，并在2014年度文化部政府网站群绩效评估中再次以总分第一的成绩蝉联年度最佳奖，并首次获得互动交流领先奖。

2014 年，国博中文版网站完成网站功能提升项目，实现了全文检索、门票多人预约、藏品清晰大图显示、SEO 优化、讲座活动预约、关键词显示等多项功能。中文版网站内容继续丰富。完成 46 个本馆举办展览的介绍页面，其中 10 个展览制作了专题网页，3 个展览制作了专题网站，5 个展览制作了二维码导览，4 个展览制作了微信语音导览。

2014 年 8 月，国博启动手机版网站建设项目，设置展览、参观、导览、资讯等四个栏目，并具有活动预约和门票预约功能，部分数据实现与主网站数据同步。目前该项目正在进行中，预计于 2015 年上半年上线试运行。

2014 年，国博网站全年访问者数量为 2768392 人次，页面点击量为 11100074 次，平均每日点击量 30412 次。网站 Alexa 排名从 1 月份 256745 名上升至 12 月 54047 名，稳居大中华地区博物馆网站排名首位。

综上而言，现代科技平台的搭建，使国博的各种文化信息不但可以在博物馆内获取，而且可以在馆外其他任何有条件的地方观赏，从而超越了时间、空间和地域的限制，这就使国博极大地拓宽了文化传播渠道，增加了信息传播量，给公众带来了更多的学习和欣赏便利。

五　科技与国内博物馆融合的趋势与展望

国家博物馆在采用现代科技方面所取得的成就可以说是整个中国博物馆事业在近几十年发展的一个缩影。

尽管国内博物馆界的构成十分复杂，各馆的具体情况不一，在引进和采用科技手段服务公众方面有先有后，有多有少，但可以明显看到的是，现代科技手段正在逐渐走进中国的博物馆，并在博物馆服务观众方面发挥重要作用。目前，中国的博物馆在与科技融合方面呈现出以下几个趋势。

（一）数字化博物馆建设方兴未艾

欧美发达国家博物馆数字化的兴起始于 20 世纪 90 年代，而中国博物馆的数字化则是从 21 世纪初期开始的。以国家文物局 2001 年颁布《博物馆藏品信息指标体系规范（试行）》和2004年中国博物馆协会成立数字化专业委员会为标志，国内许多博物馆相继开展了以藏品数字化采集、管理与利用为核心的博物馆数字化建设。经过多年探索，业内人士已基本形成共识：一个博物馆的数字化建设水平，不仅关系它的管理水平、业界影响，更关系其是否能够真正有效地发挥博物馆的功能与作用，是否能够有效地为国家和民族保存好优秀的文化遗产，是否能够使优秀的文化得到广泛而有效的传播，扩大中国文化在世界的影响力。近年来，一批博物馆在数字化建设方面取得较大成效。

以中国美术馆为例。2014年，该馆数字美术馆建设的核心——公共文化信息服务系统基本建成，官方网站、手机应用与微信公众账号三位一体的数字美术馆公共文化信息服务系统日益成为美术作品展示鉴赏平台、美术文化传播教育平台、美术信息交流服务平台。例如在展示鉴赏方面，该馆利用数字摄影、摄像设备，及时采集展览活动与收藏工作的动、静态影像，编辑、整理后形成展览资讯、展览活动短片、展览专题视频，录入展览数据库、展览作品数据库、藏品数据库、视频数据库，及时发布于公共信息服务系统；利用360度全景影像与虚拟现实技术，将重要展览的展示环境制作成360度虚拟互动展览，并全部实现三个公共信息服务平台的发布与服务，搭建了一个又一个跨越时空、永不落幕的虚拟美术馆。借助国际互联互通的网络空间，通过数字美术馆公共文化信息服务系统，公众足不出户便可欣赏优秀的美术作品、精彩的美术展览、内容丰富的美术视频。70个虚拟在线展览、8600件美术精品、17000件展览作品、230个展览活动专题视频，中国美术馆数字美术馆公共信息服务系统业已成为优秀美术作品的展示鉴赏平台。[5]

目前，中国博物馆领域新技术应用发展较为迅速，虚拟现实、三维建模、泛在网络、物联网、移动互联、云计算、大数据等各类新技术应用不断涌现，数字博物馆、虚拟博物馆、网络博物馆、掌上博物馆、新媒体博物馆、泛在博物馆、智慧博物馆等新概念层出不穷，以数字化、网络化、虚拟化为特征的数字博物馆进程显著加快，智慧博物馆的理念和实践又在悄然兴起，令人耳目一新的数字化博物馆正在向中国公众走来。[6]

（二）动态展示在展览中的分量不断增加

展览展示是博物馆的核心业务工作，是其发挥公共文化服务职能最有效、最直接的方式，也是最快和最广泛采用新科技手段的地方。近年来，国内许多博物馆结合自身的实际情况，逐渐引进和采用生动形象的力、热、电、光、声等高新科技手段，精准地虚拟各种听觉、视觉、触觉效果，给厚重、晦涩、难懂的各时期历史文物披上了现代和时尚的外衣，使展览增添了高科技和动态的诠释手段，动态展示在展览展示中的分量不断增加。观众可以通过计算机以及各种智能设备，直接与文物对话、互动，了解文物复杂的制作工艺及流程，俯瞰历史事件的起因、过程和结果，如同身临其境，感受高新科技带来的感染力与震撼力，让展览变得更容易被人们接受和记忆，从而提高展览的感染力，达到了激发观众学习、探索和创造的目的。

目前，国内博物馆界在展览设计中普遍注重采用新科技和新工艺，各种现代科技手段更是异彩纷呈。例如 2014 年底重新开放的遵义会议纪念馆基本陈列将遵义会议召开情景制作成一段时长 8 分钟的视频短片，再运用等身幻影成像技术，让观众在观看短片时，有置身于历史场景的感觉。除了遵义会议这一场景外，新陈列还分别运用了六面屏技术结合声光电效果和三维立体半景技术等目前比较先进的光影技术，重现了当年红军四渡赤水河以及娄山关战役等战斗场景。[7]

可以说，现代博物馆的展陈设计不再仅仅是通过传统的图文并茂以及实物、模型等方式来进行单向传播，而是开始注重增加动态展示手段的运用，即通过各种现代技术手段，使观众通过视觉、触觉、听觉等置身于交互、智能、仿真、虚拟的环境中，更具参加感和实在感。

（三）文化传播方式多样化

博物馆的核心功能是生产以展览为主的文化产品，将这些产品向公众普及，并通过它们传递各种正能量信息。文创产品长期以来一直是博物馆传播文化信息的重要渠道和方式，它们蕴含博物馆的品牌、建筑、展览、展品等方面的元素，具有鲜明的博物馆特色，深受观众喜爱，也是他们参观博物馆时争相购买的纪念品。近年来，一些博物馆逐渐开发科技含量较高的文创产品，给有意在博物馆购买纪念品的观众带来更多的惊喜。陕西历史博物馆开发的文物魔卡就是一款高科技文创产品。

该卡片为传统的明信片形式，采用特种纤维纸为材料，制作精美大方，是现代数字化技术与陕西历史文化的有机融合，三维立体效果较强，能够使该博物馆馆藏的一些经典文物影像逼真地呈现出来，可以收藏，也可作为明信片馈赠给亲朋好友。其在 WiFi 环境下通过平板电脑或者智能手机的体验方法如下：步骤一，通过扫描卡片上的二维码下载文物三维互动 APP；步骤二，安装完成后打开文物三维互动 APP；步骤三，将摄像头对准卡片上的文物，即可查看到文物的三维效果；步骤四，手指触摸屏幕，即可跟文物实现互动。

毫无疑问，博物馆借助现代科技手段，实现文化传播方式的多样化，不仅是自身发展的需要，也是更好地服务公众的需要。

（四）服务方式智能化

博物馆服务方式引进智能化是从 21 世纪初期开始的，主要包括安全保卫、公共场所设置二维码、开发票务管理系统等。智能化设备的引进提高了博物馆服务水平和管理能力，也给观众带来了便利。在这方面，河南博物院的数字化票务管理系统在国内处于领先水平。

该系统与前文所述国家博物馆的票务管理系统相似，不同之处是其发放的为 RFID 卡。观众入馆时，在博物馆门口装有终端机的固定闸机上刷卡进入，其信息随之传入数据库系统；各展厅内安装射频识别器，观众在参观和浏览时，识别器可以自动识别 RFID 卡，并将数据传往数据库系统，这样博物馆就可以将观众随时定位，随时掌握展厅内观众的数量及个人信息等数据；出馆时，馆门口装有终端机的回收器自动回收 RFID 卡，并将数据传往数据库系统。使用 RFID 卡拥有诸多好处，例如可快速办理观众出入馆的手续；体积小型化、形状多样化，便于携带；抗污染能力强、耐用，比较环保和节约，可回收和循环使用；数据的记忆容量大；读录、清除观众证件基本信息方便等等。

需要指出的是，现代科技在博物馆的运用还大量体现在安全保卫、库房藏品管理、文物修复和保护、行政管理等方面，并且取得了若干重大成果，形成了许多特色和优势。囿于本文主题和篇幅，这里不予展开阐述。

总之，博物馆采用现代科技的重要意义是不言而喻的，它极大地提高了服务公众的效率和水平，扩展了服务公众的空间和渠道，丰富了服务公众的手段和内容，开创了博物馆历史上新的时代，也有助于自身与时俱进、时尚而朝气蓬勃地向前发展。

参考文献

[1] 金娅倩（记者）:《光明日报》2014 年 5 月 19 日。

[2] 中国国家博物馆官方网站“参观导览”栏目之“手机自助导游”部分。

[3]《国博〈乾隆南巡图〉长卷数字展携观众穿越大清（组图)》，2014 年 12 月 29 日国际在线专稿，刘思恩（记者）刘虹妤（编辑)。

[4] 李秀娜:《微博/微信：博物馆自媒体应用经验谈》，《中国博物馆》2013 年第 4 期。

[5] 见中国美术馆，王春的《建设数字美术馆　拓展公共文化服务新空间》（未发表)。

[6] 陈刚:《智慧博物馆——数字博物馆发展新趋势》，《中国博物馆》2013 年第 4 期。

[7] 杨光振（记者）:《遵义会议会址引进先进光影技术重现历史》，中国新闻网，2014 年 11 月 21 日。

发展政策篇

Development Polices

B.20
设计与科技融合视域下的智慧化创意社区设计策略

郑杨硕*

摘　要：本文以设计智慧化属性的创意社区为目标，基于设计与科技融合的研究视角，结合信息交互设计理论进行设计策略的创新研究，旨在为未来创意社区的设计提供参考。创意社区不仅可以弥合过去的社会文明、用户需求与创意设计之间的错位，更是开放式创新社会的缩影与象征。作为一种构建未来城市的实践环境，创意社区理应以人的生活需求与情感诉求为核心、以用户为主体进行社会创新，用设计平衡线上与线下的关系。对于智慧化创意社区进行设计策略研究，将能够促进创意的感知、互动以及创意方案的产品化，从而引领面向未来的设计创新、技术创新、人文创新。

* 郑杨硕，武汉理工大学艺术与设计学院教师，艺术学博士，清华大学美术学院设计学博士后。

关键词： 设计科技融合 智慧化创意社区 设计策略 创意价值

创意社区（Creative Community）是一个由创意群体构成的关于创意分享、互动、协作与创新的平台，通过汇聚来自不同行业背景（包括教育、设计、产业、工程、企业等）的社会公众，以跨界协作的形式在城市范围内广泛地开展创意实践与社会创新。作为一个汇聚了创新、弹性、灵感的创意生态系统，构建创意社区的目标是引导并鼓励大众进行参与式协同创新，将创意群体的智慧汇聚为社会前行的动力。[1]

知识经济时代强调信息开放与创新，创意社区应运而生。概括而言，创意社区是倡导创意群体通过表达创意、交流创意，主动参与到开放式群体创新的网络化、交互化的创意实践平台。在全新的智慧化创意社区里，创意阶层的所思、所想、所为将借力于设计与科技的融合，最终孵化为可产品化、商品化的创意设计方案。

一 全球创意社区的发展概况

全球范围内信息科技的快速发展与更迭，推动着信息交互方式的不断演进创新，信息媒体应用和移动互联网的兴起带来了社会群体互动和用户参与的新理念，从而为创意社区的设计开拓了全新的空间。无所不在的信息技术推动着大众参与意识的增强，人们越来越乐意主动地表达创意、交流创意，以创意社区为平台参与未来的环境、教育、健康、文化等社会领域的创新。

（一）国外发展现状：基础扎实，步伐稳健

目前，国外有1000多个能够分享硬件和生产设备的创意社区，其中较具有代表性的创意社区有美国的NYC Resistor、德国的c－base、奥地利的Metalab等。Makerspace、Hackerspace、Techshop的迅速发展，为创意者提供了必要的物理空间和创意加工设备，从空间设施、集体智慧、品牌孵化等角度帮助创意者们交流创意并进行协同工作。创客（Maker）文化已成为世界范围内的热点话题，正逐渐引领未来世界的社会创新发展方向。每一天都有无数的创

客设计作品问世，从游戏、服装到交通工具、生物发明等领域无所不包。在3D打印机、智能技术逐渐普及的低门槛技术语境下，越来越多的创意作品有机会转化为能够进入市场的真实产品，与无数大众消费者进行亲密接触。[2]

在与之相关的学术领域，大部分研究非常注重从社会可持续的视角来推进创意社区的设计创新，许多创意方案具有很强的包容性与灵活性，人文价值比较凸显。英国学者兰德利在《创意城市》中指出，唯有靠充满活力的经济、城市管理者和市民共同参与创新，对可行的文化创意方案充满信心，同时提供沟通创造价值与创意的平台，才有可能让城市脱胎换骨。[3]著名的设计品牌专家盖哈德-舒尔茨（G. schultze）认为，个体用户在追求个人体验满足的同时也依赖于社会群体的认同，从而形成各种新的社会团体，而创意社区就是其中的代表之一。许多著名的高等院校也纷纷开展对于创意社区的研究与实践。麻省理工学院的MediaLab是Fablab创意社区的起源地，通过提供核心的高端制造设备来帮助创意者实践做出创意原型产品。英国皇家艺术学院则专注于探索设计信息交互的方式，通过信息技术工具的辅助，帮助创意群体探索设计与科技、创意与创造之间存在的诸多可能性。

（二）国内发展现状：跨越式发展

在国内，强大的制造业生态、丰富的人力资源、雄厚的资本和深厚的艺术积淀为发展创意社区提供了肥沃的土壤。经过几年时间的积淀，中国已初步形成以北京、上海、深圳为中心的三大创意社区文化圈。深圳柴火空间、北京创客空间、上海新车间、3W咖啡、车库咖啡、706青年空间、Innospace等作为具有较大社会影响力的代表性创意社区，为创意者们提供自由开放的创意实验环境，鼓励跨界协作并促进创意设计方案的产品化及商业化。创意社区在与传统产业融合的过程中，往往也能碰撞出令人欣喜的火花。比如“北京创客空间”已经与富士康等制造企业成功合作，生产加工制造了多个创客产品，并与风险投资合作建立了以产业链为支撑的孵化中心，利用专门基金支持孵化器内创客项目。

随着时代的发展，Online Community的线上社群的信息互动模式逐渐成为主流，成为线下空间分享协作的有力补充。UGC模式充分激发了社会大众的智慧与创意，以知乎社区（zhihu. com）、豆瓣社区（douban. com）为代表的线上创意分享讨论平台在近年开始流行，结合具体的社会热点及延伸话题展开创意与灵感的碰撞和交流，形成一个24小时全覆盖的创意媒体生态圈，创造了很好的社会效应和商业价值，有力地推动了知识经济生态模式的发展。

从全球范围内相关研究的共性层面来看，对于创意社区相关的研究均主要集中在设计心理学、信息学、社会学、市场营销学等领域，在理论研究及实践层面已取得许多进展。相对薄弱之处在于，比较缺乏系统的创意社区设计方法、策略、可行路径的研究成果，尤其缺少从社会属性、文化属性、科技属性等角度共同发现问题、分析问题、解决问题的整体性设计策略与方法。特别是在“智慧城市”已成为城市化发展大趋势的今天，对于智慧化创意社区的策略设计、路径应用、方法探索等层面还需要更具创新性的研究。

二　智慧化创意社区的设计愿景

在设计学的发展历程中，科技作为重要的助推因素不断地与设计深化融合，科技创新直接推动了设计的生产方式创新、传播方式创新、用户体验创新以及商业模式的创新。进入到当今的信息时代，科技因素甚至直接影响设计生产的效率、规模、评价与体验。[4]设计与科技融合，其本质就是互联网时代下人类关于设计认知、设计思维、设计产品、设计方式的集成化创新过程。

信息交互方式的演进与创新体现了信息技术语境下的人类先进文明的兴盛历程。互联网时代的到来给人们的日常生活及行为方式带来了巨大变化，以用户为中心的创新环境日益复杂，网络交流与现实生活的分离越发明显。作为一个线上与线下结合的O2O创意生态系统，创意社区不仅可以弥合过去的社会文明、用户需求与创意设计之间的错位，更是开放式创新社会的缩影与象征。作为一种构建未来城市的实践环境，智慧化的创意社区理应将人的生活需求与情感诉求为核心、以用户为主体进行社会创新，用设计平衡社会环境、用户需求、商业模式之间的关系，并能够探索一批创意原型方案以及创意产品设计。

创造是人类的本能之一，在互联网时代，创意到创造的距离被大大缩短。[5]智慧化创意社区通过线下空间与线上互动的方式结合达到了信息时空的全覆盖，并汇聚创意思考、创意交互、创意实践等创意生态链整体环节，将开创全新的社会价值以及商业价值。在智慧化创意社区的设计愿景中，既包含实体创意空间中的人人互动，又包含虚拟创意平台中的信息分享，期望通过社会中的创意群体之间的互动，导向形成以用户创新、开放创新、大众创新、协同创新为特征的智慧城市。而在智慧、包容、可持续属性的城市化进程中，把握科技与设计的平衡关系，将是构建智慧化创意社区的过程中需要重点考虑的。

“以人为本”的理念是设计智慧化创意社区的核心。在未来，用户主动参与将是设计创新的最大灵感来源，理性而陈腐的传统设计流程将朝感性而互动的设计协同方式进行变革。[6] “Prosumer”一词恰如其分地概括了如今用户的角色：既是生产者（Producer），也是消费者（Consumer）。智慧化创意社区的设计，是期望打破不同专业和学科之间的界限，通过跨界协作来体现知识经济时代的魅力。在此过程中，强大的信息感知技术与手段将呈现出新的信息交互方式，更高效地帮助信息的无缝对接和创意的沟通分享。最终，智慧化创意社区用每一个人最擅长的方式去塑造面向未来的社会可持续发展模式和智慧化的全新生活方式。也许，这才是社会的技术元素、设计元素、商业元素跨界协作所能输出的最根本价值。

三　智慧化创意社区的设计策略

随着社会化信息媒体的普及，创意社区的运行载体与表现形式也不断地多样化，O2O 线上线下结合的创意社区模式逐渐成为主流，具有很鲜明的 SOLOMO 特点。在设计智慧化创意社区的过程中，应该把握当代科技的特点与认知未来科技发展趋势，在城市为主体的研究语境中探寻合适的信息交互方案，最终将创意社区的线上社区、线下空间以合理的方式融合，提供智慧化的创意体验。

怎样才能将强大智能的信息交互技术与“以人为本”的设计研究融合于智慧化创意社区，并综合创意群体用户的文化背景、生活方式、心理特征等要素，梳理出智慧化创意社区的具体设计策略及研究方向，具有很大的挑战性。总体来说，在智慧化创意社区的系统性策略设计中，理应尝试将设计策略辅助应用于创意社区的生态模式设计、信息环境设计、互动架构设计；最终，促进创意的感知、互动与升华，创新性地构建兼具人文性、科技性、前瞻性的智慧化创意社区。

智慧化创意社区的设计策略应聚焦围绕以下几方面。

（一）智慧化创意社区的生态模式设计

在创意社区，每一个创意者都可以主动参与到社会创新的生态模式中。通过从 Making、Hacking 到 Playing、Sharing 的演进，创意社区将帮助参与者完成从创意至创造的转换，而过程本身所包含的同理性思考、团队合作精神、实验主义也将给每一个创意者带来宝贵的显性与隐形价值。

创意社区设计始终以用户创意体验优化作为核心、以为社会大众创造“智慧化”的生活方式为目标，将有利于探索合理而具备可迭代属性的创意社区生态提升模式。创意社区本身具有高知识性、高增值性、低消耗性与低污染性等特征，其价值创造将更多地体现在对于个体、社会和环境的可持续性发展层面的追求，可持续属性的创意生态也将驱动设计创新与社会创新、商业创新的互融变为现实。

（二）智慧化创意社区的用户模型设计

创意社区作为创意的集聚地，其价值创造是通过创意群体之间的互动关系而产生的。开放 LAB 实验室、创客工作坊、创客马拉松等社会创意创新活动，正在重构一套创意群体协同参与的全新 Co－Working 协作模型。而在信息交互层面，越来越多的用户已开始借助移动互联网工具和网络社交平台连接日常生活，诸多 WEB 线上社区与 APP 产品吸引了广泛数量的社会大众进行创意的表达与交流，信息的发布、评估、标注和评论等群体型智慧行为有效地推动了创意社区的发展。

以创意社区用户群体为样本作为设计研究体，发现与寻找具体的利益相关人，将用户群体的价值要素融入创意方案的设计与实践的整体过程。通过对创意用户群体的灵感来源、生活状态、行为特征、情感表达方式等用户特点进行梳理与归纳，将能够构建以创意者为主体的用户协同参与模型，实现人的成长与社区的发展形成互动式的良性循环。在设计学的用户研究领域内，对于创意群体用户价值的创造、分配、实现的全流程的探讨具有十分重要的研究意义，更是一条全新的用户价值的研究路径，目标为每一位创意者塑造良好的创意与创造体验。

（三）智慧化创意社区的信息环境设计

作为创意群体互动交流的载体，创意社区的信息环境包含了真实的线下空间与虚拟的线上平台，O2O 的信息全覆盖模式与物联网智能技术融合应用，并以网络化、分布式的模式来实现。O2O 满足了互联网时代的不同社会角色的创意者们表达创意、分享创意、践行创意的需求，更多的创意产品和创新理念得以持续涌现。

从信息技术应用的角度，如何实现智慧化创意社区的线上平台架构、线下空间设计以及智能化的感应感知技术之间互融并达到平衡的信息交互设计解决方案？这需要在设计实践层面进行大量的定量研究，从而总结一套创新性的智慧化创意社区信息环境的设计标准，具体包括物理空间层、创意分享层、协同创新层等线下创意社区的模块化功能设计，以及信息服务层、云端存储层、云端展示层等线上创意平台的信息架构设计，并为今后的智慧化创意社区设计标准化提供若干参考。

（四）智慧化创意社区的大数据应用研究

设计并构建智慧化创意社区过程中产生的海量用户信息的大数据资源，如若对其进行针对性的管理、分析、迭代、应用，将有利于制定科学合理的智慧化创意社区设计方案，更高效地宣传与推广最新的创意社区产品功能与服务，并持续快速地进行具体产品功能的迭代与完善。

大数据应用研究能够准确地搜集、分析与处理本地用户的信息，对于用户群体的社交关系、兴趣偏好、当前位置等个性化信息进行抓取，并基于数据范本进行精确化的市场调查和市场分析。从感知用户，到分析处理、智能推送、信息交互、需求响应，均能够系统地利用大数据工具与方法进行用户行为关系的匹配、兴趣爱好的契合、定制化信息的智能推送，从而将用户群体的创意实现度、信息分享度、体验满足度等形成一个较为完整的闭环链。在基于大数据应用的研究模式下，创意社区的品牌传播路径将更加多元，创意社区的互动模式、动态关系、分布应用将最终形成。智慧化创意社区的信息资源、人文资源、创意资源在大数据应用的视野下能够实现系统化的整合与创新。

（五）智慧化创意社区的未来趋势探索

时代强调“大众创业、万众创新”，未来的智慧化创意社区将呈现出聚合的、变化的、趣味的、竞争的多元可能性。以众筹为例，作为一种富有感情参与的创意创新产品方案的投融资模式，众筹从文化经济、创意孵化与价值投资的角度，为那些富含创意且个性化的创意设计发掘了一个全新的生态圈。智慧化创意社区的产业效益、发展潜力、品牌价值也得到凸显。

创意社区正从传统的空间化、网络化，迈向智慧化、聚合化的发展阶段。智慧化创意社区将体现出更加明显的技术属性、人文属性，以及“众创、众筹、众包、众享、众建”的智慧化特色。此外，智慧化创意社区的运行载体与表现形式正日趋多样，信息交互方式得到不断拓展。创意产品项目孵化、信息科技人才培训、媒体传播延伸、天使投资使社会服务能够可持续地支持大量可产品化的创意方案不断问世。

整体而言，未来的智慧化创意社区的策略设计应围绕凝聚整合产业资源、学术资源、企业资源、商界资源等社会力量为目标，创造一批蕴含设计价值、用户价值、研究价值、商业价值、社会价值的高品质创意设计原型，并以创意社区为载体孵化为可产品化、商品化、生产化的创意创新产品方案，真正凸显智慧化创意社区的特色。

四　智慧化创意社区的价值体现

生活、工作在城市中的居民才是未来智慧城市创新的主体。作为运行于整个城市区域的开放式创意实验空间，智慧化创意社区能够为市民群体提供各种设计创意与创新应用，并提供原型设计和测试应用的平台，模拟一个真实的环境让城市居民实时地感受创意成果，从而拉近了城市系统与城市居民的距离。

以智慧化创意社区为代表的智慧城市协同创新范式不仅是社会发展的一种渐进式创新，更缔造了“智慧化、服务化、体验化”的全新城市用户体验。[7]

将城市居民视为中心，智慧化创意社区能够准确地找到城市的脉搏，融合不同特点的城市群体展开协作，将城市居民的社交需求与产品创意、技术研发、先进制造以及商业运营结合。以构建智慧城市为目标，探索并输出不同于以往的设计价值、用户价值、商业价值以及社会价值。

（一）设计价值

智慧化创意社区从城市居民的真实需求出发，预设创意产品的使用情境，将传统设计流程中的用户参与环节从过去的在流程末期进行测试，变革为从设计初期就以核心角色进入到研发进程。文化科技融合下的创意产品设计理念，已经从过去的创造功能以取悦用户，变革至基于用户行为、用户心理等要素来设定产品细节。或许可以大胆预言，智慧化创意社区也许将带来对于传统的工业产品设计体系及流程的颠覆。

（二）用户价值

智慧化创意社区以应用网络化媒体的信息传播与大数据方法应用为延伸，捕捉真实的用户属性特点，通过构建交互式、分布式、参与式的协同创新平台，寻找不同的利益相关人。随着云计算、移动互联网等信息科技的深入应用，多样化的信息媒介聚合将更为广泛地拓展用户群体，并实现更加智能化的连接。设计与科技融合下的信息交互空间将更深入地发现、发掘全新的用户价值。

（三）商业价值

智慧化创意社区带来的是一种基于本地化、特色化的社会创新。中国的北方文化与南方文化存在着很大的差异，每一座城市都有着独特魅力的城市性格，这决定了每一个地方的创意社区将具有鲜明的自身属性。面对如今“千城一面”的尴尬，智慧化创意社区鼓励创意群体因地制宜，进行原创性的创意分享、研究与创造，而这必然会带来更多具有地域风格的创意创新产品。可以说，在产品同质化倾向较为严重的当代商品社会，智慧化创意社区的兴起与流行将为突破传统商业模式的瓶颈，创新可持续发展的商业模式带来更多启示。

（四）社会价值

智慧化创意社区帮助身处各行各业但又志同道合的创意群体通过实体空间以及移动互联网媒介彼此连接。在进行 Co – Working 参与式创新的进程中，智慧化创意社区不仅向社会大众普及信息科技理念，提升文化创意产品在社会大众中的影响力，鼓励人们从“学中做”的传统思维演进到“做中学”的实践思维；同时，也在系统化的创意整体实践过程中传播着先进的社会文化理念，进一步帮助人们关心社会发展，了解社会创新并最终积极参与其中。

概括而言，以智慧城市为目标进行智慧化创意社区的设计，旨在在信息媒体全覆盖的信息化社会语境下，落实创意用户群体参与的途径与细节，通过大众协同创新，最终探索与延伸智慧城市的互动模式。强调开放创新的智慧化创意社区，预期将有利于推动社会创新的整体进程，本质是一种柔性的、有效的智慧城市建设路径。[8]生活在城市里的创意群体真正成为推动智慧城市变革与创新的力量之源，亦是智慧城市的“智慧”特色的最佳体现。

五　结论

智慧化创意社区设计属于一项兼具特色与挑战、面向社会实践的研究任务，体现了在设计与科技融合背景下，对于未来创意社区乃至城市发展方向的思考与探索。与智慧化创意社区设计相关的诸多要素（社会、技术、人文、媒体等）需要采取跨学科的研究方法，并在设计的过程中不断实践、反馈、迭代，最终形成“理论、方法、实践”之间相互促进的整合式跨界研究新模式。

本文以设计智慧化创意社区为目标，从设计与科技融合的研究视角，基于信息交互设计理论进行创意社区设计策略的研究，旨在为未来创意社区的设计提供一定的参考与启示。在今后的相关研究中，学者需要持续捕捉、归纳、探索信息社会中的人际互动方式、信息生成、创意分享和传播模式的新特点。研究人类学调研、移情设计方法在智慧化创意社区设计过程中的应用，并尝试总结可借鉴的群体性用户体验的塑造方法。

参考文献

[1] 付志勇：《面向创客教育的众创空间与生态建构》，《现代教育技术》2015 年第 5 期。

[2] Anderson, Chris. "Makers: The New Industrial Revolution". New York: Crown Business, 2012.

[3] 查尔斯－兰德利：《创意城市》，清华大学出版社，2009。

[4] Robert Jacobson. *Information Design*. Cambridge, Mass.; The MIT Press, 2000.

[5] Gauntlett, David. *Making is Connecting: The Social Meaning of Creativity from DIY and Knitting to YouTube and Web* 2.0. Cambridge, UK; Malden, MA: Polity Press, 2011.

[6] 阿尔菲斯－宾汉姆、德韦恩－斯波拉丁：《开放式创新》，人民邮电出版社，2012。

[7] 汤姆－凯利、大卫－凯利：《创新自信力》，中信出版社，2014。

[8] 乌尔里希－森德勒：《工业 4.0》，机械工业出版社，2014。

B.21

文化科技融合的支持政策研究*

崔世娟　林秀妮**

摘　要：21世纪以来，我国逐步将文化科技融合纳入发展文化产业的核心战略之中，文化科技的融合创新离不开政策的支撑。近年来，在国家以及省区市级一系列政策的支持下，文化科技融合进入高速发展的阶段，呈现出加速融合的态势。综观我国文化科技支持政策，从中央到地方，从高度保障融合要素到全面建设产业园区，业已构建起文化科技融合支持政策的基本框架。然而，结合文化科技融合机理和文化科技融合的具体实践，政策体系仍然有部分内容有待优化和完善。

关键词：文化科技　融合　机理　支持政策　现状　建议

近年来，在一系列政策的带动指引下，文化与科技呈现出加速融合的态势，全国各地也陆续掀起文化科技融合的浪潮。对此，党的十八大不仅建设性地提出促进融合，发展新业态，还高瞻远瞩地指出聚焦于文化产业的规模化、集约化以及专业化，这为扎实推进“社会主义文化强国”的战略目标指明了方向。在《中共中央关于深化文化体制改革推动社会主义文化大发展大繁荣若干重大问题的决定》《国家“十二五”时期文化改革发展规划纲要》《国家

---

* 本文系国家社会科学基金重大项目“文化与科技融合创新的内在机理与战略路径研究”（项目编号：11&ZD023）、广东省高等教育教学改革项目“面向应用型人才培养的校企协同育人模式及机制创新研究——以广东高校为例”（项目编号：GDJG20142278）研究成果。

** 崔世娟，深圳大学管理学院教授，研究方向为企业战略管理；林秀妮，深圳大学管理学院学生。

文化科技创新工程纲要》等一系列国家层面文化科技融合支持政策的指导下，各省区市相继出台相应的文化科技融合实施意见和规划纲要，逐步形成了文化科技融合支持政策体系。对政策体系的清晰认识有助于正确引领文化科技融合的发展，有助于文化科技的深度融合。然而目前尚缺乏对政策体系的全面梳理和综合分析。结合现实情况，本文将对政策现状进行全方位的剖析，挖掘政策在促进融合方面的本质作用，并且充分考虑文化科技融合的具体实践以进一步探讨政策体系的调整优化。

一　文化科技融合的现状

所谓文化科技融合，是指通过要素、企业、产业等多层面的融合，将各类文化要素与内容同科学技术的原理和手段方法等结合起来，互相交叉渗透，升级传统文化，提高文化产品的价值与品质，催生出新的文化业态的创新过程。[1]随着文化科技融合进程的加深，文化科技成为繁荣社会经济、满足文化需求的强劲动力，不仅持续推动文化产业规模的扩大，而且助力文化产业的转型升级，催生出新兴的文化业态。

首先，文化科技融合促使文化产业的规模持续扩大。国家统计局的相关统计数据显示，我国从2004年开始了文化产业数据的统计进程。从2004年至2013年，文化产业增加值由3440亿元跃升到21351亿元，年均增速高于15%，而GDP占比也从2.15%增长到3.63%。2013年，文化产业法人单位增加值更是比同期GDP增长还高出1个百分点，成为GDP增长的正向贡献因素，对社会经济的贡献不可小觑。

其次，文化科技融合推动了传统文化产业的转型升级。现代科技元素及其成果的注入使得传统文化产业大放异彩，在内容、表现形式和展现手法上均有了大幅度的创新。新闻出版业、广播影视行业、文化艺术业、文化旅游业等传统文化产业中科技含量显著提升。网络技术和数字技术的出现，使得传统新闻出版业由纸质版的呈现形式向着多介质的数字形式发展，数字新闻、电子阅读器充斥着人们的日常生活。而在广播影视行业中，信息技术、数码技术、数字网络服务、三网融合等对传统的电视电影产生了巨大的技术变革，不仅节约了生产制作成本，还为消费者提供了优质的视觉享受。同样地，文化艺术、文化旅游也在科技的支撑下以极富吸引力和诱惑力的方式蓬勃发展，深入人心。

最后，文化科技融合通过技术革新和内容创新催生了一批新兴的文化业态。其中，文化创意设计产业以及网络文化产业的地位举足轻重。一方面，文化创意产业通过开发个人的创造力、技能和天分获取发展动力，创造财富。以动漫产业为例，从单一到多元、从传统到创新的转变，提高了产业效益，也扩大了动漫文化对人们的影响。动漫衍生品的开发和动漫游戏等文化娱乐装备的集成应用促使动漫产业链继续延伸，提高附加值。另一方面，网络文化随着互联网、移动互联网的普及，在社会经济中扮演着越来越重要的角色。电子商务彻底改变了人们的生活购物方式；微信等移动社交媒体、网络文学、网络广告、网络游戏也极大地扩大了网络文化产业的范畴。

二　文化科技的融合机理

文化与科技融合推动了社会的发展进步，两者的融合是文化与科技的相互交叉渗透，是多种要素的共同作用结果，是文化与科技双方通过相互磨合形成的一个密不可分的统一状态。两者的融合存在多维度的交叉作用和相互作用，故不能片面地认为只是科技融合文化或者文化融合科技的单向度融合，而应该通过双向度融合更加立体、全面、客观地考虑两者的关系，明晰两者的融合机理（见图1）。[2]

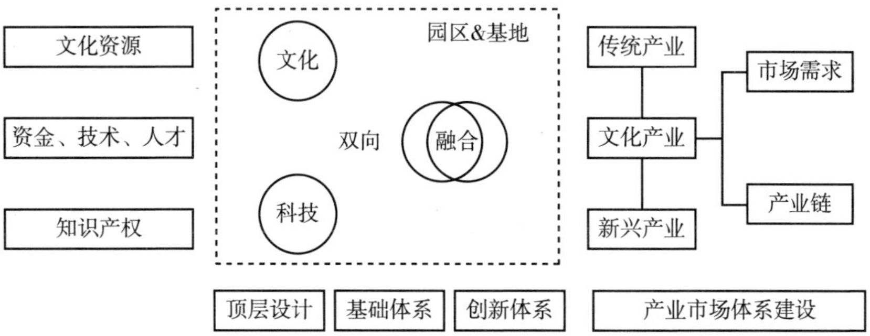

图1　文化科技融合机理

首先，文化科技融合通过文化资源，资金、技术、人才，知识产权等诸多融合要素的优化组合以达到稳步发展。一方面，文化作为人类社会历史发展的产物，属于人对自然的人性化改造，具有相对独立性，能够为科技提供创新素材和文化创意。还原科技的本质，其中，以人为本的文化核心构成了科技人文关怀的基本原则，体现人文关怀的个性化的科技才是人们的根本追求，因此，文化资源在融合进程中起着不容忽视的作用。另一方面，技术的发展能够极大地丰富文化的内涵，拓展文化的表现形式和传播方式。在文化科技融合的进程中，谁先抢占文化技术的高地，拥有核心尖端技术，谁就能够在文化产业竞争中占据有利的地位。其中，资金是促进文化科技融合的催化剂，能够进一步带动产业运转。人才则是激发文化科技魅力最鲜活的要素，实现文化创新、技术创新，继而带动文化科技融合的齿轮运转起来，都要依靠人的智慧。对人的智慧通过知识产权的形式加以保护，能够为文化科技融合的工作提供更多保障。[3]

其次，我国着重于通过示范基地、文化产业园区等集聚区的形式来推动文化科技融合，因此，基地以及园区的生态环境至关重要，无论是顶层设计、基础设施建设还是创新体系均会对融合产生重大影响。由于我国众多产业园区是在政府引导下才成立的，园区企业集群的发展比较依靠他组织动力，需要外界的指令和诱导力量，所以行之有效、指导有方的顶层设计对园区的管理是切实必要的。[4]企业是文化科技融合的主体，完善的基础设施和公共服务平台有助于园区吸引企业入驻，从而带动产业的发展，从点到面形成辐射，打造园区的核心特色以及竞争优势。与此同时，企业与其周边的生态主体，包括科研机构、高等院校、研究中心、文化科技中介等，构建起一套良性联系机制，支撑形成产学研的创新体系。[5]

最后，文化科技融合的结果主要通过文化产业的形式加以呈现，完善的市场体系能够有效支撑产业的延展。从产业业态的角度看，文化产业主要包括传统文化产业以及新兴文化产业。一方面，由于新技术新元素的融入，传统文化产业焕发了新的活力，激起了传统文化持续的动态更新，使其表现形式、传播方式以及内涵均日趋丰富；另一方面，文化、科技、资本等多种元素的糅合，自然引起文化内容的创新和衍生，产生更加专业化的分工和新的生产方式，催生新兴的文化业态。而从产业链的角度看，首先要牢牢把握市场需求，紧跟文化消费的方向和趋势。接着，明确产业链的延伸和产业价值链的提升。随着市场体制的完善，产业结构的优化升级，文化产业的产业链会进一步延伸；而文化产品内容、形式以及服务的变化会促进文化产品的结构转型，文化科技融合也进一步促使低端增值向高端增值的转变，使得文化产业价值链得到提升。

三　我国文化科技支持政策的现状

综观我国目前形成的文化科技政策支持体系，一方面，其辐射的范围逐步拓宽，从国家层面到省区市层面均出台了相关指导和保障政策，切实推进融合工作进程的地区也逐步由沿海地区向内陆地区辐射。无论是高新技术较为发达的区域还是文化资源丰富的区域都逐步利用起自身的优势。另一方面，政策覆盖的内容更加全面，围绕着传统文化产业的改造升级以及新兴文化产业的发展，从资金、技术、人才等融合要素，到示范基地以及园区内政府的顶层设计、基础体系建设、创新体系建设等均提供了相应的保障措施。

（一）辐射范围

2011～2015 年为文化科技融合政策出台的高频期，随着文化科技融合渗透到越来越多的区域，多样化的支持政策也步伐紧凑。在此期间，国家颁布了《中共中央关于深化文化体制改革推动社会主义文化大发展大繁荣若干重大问题的决定》《国民经济和社会发展第十二个五年规划纲要》《国家科技与文化融合联合行动计划（2011—2015 年）》《国家“十二五”时期文化改革发展规划纲要》《国家文化科技创新工程纲要》等十余部纲领性文件。江苏省、安徽省、福建省、广东省、湖北省、湖南省、河北省、河南省等众多省份也出台了相应的规划纲要和实施意见，诸如《江苏省关于加强文化科技创新的意见》《安徽省关于加快推进文化科技融合发展的实施意见》《福建关于加快推进文化和科技融合发展的实施意见》以及《广东省关于促进文化和科技融合发展的意见》等。同时，北京、上海、深圳、天津等城市推出了《中共北京市委关于发挥文化中心作用加快建设中国特色社会主义先进文化之都的意见》《上海推进文化和科技融合发展行动计划（2012—2015 年）》《深圳市文化改革创新三年行动计划（2013—2015年）》《天津市促进文化和科技融合发展的实施意见》之类的实施意见和行动计划。北京市、上海市当中的一些走在文化科技融合前列的国家级示范基地和地区也进一步落实了顶层的文化科技融合政策，发布了《中关村文化与科技融合示范基地发展规划》《上海张江国家自主创新示范区发展规划纲要（2013～2020年）》等。实现了从国家层面到省区市级层面的政策辐射，推动文化科技的发展繁荣。

从省区市级文化科技融合政策的出台地区可以明显观察到，东边沿海以及近海区域占据的比重较大，西部较为内陆的区域占据的份额小。但同时，文化科技融合也呈现出由东部向西部扩散、由沿海向内陆辐射的趋势。

（二）覆盖内容

无论是国家层面还是省区市级的文化科技融合支持政策，都围绕着传统文化产业的改造升级以及新兴文化产业的发展来提供相应的政策保障（见表1、表2、表3、表4）。文化产品和服务能够更直接地面向消费者从而产生经济效益。《国民经济和社会发展第十二个五年规划纲要》强调了发展传统文化产业以及新兴文化产业的必要性和紧迫性。随之，《文化部“十二五”文化科技发展规划》进一步明确将文化产业建设成为国民经济的支柱产业的战略目标，而《广东省关于促进文化和科技融合发展的意见》等省区市政策多数提及促进传统文化产业的调整和优化，加快新兴业态的培育和发展。

表1　国家级文化科技支持政策梳理

政策出台时间	政策名称	主要内容
2011	《国民经济和社会发展第十二个五年规划纲要》	在加强传统文化产业技术改造和新兴文化产业壮大发展的重点建设任务之下，强化技术研发、集成应用和产业示范，文化科技战略研究和基础环境（研发基地、示范基地）建设
	《国家科技与文化融合联合行动计划（2011—2015年）》	文化部和科技部成立会商制，联合认定“科技与文化融合示范基地”，并且启动了系列技术应用项目（十七届六中全会召开后，“会商制”升格为“部际联席会议”）
	《中共中央关于深化文化体制改革推动社会主义文化大发展大繁荣若干重大问题的决定》	《决定》指出“科技创新是文化发展的重要引擎。在此基础上，要深入实施科技带动战略，增强自主创新能力，并且积极发挥文化和科技的相互促进作用”

续表

政策出台时间	政策名称	主要内容
2012	《中国共产党第十八次全国代表大会报告》	在十八大报告中,促进文化和科技融合被提上了议程。发展新型文化业态成为促进文化科技融合的重要路径,提高文化产业规模化、集约化和专业化的水平十分重要
	《国家"十二五"时期文化改革发展规划纲要》	明确科技带动融合的战略部署,进一步增强技术研发实力和自主创新能力,搭建起文化技术创新和服务平台
	《国家文化科技创新工程纲要》	兼顾文化产业和文化事业,除了关键共性技术的研发,还要落实到工作评价体系以及创新发展环境。从工作机制、财税政策、融资体系、人才培养、国际交流等方面予以政策支持
	《文化部"十二五"文化科技发展规划》	利用文化产业基地和文化产业集聚区进行特色产业群的建设,在项目的带动下,推动产业结构的转型升级
	《文化部"十二五"时期文化产业倍增计划》	文化部的指导策略为明确结构调整这一主线,然后利用重大项目进行带动,在这过程中,协调市场对资源的配置作用以及政府的公共职能,争取建设文化科技创新体系,推进传统以及新兴文化产业发展
2014	《国务院关于推进文化创意和设计服务与相关产业融合发展的若干意见》	落实政策措施,保护知识产权,推动人才计划,壮大市场主体,培育市场需求,引导园区集约化发展,加大财税支持和金融服务,优化土地审批等发展环境
2015	《全国政协十二届三次会议提案第 0127 号——关于加快文化与科技融合,增强文化产业核心竞争力》	形成文化产业与科技、金融融合发展的联动机制,拓宽融资渠道,完善现代企业制度,并且加强复合型人才培养

说明:政策梳理时间为 2011 ~2015 年。

表 2　省级文化科技支持政策梳理

政策出台时间	政策名称	主要内容
2011	《江苏省关于加强文化科技创新的意见》	积极运用高新技术升级传统文化,建立江苏特色文化创新体系,培育龙头企业,打造文化科技创新园区,发展中介服务,培育人才,并加大知识产权和自主品牌的保护

续表

政策出台时间	政策名称	主要内容
2012	《创新型湖南建设纲要》	在加强核心技术攻关、数字文化建设的同时，加强创新体系建设，推进文化创意产业快速发展，推动信息高端技术产业与文创产业的融合，实现文化强省的目标
	《安徽省关于加快推进文化科技融合发展的实施意见》	发挥安徽科教和文化资源丰富、自主创新能力较强的优势，开展“四项行动”，实施“六大工程”，推进“七个一批”，建立具有安徽特色的文化技术创新体系。并从土地供给、税收优惠、财政、金融、工商注册、人才激励等方面给予政策支持
	《关于深化科技体制改革，加快广西创新体系建设的实施意见》	加强文化科技创新载体建设，大力实施文化科技6大工程，扎实打造区域文化科技融合中心和“中国—东盟”文化科技融合发展的交流枢纽、中国文化科技融合发展走向东盟的主力省区
	《湖北省“十二五”时期文化改革发展规划纲要》	调整文化产业的发展空间，优化空间的配置和布局，在发展产业即传统和新兴文化产业的同时，注重市场主体的培育
2013	《福建关于加快推进文化和科技融合发展的实施意见》	在文化强省的战略部署下，积极实施科技带动战略。在促进传统文化产业的转型升级的同时，加快培育新兴业态。整个过程辅之以“建立工作机制、落实财政税收等优惠政策、加强文化科技领域知识产权保护、完善文化和科技融合工作督察考核”等具体措施
	《广东省关于促进文化和科技融合发展的意见》	加快培育文化业态，建设一批文化和科技融合示范基地，创建文化科技公共服务平台，打造骨干文化科技企业，完善文化科技创新体系。并且通过用地保障，财政扶持，税收优惠，金融支持，人才激励等政策加以扶持
	《吉林省关于加快推进文化科技融合发展的实施意见》	突破重点文化领域的共性关键技术，发展龙头骨干文化科技企业，培育知名文化科技品牌，建立具有地域优势的文化科技产业园区和基地，打造“长吉图”文化科技融合产业带。给予财政、土地、税收、金融、人才等支持
	《陕西省关于加快推进文化与科技旅游金融融合发展的意见》	陕西省围绕技术攻关、集群培养、服务体系建构等几个方面确定了文化科技融合的12项重点任务。而文化与金融融合则围绕财政投入方式创新、文化基金效能发挥、信用担保机制建设等方面确定了28项重点任务
	《海南省“十二五”时期文化改革发展规划》	着重打造“文化与旅游融合发展战略、重大项目带动战略、改革创新驱动战略、国际化与本土化相结合战略、人才兴文战略”这五大战略和另外十二大工程。到2015年，文化改革发展的主要目标是达到“6个基本形成”和“1个完善”

续表

政策出台时间	政策名称	主要内容
2014	《河北省全力推进文化产业与科技融合发展》	进一步完善政策体系和领导组织体系，整合专项资金，加大财政投入；进一步完善现代企业制度，发展领军企业；再次完善人才激励制度和督察考核制度
	《河南省文化科技创新工程实施方案》	河南省主要通过以下几个方面政策来支持文化科技创新：建立协调工作机制、加大资金投入、落实税收优惠政策、集成科技金融资源、积极开展科技合作与交流、壮大科技人才队伍
2015	《青海省推进文化创意和设计服务与相关产业融合发展行动计划（2015—2020年）》	深入实施国家文化科技创新工程，加快数字信息产业发展，全面推进三网融合。同时推出财税、金融服务、人才培养、优化发展环境等政策措施

说明：政策梳理时间为2011～2015年。

表3　市级文化科技支持政策梳理

政策出台时间	政策名称	主要内容
2011	《中共北京市委关于发挥文化中心作用加快建设中国特色社会主义先进文化之都的意见》	致力于在2020年以前将首都北京打造成为著名的文化中心城，形成"文化精品创作、文化创意培育、文化人才集聚教育、文化要素配置、文化信息传播、文化交流展示"这六个功能中心
	《深圳文化创意产业振兴发展规划（2011—2015年）》	深圳文化创意产业的发展是由内向外的过程。在打造优良的文化产业支撑平台的基础上，提高集约化的水平并且优化产业的布局，使得文化创意产业的整体水平提高。之后再进一步谋求国际区域合作的机会。并以"深化文化体制机制改革，加大财政、金融扶持力度，构筑文化人才高地，保障产业空间需求"为政策保障
2012	《上海推进文化和科技融合发展行动计划（2012—2015年）》	以应用为导向，以企业为主体，发挥示范基地的引领作用，构建形成具有上海特色的现代文化科技创新体系。突破关键技术，实施创新示范工程，建设国家级基地和要素支撑体系。并且有财税政策、资金投入、金融资本、知识产权的保护和管理等相关政策支持
	《深圳市关于促进文化与科技融合的若干措施》	为实现文化科技融合示范基地的建设，在具体措施方面应该做到：利用现代的技术手段来创新传统文化；完善科技成果的转化机制；提倡知识产权的保护；加大财政投入；打造多元化的金融支撑体系；吸引优秀人才落户深圳
	《沈阳市人民政府关于建设国家级文化和科技融合示范基地的实施意见》	建设示范基地有利于产业全链条的形成，推动文化科技的双线提升。完善体制机制，抓好重点产业和龙头企业培育，建设服务平台，培养人才队伍。并且以土地、资金、融资、项目等带动基地发展

续表

政策出台时间	政策名称	主要内容
2013	《南京市文化与科技融合发展规划纲要》	坚持以先进文化为内容，以先进科技为手段，以实施重大项目为带动，以培育龙头企业和创新品牌为重点，突破关键技术、升级传统产业、培育新兴业态、促进文化消费，构建结构合理、布局优化、重点突出、竞争力强、具有南京特色的文化科技融合产业体系。进一步加强组织领导、财税政策、金融支持、产权保护、创新服务体系建设
	《深圳市文化改革创新三年行动计划（2013—2015年）》	在文化强市的战略目标的指引下，致力于文化科学体制机制的建立和完善，并进一步落实了12项文化领域重点改革创新项目
	《天津市促进文化和科技融合发展的实施意见》	重点发展文化领域共性关键技术，运用高新技术优化和提升传统文化产业，打造文化和科技融合聚集区，建设文化科技融合发展关键要素支撑体系。具体措施为建立联席会议制度、加大资金支持、建立金融体系、建设文化科技对接平台
2014	《无锡市文化与科技融合路径研究》	首先，无锡市强调加强顶层设计，建立体制机制；其次，建设创新投入机制，推动企业自主创新。除此之外，还要推进关键共性技术的攻关，推进项目实施和园区建设，发展中介服务机构，培养创新人才
	《中共武汉市委武汉市人民政府关于推进文化科技创新、加快文化和科技融合发展的意见》	围绕建设"文化五城"和国家创新中心，在突破关键技术，实现集成创新的基础上，更好地建立和完善文化科技创新体系，进一步提升武汉重点文化领域的技术装备水平、公共文化服务的科技支撑能力。并且加大财政投入、落实税收优惠、完善土地供给、健全融资体系、加强孵化体系建设、完善创新服务体系、加强知识产权保护、加强人才培养引进
2015	《重庆市建立文化科技融合创新平台》	以平台为依托推动成果对接转化，以交易为支点推动文化科技创新，以服务为纽带推动文化产业发展

说明：政策梳理时间为2011～2015年。

表4 区级文化科技支持政策梳理

政策出台地区	政策名称	主要内容
北京	《北京朝阳区"十二五"时期文化发展规划》(2011)	建设中国文化产业创新示范区;发展重点产业,优化梯次结构;构建"一横三纵六圈"的产业空间布局
	《中关村文化与科技融合示范基地发展规划》(2012)	中关村地区科技实力雄厚,应该在明确产业发展需求的前提下,进一步联结科研机构以及龙头企业突破关键共性技术,并且积极建设科技成果集成应用的平台,鼓励创新联盟、研发服务中心和中介机构的成立
	《北京海淀文化科技融合三年行动计划(2012—2015年)》	做好资源对接和政策统筹,促进创新资源集聚和协同创新,加快重大项目引进和企业培育,开展集聚区建设和示范园区认定,支持孵化平台建设和模式创新,推进标准规范制定和示范应用,提升海淀区文化科技品牌影响力
	《北京市文化创意产业功能区建设发展规划(2014—2020年)》	利用产业集聚区和产业基地的优势,吸引创意要素聚集,通过合理配置资源达到优化产业空间布局以及产业链的目标,打造特色化、差异化、集群化的文化创意产业。并且进一步完善七项保障措施:体制机制、人才队伍、财政税收、金融支持、建设用地、对外合作、公共服务
上海	《上海徐汇区文化发展"十二五"规划(2011—2015年)》	徐汇区文化产业发展思路是依托空间布局优化、管理模式创新、重大项目带动,实施集群发展战略、品牌提升发展战略、人才主导发展战略。并且积极转变政府行政职能、创新文化政策体系、完善财政保障机制、打造文化人才高地、完善公共文化信息服务、重视规划落实评估
	《上海徐汇区文化发展三年行动计划(2012—2014年)》	依托区内丰富文化资源及综合产业优势,重点做大做强优势行业,培育一批知名文化企业和文化品牌;积极引进一批重大文化产业项目;提升已有文化创意产业园区的集聚度和贡献度,建成文化创意产业强区
	《上海张江国家自主创新示范区发展规划纲要(2013—2020年)》	打造文化和科技融合示范基地。积极响应国家文化大发展大繁荣的部署,稳步推进上海建设国际文化大都市的战略,建立健全文化和科技融合支撑体系,加强文化专业园区建设,培养文化和科技跨界创意人才和高端制作人才,为科技促进文化发展提供示范
	《上海市浦东新区文化产业"十二五"规划》(2014)	重点在于加快传统文化产业提升改造,积极培育新兴文化产业;并且优化产业空间布局,推进实施重大工程和项目;集中优势资源,提升产业服务水平和配套能力;加大扶持力度,形成各类主体共同发展的新格局;加快文化体制机制改革创新
天津	《天津滨海新区加快文化产业发展的支持意见》(2010)	为加快文化产业发展,必须推动体制改革,增强经营活力;落实优惠政策,重点支持集聚园建设;落实土地优惠政策,保障文化用地需求;放宽出资条件,支持创办文化企业;保护知识产权;实施人才兴业;并且加强组织协调,完善统筹机制

说明:政策梳理时间为2010~2015年。

从文化科技的融合机理中笔者注意到，资金、技术、人才等融合要素对于推动两者的融合是必不可少的。我国出台的政策，对于融合要素也提供了诸多保障。不仅提供专项资金支持，还积极实行税收优惠，拓宽文化科技企业在银行等金融机构的融资渠道；而且，强调共性技术、关键技术的攻关以及复合型优秀人才的引进和培养。《国家文化科技创新工程纲要》提出从工作机制、财税政策、融资体系、人才培养、国际交流等方面予以政策支持，《安徽省关于加快推进文化科技融合发展的实施意见》也致力于从土地供给、税收优惠、财政、金融、工商注册、人才激励等方面给予保障。除此之外，《深圳文化创意产业振兴发展规划（2011—2015 年）》《上海推进文化和科技融合发展行动计划（2012—2015 年）》《北京市文化创意产业功能区建设发展规划（2014—2020 年）》等众多政策均强调“完善财政科技投入机制、科技成果转化应用机制，加大知识产权创造和保护力度，建设多元化金融支撑体系，落实人才优惠政策”。

与此同时，对于文化科技融合示范基地以及产业园区等的建设也是政策关注的焦点。文化产业园区的建设有利于产业的集群发展，能够在一定程度上引导资金、技术、人才等创新要素的集聚，从而支持园区内重点产业的发展，提高整体的竞争实力。在顶层设计方面，2011 年《国家科技与文化融合联合行动计划（2011—2015 年）》成立了文化部与科技部联合的“会商制”，后升格为“部际联席会议”。众多产业园区也形成了政府或者联合领导小组等管理体系。在基础体系建设方面，则保障了网络等基础的设施，建立了知识产权、技术开发、风险投资等相关的公共服务平台，优化了资源的使用效率。《上海张江国家自主创新示范区发展规划纲要（2013—2020 年）》致力于打造文化和科技融合示范基地，将支撑体系的建设以及文化产业园区的完善视为重要任务。北京中关村文化科技融合示范基地则强调培育公共服务机构，进一步促进产业集聚发展。最后，在创新体系方面，相关政策引导产业园区建立以企业为主体、市场为导向、产学研相结合的创新体系。例如，武汉市提出的围绕建设“文化五城”和国家创新中心，突破一批关键技术，加强文化领域的集成创新，建立和完善文化科技创新体系；上海市提出的以应用为导向，以企业为主体，发挥示范基地的引领作用，构建形成具有上海特色的现代文化科技创新体系。

四 文化科技融合支持政策存在的问题

通过对我国文化科技融合支持政策体系的剖析并且结合文化科技融合的具体实践，可以发现，尽管政策体系已经初步建立并且日臻完善，但是仍然存在着一些内容需要进一步调整和优化。

（一）文化科技融合政策在地域上的辐射范围有待扩展

如前所述，出台文化科技融合政策的地区集中在东部特别是沿海地区，这些地区相对明显的共性是高新科技发展较为迅速，技术水平相对较高。而内陆地区尚没有形成大面积的辐射带动，文化科技融合的效果在这里且没有明显地呈现。

（二）文化科技融合政策偏向于科技忽略了文化资源

目前，无论是社会还是政策的导向，均偏向于强调科技对于文化的引擎作用，忽略了文化对于科技的核心作用。《中共中央关于深化文化体制改革推动社会主义文化大发展大繁荣若干重大问题的决定》提出“科技创新是文化发展的重要引擎，深入实施科技带动战略”，却没有强调文化对于科技的价值引导作用。同样地，《国家“十二五”时期文化改革发展规划纲要》《福建关于加快推进文化和科技融合发展的实施意见》《深圳市关于促进文化与科技融合的若干措施》等也都侧重强调科技带动战略。从文化科技融合地域发展不均衡这一侧面来看，对于文化资源缺乏利用的现状可见一斑。

对文化资源没有善加利用也体现在文化与科技信息不对称上，一方面，好的文化创意苦于没有相应的科技手段辅助实现；另一方面，科学技术的成果没有途径与文化对接并实现转化。事实上，文化是科技进步的温床，能够提供适当的环境和核心创作要素，所以有效利用文化资源助力文化科技融合至关重要。

（三）文化科技融合政策对融合要素的扶持力度尚需加大

我国出台的政策基本上有提及对于融合要素的保障措施，资金、技术、人才都是保障的重点，然而，从文化科技融合的具体实践来看，对融合要素的扶持力度与融合的真实需要之间还存在着缺口，尚需逐步加强。

在资金方面，2013 年度中央财政下拨的文化产业发展专项资金为 48 亿元，相比于文化产业创造的高达 21351 亿元的增加值，产生了强烈改善。同时，文化部文化科技司规定 2013 年度“文化部科技创新项目”每项最高补助经费不超过 5 万元，这对项目的研发和建设支出来讲如同杯水车薪。目前，尽管有专项资金保障，但无论是科技发展还是文化发展的国家预算均没有把文化科技作为常态性的列支项目。与此同时，由于文化科技类企业无形资产的估值困难，企业难以享受到合理的税收优惠，而且融资手段很受限，自身造血能力不足。

在技术方面，我国正在加大共性技术、关键技术的攻关，致力于提高企业的自主创新能力，减少对国外核心技术的依赖。但是技术对于市场需求的适应能力以及科技成果的转化效率还有待提高。其中，人才紧缺，无法满足市场的实际需求；人才结构失衡，缺少市场意识强兼具创意技术背景的复合型人才，也成为阻碍文化科技融合步伐的重要原因。

另外，我国目前对于知识产权的保护力度不足。用于解决知识产权问题的两部主要法律《著作权法》和《专利法》由于调整对象不同，中间存在着重复内容又存在着真空地带，无法对文化科技融合进程中产生的文化创意或者科技成果进行严密的保障，容易削弱研发创作热情。

（四）文化产业园区的生态环境亟须继续优化

总体上来看，我国文化产业园区数量多而且增速快，近年来，示范基地和产业园区的建设也得到了政府的高度重视。但是园区内管理体制机制不健全，文化与科技企业集而不聚，产业园区核心竞争力不突出等问题仍然存在。[6]

管理体制机制不健全主要是因为顶层设计还不够合理，虽然已经成立会商制度、部际联席会议等，但是在地方尚未形成相应的工作协调机制。虽说园区有政府领导小组等管理组织，但是没有明确的主管部门。职能部门之间职能不清、协调机制不畅等导致许多任务无法有效落实。

企业集而不聚、园区核心竞争力不突出等问题则体现出园区生态环境尚需要优化完善。一方面，部分园区虽然已经开始关注基础设施建设、服务平台的搭建，但从实际效果来看，尚需要完善。大批文化类与科技类的企业进驻园区之后由于缺乏相应的信息交流平台，彼此的资源无法有效利用和共享，于是融合程度无法深化。而除了信息交流平台之外，成果转化和交易平台也尚未搭建完善，企业之间融合的积极性受到影响。另一方面，建立以企业为主体、市场为导向、产学研相结合的创新体系仍然任重而道远。其实现需要产业园区内多方生态主体的共同努力，协调配合。

五　文化科技融合的政策建议

政策助推融合进程，同时利用文化科技融合的实践来反观政策，针对文化科技融合政策目前存在的不足进一步探讨政策体系的调整优化。

（一）有效利用文化资源，加深文化科技融合

我国幅员辽阔，尚有丰富的文化资源没有得到开发和有效利用。东部沿海地区可以利用高科技的优势发展文化科技融合，同样的内陆地区也应该利用文化资源的优势来推动文化科技融合，政府应该出台相应的政策，鼓励文化发展，提升文化在融合进程中的地位。比如，甘肃地区有敦煌莫高窟等著名的旅游景点，应该善加利用，发展智慧旅游等产业。再者，提高文化自觉，搭建文化与科技的信息交流平台，将文化娱乐、文化遗址等进一步数字化，然后利用信息平台与科技进行对接，缩小两者之间的信息不对称，使两者更好地融合为一个整体一个系统。文化科技无缝对接，紧密融合之后又必然会进一步催生出新的文化资源和文化内容，形成良性循环，丰富平台信息，建立长效的交流机制。[7]

（二）增强融合要素的保障力度，保护知识产权

在资金方面，除了对部分基地和园区的专项资金倾斜之外，列支文化科技融合类的经常性资金支持将会为文化科技类企业提供更多的资金保障。借鉴国外的先进经验并且结合我国实际，设立国家文化科技基金会不失为财政投入方式的创新以及文化科技融合资金支持的一个有益尝试。基金会将以社会化的方式运作，实现决策独立化，完善监督，避免权力寻租的行为。基金会的设立还可以扩展文化科技支持资金的来源，积极地引入社会资本。[8]另外，政府应该

完善无形资产的评估体系，继而拓宽文化科技企业的融资渠道，比如，引导银行推出适合文化科技企业的借贷模式，可以通过“著作权或者专利权 + 专业评估”的模式为企业提供授信额度和贷款。完善文化科技类企业的认定办法，继而有效实施税收优惠。[9]

在技术方面，政府应该加强市场的配置作用，运用市场的淘汰机制，筛选有利于成果转化和商业化的科学技术。并且加强对于科技成果的专利保护以及文化成果的版权保护，在专利保护的情况下，科学技术可以通过授权等再产生新的经济效益，鼓励企业研发；而对文化创意的版权保护则有利于为技术提供开发的素材，同时保障文化科技融合之后产生的商业利益。

在人才方面，一是要完善人才的福利系统，加强引进尖端人才。二是要改革教育体系，完善学科设置，从高校和研究机构当中培养复合型人才。或者依托国家重点科研项目，建设人才培养基地。还可以通过文化科技创意大赛等推动人才培养。

（三）完善顶层设计，健全园区生态

首先，国家设有文化部和科技部，文化部下设文化科技司，所以可以设立省市级的文化科技主管单位来贯彻落实上层关于文化科技融合的建设意见以及任务，部门之间职能更加明确，有助于工作效率的提高。同时，做好基地或者园区的战略规划，建立园区的常态考核体系和推出机制。园区内的企业也实行动态竞争管理，建设评价体系来评估融合效果，对表现优异的企业会加大扶持力度。

其次，完善产业园区的基础体系，设立公共服务平台（见图 2）。基础设施平台提供数字化硬件和软件集成，以及网络设施服务，保障园区内科技企业的基本发展条件。资源服务平台主要包括文化资源的采集以及文化科技资源之间的共享系统，能够促使双方充分交流，有利于文化创意的产生和文化科技价值的实现。技术转化平台则主要包括技术的转化系统和商业化交易系统，能够推动更多的融合结果实现商业效益。这些平台的服务可以交由文化科技中介机构去实现，以提高效率降低风险。[10]

最后，在公共服务平台、利益共享和风险共担机制成功建立起来的基础上，由政府牵头，通过国家级项目的带动作用，积极联合产业园内的生态主体，激发文化科技企业、高校、科研机构、工程研究中心、技术创新中心等相

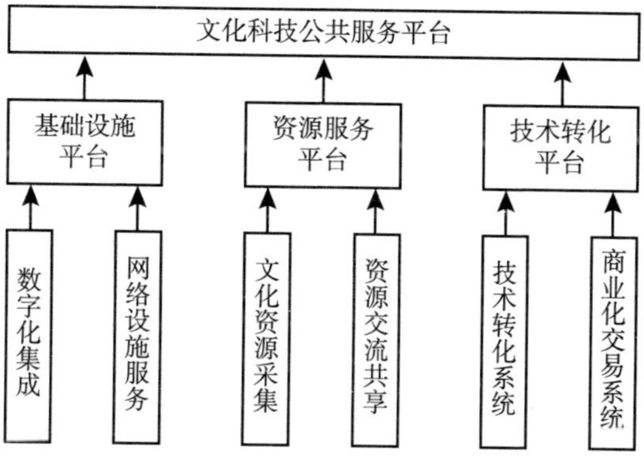

图2　文化科技公共服务平台

关机构之间的联盟的紧密合作，对外部效益明显的共性技术进行规划研发，逐步形成文化科技创新体系，并使之有效运转。[11]

总之，在文化科技融合步伐迅猛的阶段，要不断根据文化科技融合的具体实践来完善和优化政策体系。通过对我国现有政策体系的剖析，我们可以明确政府对于文化科技融合的引导方向和支持力度，政府不仅强势保障文化科技融合要素的投入，而且精心打造文化产业园区。然而随着融合进程的推进，相应的政策举措也要革新，尚未得到重视的要引起政府关注，已经有相应保障的要视实践的情况继续完善支撑体系。

参考文献

[1] 彭英、柯宋、洋洋：《文化科技融合理论研究——基于产业融合机制角度的分析》，《经营与管理》2013年第8期。

[2] 毕娟：《北京文化与科技融合模式与路径》，知识产权出版社，2013。

[3] 崔木花：《文化与科技融合内涵机理模式及路径探讨》，《科学管理研究》2015年第1期。

[4]、[6] 解学芳：《文化科技产业园区企业集群生态化与绩效评估体系构建》，《社会科学研究》2014年第1期。

[5]、[10] 段存广、高国武：《科技园区企业集群演化动力与模式分析》，《科学进步与对策》2011年第7期。

[7] 尹宏:《我国文化产业转型的困境路径和对策研究——基于文化和科技融合的视角》,《学术论坛》2014 年第 2 期。
[8] 黄玉蓉:《促进文化与科技融合亟须设立国家文化科技基金会》,《文化科技创新发展报告(2014)》,社会科学文献出版社,2014。
[9] 吴劲军:《深圳文化产业发展中的金融支持》,《中国金融》2012 年第 2 期。
[11] 邱晓燕:《产业技术创新战略联盟的支持政策研究》,知识产权出版社,2014。

B.22

文化科技融合创新的金融支持策略研究*

王丽　陈能军**

摘　要：文化科技融合创新有利于提高我国文化产业自主创新能力，增强我国文化产业的竞争力，为科技创新提供新的文化理念，推动传统产业结构的调整与升级，金融对文化科技融合创新具有重要的支持与推动作用。本文运用中国1995～2013年的文化、科技与金融数据建立了实证检验模型，首先考察了文化与金融、科技与金融之间的实证关系；结果指出，金融对文化和科技具有积极影响。其次本文考察了金融对文化科技融合的影响；实证结果表明，金融发展水平的提高促进了文化科技融合创新。根据实证结果，本文提出了相应的政策建议。

关键词：文化　科技　创新　金融

一　引言

随着中国市场经济体制改革的进一步深化，中国产业结构调整也在逐步进行中，长期以来中国以第二产业为主的产业结构已经开始改变，第三产业的比

* 本文系国家社科基金重大项目“文化科技融合创新的内在机理与战略路径研究”（项目编号：11&ZD023）、中央高校基本科研业务费专项基金项目“贸易强国视角下中国版权贸易发展战略研究”（项目编号：13XNH110）研究成果。

** 王丽，中国人民大学经济学院博士研究生，主要研究方向为服务业与金融发展；陈能军，经济学博士，深圳大学理论经济学博士后，主要研究方向为制度创新与文化创意经济、文化金融。

重不断上升。国家重视文化与科技的发展，政府鼓励创新，大力支持科技发展，提高中国技术创新能力和出口产品技术含量，促进中国由“中国制造”转变为“中国创造”。改革开放30多年来，中国的经济实力不断增强。中国是当今世界第二大经济体，国内生产总值仅次于美国，中国是当今世界第一货物贸易出口大国。国家综合实力不仅包括硬实力还包括软实力，中国拥有五千年的悠久历史，中国文化在世界上独树一帜，但当前中国的文化软实力并不强。随着中国经济体制的改革和产业结构的调整，文化与科技融合势在必行，文化与科技的融合将会促进中国软实力的提高，发挥中国文化的作用，扩大中国文化的国际影响力，同时带动科技发展和产业创新，促进中国企业技术水平的进步，加快国家自主创新的步伐。

在文化与科技融合的过程中，需要金融部门的大力支持。当前国内的金融市场正在进行改革，金融市场逐步完善，金融体系逐步健全。金融是文化与科技融合创新的有效推动力，许多文化与科技企业都是小微企业，融资问题是这些企业必须面对的问题，加大文化科技融合企业的金融支持力度，能够有效降低企业成本，为文化科技融合企业提供良好的金融服务平台，提高文化与科技融合企业的创新效率。同时有利于加快促进我国金融发展水平的提高，促进金融体系健全。对文化科技融合创新与金融之间的关系进行研究，不仅对当前文化科技融合创新具有重要的现实意义，而且对学术界加快文化科技与金融关系的研究具有重要的理论意义。

二　文献综述

学术界关于文化与金融、科技与金融的研究有很多，学术界主要基于两个方面进行研究，一方面是文化产业与金融支持之间的关系，另一方面是科技发展与金融之间的联系，将文化科技融合创新与金融联系在一起的研究较少，对文化科技融合的研究停留在现状表述和意义探讨上。钟荣丙（2013）从科技型小微企业的角度出发对文化科技融合创新的作用机理和表现形式进行了详细分析，并探讨了科技型小微企业技术创新的文化驱动模式和路径。陆淑敏等（2013）对文化创意产业与科技融合创新的意义进行了表述，同时探讨了中国文化创意产业与科技协同创新的模式。刘文丽等（2014）以1995~2011年中国25个省（市）的数据为样本考察科技金融对经济增长的影响，结果表明，科技金融对东部地区的经济增长具有显著的积极影响，对东中西部地区的影响存在较大差异，西部地区科技金融对经济增长的影响并不显著。曹颢等（2011）通过构建科技金融指数认为金融对科技的影响越来越大，但当前中国金融体制无法完全满足科技企业的融资需求。王认真（2015）运用空间计量方法考察2005～2011年金融与文化产业发展之间的关系，实证结果指出银行业对文化产业发展具有正向影响，证券业对文化产业发展具有负面影响，不同省域之间的影响系数具有很大差异。李凤亮、谢仁敏（2014）对当前中国文化科技融合创新的现状进行了详细分析，并探讨了文化科技融合创新的未来发展路径。雷舜东等（2012）运用了4个一级指标和12个二级指标构建了文化与科技创新融合的指标体系，利用层次分析法进行测算，证明文化与科技创新之间存在密切联系，文化与科技创新互相促进，中国的文化与科技创新融合度不断提高。韩平、李顺彬（2014）对文化与科技融合的原因、模式、效果进行了详细分析，并提出了加快文化与科技融合的建议。Kanatas 和 Stefanadis（2005）构建了理论模型考察文化特征如何影响经济与金融发展，结论指出文化是促进经济发展和提高金融系统效率的重要因素，宗教信仰与知识产权保护之间存在正向关系，较强的宗教信仰有助于建立一个更发达的金融体系，发达的金融体系是经济增长的重要推动力。Stulz 和 Williamson（2003）认为不同文化特征的国家对投资者的保护力度不同，宗教对债权人权利的保障具有重要影响，文化可以从三种渠道影响金融，第一种文化是影响国家的价值观，第二种文化是影响国家的制度和体系，第三种文化是影响经济中的资源配置。Hsu 等（2014）运用了1976～2006年32个发达国家和新兴市场国家的数据考察金融市场与技术创新之间的关系，实证结果表明，在股票市场越发达的国家中依赖外部融资和高技术密集型行业的创新水平越高，相反，信贷市场的发展不利于依赖外部融资和高技术密集型行业的创新水平的提高。孙伍琴、朱顺林（2008）发现金融对技术创新具有促进作用，这种作用正在不断加强。

三　金融对文化科技融合创新的作用机理分析

从企业的角度出发，文化与科技融合创新的企业越来越多，文化与科技产业园不断增加，文化激发了科技创新理念，完善了科技创新机制，文化影响企业的创新与管理理念，对企业的经营发展具有深刻影响；科技创新为文化产品提供了新的传播手段，丰富了文化产品的表现形式，科技的发展提高了金融资源的资金配置效率，促进金融体系不断升级。文化与科技企业在发展时需要资金，金融部门是我国企业融资的主要渠道，文化与科技企业人才引进、技术开发、规模扩大等都需要大量资金，文化与科技企业需要金融部门的大力支持，金融发展水平的提高和金融市场的完善丰富了文化企业的融资渠道，为中小企业发展提供强有力的资金支持；金融发展水平的提高为科技企业的发展提供重要支撑，促进国家科技发展水平的提高；科技发展水平的提高促进国内金融产品的创新，为金融发展提供有力的技术支持，提高国内金融体系的安全性，完善金融市场体系，减少金融系统漏洞，保障我国银行、证券等金融业的系统安全。

如图 1 所示，从国家的层面出发，文化的发展促进了科技水平的提高，科技发展水平的提高为文化的发展注入了新的活力，科技的发展为文化提供了新的传播手段和表现形式，大力推动了传统文化产业发展，促进了新型文化产业的产生，文化与科技相互促进、相互影响。金融是文化与科技发展的重要推动力，文化与科技的发展离不开金融的支持，文化产业的发展促进国内金融发展水平的提高，同时随着文化与科技相互融合的趋势日益明显，金融对文化科技融合创新的作用日趋显著，文化科技的融合创新离不开金融支持，金融的发展也离不开文化科技融合创新的作用。

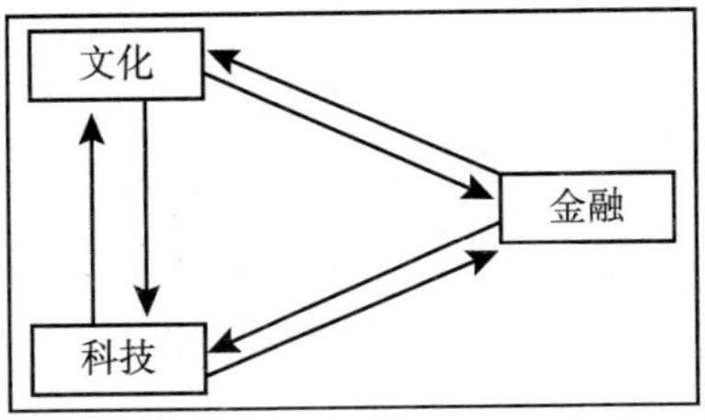

图 1　文化、科技与金融相互作用机理

四　文化科技与金融的实证检验

2013 年中国文化产业增加值为 21351 亿元，占国内生产总值的 3.63%，文化服务业增加值占文化产业增加值的比重最高，达到了47%，[①] 随着文化科技融合产业的发展，文化产业增加值在国内生产总值中的比重将进一步提高，文化科技融合创新的重要性日益突出。

1995年中国研究与开发（R&D）支出是348.7亿元，占国内生产总值的比重只有0.6%，随着国家对科学技术重视程度的不断提高，R&D支出不断增加，2013年R&D经费支出上升到1.33万亿元，占国内生产总值的比重上升到2.08%。中国科研活动人数不断增加，R&D科技活动人员1995年只有75.2万人，2013年上升到353.3万人，科研经费支出和科技活动人员的增加大大促进了国内科技发展水平的提高，促进了国内科技创新能力的提高。

随着中国经济结构的转型与升级，文化与科技融合的趋势越来越明显，国家对文化科技融合创新的重视程度不断提高。当前中国已经建立34家国家级文化和科技融合示范基地，其中北京中关村国家级文化和科技融合示范基地、成都国家级文化和科技融合示范基地等成为首批国家级文化和科技融合示范基地，国家对文化创意产业的重视程度不断提高，文化创意产业园不断增多，全国各省市文化科技融合企业不断增加，文化科技融合将为中国经济结构调整和转型带来新的发展机遇。

（一）文化与金融的实证检验

本文选取1995～2013年中国文化与金融的数据考察文化与金融之间的实证关系，以文化产业增加值来衡量中国文化产业的发展，以金融机构历年存贷款余额与GDP之比衡量中国的金融发展水平，同时选取了人力资本、外商直接投资、居民可支配收入、政府对文化产业支持度与文化产业就业作为控制变量，人力资本水平以中国高等学校在校人数表示，政府对文化产业的支持度以每年文化事业的支出经费来衡量，文化产业的就业情况以每年文化产业的从业人数来表示，中国高等学校在校人数、外商直接投资、居民可支配收入数据来源于中经网统计数据库，金融机构存贷款的数据来自历年《中国统计年鉴》，

① 《2014年文化制造业增加值占42.9%》，前瞻网，http：//www.qianzhan.com/qzdata/detail/149/150123-4b130630.html。

文化产业增加值、文化事业经费与文化产业从业人数数据来源于历年《中国文化文物统计年鉴》，为了避免出现异方差，本文对所有变量采取了对数形式，建立实证模型如下：

$$\mathrm{Ln}Culture_t = a_0 + \beta_0 \mathrm{Ln}FD_t + A \tag{1}$$

$\mathrm{Ln}Culture_t$ 指的是第 t 年中国文化产业的发展，$\mathrm{Ln}FD_t$ 指的是第 t 年中国金融的发展，A 指的是控制变量，包括 $\mathrm{Ln}HR_t$、$\mathrm{Ln}FDI_t$、$\mathrm{Ln}INC_t$、$\mathrm{Ln}CF_t$ 和 $\mathrm{Ln}CL_t$，其中 $\mathrm{Ln}HR_t$ 指的是第 t 年中国高等学校在校生人数，$\mathrm{Ln}FDI_t$ 指的是第 t 年中国外商直接投资实际利用额，$\mathrm{Ln}INC_t$ 指的是第 t 年中国城镇居民可支配收入，$\mathrm{Ln}CF_t$ 指的是第 t 年中国文化事业经费支出，$\mathrm{Ln}CL_t$ 指的是第 t 年中国文化产业从业人数。

表 1 文化与金融的实证检验结果

类别	系数	t 值	95% 置信区间
$\mathrm{Ln}FD_t$	0.9793615	3.44***	[-0.9368985, 3.202362]
$\mathrm{Ln}HR_t$	0.4580125	5.60***	[0.2797447, 1.6362803]
$\mathrm{Ln}FDI_t$	0.3214044	1.48	[0.1527057, 1.7955145]
$\mathrm{Ln}INC_t$	1.883816	3.76***	[0.8141812, 4.95345]
$\mathrm{Ln}CF_t$	0.5451478	2.32**	[0.1549904, 10.74796]
$\mathrm{Ln}CL_t$	0.0370294	0.40	[0.02349926, 0.2423985]
a_0	4.271847	3.81***	[1.474641, 10.01834]
R^2	0.9558		
调整后 R^2	0.9368		

表 1 中的实证检验结果表明，R^2 是 0.9558，说明模型的拟合优度很好。文化与金融呈正相关的关系，金融的发展对文化发展具有积极影响，金融是推动文化产业发展的重要动力。金融发展水平每提高 1%，将带动文化产业附加值增加 0.98 个百分点，政府对文化产业的支持力度越大，越能促进文化产业的发展，说明文化事业经费支出的增加促进文化产业附加值的增长。居民可支配收入的增加有利于文化产业的进一步发展，居民可支配收入的提高表示国内经济发展水平和居民消费水平的提高，经济发展将带动文化

产业发展。文化产业从业人员的增加有利于带动我国文化产业的发展与繁荣，文化产业从业人员每增加 1%，文化产业发展水平将提高 0.04 个%。文化事业经费投入是促进文化产业发展的一个有利因素，文化事业经费支出每增加 1%，文化产业发展水平将提高 0.55 个%，政府应该继续加大文化产业的财政支出，推动文化产业的快速发展。人才是文化产业发展的重要动力，文化创意产业需要人才支撑。人力资本水平每提高 1%，文化产业发展水平将提高 0.46%。外商直接投资的增加促进了文化产业附加值的增长，外商直接投资每增加 1%，文化产业附加值将会增长 0.32%，当前第三产业吸收的外商直接投资量不断增大，外商直接投资的增长促进了文化附加值的增长，为中国文化产业发展注入了新的活力。

（二）科技与金融的实证检验

本文选取 1995 ~2013 年中国科技与金融的数据考察科技与金融之间的实证关系，以专利授予数量来衡量中国科技发展水平，以金融机构存贷款余额与 GDP 之比衡量中国的金融发展水平，同时选取了人力资本、外商直接投资、居民可支配收入、R&D 从业人员、R&D 经费支出作为控制变量，人力资本水平以中国高等学校在校生人数表示，中国高等学校在校生人数、外商直接投资、居民可支配收入数据来源于中经网统计数据库，R&D 科技活动人员数、R&D 经费支出数量和金融机构存贷款的数据来自历年《中国统计年鉴》，专利授予数量来自中经网统计数据库，为了避免出现异方差问题，本文的所有变量采用对数形式，建立实证模型如下：

$$\mathrm{Ln}FT_t = a_0 + \beta_0 \mathrm{Ln}FD_t + A \tag{2}$$

$\mathrm{Ln}FT_t$ 指的是第 t 年中国科技发展水平，$\mathrm{Ln}FD_t$ 指的是第 t 年中国金融的发展，A 指的是控制变量，包括 $\mathrm{Ln}HR_t$、$\mathrm{Ln}FDI_t$、$\mathrm{Ln}INC_t$、$\mathrm{Ln}Labor_t$ 和 $\mathrm{Ln}RDS_t$，其中 $\mathrm{Ln}HR_t$ 指的是第 t 年中国高等学校在校生人数，$\mathrm{Ln}FDI_t$ 指的是第 t 年中国外商直接投资实际利用额，$\mathrm{Ln}INC_t$ 指的是第 t 年中国城镇居民可支配收入，$\mathrm{Ln}Labor_t$ 指的是第 t 年中国 R&D 科技活动人员，$\mathrm{Ln}RDS_t$ 指的是第 t 年中国 R&D 科技活动经费支出。

表 2 科技与金融的实证检验结果

类别	系数	t 值	95% 置信区间
$\mathrm{Ln}FD_t$	0.6866991 **	2.46	[0.077667, 1.295731]
$\mathrm{Ln}HR_t$	0.3416177 **	2.75	[0.0710571, 0.6121784]
$\mathrm{Ln}FDI_t$	-0.4927695	-1.73	[-1.114293, 0.1287542]
$\mathrm{Ln}INC_t$	1.887508 *	2.11	[0.981581, 4.373177]
$\mathrm{Ln}Labor_t$	0.3127685	0.62	[0.1900068, 1.415544]
$\mathrm{Ln}RDS_t$	0.5285209 **	2.53	[0.473581, 1.331219]
a_0	-0.3886775 ***	-14.62	[-0.5503212, 0.2606818]
R^2	0.9969		
调整后 R^2	0.9954		

实证检验结果显示，无论是 R^2 还是调整后 R^2，系数都很高，说明模型的拟合优度很好。金融发展对科技水平具有积极影响，金融发展水平每提高 1%，科技水平将提高 0.69%，金融是推动科技水平提升的一个重要推动力，居民可支配收入的增加促进科技水平的进步，居民可支配收入是居民消费能力的代表，当居民可支配收入提高后，居民消费能力提高，国内商品需求量迅速提高，推动了企业加快创新和研发，提高科技水平。人力资本是促进科技水平提高的重要因素，人力资本量每增加 1%，科技发展水平将提高 0.34%，人力资本水平的提高有利于高科技人才数量的增长，高科技人才的增加将会促进中国技术创新和科技发展。外商直接投资对科技产业发展具有负向影响，但统计上并不显著。我国吸收的外商直接投资多是劳动密集型产业，技术密集型产业较少，外商直接投资对我国技术进步的促进作用较小。科研经费支出每增加 1%，科技发展水平将提高 0.53%，说明科研经费的增加有利于鼓励技术创新，加快技术进步，我国应继续加大科研投入，鼓励科技发展。R&D 科研活动从业人员的增加是促进科技发展的一个有利因素，R&D 科研活动从业人员每增加 1%，科技发展水平将提高 0.31%。

（三）文化科技与金融的实证检验

为考察文化科技融合与金融之间的实证关系，本文在公式（1）和公式

（2）的基础上加入交叉项，首先以公式（1）为基础建立实证模型，其次以公式（2）为基础建立实证模型。

$$\text{Ln}Culture_t \times \text{Ln}FT_t = a_0 + \beta_0 \text{Ln}FD_t + A \quad (3)$$

$$\text{Ln}FT_t \times \text{Ln}Culture_t = a_0 + \beta_0 \text{Ln}FD_t + A \quad (4)$$

表 3　文化科技与金融实证检验结果

模型(3)			模型(4)		
变量	系数	t 值	变量	系数	t 值
$\text{Ln}FD_t$	0.7010114	2.19**	$\text{Ln}FD_t$	0.5684587	2.27**
$\text{Ln}HR_t$	0.2759714	6.73***	$\text{Ln}HR_t$	0.4174546	4.54***
$\text{Ln}FDI_t$	1.5499501	0.83	$\text{Ln}FDI_t$	-0.3995766	-0.66
$\text{Ln}INC_t$	0.3129065	4.46***	$\text{Ln}INC_t$	0.3780804	2.90***
$\text{Ln}CF_t$	0.2505743	1.96*	$\text{Ln}CF_t$	0.3318115	2.50**
$\text{Ln}CL_t$	0.1443353	5.33***	$\text{Ln}CL_t$	0.4185623	2.01*
a_0	-10.22379	-4.30***	a_0	-20.76382	-2.30**
R^2	0.9798		R^2	0.9718	
调整后 R^2	0.9696		调整后 R^2	0.9578	

表 3 的实证检验结果表明，模型（3）与模型（4）的 R^2 和调整后 R^2 的系数都很高，说明模型的拟合优度很好。金融对文化科技融合具有积极作用，金融是文化科技融合创新的有力支持，当金融发展水平每提高 1% 时，文化科技融合水平将提高 0.70%，国家在促进文化科技融合创新时，要注意发挥金融部门的作用，许多文化科技企业在发展时需要大量资金，金融部门是中小企业获得资金的重要渠道，国家应鼓励金融市场的发展和金融产品的创新，鼓励金融部门为文化科技融合提供良好的融资渠道，进一步促进文化科技企业的发展，带动中国文化科技的融合创新。人力资本是加快文化与科技创新融合的重要推动力，人力资本每增加 1%，文化与科技融合程度将分别提高 0.28% 和 0.42%。居民可支配收入对文化科技融合创新具有积极影响，外商直接投资是文化科技融合创新的有力推动因素，但统计上并不显著。R&D 科研人员的增加对于文化科技融合创新的作用大于文化部门从业人员的作用，文化部门的从

业人员每增加1%，文化科技融合程度将提高0.14%，同时，R&D科研人员每增加1%，文化科技融合创新将提高0.33%。文化事业财政支出经费的增加有利于促进文化与科技融合，加快文化与科技融合创新与发展，文化事业财政支出经费每增加1%，文化与科技融合程度将提高0.25个百分点。R&D科研活动经费的增加对加快文化与科技融合创新具有促进作用，R&D科研活动经费每增加1%，文化与科技融合水平将提高0.42个百分点。

五　结论与建议

本文以1995~2013年中国文化、科技与金融数据为样本，首先分别考察了文化与金融、科技与金融之间的实证关系，检验结果显示，金融是促进文化产业发展的有利因素，金融对科技发展也具有正向影响，金融是推动文化与科技水平提高的一个重要动力。其次考察了文化科技融合与金融之间的关系，引入了文化与金融结合的交叉项，实证结果表明，金融是文化与科技融合创新的一个有力支撑，金融发展水平的提高将促进文化与科技融合程度的提高。

第一，加快金融市场改革，完善金融市场体系。

资金是文化科技产业发展的重要基础，没有强大的资金支持，文化科技融合创新企业无法引进高端人才，无法进行技术研发与创新，无法扩大企业规模，所以文化科技创新与金融之间存在密切联系。当前中国金融体系仍然存在一些漏洞，中国金融市场并不完善，中小企业融资渠道狭窄，中国金融市场改革正在逐步推进中，金融市场正在逐步完善，互联网金融迅速发展起来，丰富了文化科技融合创新企业的融资渠道，加快金融市场改革，促进金融市场的完善，提高金融市场资金配置效率，为文化科技融合创新企业提供有力的资金支持，促进文化科技融合创新企业的发展。

第二，加强政策倾斜，促进文化、科技与金融协同发展。

文化、科技与金融之间具有相互促进、相互影响的关系，加快文化、科技与金融协同发展对于促进国家文化科技实力和金融实力具有重要意义。文化与科技融合创新是文化产业与技术创新的结合，金融是文化科技融合创新的重要支持。当前中国文化与科技融合创新的实力并不强，发展缓慢，没有形成规模优势。政府应该对文化与科技融合创新加强政策倾斜，大力扶持文化与科技融合创新企业，为文化科技融合创新企业创造良好的发展环境。同时文化产业需要借助新技术手段带动它发展，提高文化产业实力，促进国家经济发展水平的提高，加快中国技术创新步伐，提高中国文化企业的自主创新能力，提高中国文化产业的国际竞争力。金融部门应为文化科技融合创新企业提供融资便利，促进文化与科技融合创新小微企业发展，提高我国文化科技融合创新水平。

第三，加强高端人才培养，加快文化与科技融合创新步伐。

人才是文化与科技融合创新过程中的重要因素，我国正在大力推进文化与科技融合创新，高端人才对于企业技术创新与创意具有重要作用，目前许多企业与科研院校联合，为企业培养复合型人才，同时加快高校科研成果的转化。文化科技融合创新需要加快高端人才的培养，注重发挥高校作用，实现企业与高校联合培养人才，建立专门的文化与科技融合创新人才培养基地，整合教育资源进行专业培训，增强企业现有人才的专业能力，加强复合型人才的培养，加快文化与科技融合发展。同时，结合我国文化与科技融合创新的现状，引进国外高端人才，借鉴国外文化与科技融合创新经验，促进我国文化与科技融合创新。

第四，推动传统产业升级，加快文化科技融合产业链发展。

中国目前处于全球价值链与产业链的中低端，“中国制造”技术含量较低，中国产业结构亟须升级与调整，产业的升级与调整对于中国经济结构的转型具有重要作用。加快传统产业的调整与升级，推动技术密集型产业的发展，注重发挥文化与科技融合创新的作用，促进文化与科技融合创新的产业链的形成，必将带动传统产业链的升级，最大限度地发挥文化与科技融合的作用，以文化科技融合创新为中国经济发展注入新的活力。

参考文献

钟荣丙：《科技型小微企业技术创新的文化驱动和传承——基于文化科技融合创新的角度》，《改革与战略》2013 年第 9 期。

陆淑敏、饶元等:《面向科技融合的文化创意产业协同创新机制研究》,《西安交通大学学报》(社会科学版)2013 年第 5 期。

刘文丽、郝万禄、夏球:《我国科技金融对经济增长影响的区域差异——基于东部、中部和西部面板数据的实证分析》,《宏观经济研究》2014 年第 2 期。

曹颢、尤建新、卢锐、陈海洋:《我国科技金融发展指数实证研究》,《中国管理科学》2011 年第 6 期。

王认真:《中国省域金融支持文化产业发展空间影响分析》,《江西财经大学学报》2015 年第 1 期。

李凤亮、谢仁敏:《文化科技融合现状、业态、路径——2013 年中国文化科技创新发展报告》,《福建论坛》(人文社会科学版)2014 年第 12 期。

雷舜东、熊源、袁神:《文化与科技创新融合机制研究》,《科学管理研究》2012 年第 4 期。

韩平、李顺彬:《我国文化与科技融合机理研究——基于高新技术开发园区视角》,《产业经济评论》2014 年第 1 期。

Kanatas, G, Stefanadis, C, " Culture, financial development, and economic growth", *Financial Development, and Economic Growth*, 2005.

Stulz, R. M, " Williamson, R, Culture, openness, and finance", *Journal of Financial Economics*, 2003, 70 (3), pp. 313 – 349.

Hsu, P. H, Tian, X, Xu, Y, " Financial development and innovation: cross-country evidence", *Journal of Financial Economics*, 2014, 112 (1), pp. 116 – 135.

孙伍琴、朱顺林:《金融发展促进技术创新的效率研究——基于 Malmuquist 指数的分析》,《统计研究》2008 年第 3 期。

刘健、宋文文:《金融一体化,金融发展与海外净资产——基于面板门槛模型的分析》,《国际贸易问题》2014 年第 2 期。

陈思、潘澍:《科技创新与文化发展融合的源流路径探析》,《科学技术哲学研究》2014 年第 3 期。

B.23

文化科技融合背景下我国文化传媒产业的创新研究

——基于企业综合实力评价模型

王熠　毕莹*

摘　要：　全球范围内，文化科技背景下的传媒产业正极速发展，凸显了广阔的市场前景和产业竞争力。文化传媒产业的快速发展，成为国民经济的新增长点。基于大数据时代下文化科技融合的背景，以我国文化传媒产业近年来发展的现状、趋势和上市的文化传媒公司的综合实力比较等作为重点因素展开分析，对发展现状进行定性定量相结合的研究。通过因子分析和聚类分析构建文化传媒上市公司的综合实力评价体系，分析发展的趋势，并提出对策。

本文运用多元统计的方法，对文化传媒行业 39 家上市公司 2013 年 14 个主要财务指标进行了因子分析，提取了 4 个公共因子：企业规模效益因子、企业盈利能力因子、企业偿债能力因子、企业资产增长能力因子。根据各因子的得分，得出文化传媒行业 39 家上市公司的综合得分排名以及各因子的得分排名，并对该结果进行了详细的论证分析。在此研究基础上，本文根据各上市公司的综合得分进行了聚类分析，将这 39 家公司分成了 4 类，并对每一类进行了具体分析。最后，本文探索了文化传媒类产业科技创新途径，并

* 王熠，深圳大学文化产业研究院 2013 级艺术学专业硕士生，主要研究方向为文化创意产业；毕莹，深圳大学管理学院 2013 级硕士研究生，主要研究方向为统计分析、决策优化。

提出相应的对策建议，构想文化传媒产业未来的发展模式和媒介融合机制。

关键词：文化传媒　因子分析　聚类分析　综合实力评价

一　引言

随着经济全球化的迅猛发展，文化逐渐成为加强民族凝聚力与国家竞争力的关键，成为提升综合国力和城市文化软实力的核心要素。作为推动文化产业发展的“第一驱动力”——文化科技的融合创新则贯穿于文化传媒产业的新兴业态发展和新商业模式之中，“三网融合”“自媒体”“移动互联”等热词也昭示着文化传媒产业的裂变与跃升，促使着新的文化载体的发展。文化与科技融合背景下新媒体的发展趋势也催生着文化传媒产业的创新发展，从广播、电影电视、网络媒体到今天的移动互联网产业的兴起，都是文化载体巨大的进步与变革。

随着我国经济的高速发展，文化传媒产业也日益成为国家重点关注以及各地区着力推动发展的产业之一，是具有投资前景的朝阳产业。目前，国家也在不断地深入文化体制的改革，市场上受群众欢迎的文化种类繁多，文化传媒产业也越来越趋于多元化发展。由此可见，文化传媒产业也已经紧密联系居民生活，成为彰显城市创意活力的重要载体。文化传媒产业不仅具有良好的发展前景，同时充满着新的机遇和新的挑战。

对文化科技融合背景下的文化传媒产业上市公司开展综合实力评价研究，一方面为了帮助投资者对目前文化传媒产业上市公司的综合实力有一个较好的把握，给他们的投资决策提供较好的理论依据；另一方面便于文化传媒产业上市公司对影响综合实力的因素进行剖析，在推动企业进行自我诊断和创新发展上起了有益的探索作用，促使上市公司不断进行改善，更有针对性地增强企业综合实力及创新发展能力，从而吸引更多的投资。

从以往研究来看，目前已有很多的研究人员对上市公司的综合实力评价进行了研究，但是大多数的研究人员并没有对文化传媒产业的上市公司的综合实力进行研究，特别是在文化科技融合背景下的研究。由于不同行业的差异，针对文化传媒行业的上市公司依然缺乏一个较好的评价体系。基于以上这一点，本文在已有的研究基础上，参考部分现有的研究成果，从文化传媒行业 39 家上市公司的实际发展情况出发，采用因子分析和聚类分析的多元统计方法，以上市公司的 2013 年度主要财务指标作为依据，对 39 家文化传媒上市公司的综合实力进行综合评价，研究文化科技融合背景下的文化传媒行业发展的状况，同时结合文化科技融合背景下我国文化传媒产业创新发展存在的普遍问题，给出了五个方面的发展策略。

二　文化科技融合背景下我国文化传媒产业综合实力评价指标的建立

评价文化科技融合背景下我国文化传媒行业上市公司的综合实力，必须建立适当的指标体系。考虑到建立评价指标的全面性、科学性、可操作性、尊重历史惯例、可比性等原则，参考现有研究成果，结合实际情况，本文选取了十四个评价指标来构建文化传媒行业上市公司综合实力评价体系（见表 1）。

表 1　文化传媒行业上市公司综合实力评价体系

指标	名称	指标	名称
主营业务收入(万元)	X1	总资产利润率(%)	X8
主营业务利润(万元)	X2	总资产净利润率(%)	X9
营业利润(万元)	X3	净资产收益率(%)	X10
利润总额(万元)	X4	流动比率(%)	X11
净利润(万元)	X5	速度比率(%)	X12
总资产(万元)	X6	净资产增长率(%)	X13
流动资产(万元)	X7	总资产增长率(%)	X14

三　基于因子分析的我国文化传媒产业综合实力的应用研究

（一）数据收集和处理

本文结合实际，首先在东方财富网上搜到我国文化传媒行业分类下的所有上市公司，现有文化传媒行业分类下的所有的44家上市公司根据选取的14个指标，在网易财经网上搜集到需要的样本数据。由于山水文化公司的数据不全，因此搜集到的原始数据为43家文化传媒行业上市公司。

在进行因子分析之前，笔者首先需要对这43家公司进行处理，由于数据异常，为了得到较好的分析结果，因此剔除了四家公司：浙报传媒、蓝色光标、金亚科技、中文传媒。剩下39家上市公司，对其数据进行标准化处理。

（二）因子分析

因子分析是通过对原始数据相关系数矩阵内部结构的研究，将多个指标转化为少量互不相关且不可观测的随机变量（因子），以提取原有指标绝大部分信息的统计方法。

根据标准化后的数据，建立相关系数矩阵R，通过累积方差贡献率（共同度）可以看出，各指标对总体方差贡献率均大于0.8。接着进行KMO和Bartlett球度检验，如图1所示，KMO和Bartlett球度检验验证了采用因子分析方法的可行性。

KMO and Bartlett's Test

Kaiser-Meyer-Olkin Measure of Sampling Adequacy.		0.685
Bartlett's Test of Sphericity	Approx. Chi-Square	880.700
	df	91
	Sig.	0.000

图1　KMO和Bartlett球度检验结果

进行因子分析，根据特征解方程，计算特征值和特征向量，计算因子载荷矩阵，并将因子载荷矩阵旋转，将 14 个评价指标归结为 4 个主因子，并结合相关专业知识，将 4 个主因子分别命名为：企业规模效益因子、企业盈利能力因子、企业偿债能力因子、企业资产增长能力因子。因子载荷矩阵和旋转的因子载荷矩阵如图 2 所示，旋转后的总方差分解及因子的经济含义如表 2 所示。

Component Matrixa

	Component			
	1	2	3	4
Zscore：主营业务收入	0.851	0.203	0.182	0.088
Zscore：主营业务利润	0.947	0.157	0.144	0.005
Zscore：营业利润	0.932	0.123	0.028	0.066
Zscore：利润总额	0.955	0.070	0.069	0.019
Zscore：净利润	0.958	0.001	0.161	0.036
Zscore：总资产	0.860	0.334	0.151	0.141
Zscore：流动资产	0.875	0.230	0.340	0.024
Zscore：总资产利润率	0.298	0.909	0.035	0.228
Zscore：总资产净利润率	0.341	0.896	0.169	0.148
Zscore：净资产收益率	0.296	0.703	0.366	0.333
Zscore：流动比率	–0.195	–0.595	–0.635	–0.435
Zscore：速度比率	–0.179	–0.592	–0.626	–0.455
Zscore：净资产增长率	0.442	0.015	0.642	0.573
Zscore：总资产增长率	0.372	0.165	0.721	0.488

Extraction Method：Principal Component Analysis.
a.4 components extracted.

Rotated Component Matrixa

	Component			
	1	2	3	4
Zscore：主营业务收入	0.889	0.019	0.125	0.005
Zscore：主营业务利润	0.959	0.056	0.087	0.115
Zscore：营业利润	0.860	0.343	0.058	0.166
Zscore：利润总额	0.904	0.275	0.031	0.173
Zscore：净利润	0.946	0.199	0.020	0.095
Zscore：总资产	0.909	0.176	0.075	0.179
Zscore：流动资产	0.963	0.084	0.025	0.018
Zscore：总资产利润率	0.110	0.943	0.260	0.002
Zscore：总资产净利润率	0.111	0.943	0.211	0.154
Zscore：净资产收益率	0.046	0.891	0.113	0.132
Zscore：流动比率	–0.101	–0.128	–0.970	–0.127
Zscore：速动比率	–0.089	–0.123	–0.974	–0.102
Zscore：净资产增长率	0.210	0.044	0.105	0.938
Zscore：总资产增长率	0.095	0.210	0.124	0.924

Extraction Method：Principal Component Analysis.
Rotation Method：Varimax with Kaiser Normalization.
a.Rotation converged in 5 iterations.

图 2　因子载荷矩阵和旋转的因子载荷矩阵

表 2　旋转后的总方差分解及因子的经济含义

因子	特征值	贡献率(%)	累计贡献率(%)	包含指标	经济含义命名
F1	6.012	42.944	42.944	主营业务收入 X1 主营业务利润 X2 营业利润 X3 利润总额 X4 净利润 X5 总资产 X6 流动资产 X7	企业规模效益因子
F2	2.924	20.886	63.830	总资产利润率 X8 总资产净利润率 X9 净资产收益率 X10	企业盈利能力因子
F3	2.076	14.828	78.658	流动比率 X11 速动比率 X12	企业偿债能力因子
F4	1.913	13.667	912.325	净资产增长率 X13 总资产增长率 X14	企业资产增长能力因子

最后，为考察变量对因子的重要程度以及进行综合评价，计算因子得分。为了使计算结果误差最小，本文采用回归法（Regression）得到因子得分系数矩阵（见表 3）。以各因子的方差贡献率占 4 个因子总方差贡献率的比重作为权重进行加权求和，得出文化传媒行业 39 家上市公司的综合得分值 F 及综合排名，计算公式为：

$$F = (42.944\% F1 + 20.886\% F2 + 14.828\% F3 + 13.667\% F4) \div 92.325\%$$

表 3　综合得分及各因子得分排名

公司	综合得分	排名	F1	F2	F3	F4
中南传媒	1.4097507	1	中南传媒	腾信股份	华录百纳	蓝色光标
凤凰传媒	1.0382234	2	凤凰传媒	省广股份	视觉中国	浙报传媒
中文传媒	0.838938	3	中文传媒	光线传媒	粤传媒	华数传媒
蓝色光标	0.6699031	4	电广传媒	华闻传媒	华策影视	电广传媒
电广传媒	0.6602233	5	华闻传媒	华策影视	天舟文化	华谊兄弟
华谊兄弟	0.6513956	6	皖新传媒	思美传媒	歌华有线	乐视网
华闻传媒	0.6374046	7	华谊兄弟	华谊兄弟	新文化	博瑞传媒
浙报传媒	0.5239516	8	长江传媒	姚记扑克	中南传媒	长江传媒
皖新传媒	0.509165	9	时代出版	大地传媒	电广传媒	奥飞动漫

续表

公司	综合得分	排名	F1	F2	F3	F4
华录百纳	0.4561914	10	蓝色光标	皖新传媒	光线传媒	华谊嘉信
华策影视	0.3300763	11	歌华有线	新文化	蓝色光标	中文传媒
省广股份	0.2488342	12	省广股份	奥飞动漫	凤凰传媒	华录百纳
粤传媒	0.2015139	13	吉视传媒	华录百纳	皖新传媒	思美传媒
长江传媒	0.1740668	14	粤传媒	华谊嘉信	博瑞传媒	视觉中国
光线传媒	0.1685362	15	浙报传媒	博瑞传媒	中视传媒	华策影视
博瑞传媒	0.165115	16	博瑞传媒	中南传媒	浙报传媒	天舟文化
大地传媒	0.0454874	17	大地传媒	天威视讯	长江传媒	腾信股份
时代出版	-0.026456	18	新华传媒	浙报传媒	思美传媒	粤传媒
奥飞动漫	-0.053139	19	光线传媒	当代东方	出版传媒	当代东方
腾信股份	-0.064773	20	乐视网	吉视传媒	奥飞动漫	新文化
歌华有线	-0.100228	21	华策影视	蓝色光标	中文传媒	齐心集团
乐视网	-0.153316	22	奥飞影视	乐视网	华谊嘉信	光线传媒
新文化	-0.163884	23	华数传媒	时代出版	腾信股份	出版传媒
华数传媒	-0.17193	24	湖北广电	华数传媒	天威视讯	申科股份
思美传媒	-0.172253	25	出版传媒	湖北广电	姚记扑克	歌华有线
吉视传媒	-0.184684	26	华录百纳	粤传媒	时代出版	长城影视
视觉中国	-0.262829	27	天威视讯	凤凰传媒	申科股份	姚记扑克
姚记扑克	-0.279567	28	中视传媒	长江传媒	大地传媒	天威视讯
华谊嘉信	-0.34387	29	齐心集团	中文传媒	齐心集团	大地传媒
天威视讯	-0.395118	30	新文化	中视传媒	华谊兄弟	华闻传媒
天舟文化	-0.442335	31	姚记扑克	视觉中国	省广股份	新华传媒
湖北广电	-0.530349	32	天舟文化	出版传媒	华闻传媒	时代出版
中视传媒	-0.541895	33	申科股份	歌华有线	新华传媒	吉视传媒
出版传媒	-0.595255	34	华谊嘉信	天舟文化	华数传媒	湖北广电
新华传媒	-0.643101	35	思美传媒	齐心集团	乐视网	省广股份
齐心集团	-0.741565	36	视觉中国	长城影视	吉视传媒	皖新传媒
当代东方	-0.775194	37	长城影视	新华传媒	湖北广电	中视传媒
长城影视	-1.004582	38	腾信股份	电广传媒	长城影视	凤凰传媒
申科股份	-1.082452	39	当代东方	申科股份	当代东方	中南传媒

（三）结果讨论

通过各上市公司各因子得分的综合比较，对文化传媒行业 39 家上市公司的综合实力评价如下。

（1）根据表 3 可以发现，只有 17 家上市公司的综合得分为正值，而剩下 22 家上市公司的综合得分均为负值，表明文化传媒行业上市公司的综合实力有待提高。就企业而言，综合实力排前五名的公司是：中南传媒、凤凰传媒、中文传媒、蓝色光标、电广传媒。平均综合得分为：0.923。综合实力排名后五位的上市公司为：申科股份、长城影视、当代东方、齐心集团、新华传媒。其平均综合得分为 -0.849。比较平均得分发现，综合实力较强的公司与综合能力较弱的公司之间的差距较大，文化传媒行业发展呈两极分化趋势。

综合得分最高的两家企业为中南传媒和凤凰传媒，它们的综合得分均超过了 1 分，比综合得分排第四的蓝色光标高出 0.3 分多，比综合得分排名最后的申科股份高出 2 分多。比较得分最好的中南传媒和得分最差的申科股份发现，中南传媒的各项指标都高于申科股份，可见对于处于下游的企业，其仍然具有较大的上升空间。综合得分相接近的企业有：中南传媒和凤凰传媒；蓝色光标、电广传媒、华谊兄弟和华闻传媒，浙报传媒和皖新传媒，省广股份和粤传媒，长江传媒、光线传媒和博瑞传媒等等，分析比较这些得分相近的公司，发现这些公司的能力各有千秋。

（2）从第一个主因子企业规模效益因子来看，企业规模效益得分在前五位的公司是：中南传媒、凤凰传媒、中文传媒、电广传媒、华闻传媒；企业规模效益得分排在后五位的公司是：思美传媒、视觉中国、长城影视、腾信股份、当代东方。排名第一的中南传媒规模效益得分为 3.1286，排名最后的当代东方规模效益得分为 -1.1855，两者相差 4.2 分。可见虽然它们同为上市公司，但是企业规模效益仍具有较大的差异。在所有的公司中，只有 16 家公司的规模效益得分大于 0，其他 23 家公司的规模效益得分为负，即有超过 1/2 的公司规模效益有待改善。但是同时这些差距也说明了文化传媒行业上市公司之间的企业规模效益差距较大，行业优势资源只是集中在小部分的公司中。并且，比较分析可以发现，那些规模效益好的公司其综合实力往往也是较好的，比如中南传媒、凤凰传媒、中文传媒等。

（3）从第二个主因子企业盈利能力来看，企业盈利能力最好的公司是腾信股份。企业盈利能力得分排在前五位的公司是：腾信股份、省广股份、光线传媒、华闻传媒、华策影视；企业盈利能力得分排在后五位的是：齐心集团、长城影视、新华传媒、电广传媒、申科股份。盈利能力最好的公司腾信股份在总资产利润率、总资产净利润率、净资产收益率这三个指标上比盈利能力较差的申科股份具有绝对优势。

（4）从第三个主因子企业偿债能力来看，企业偿债能力较好的是：华录百纳、视觉中国、粤传媒、华策影视、天舟文化；企业偿债能力较差的是：乐视网、吉视传媒、湖北广电、长城影视、当代东方。在偿债能力较差的企业中，比如华闻传媒和华谊兄弟，虽然其综合实力得分排名分别为第7和第6，但是其偿债能力较差（排名分别为第32和第30），其速动比率和流动比率均较低，由此可见企业在成长发展中的不足，对于这些企业应该提高速动比率和流动比率，提高企业偿债能力。而虽然视觉中国的企业偿债能力得分较高，但是其综合排名却为第27。因而发现企业偿债能力虽然不是综合实力的关键因素，却是在衡量企业综合竞争力时需考虑的重要指标。

（5）分析第四个主因子企业资产增长能力。资产增长能力排名前五位的是：蓝色光标、浙报传媒、华数传媒、电广传媒、华谊兄弟；资产增长能力排在后五位的是：省广股份、皖新传媒、中视传媒、凤凰传媒、中南传媒。得分大于0的只有10家上市公司，而剩下的得分都为负，除了蓝色光标和浙报传媒资产增长能力得分超过3，华数传媒、电广传媒、华谊兄弟得分超过1，其他34家上市公司的资产增长能力得分均在 -1 ~1 之间。可见除了少数几家公司，其他公司的资产增长能力之间的差距并不是很大。对于规模效益较大的公司，比如电广传媒等，该公司的资产增长能力依然靠前，它的综合实力也较强。而分析得分排前三的三家公司，发现其净资产增长率和总资产增长率远远大于其他的公司，具有较强的优势。而凤凰传媒和中南传媒，虽然它们的资产增长能力分别排在最后两名，但是其综合实力却排在前两名，资产增长能力虽然反映企业的成长发展情况，在一定程度上能够说明一定的问题，但是其并不是衡量企业综合实力的关键指标。

从以上分析可以看出，虽然目前文化传媒行业发展不平衡，部分企业的发展存在一些问题，但是总体趋势是：那些规模效益较好的企业，在综合实力上具有更大的优势。而企业规模和企业的盈利能力是评价企业综合实力的最重要的指标。

四　基于聚类分析的我国文化传媒产业综合实力的应用研究

聚类分析[11]就是按照一定的类定义，对所研究的对象分类，可以从给定的数据中搜索数据之间有价值的联系，基本准则是将有较大相似性的个体归为一类，而将差异较大的个体归入不同类，即先定义一个合适的度量，然后计算任意两个样本之间的距离，当两个样本之间的欧式距离小于某个阈值时，这两个样本就属于同一类，反之则分为不同类。据第三节因子分析得到的综合得分，本文对39家上市公司的综合得分进行了系统聚类，采用Word法，选择四个聚类点，对39家上市公司进行分类比较，得出的结果如表4所示。

表4　聚类结果

第一类	天舟文化、时代出版、乐视网、奥飞动漫、天威视讯、吉视传媒、大地传媒、新文化、歌华有线、姚记扑克、华谊嘉信、腾信股份、思美传媒、华数传媒、视觉中国
第二类	光线传媒、博瑞传媒、华策影视、长江传媒、省广股份、粤传媒
第三类	浙报传媒、华谊兄弟、凤凰传媒、电广传媒、华闻传媒、中南传媒、皖新传媒、华录百纳、中文传媒、蓝色光标
第四类	中视传媒、湖北广电、出版传媒、新华传媒、当代东方、长城影视、申科股份、齐心集团

第一类包括15家公司，这些公司处在文化传媒行业中下游。这些公司有的是在某一方面能力较好，而其他几个方面能力较差，有的则是成绩平平，因此这些公司应该努力找出自己的不足，发现制约其发展的关键因素并加以改善，从而逐渐提高自己的竞争力和综合实力。

第二类包括6家公司，这些公司处在文化传媒行业中上游。这些公司虽然规模效益处于中等，但是它们在其他方面的能力具有一定的优势，发展前景比较广阔，因此这些企业，应该继续发扬其优势，努力弥补自己的不足之处，使得自己的各方面的能力平衡增加。

第三类包括 10 家公司，它们处于文化传媒行业上游。这些公司的规模效益较好，但是其他方面的能力仍有待提高，比如凤凰卫视和中南传媒，其公司资产增长能力很差，但是鉴于其规模效益较好，因此综合实力仍然排在前两名。而该类有些公司不仅总体规模效益较好，其他方面的能力也较好，比如华闻传媒，规模效益排第五，同时盈利能力排第四，电广传媒规模效益排第四，同时资产增长能力排第四。而对于其他的公司，虽然规模效益较好，但是在其他方面仍有不足之处，因此仍然需要不断地提高其他方面的能力，保持在文化传媒行业的领军地位。

第四类包括 8 家公司，它们是文化传媒行业上市公司中综合实力最差的企业。这些公司的规模效益处于行业中下游，它们的盈利能力也较弱，这些企业，应该不断增强各方面的综合能力。

五 文化科技融合背景下我国文化传媒产业创新发展策略研究

21 世纪是高速发展的移动互联时代，信息和数据深刻影响着经济的发展，同时，科技的进步促进着新一轮的传播变革，传媒产业、IT 产业、通信产业、文化创意产业得到新业态的融合交叉与创新发展，“大文化传媒业”成为大数据时代下信息交汇、知识传播的重要生产者和传播者。然而，目前中国文化传媒产业发展仍然面临着诸多问题，如政府过多干预、欠缺核心竞争力、城乡区域发展不均衡、国际传播与文化贸易能力较弱等，这些因素阻碍着文化传媒企业做大做强。针对以上问题，结合本文第三四节的研究结果，我们提出以下五个方面的发展策略。

（一）构建有效的市场机制，创新政策法规

建立一个有效的市场机制对我国文化传媒产业的可持续发展起着至关重要的促进作用，是增强我国文化传媒产业国际竞争力的必然要求，构建有效的文化传媒市场机制需从以下几个方面着手：第一，运用行政力量建立文化传媒产

业行业市场机制，消解产业和地区间的壅断，推动产业发展转型，培育一批具有国际竞争力和世界影响力的一流企业。第二，摸准行业发展的市场规律，出台产业健康可持续发展的切实可行政策措施。第三，政府服务立足于产业发展需求，例如公共咨询服务、公共后勤服务、公共信息服务。无论采取怎样的形式，都应立足于产业并促进产业合作深化发展，带动文化传媒产业的政策创新，政府应采用相关法律法规进行监管引导。

（二）遵循产业发展规律，实现媒体资源整合

文化传媒产业一直是文化产业中独具活力的一部分，它的健康发展有益于促进经济发展和价值生成。我国文化传媒企业应以我国文化底蕴和自身特点为立足点，形成文化传媒产业的文化裂变。文化传媒企业的深化发展需促进产业专业化分工，通过对整个业务链上的分工合作，在特定区域形成产业集聚群，同时应根据自身核心竞争力，探索自身核心业务的发展模式和经营特色，并在众多竞争对手中定位自己的战略发展目标。

在文化科技融合背景下，我国文化传媒企业应增强科技创新和文化输出能力，依托互联网通信技术，提升产业内容，进行跨国界、跨领域、跨公司的业态融合。通过多种媒体资源整合拓展，实现不同形态媒介的跨界合作，实现双赢互利，加快文化传媒产业技术变革和创新发展。

（三）融合文化科技资源，实现创新价值转化

文化科技融合代表了文化传媒产业未来的发展方向，高新技术产业是推进文化传媒产业的必要途径。通过对科技资源的深入开发、整合、创新、拓展，提高文化传媒产业的增值效应和科技创新效率，形成新的产业内容和业务增长点，推动文化传媒产业的形态、结构、内容以及运作方式的深刻变革。通过各种科技手段和渠道提升市场占有率，不断将信息人才、传播介质、传统文化等产业要素进行优化发掘和融合再造，形成独具创意的特色产品，进而增强国际影响力和社会影响力，实现资源创新价值的转化。

（四）加大人力资源投入，培养创新复合人才

创意人才的创造力是文化创意产业的核心资本，文化传媒类企业应注重加

大人力资源投入，并加强文化科技复合型人才的培养，形成一批具有融合创新能力的文化市场营销复合型人才队伍。文化传媒产业的发展需要不断引进创新型复合人才，通过“培养”和“引进”两个手段来构筑高端人才储备基地，同时，创新人才激励机制，完善人才选拔机制，制定相关的优惠政策来加大吸引力，最大限度发挥创意人才的潜质，建立起切合市场发展规律的开放式人才培养机制系统。

（五）整合产业链，促进媒介融合创新

文化传媒类产业要延伸产业链，在战略思维层面上需要整合相关资源，优化资源的配置，抓住移动互联网时代下高新技术发展所带来的产业竞争机遇。面对复杂纷呈的经济环境和文化市场，通过全产业链发展战略，构建多元化的盈利模式，化解经营风险。文化传媒企业应通过多种渠道进行多元化的创新产品开发和市场的多元化推广，拉动上下游相关产业的发展，形成一条多样化的动态产业链，促进新兴业态的融合创新，提高企业综合效益，从而带动整个文化传媒产业的经济结构转变，同时彰显了文化传媒产业的延伸性高附加值优势。

六　结论与建议

全球范围内，文化科技背景下的传媒产业正极速发展，凸显了广阔的市场前景和产业竞争力。文化传媒产业的快速发展，成为国民经济的新增长点。本文立足于大数据时代下文化科技融合的背景，运用多元统计的方法，构建文化科技融合背景下我国文化传媒产业综合实力评价指标体系，对我国文化传媒行业 39 家上市公司 2013 年 14 个主要指标进行了因子分析，根据各因子的得分，得出文化传媒行业 39 家上市公司的综合得分排名以及各因子的得分排名，并对该结果进行了详尽的分析。并在此分析结果的基础上，根据各上市公司的综合得分进行了聚类分析，将这 39 家公司分成四类，并对每一类进行了具体分析。综合以上的分析，结合目前中国文化传媒产业发展仍然面临的诸多问题，如政府过多干预、欠缺核心竞争力、城乡区域发展不均衡、国际传播与文化贸易能力较弱等，得出文化科技融合背景下我国文化传媒产业创新发展的结论和

建议是：

（1）构建有效的市场机制，创新政策法规；

（2）遵循产业发展规律，实现媒体资源整合；

（3）融合文化科技资源，实现创新价值转化；

（4）加大人力资源投入，培养创新复合人才；

（5）整合产业链，促进媒介融合创新。

总之，文化传媒产业虽然是朝阳产业，是居民生活不可或缺的一部分，但是文化传媒产业的发展需要企业的大力推动。文化传媒企业应该不断完善其各方面的能力，依托自身资源优势找准定位，寻求市场需求的突破口，改善自己的不足，不断提高自身的综合实力，才能在快速发展的时代中占据一席之地。在文化科技融合背景下，数字媒体时代的到来，使媒介融合形态逐渐成熟，由内容融合、网络融合、终端融合所构成的媒介融合形态获取着最大化的市场，带领文化传媒产业不断走向繁荣。

参考文献

杨曦、沈颂东、鲍枫：《促进文化传媒产业快速发展的对策研究》，《经济纵横》2013年第7期。

李克俊：《我国钢铁行业上市公司实力的综合评价》，《四川经济管理学院学报》2010年第21期。

杨超：《浅析我国上市公司综合实力的影响因素》，《黑龙江对外经贸》2011年第4期。

赵海玉：《房地产上市公司综合实力评价机制研究》，重庆大学，2008。

贾炜莹：《基于因子分析模型的物流业上市公司综合实力评价》，《商场现代化》2006年第22期。

臧志彭、崔维军：《制造业上市公司综合实力评价与特征分析》，《统计与决策》2008年第4期。

糜青：《广东省上市公司综合实力实证研究》，广东工业大学，2006。

吴星、张红、张鑫：《中国房地产上市公司综合实力评价研究》，《中国房地产金融》2003年第9期。

东方财富网，http：//quote. eastmoney. com/center/list. html#28002486_ 0_ 2。

网易财经，http：//quotes. money. 163. com/0601098. html#9b01。

何晓群：《现代统计分析方法与应用》（第二版），中国人民大学出版社，2007。

罗长海：《创新文化与企业创新价值观的塑造》，《中国人民大学学报》2005 年第 4 期。

吴彤：《多样性的科学形象——从复杂性研究视野看科学》，《社会科学》2009 年第 1 期。

李放：《中国传媒产业发展研究》，北京交通大学，2009。

Anthony. "MEDIA; China's media industry faring better than west's as global economic crisis bites". *TMT China Weekly*, 2009.

B.24

“互联网+”背景下文创众筹的现状及对策研究

朱 芳*

摘 要：“互联网+”是我国经济新常态背景下从事文化创意产业发展研究的重要依据。众筹，自其诞生之时便与互联网牢牢地结合在一起，近年国内的众筹平台更是呈现飞速发展的态势。而在参与众筹的诸多项目中，文创项目不仅在项目数上占据了主导地位，同时募资的金额也占总募资额的一半以上。本文将联系“互联网+”的大背景，结合互联网金融的发展，对文创众筹发展的现状进行分析，并探讨其中存在的主要问题及产生原因，例如文创众筹平台的运营模式问题、文创众筹的可持续发展问题等，最后提出发展的思路和解决问题的路径。

关键词：“互联网+” 文创众筹 众筹模式

一 引言

2015年3月5日十二届全国人大三次会议在人民大会堂开幕，李克强总理在政府工作报告中，首次提出要制定“互联网+”行动计划，推动移动互联网、云计算、大数据、物联网等与现代制造业结合，促进电子商务、工业互

* 朱芳，深圳大学艺术学理论专业硕士生。

联网和互联网金融健康发展，引导互联网企业拓展国际市场。[①] 互联网的发展历程不过三四十年，却深深地影响着当代人的日常生活。从最初的仅限于军事通信业的运用到门户、游戏、搜索和社交的时代，互联网经历了信息平台、移动工具等形态，而“互联网+”对互联网属性的重新定位使其由传统的工具转为平台，继而转为聚集大数据和云计算的大资源圈。据华泰证券互联网行业首席分析师王禹媚分析：“互联网+的时代，原有产业链的渠道和品牌成本将被消除，也就是说，服务或者产品将直接提供给需求者。”[②] 这似乎跟O2O的模式颇为相似，但O2O的所谓线上结合线下的模式更多还是将互联网平台看作一个媒介工具，其主要着力点还是线下。而“互联网+”所讲的互联网与传统产业的结合，是将传统产业所具有的资源、要素同互联网上的信息、流量进行有效整合，以一种既不同于传统产业又与一般互联网相区分的“互联网+模式”。

互联网金融是“互联网+”的典型产物，被认为是传统金融行业与互联网相结合的新兴领域。而众筹就是互联网金融的一个重要发展模式。互联网的新技术发展与制度创新拓展了众筹的理念与实践。从理念上来讲，当前语境下的众筹应该加上“互联网”这一限定背景，目前的众筹项目基本上是利用互联网等新媒体平台来开展公众募资活动的；从实践上来讲，众筹所涵盖的范围和涉及的领域在不断拓展，不仅覆盖金融业、文化创意产业等领域，甚至延伸到个人的消费生活领域等。“众筹通过发动公众筹集资金以完成相关的想法与创意，相较于传统融资方式体现出更加大众化、开放与高效的特征”。[③] 当前我国的中小企业特别是中小微文化企业面临着融资难、融资渠道有限、融资成功率低等问题。在清科集团发布的《2014年中国众筹模式上半年运行统计分析报告》显示，2014年上半年股权类众筹融资需求近20.36亿元，实际募集金额仅1.56亿元，市场资金供给规模仅占资金需求的7.64%。[④] 众筹的方式将民间资本有效地引入市场，适合我国草根融资者的需求，可以为中小企业特

① 李克强：《2015年政府工作报告》。

② 《重构的三次方，我们迎来最好的时代》（“互联网+”系列报告之一：总概篇）。

③ 黄河、刘琳琳：《出版众筹运作方式及发展路径》，《中国出版》2014年第20期，第6页。

④ 《2014年中国众筹模式上半年运行统计分析报告》，2014年7月由清科集团和众筹网联合发布。

别是创业企业解决融资难的问题。文化创意企业由于自身的重创意、轻资产、少抵押的特点，导致其与传统金融机构风险管理的要求存在落差。而众筹的出现却能够与文化创意企业达到契合，它不仅为文化创意企业的发展带来了大量资金，同时也带来了把文创产品从小众推向消费级市场所需的资源。根据对众筹概念的追根溯源，我们也可以看到与传统产业相比，文创产业从一开始便与众筹有着千丝万缕的联系。

二 关于文创众筹

根据世界银行于2014年3月发布的"*Crowdfunding's Potential for the developing World*"（《发展中国家众筹发展潜力报告》）显示，众筹模式已在世界范围内（尤其是发达国家）形成数十亿美元的产业，而随着众筹的全球蔓延，发展中国家通过发展众筹来实现对创意的扶持、经济的增长以及就业的增加显得尤为重要。预计到2025年，中国众筹规模将达到460亿美元至500亿美元，全球规模将达到960亿美元。[①] 从中国目前的众筹规模来看，众筹市场拥有巨大的发展空间，未来将迎来快速增长的局面。

但是，由于众筹在我国的兴起和发展时间还不长，对众筹的理论研究还远远没有跟上其发展的速度。从国际、国内的众筹发展情况来看，对众筹模式的分类目前业界尚未形成定论，通过对国内外文献的研究，一般来说，我们有以下几种分类标准。根据众筹的回报方式的不同，我们可以将众筹模式分为以下四类：回报众筹（也叫奖励型众筹），又分为实物和服务两种，以KickStarter和青橘众筹（原中国梦网）为代表；股权众筹，以Crowdcube和人人投为代表；债券众筹，以LendingClub和Prosper为代表；募捐众筹，以IndieGoGo为代表。而根据众筹平台上的众筹项目内容，又可以分为文创众筹、公益众筹、地产众筹等。在国内第一大众筹平台众筹网上成功筹资的2000多个项目中，艺术、娱乐、出版等占了相当大的比重，而这些项目又都属于文化创意这一类别，在此，我们将文化创意业通过股权众筹、回报众筹

① 《2014年中国众筹模式上半年运行统计分析报告》，2014年7月由清科集团和众筹网联合发布。

等方式对文化创意初创企业或者是文化创意项目进行融资的模式称为文创众筹。当下比较有影响力的文创众筹网站平台主要有众筹网、文创汇、摩点网等。本文对文创众筹现状进行梳理时，主要通过宏观视角来把握整个文创众筹的主体要素（即筹资人、出资人和众筹平台）；对文创众筹中存在的问题进行研究时，我们将从微观层面即对众筹网、文创汇（Allcci）、摩点网三个众筹网络平台的分析来发现出文创众筹发展中遇到的问题，并根据问题存在的原因提出相应的解决思路。

三　文创众筹的现状分析

在英国，文化创意产业被看作是"穷人"的行业，而能够改变这个行业中"穷人"命运的条件就是拥有一部好的作品。在文化创意产业中，好的作品就意味着拥有创意十足的内容或者形式，因此，这也决定了文创众筹项目一定要有创意、接地气。只要你有一个好的点子，寻找一个合适的众筹平台，对于众筹回报进行吸引人的文字描述，你就可能打造一个成功的文创项目。据我国首份针对文化产业采用众筹模式融资的报告显示，2011 年，文化项目成功个数不足 10 个，到 2013 年，文化项目成功个数将近 150 个，文化项目融资规模从 2011 年的 6.2 万元增长到 2014 年末的 1278.9 万元，增长幅度惊人。① 据《速途研究院：2014 中国网络众筹分析报告》数据显示，众筹规模在 2014 年，各个季度都达到了成倍增长的势头，其中文创类项目募资金额占总募资规模的 65%。

（一）筹资人

筹资人，作为一个众筹项目或者是初创企业的发起者，通常是个体或者小微企业，他们急需一笔资金来解决项目创建和创业初期所遇到的问题。现在我国大力倡导大众创新、万众创业，对创意的鼓励达到一个前所未有的高度，而互联网的开放，使得有创意有梦想的普通人可以有更多的途径进行筹资，来实

① 马骏、胡磊鑫：《众筹视角下我国文化创意产业发展促进和制约因素的思考》，《商场现代化》2014 年第 22 期。

现自我价值。一般来说，进行众筹的文创项目是以筹集资金为目的的，但也有部分个人或者是企业并不缺少启动资金，他们多半选择比较成熟的专业众筹平台或者附属众筹平台（如众筹网、京东众筹、淘宝众筹等）进行项目众筹，是为了加强与受众的交流互动，增强受众的个性化体验，从而达到对自身产品的初期市场分析、宣传推广和网络营销的额外目的。对于众筹项目来说，发起者可谓是至关重要的，一个项目是否能够取得成功很大程度上由其发起者的条件来决定。前面两种选择就代表了两类不同的发起者，前者多半是自身的基础比较薄弱，即使拥有很好的点子，也缺少资金和人脉，而后者多半是粉丝经济的引领者，自身拥有一批粉丝，通过众筹平台来分析目标受众，寻找潜在客户。我们分析众筹成功的项目案例发现，如果筹资人拥有良好和全面的素质，其项目的成功率将大大升高，当然如果你再有一定的人脉资源就更是如虎添翼。反过来，如果筹资人对于所筹项目本身就没有很好的定位和想法，也无法向出资人描述要达到的众筹目的，那么此类项目是很容易淹没在众筹平台的失败项目当中的。

（二）出资人

在互联网上，出资人不再受到地域的限制，数量庞大的一般互联网用户可以成为“天使投资人”。当项目众筹成功时，出资人将获得事先约定的回报，或是一款产品或是一项服务。在这个过程中，出资人相当于提前支付资金来购买产品和服务，以此来帮助筹资人生产出相应的产品和服务，这样不仅出资人可以参与到产品的生产过程中去，筹资人也能够迅速找到目标用户，从而大大缩短了从产品生产到销售的时间距离，同时也能通过众筹平台的大数据分析获得出资人的个性化喜好和长尾需求。与其他众筹项目相比，文创项目的出资人更偏向于精神性的消费需求，文创众筹项目的产品或者服务为出资人提供了某种精神上的享受或者是消遣娱乐，其精神价值大于功能作用，有利于满足人们大众的个性化精神需求。当然，随着我国互联网金融的快速发展和文化创意产业的不断升温，越来越多的投资人也逐渐重视文创投资的收益。虽然比起美国的“全民投资”的众筹环境来说，我国的普通大众还稍显谨慎，但不可否认的是，越来越多的人选择用互联网的方式来参与到文创产品的生产与服务的提供以及互联网金融的投资浪潮中来。

（三）众筹平台

所谓众筹平台，即以特定互联网网站为筹资的平台。互联网众筹平台为筹资人和出资人搭建起项目发起和资金资助的桥梁，因此众筹平台在这个过程中扮演了维系二者关系的角色。一方面，众筹平台需要辅导和监督筹资人，帮助筹资人更好地完成项目筹资；另一方面众筹平台也要维护出资人的利益，保障支付的便捷通畅以及筹资成功后回报的实现。这样多重的身份决定了众筹平台责任重大、功能强大的特征。从时间维度上来看，现在国内已粗具规模的文创众筹网站有2011年上线的追梦网、天使汇、觉JUE.SO等；2012年上线的众筹网、淘梦网等；2013年上线的乐童音乐、5SING众筹等；2014年上线的淘宝众筹、京东众筹、文创汇等。这些平台的定位或是综合化或是专业化，但都存在一定的差异性，专注于不同的垂直细分领域，如天使汇是做股权众筹，而淘梦网则专注于微电影众筹。从盈利模式来看，众筹平台以向成功的众筹项目收取相应的服务费为主，而一些垂直平台开始提供附加服务，如淘梦网提供微电影的众筹、投资、营销、发行等服务。2014年6月文创汇正式上线运营，相比较其他平台，文创汇是国内第一家定位于文化创意产业领域的众筹平台。

四　文创众筹存在的主要问题

文创众筹使越来越多的民间资本进入文化创意行业，不仅帮助了文化从业者实现了自己的梦想和创意，也解决了部分文创企业融资难以及创业期的资金链问题，同时也使得更多优质的文创项目走向大众，形成良好的社会效应。众筹网络平台作为沟通筹资人和出资人的桥梁，在众筹过程中扮演了必不可少的角色。因此对于典型文创众筹平台的分析可以使得我们比较全面地了解文创众筹的发展模式，同时也能够比较准确地把握文创众筹发展中存在的问题。

上线于2013年2月的众筹网是中国最具影响力的综合众筹平台，它致力于为项目发起者提供筹资、孵化、运营等一站式的综合众筹服务。众筹网目前的主营项目为七大品类：科技、公益、出版、娱乐、艺术、农业、商铺。从众筹网平台检测到的网站数据来看，众筹网上线项目总数已达8177个，累计支持人达 293201 人，累计筹资金额达 93950837，其中文创项目的成功筹资率达 75%。除了为筹资人提供发布项目服务、营销服务、信息服务之外，众筹网联合乐童音乐、欧洲万像、原始会、万通自由筑屋、声演坊、爱乐汇等合作伙伴进行活动服务、线下路演和投融资服务。其盈利模式一方面是收取 1.5% 的资金支付渠道费，另一方面是通过提供增值服务获得额外费用。①

文创汇（Allcci）于 2014 年 6 月正式上线，是专注于文化创意产业领域及相关的众筹平台，为小微文化企业或是项目发起者提供融资服务、人才培养、项目孵化、运营支持、文创园对接等一站式综合众筹服务，它的众筹项目虽是定位于文化创意领域，但是分类比较杂，包括：非物质文化、国学教育、地方工艺、文化旅游、民族音乐、文创设计等。由于上线时间不长，文创汇平台上众筹的项目相对比较少，已上线的 8 个项目，只有 3 个筹资取得成功。文创汇平台主要提供发布项目服务和线下路演，此外，它还联合天地人律师事务所为网站用户提供法律文本服务、风控体系建设、法律咨询和后续融资服务。对于众筹成功的项目收取 5% 的服务费用作为平台的运营费用，从目前上线项目来看，其收取服务费用远远不能支撑平台的运营。②

摩点网上线于 2014 年 4 月，主要专注于游戏、动漫、影视、文学等文创领域的众筹平台。目前上线项目数量为 80 个，成功筹资项目为 35 个，成功率为 44%。从摩点网上公开的项目服务协议可以看出，其提供的服务内容主要是发布项目、宣传推广、项目众筹资金的统计及结算、委托第三方支付公司提供众筹资金的代收代付服务等。而摩点网的众筹项目多为游戏，因此它与发行平台触控科技、乐逗、渠道资源 360、百度，以及新媒体虎嗅和游戏葡萄有很好的合作关系。摩点网同其他两个众筹平台相似，也对成功众筹的项目收取 5% 的平台服务费。值得一提的是，2014 年上半年众筹领域的两起投资事件就有一件与摩点网有关，即摩点网获得种子天使 1000 万人民币的投资。③

从以上三个案例的基本情况，我们可以分析出，众筹作为互联网金融的重

---

① 相关数据来源于众筹网，http：//www. zhongchou. cn/。

② 相关数据来源于文创汇，http：//www. allcci. com/。

③ 相关数据来源于摩点网，http：//www. modian. com/。

要手段，为小微企业提供了一种新型的融资渠道，但总体来看，众筹模式还处于"雷声大雨点小"的窘境，主要存在以下问题。

（一）优秀文创众筹项目的数量偏少

新上线的文创汇和摩点网平台上，文创众筹项目并不多，虽然由于其他众筹平台如众筹网和淘宝众筹等相对成熟平台的竞争造成了一部分文创项目的分流，但是从整体来看，优秀文创众筹项目的数量仍然是偏少的。一般好的文创项目出于对自身创意的保护或者受到其他投资机构的关注，不愿意通过众筹平台来筹集资金，因此，通过众筹模式培育出的优秀项目很少。目前极具创意和实力的创业团队太少，这就导致了诸如《大鱼·海棠》等成功项目难以复制，并且即使有文创项目筹资获得成功，也不全是优秀的文创众筹项目。

（二）文创众筹平台运营模式的不完善

国内众筹网站在发展之初以比较多的盈利模式为收取项目服务费来维持网站的运营，如文创汇，但是原创优质文创项目数量无法满足众筹网站所需限制了众筹网站的进一步发展。众筹平台的定位决定了其运营模式的选择。众筹网成立较早，经过一两年时间的摸索，将原来综合类的项目集中至7个，有利于其将有限的资源应用到优势的项目上去，摩点网聚焦于游戏等4个领域的项目众筹，可谓是走的垂直化、专业化、细分化的道路，而文创汇明显处于定位模糊阶段，因此，虽然它们都以收取服务费为盈利模式，但众筹网与摩点网的运营模式更符合众筹的未来发展趋势。尽管如此，与国外成熟的众筹平台相比，国内的文创众筹平台依旧存在运营模式不完善的问题。从众筹融资模式的运作流程来看，部分众筹网络平台在项目准备、项目融资以及项目经营中的角色定位依旧模糊，包括第三方的支付手段和技术也存在一定的风险，这样就严重阻碍了众筹平台的进一步发展。此外，从平台自律、信息披露、风险控制和投资者的教育、监管措施来看，众筹平台还需一个长足的发展过程。

（三）文创众筹项目的可持续发展动力不足

一个成熟的创意造就了一个成功的文创众筹项目，发起人获得一定的资金来解决产品生产的资金问题，但单个项目的集合并不一定形成联动的整体，对于进行文创众筹融资的文创企业来讲，未来的可持续发展比起单个项目的成功更为重要。而众筹平台上多的是成功的文创项目，而鲜有文创众筹成功的创业企业。当然，这与文创企业本身的生命力有很大关系，但明显的是，众筹平台可以为这些文创企业做得更多，以推动它们进一步的发展。

（四）文创众筹融资面临监管趋紧和法律风险

目前，我国金融监管太严，民间金融生存空间狭小，而传统银行的门槛很高，中国绝大多数中小微企业尤其是文创企业被拒之门外，企业的融资需求无法得到满足。股权众筹模式，在一定程度上填补了传统金融机构无法满足的市场空白，有效解决了中小企业融资困难的问题，提高了民间资本的活跃度。证监会于2014年曾计划出台国内首份规范众筹行业发展的融资管理办法，但之后延期出台，若此新政出台将对文创众筹模式产生一定冲击。2012年，美国通过签署JOBS法案，对众筹及其相关方面做出法律解释与法律规范，有力地促进了美国众筹平台的良性发展。而目前在中国，并没有相关的立法鼓励政策，众筹筹资很容易变成非法融资，众筹平台承担了极大的法律风险。

五　发展思路

针对文创众筹存在的四个问题，我们也提出以下四个方面的发展思路。

（一）培育更多优秀的文创众筹项目

政府要加强对创意氛围的营造，加大对创意、创新的鼓励支持，吸引大众参与到文创项目的生产和打造中来，形成全民创意创新创造的良好局面。优秀的文创项目不仅要有好的故事，能够打动别人，并且应该设置合理的回报来培养支持者的参与感和荣誉感，同时项目发起人要尽可能在社交媒体上与支持者进行良好互动，做好传播推广和维护关系的工作。这样就要求筹资人或者筹资团队自身要具备良好的素质，对于要进行的众筹项目要想得更深更透，众筹平台对筹资人要提供相应的筹资培训服务，而且也应该鼓励有相同兴趣爱好、知识背景的支持者参与到项目的过程中，通过众筹平台组织的项目发起培训、线下交流活动、路演活动等，三者进行有效的沟通、交流与联动，共同创造优秀的文创众筹项目。

（二）完善文创众筹平台的运营模式

文创众筹平台有很多功能，筹集资金只是其中之一，众筹平台同时还是一个文创产品或项目展示、营销的平台，如果某个项目进行众筹后迅速获得成功，将会有很多媒体关注，并且谁筹集到的资金多谁获得的关注就多，因此文创众筹网站平台实际上是融资、营销一体化的。当然，文创众筹平台的最佳运营模式远不仅限于此。完善文创众筹平台的运营模式，首先一点就是要定位清晰，把握众筹发展的趋势。其次，要平衡回报型众筹和股权众筹的发展比例，回报型众筹越来越成为文创众筹项目的营销手段，而根据国家经济政策的转向来看，股权众筹的未来发展潜力巨大。因此，文创众筹平台要把握好二者之间的比例关系。再次，要建立平台自律、信息披露、风险管控制度，完善支付手段和提高网络技术，进一步为投资者和筹资人做好服务。

（三）促进文创众筹项目与初创企业的可持续发展

对于个体发起人来讲，一个成功的文创众筹项目筹得资金，完成一次独特的经历，不会造成很大的影响；但对于创业团队或者是初创企业而言，一个成功的文创众筹项目可能带来的是很大的关注与更多的投资。文创众筹若要成为文化创意产业的重要融资渠道，必须保持可持续发展。因此，文创项目的筹资成功并不是融资的结束，而是开始。初创企业的文创众筹项目从一开始发起，便应该具有更长远的发展愿景，无论是众筹开始、进行还是结束后都要与选择的文创众筹平台进行沟通。众筹平台要引进领投人、众筹项目营销、推广机构、商业咨询公司、法律公司等，由此形成文创众筹生态圈，对投资人、创业者和小微企业的可持续发展提供全方位的支持。

（四）完善监管体系，制定适应众筹发展的法律法规

相较于美国针对众筹签署了 JOBS 法案，我国在众筹法律法规方面还十分滞后。为避免众筹中出现诈骗、非法资金池、吸收公共存款等法律边缘问题，不仅要对我国的众筹市场环境做出相应调整，更应尽快明确众筹的监管

机构，对众筹平台进行监管并制定监管法规。同时，也要借鉴国际经验，结合本土众筹发展的实际情况，制定适应众筹发展的指导意见、法规政策等，例如：明确众筹平台的监管责任，划清众筹筹资与非法集资等犯罪行为的界限，设置众筹分类的参考标准，加强众筹行业相关数据的统计与监测工作等。

B.25

协作、交流与融合*

——如何协助城市实现创意溢出

（比利时布鲁塞尔）KEA 欧洲事务所**李竞爽 编译

摘　要： 创意源于能力与环境的结合。它与人的想象力和挑战现状的能力相关。这种能力的特点在于不可预测，它是发散思维、认知要素与人类感官和情感表达的结合。在结合的过程中，环境和地点是创意涌现的重要因素。因此，城市为创意释放提供了一个有利环境，为创造力的释放提供了“容器”。

没有创意就不会有音乐、诗歌、绘画、文学以及所有和艺术、文化及创意产业（CCIs）相关的活动。创意有助于文化创造。文化、艺术和创新人才是创造力和创新的一个强大来源。文化创意是艺术、文化和创意产业的源头。这种创意是现代经济发展的重要元素，由超出产品功能的差异性、意义、伦理或审美价值所驱动。

本文考虑以新的方式来看待艺术和文化，试图发掘后者对经济和社会变化的贡献。它表达了一种观念，即艺术和文化是创新的必要资源。这些资源可以在任何地方发现。这些

---

* 本文是一份会集了创意收集项目（这是一项为期三年的欧盟城市邀请项目，邀请了9个欧洲城市参与）和 KEA 事务所一项欧洲创意溢出项目专业知识的研究报告。

** KEA 欧洲事务所创立于 1999 年，是在欧洲处于领先地位的咨询公司及文化创意产业研究中心，在比利时布鲁塞尔和中国深圳设有办事处。KEA 欧洲事务所的创始人兼董事菲利普·科恩先生在文化创意产业领域拥有超过 25 年的工作经验，具体包括：知识产权、贸易及欧盟法、公共政策、公共事务、项目管理、公共关系及活动管理、协会管理、招商引资、公开演讲、创意中心管理。KEA 在欧盟组织内外拥有庞大的人际关系网络，涉及政治、管理及商业界，并透过人际网管理国际性社会及专业网络，范围广泛、影响深远。参见 KEA 的中国网址，www. keanet. cn。

资源越地方化，它们作为独特性的表达就越有价值。城市是培养创意互动和推动创新实验的理想场所。本研究显然是一个在经济和社会发展中更广泛地使用艺术、文化和创意产业的实用宣言。

关键词： 创意溢出 文化创意及产业 创意协调者

本文意在授权城市作为涉及跨学科活动如艺术、文化和创意产业的“经纪人”。其目标是为城市提供简明的指导方针，以支持和最大化地发掘文化及创意产业（CCIs）的创新潜力。

本研究旨在帮助城市当局：

- 澄清创意溢出的概念。
- 展示创意溢出对创新的帮助。
- 强调城市在创新过程中的作用。
- 思考地方创意溢出战略的资本和工具。
- 为实现创意溢出提供一个按部就班的指导。

本文不仅是创意收集项目①的成果（这是一项为期三年的欧盟城市邀请项目，邀请了9个欧洲城市参与），而且还包括了KEA项目（一项管理涉及面广泛的欧洲创意溢出项目）的专业知识。

创意溢出被认为是鼓励CCIs和其他经济领域合作的手段。它鼓励CCIs作为创意部门奉献创新，并认为政策工具能够支持这一目标。这个过程应蕴含在地方政府的创新政策中，而这些创新政策将提高地方产业竞争力和地区吸引力。

因此本研究着眼于鼓励经济与社会现代化的交叉创新，旨在帮助城市打造

① 该项目由伯明翰市议会、鹿特丹市议会创意收集小组、蒙斯市议会、博洛尼亚市议会、埃森市议会、科特赖克市议会、塔林创意中心，以及2013年欧洲文化之都科希策和奥比多斯市议会参与，目的是定义和测试连接文化及创意产业与其他经济领域的工具方法，以刺激创意溢出并促进创新。参见 http://urbact.eu/creative-spin；http://www.keanet.eu/fr/keablog/。

一个能够盘活地方文化和创意资源（遗产、机构、艺术家、创意产业等）的生态系统。

一　核心概念

“文化及创意产业是其他经济社会领域的重要驱动力”，引自欧洲委员会发布的《全球化时代的综合产业政策——将竞争力和可持续性置于舞台中心（2011）》报告。

（一）创新

几个世纪之前人们高呼的创新主要是指提高生产率，今天创新的重要性不仅在于提高生产力，还在于帮助企业在与它们的对手竞争中脱颖而出。

创新是通过网络连接、协作、知识交流、学习和新的跨部门和跨学科带来的溢出效益孕育而成的。

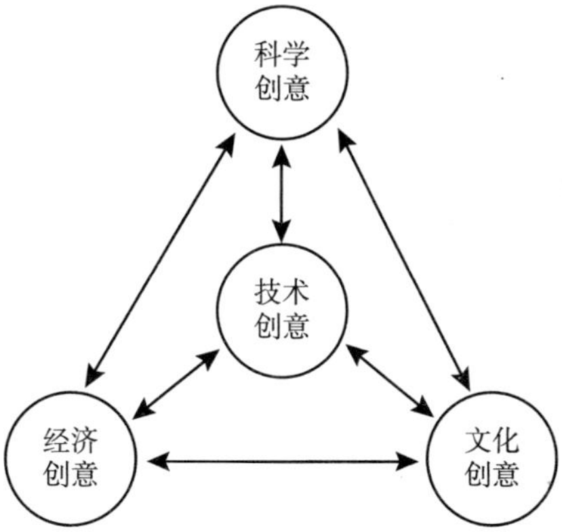

图1　创意是一个多学科商业会的过程

资料来源：KEA（2009）。

（二）文化创意与创新

“我认为艺术家和工程师非常相似：他们都有表达自己的愿望，令人难以置信的艺术家如达·芬奇和米开朗琪罗同时也是伟大的科学家”（苹果公司创始人史蒂夫·乔布斯)。

文化创意是一种源于艺术家、创意专业人士和文化创意产业的创造力。它与大众、杰出的艺术家和创意专业人士相关，与想象力和比喻相关，与挑战传统和呼吁象征性以及情感交流相关。

文化创意是打破自然秩序、传统思维，允许建立新视角、新观念和新创作的能力。

文化创意的本质与艺术家在艺术或文化作品中的情感表达本质密切相关。

文化创意中蕴藏了自发、直观和奇异等丰富的人类本性。

商业需要的不仅仅是高效的制造流程、成本控制和一个保持竞争力的卓越科技，它更需要强大的品牌、拥有积极性的员工和具有创造力及理解其过程的管理者。它也需要开发满足城市居民需要的产品和服务，或者为它们开创这类愿景。

CCIs 拥有的众多特点被证明高度有利于创新。这些特点包括：

- （文化）创意作为生产过程的主要输入。
- 人力资本、委托创意人才的重要性。
- 灵活、移动和多学科网络。
- 基于日常工作的项目。
- 积极的多学科协作态度。

CCIs 的创新能力依靠个人的创造力和独特的技能/有能力的艺术家、创意专业人士以及他们杰出的创造能力和对日常问题的反传统思考。因此，艺术家和创意专业人士在溢出现象中发挥着至关重要的代理作用。

（三）什么是创意溢出

“一个产业的创新总是源于其他产业。以他山之石，攻我方之玉”（阿里巴巴董事长马云）。

创意溢出被定义为由 CCIs、艺术家和创意专业人士活动带来的效益，这些效益确定会对其他经济或部门带来积极作用。

这些积极效应通过文化创意向 CCIs 周边传播，并跨越了经济和工业领域，从而引发了更广泛的经济创新。

因此创意溢出的产生使得文化创意能够带着打破学科之间隔阂的观念与其

他形式的创新和进程互相作用（这可能是科学、技术或商业），并在业务或组织过程中引入直觉和想象力以助力创新。

与 CCIs 技能交互的效益在于：

• 新产品和新服务的发展通过结合新思想、新设计或富有表现力的元件，如象征符号或美学观念可以使公司参与客户的情感并在两者之间创造一种独特关系。

• 更好的管理和人力资源在公司和公共组织内部繁荣创造力也可以提高组织的艺术实践社会关系。

• 改进组织流程通过贡献创意作品或提供直接干预的方法/或用“用户引导”的方式考虑消费者的需求。

• 支持品牌传播策略通过添加创意或艺术维度打造品牌的独特身份。CCIs 也有助于品牌的市场扩展（通常用讲故事的方式）。

苹果——创意溢出的标志

乔布斯认为21世纪面临的主要挑战是创意和技术创新的联姻。公司的优势在于技术、人类以及艺术的三者结合。它利用文化创造力，并尽可能地结合工程师的设计和内容建立起大众对苹果的品牌情结，今天苹果是世界上最大的资本公司。

（四）城市——创意溢出的核心驱动力

城市正成为主要的创意和创新中心。地方文化和创意资源是培养创新的主要因素。

1. 作为创新空间的城市

传统的创新过程是在企业和个人组织内部展开的，但越来越多的城市成为实验室和创新空间的提供者。

城市是研究未来世界的实验室，它具有连接性、智能性，能够为社会提供足够的快乐体验。

它们是有趣的居住地，城市拥有文化吸引力，并提供大量的社交网络和包括酒吧和餐馆在内的联合办公空间。它们为艺术、设计、工程或商业提供学习设施。

空间组织促进学科之间的交叉，新技能的分享使得新思维和经济社会工程创新不断涌现。

城市有最合适作为研发中心的规模，它通过知识、技术和文化资源的连接使知识发生流动并产生意想不到的邂逅。

2. 创造丰富地方文化和创意资源的城市

当地文化资源包括文化机构和组织、有形和无形遗产、节日和文化活动、CCIs 以及艺术家和创意专业人士（如设计师、建筑师和通信专业人士）。

以下是创造力生态系统的关键资源：

- 具有创造力的人才。
- 艺术传统以及知晓如何打造其独特性。
- 创意管理能力和经验。
- 欢乐、知识、传统和乐趣。

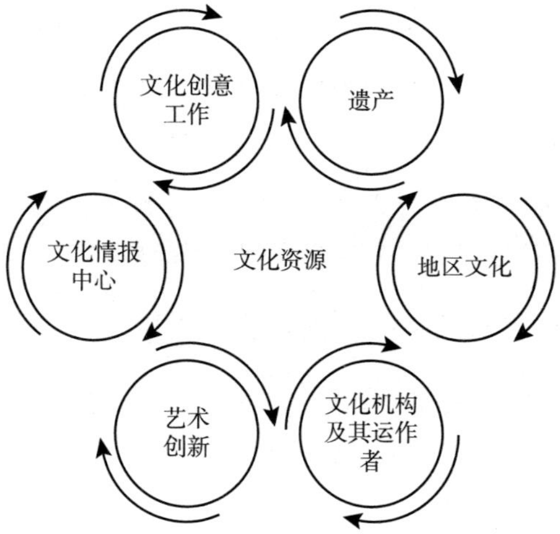

图 2　城市文化资源

资料来源：KEA（2013）。

文化资源是一项真正独一无二的重要资源，它构成了文化的奇异性和独特性，并且带来文化的吸引力。它们帮助追寻涉及广泛的政策：

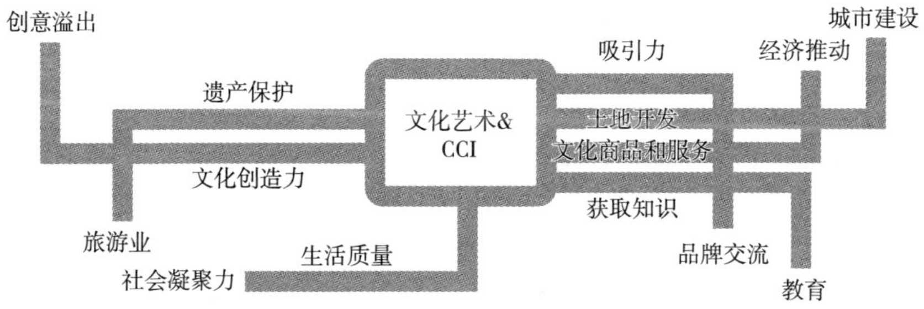

图 3　文化资源的广泛影响

资料来源：KEA（2013）。

二　创意溢出在城市中形成所需的因素

“在地方和区域层面蓬勃发展文化和创意产业，在连接创意和创新方面处于战略地位。他们……对其他行业产生了重要的溢出效应并且有利于增强地区和城市的吸引力。创意产业因此成为结构变化的催化剂……”（引自欧盟委员会《地区政策对欧洲2020年智慧增长的贡献（2010）》）。

（一）确认创新技能嵌入CCIs的重要性

许多发达城市不得不承认，创意是通过众多艺术家、创意专业人士和产业、文化运营商以及文化组织的创造性技能培育出来的，这些技能同时刺激了其他经济部门的创新。

表 1　能够支持创新的 CCIs 技能

CCIs	技能
艺术家和专业创意人士	·对环境、空间和时间拥有批判和突破性的渴望
	·对“发展”的质疑能力
	·提供非功能性意义的能力
	·产生情感的能力
	·将社会转化为改变(政治、经济、社交)的驱动者和领导者
	·创建一个粉丝社群(网络)的能力
	·与来自不同文化背景的人一起工作的能力

续表

CCIs	技能
艺术家和专业创意人士	·在团队中工作的能力(至少在某些领域)并且拥有灵活的协作方式
	·横向思考、表达抽象和象征意义的能力
文化机构及其运作者	·吸引和聚集大众、社会化
	·重塑/恢复(未使用的)地方
	·个人和集体的娱乐和舞台经验
	·传播文化和知识
	·传播一般历史和文化价值
文化和创意产业	·委托艺术家和创意专业人士
	·管理风险和失败的能力
	·成为创意和市场的创新趋势鉴定人
	·个人或集体的成长经验和情感
	·推动用户引导方式并传播可持续的价值观和工作实践能力

大量研究表明 CCIs 技能为不同的部门（从通信技术到医疗保健）以及商业领域（从产品制造到品牌宣传）提供了便利。①

（二）政策制定者在支持创意溢出中扮演的角色

地方政府在维持当地的文化环境中发挥着决定性的作用，它们直接为公共文化投资，若非如此很多文化机构和组织都不能进入创新领域。同时，主流文化和创意产业跨越了不同的政策领域（如经济发展和创新政策），这为创造一个更全面的生态系统提供了先决条件。

要支持创意溢出，城市需要识别文化和创意资源是否适用于地方以及评估它们对经济增长、社会发展和创新的贡献。但没有必要从头开始生产创意，重要的是加强转化能力建设。

地方当局需要调解新关系，发展领域和行业之间的新连接。它们必须展示拥有横向思维和决策的例子。地方社会结构和基础设施为测试新想法提供了基础，并努力发展新的交互方式以推动新的城市规划、提供新的服务形式和新的就业岗位以及发展城市公民权利。支持创意溢出是创新政策的一个组成部分。

① 参见 Http：//urbacteu/creative－spin。

三　支持创意溢出的步骤

“……加强跨部门合作可以提高公司的创意和创新能力。不同部门之间的交互潜力需要深层次的挖掘，并且反映在政策中。”（引自欧洲委员会发布的《全球化时代的综合产业政策——将竞争力和可持续性置于舞台中心（2011）》报告）

（一）创意溢出对政策行动的需求

在执行创意溢出战略的过程中出现了许多瓶颈：

- 对超越文化商品性和娱乐性的艺术性和创造力及技能的有限理解。
- 对文化领域和商业领域的质疑——不同的心态和术语。
- “存储”愿景和工作方法（在商业领域以及大学或管理层面）。
- 缺乏对创意溢出影响的评估工具。

成功产生创意溢出并没有秘诀。然而，一系列的工具，包括政策工具，对它们的出现功不可没。政策制定者为创意互动、鼓励信心、组织地方创意、技术、商业或行政资源之间的合作营造了合适的氛围。

创意溢出：欧盟的重要策略

欧盟政策在2020年计划中确认了CCI领域对实现竞争目标的贡献：

- CCIs处于信息通信和媒体融合所创造的溢出机会的前沿。
- 商业服务将被纳入工业设计政策的考虑范围内，而且CCIs本质上是服务行业，特别是商业支持服务。
- 因为欧盟企业无法与低价格、低质量的产品进行竞争，CCIs提供的增值服务需要具有体验性、娱乐性、审美价值和意义。

欧盟的部分资金可用于众多欧盟项目（如邀请欧盟城市发展项目、区域合作项目、创意欧洲、2020年地平线、科斯梅中小企业竞争力、结构性基金、伊拉斯谟+等项目）。

（二）步骤方法

本研究并没有提供一个神奇的公式。它旨在介绍支持创意溢出的有用措施。政策路径鼓励思想转变、向常规挑战和打破传统的做事方法。它授权有创造力的人、艺术家、文化机构和创造性的企业为经济和社会发展做出贡献。

步骤1——捕捉和理解当地的文化和创意资源。

什么是可利用的文化和创意资源？它们位于何处？它们的创意潜力和意愿是什么？在任何溢出实验开始之前，对当地环境的一次“战略诊断”可以帮助城市识别本地资源（从个体创新人才到文化企业家、创意公司、集群和孵化器，包括培训和教育设施等）以及了解它们创意溢出的潜力。这些是动员鼓励创新邂逅和提高文化创造力的资本。

步骤2——提高对创意溢出的潜力，以及它给文化和创意部门带来效益的认识。

这是一个关键步骤，文化和创意产业往往在传统惯例和政策中被边缘化。如今数字技术和多学科技能使得各种行业之间的界限越来越模糊，因此它们对文化、艺术和其他领域创意交互的日益增长做出了诸多贡献。

创意溢出被艺术家和创意专业人士认为是：

- 一个额外的收入来源。
- 一种对艺术和文化产品产生新利益的方式。
- 为更大范围的经济效益和社会效益赋予创造力、艺术和文化管理技能。

步骤3——提高对创新技能和CCIs在其他领域中竞争力的看法。

由于无形资产的流行，以项目为基础工作也存在着一系列的价值观和术语，该行业通常被认为是高风险的（但风险不超过投资新技术）或不可靠的。因此我们有必要消除这些刻板印象，在商业和公共部门对所有形式的创意和创新做出评估，促进一种心态的转变。

Incredibol：支持创新技能和提高对创新技能潜力的认识。

Incredibol是博洛尼亚发起的支持创新创业的计划。Incredibol支持创意企业家与其他领域的公司合作，从而提高外界对创新技能的认识。

步骤4——确定当地的“创意协调者”能够在文化、创意领域以及其他经济领域之间搭建桥梁。

协调者将促进不同行业之间的交流并帮助彼此理解对方的语言。术语表可以在技术和能力之间创建分界线。

创意协调者是那些为促进协作而进行语言转化和传播认知的角色。

鹿特丹——一个创造性的介体

Maartje Berendsen 供职于鹿特丹，她的工作是战略顾问，这是一个很好的“创意协调者”的例子。她负责在一个废弃的船厂开发“创新码头”。港务局从文化部门聘请了一位创意总监，以打破港口管理的传统思维。

步骤 5——鼓励不期而遇。

今天，创新很少发生在封闭的实验室中。相反，它是跨学科合作，并持有对成功创意的承诺。

该步骤邀请地方政府设立专门的空间和/或组织活动（相亲、培训课程、研讨会、工作坊、文化咖啡馆等），以促进不同行业之间信息、知识、想法的交换，活跃的实体环境有利于学科之间的社交。

Budafabriek（Kortrijk）和 Kreativ. Quartiere（Essen）是为促进创意溢出提供特殊空间的案例。

Budafabriek 是一个推动艺术、创意、工程和商业领域创意溢出的特别空间。该空间意在鼓励实验和不期而遇。

Kreativ. Quartiere 是埃森市为激励艺术家和企业对城市北部地区再生做出贡献而提出的一项倡议。

步骤 6——建立一个由经济和文化部门负责，监督创意溢出执行的清晰架构。

创意溢出不可能孤立存在。

合作伙伴在设置连续、深思熟虑的程序、计划和活动时，可能需要鼓励创意产业和其他经济部门之间产生创意溢出。

一个专门的协调结构可以帮助创立新的跨部门联系。

这种结构将由商界、文化和创意产业的代表组成。

它将有助于定义策略、确定最佳实践方法，提高对创意溢出的认识，提出具体的行动计划，促进不同部门和政府之间进行横向沟通。

蒙斯——培养创意经济的创意谷

哈勃创意谷是由蒙斯市（2015 年欧洲文化之都）发起成立的。它的组织结构旨在协调文化和创意产业的主动性以培养创意经济。

步骤 7——指派一名城市级别的创意总监。

创意总监的职能是将创意思维精心编辑为政策并进行政策执行。他还需要向当地市长汇报，分享他的期望和颠覆性的想法。

步骤 8——设置监管和评估机制以理解支持创意溢出的政策效用。

（三）政策工具

城市政府应能够理解、观察和思考新兴趋势。

它应确定当地的大师能够调和各种能力和技能。

政策干预工具（公共采购、城市规划、激励、培训等）应根据创意溢出的目标重新整合。

指导原则应促进：

- 跨学科性/跳出框架的思维方式，鼓励不期而遇。
- 支持有创造力的人开放和大胆地行动。
- 协作和参与合作式生产方法，支持草根阶层的能动性，鼓励创业，提供更包容的社会环境。

有助于帮助创意溢出的政策工具包括：

1. 准备和行动能力

- 绘制本地创意资源地图。
- 举办各种研讨会、培训、会议，扩大不同行业的视野。
- 宣传活动。
- 在创意流程中培养管理发散思维或促进互动。下面我们还会讨论在 Creative SpIN 项目中进行的一些流程测试。
- 通过个体接触或要求提供创意想法/人才来识别创意协调者。
- 通过参与欧盟资助项目（如邀请欧盟城市发展项目、区域合作项目，创意欧洲、2020 年地平线、科斯梅中小企业竞争力、结构性基金、伊拉斯谟 + 等项目），学习欧洲的前沿实践经验。

一些有趣的创意流程案例

CREAX 头脑风暴：由一位创新专家发起，它包括三个步骤，(a) 识别产品/服务/功能的 DNA；(b) 用类比思维思考产品/服务等如，是否有和你的产品/服务等相似的产品/服务，但其在另一个环境中却能发挥得更好。(c) 思考如何吸收类似产品/服务的应对措施经验，以促进自己产品/服务的改善。

Innowiz 方法：使流程创造更有效的创新思维。它包括四个步骤：(a) 定义问题；(b) 创意生成；(c) 想法选择和 (d) 想法沟通。在流程的每一步中都可以使用各种方法，以搭建更好的思考结构、促进团体工作，如问题分析、思维地图、模型分析或业绩排名。

乐高认真玩：这是一个通过行动来刺激思维的方法（而不是通常完全基于神经元交互的头脑风暴方法）。它的目的是在介体的引导下引发群体互动。它有助于通过乐高（隐喻）表现概念。在表现过程之中，集体的思想收获可以通过语言和大家分享。

月亮晚餐：晚餐形式受到伯明翰月亮社的启发，月亮社是一个由伊拉斯谟·达尔文、詹姆斯·瓦特和马修·博尔顿等著名知识分子和实业家在 1750 ~ 1830 年经常会面的晚餐俱乐部。他们经常举办“活泼的”晚餐，晚餐会给定一个讨论主题，讨论者包括来自不同学科和背景的专家和从业者。

闪电约会：一种约会过程，它鼓励意外邂逅。通常，大型的速配活动要求登记注册。参与者相互旋转，以满足一系列通常持续五到十分钟的快速“约会”。

迪士尼创造性思维方法：它从原始的、可行性的视角出发，运用三种不同的策略以生成和执行想法（梦想家、现实主义和批判策略）。梦想家有无数无法判断和不着边际的幻想、愿望和想法。但对此没有审查，没有荒谬或愚蠢的评判。现实主义者将把梦想者的想法变成现实的和可行的。评论家将担任魔鬼代言人的角色，对所有想法进行批判和打击。

2. 激励合作

- 为合作项目、协作和设备共享提供专门空间（联合办公区、强强联合空间集群、孵化器等)；

• 金融激励：

——审阅公共文档，将 CCIs 和小规模企业融合。

——检查集群的“授权”，鼓励 CCIs 与信息通信或医疗保健部门之间的聚集。

——使得公共补贴最小限度地依赖与城市或经济项目的互动。

——在招标时引入设计思维。

——呼吁提供补贴项目以完成跨学科技能的实体化。

——发行创新券，鼓励企业向创新服务（设计、广告、艺术干预等）提供小额赠款。

3. 管理结构

• 建立创意溢出和相关政策措施的横向监管机构。

• 向城市最高权力机构提供创意总监报告。

表 2　发展创意溢出的正/负面清单

正面清单	负面清单
做好准备,确定当地资源和优势	只专注于技术创新和研发
确定创意协调者	只从文化角度支持
给文化和创意专业人士授权	遵循狭隘的领域方法
将政策工具嵌入创意溢出,奖励跨学科项目	忽略当地文化特性
申请欧盟资助的创新项目	刻板地抑制实验
考虑任命一位创意总监,为创意溢出提供明确的建议框架	在决策中使用孤立的方法

附件一　术语表

Artistic intervention in organization（艺术干预组织）：这是一种原始形式的咨询组织，以帮助涉及艺术家组织（包括企业）的发展。①

① 参阅 KEA 的《创造力冲突报告》 – https：//tillteurope. files. wordpress. com/2011/09/tillt – europepolicy – recommendations – march – 2011. pdf。

Creative spill-over（创意溢出）：创意溢出被定义为由 CCIs、艺术家和创意专业人士活动带来的效益，这些效益确定会给其他经济或部门带来积极作用。

Culture - based creativity（文化创意）：文化创意是一种源于艺术家、创意专业人士和文化创意产业的创造力。它与大众、杰出的艺术家和创意专业人士相关，与想象力和比喻相关，与挑战传统和呼吁象征性以及情感交流相关。

Culture and Creative Industries（CCIs）（文化及创意产业）：包括视觉艺术（绘画、雕塑、工艺和摄影）、艺术和古董市场、表演艺术（歌剧、管弦乐队、戏剧、舞蹈和马戏团）和遗产（博物馆、遗产、考古遗址、图书馆和档案馆）等核心艺术；文化产业指出版、音乐、音像、电影和电子游戏等；创意产业指设计、广告和建筑艺术等。

Creative director（创意总监）：有艺术、设计、建筑或文化管理背景的专业人员，有能力提出新的愿景。

Creative mediator（创意协调者）：创意人员和其他学科专业人员之间的介体/经纪人，它在两者之间建立跨学科的桥梁，并与板滞的传统做斗争。

Design - thinking（设计思维）：这是一种以新方式（以用户为中心）提出解决问题的方案和执行的过程。

Innovation voucher（创新券）：（从几千到 15000 欧元）向任何涉及文化和创意服务的经济领域公司（通常指设计、广告或艺术干预等）提供的补贴。

Polymath（大师）：一个人拥有不同学科（尤其是艺术和科学）知识的跨学科人才。这类人才包括：哥白尼、笛卡尔、达·芬奇、阿威罗伊、达尔文或歌德。

User - led innovation（用户导向的创新）：指以用户需求为中心的创新。

“当艺术和技术相遇，神奇的事情便发生了”（皮克斯首席执行官埃德·卡特穆尔）。

“我们正在回归文艺复兴时期，艺术家们可以在任何学科领域中游走。”（建筑师弗兰克·盖里）

附 录

Appendix

BLUE BOOK

B.26

“第二批国家级文化和科技融合示范基地”调研报告

第二批国家级文化和科技融合示范基地调研组

摘 要： 2014 年初文化部科技司启动了“第二批国家级文化和科技融合示范基地”调研工作，经过 7 个月的系统调研，并对照“第一批国家级文化和科技融合示范基地”，总结了第二批基地的发展特点、优势和成功经验，指出了目前仍需解决的主要问题。最后，为进一步推动示范基地的发展，文化部科技司给出了相应的政策建议。

关键词： 文化与科技融合　国家文化和科技融合示范基地　公共政策　文化政策

一 调研背景

文化部文化科技司作为“国家级文化和科技融合示范基地”建设的动议单位，为了加强对示范基地的指导和扶持，促进相关政策制定的科学性和时效性，在2012年首批示范基地认定之后，率先启动了示范基地的调研工作。调研组通过走访首批示范基地，掌握了大量第一手资料，了解了一线企业的困难和需求，为未来制定文化科技相关配套政策、发展规划提供了相应经验。调研的开展，不仅使文化科技司与示范基地、基地企业建立了密切的联系，还促使地方文化厅局加强了对文化科技工作的认识与重视，带动了地方文化厅局、科技厅局以及文化科技企业间的联系与合作，为摆脱目前文化科技管理体系与人才“两张皮”的状况奠定了基础，为地方文化、科技主管部门协同加大对基地的扶持力度，建立各地区各区域文化和科技融合的长效机制起到了搭桥铺路的作用。

2013年12月，为贯彻落实党的十八届三中全会精神，按照中央关于“依托国家高新技术园区、国家可持续发展实验区等建立国家级文化和科技融合示范基地”的要求，科技部与中央宣传部会同文化部、新闻出版广电总局，认定南京国家级文化和科技融合示范基地等18家为第二批国家级文化和科技融合示范基地。随着第二批示范基地的认定，文化部科技司决定联合中国艺术科技研究所，对第二批示范基地进行调研。第二批示范基地调研的启动一方面可以参照首批基地的调研经验对第二批示范基地进行比较分析，另一方面还可以为进一步加强文化与科技的产业化融合、加强基地的辐射带动作用、加强基地的科技服务工作、加强中央与地方的政策联动提供准确翔实的数据。

第二批示范基地调研工作自2014年4月起开始，到2014年10月结束，历时7个月时间。调研活动由文化部科技司牵头，负责组织规划，具体协调落实工作由中国艺术科技研究所负责，组长、副组长由文化部科技司于平司长、王丰副司长分别担任。由于调研时间较为紧迫，本次调研并未对第二批示范基地共18家基地逐一调研，而是有针对性地选择了其中的7家基地（广州、福州、厦门、宁波、横店、昆明、贵阳）进行了调研。

调研组同当地政府、职能部门、基地管委会、相关企业进行了工作座谈，实地考察了40多家基地内具有代表性的文化科技企业。根据调研组的后期资料整理和讨论，现将调研情况汇报如下。

二 发展现状

总体上看，“文化与科技融合示范基地”在聚集各类创新要素、促进文化科技融合等方面，一直起到了不可替代的作用，成为促进文化科技融合的主要载体、推动文化产业发展的重要平台、促进当地文化繁荣的重要技术支撑。如果将第二批示范基地与第一批示范基地进行比较，则会发现以下新的特点。

1. 管理模式更为统一，管理效率更高

在第一批文化与科技融合示范基地中，存在着多种管理模式，包括委托管理（管委会）、直接管理（高新区政府或联合领导小组）、开发管理（开发公司）三种不同的管理模式，而随着各地对于文化科技融合的认识深化和日益重视，第二批文化科技融合示范基地的管理模式已经基本统一为“依托高新区管委会进行日常管理（除横店基地外），并建立当地政府协调小组联系指导”的文化科技融合示范基地管理模式。这种较为统一的管理模式，为政策优化、资源集聚提供了更为高效快捷的政府行政服务，为文化科技的快速发展营造了更好的政策环境。

2. 配套政策更为完善系统，与当地发展规划结合更为紧密

在第一批示范基地的建设过程中，各地管理部门根据自身资源、需求、定位等现有条件，在资金保障、企业认定、人才培养、企业服务、优惠减免等领域制定了相应配套政策，但是即使在示范基地所在地，也存在着政策层次、优惠力度、认定尺度、惠及范围等政策制定和执行不系统的问题。但是，随着国家对于文化产业的日益重视，随着各地政府和管理机构认识和管理经验的提高，第二批示范基地围绕财政、税收、工商管理、土地、投融资、人才等关键性政策领域，已经逐渐形成一套较为系统和完整的配套政策体系，而且各地政府也直接或间接地将示范基地的发展规划，融入当地的经济发展规划或文化产业发展规划中，并可享受本级政府所颁布的相关配套政策，从政策环境上看，较第一批示范基地有了明显提升。

3. 产业特色和区位优势更为明显

第一批示范基地入驻企业，主要涉及文化产业 11 个行业门类中的 9 个行业，但主要集中于动漫游戏、影视制作、数字出版、新媒体等 4 个行业，使得各个基地之间的产业特色区分较不明显。而第二批示范基地与当地经济发展结合更为紧密，形成了更为突出的基地特色，比如宁波主要以文化产业装备制造业为突破口，横店以影视制作为龙头行业，昆明突出了文化旅游的带动作用。与此同时，第二批示范基地更加强调和突出区位优势与区域带动效应。比如，厦门突出了对台交流区位优势，广州突出了港澳区位优势，昆明突出了东盟区位优势，福州突出了海西经济带中心城市的优势。使得示范基地的不可替代性和影响辐射效应更为凸显。

4. 文化科技与其他产业的融合进一步加强

第二批示范基地所涉及行业和企业，除了涉及文化产业的 13 个行业，还积极进入了工业设计、网络通信、移动互联网、装备制造、市场营销、家具家装、建筑装修、文化旅游、工艺美术等行业，这既反映出各个基地更为宽阔的思路和视野，也反映出文化科技融合正逐渐以信息技术业为突破口，进一步加大了对国民经济各个领域的渗透，为传统产业和行业的创新发展做出了贡献。

5. 文化科技企业活力增强，显示出较强的集成创新能力

通过对于第二批文化科技融合示范基地的微观企业调研可以发现，当地企业表现出了较强的经营活力，有较强的市场竞争力，能够抵御一定的市场风险，在商业模式、运营模式、产品研发等方面有自己的特色和亮点，相关产品显示出了较强的集成创新能力，能够满足消费者的潜在需求，存在较好的市场增长空间和潜力。

三　主要问题

1. 文化科技的顶层理论体系建设需要进一步加强

文化与科技融合作为党和国家一项重要发展战略，地方政府和示范基地极为重视和配合，它们也有着推动文化科技融合的热情和动力。但是，文化与科技融合尚未形成权威的理论体系，对于文化科技的定义、内涵、外延、融合方

式和路径等基本概念，不同地方、不同部门、不同人员存在着不同的认识理解，甚至存在争议和讨论，这对于文化科技相关政策制定的全面性、广泛性、权威性、连续性都存在一定的负面影响。

2. 文化部门的引导作用依然较小

根据第一批和第二批示范基地的经验可以发现，文化部门在文化科技融合基地中的话语权依然较小，其主导部门依然是地方政府和园区管委会，如何在文化科技示范基地中进一步加强文化部门的作用，保障文化产业发展繁荣，促进文化产业与文化事业的齐头并进，依然是摆在文化部门面前的重要课题。

3. 文化科技复合型人才供给不足

在本次调研过程中，当地政府、管委会和企业都反复提到了文化科技复合型人才问题，认为它是制约本地区、本企业发展的重要因素。这种供给不足主要反映在两方面：第一，当前的正规院校教育尚没有建立起文化科技的完整学科课程体系，还不能从院校毕业生中获得可以立即使用的文化科技复合型人才。第二，文化科技人才的认定，缺乏相应的政策指导。目前以学历和科研成果来鉴定的人才认定方式，无法适应文化科技企业和文化科技创新活动的现实工作，相当一部分具备文化、经济影响力的实干人才，无法享受相应的人才优惠政策，降低了基地的人才吸附能力。

4. 中小企业的扶持政策尚需加强

根据本次调研各地的发展规划可以发现，各个示范基地都把抓重点企业、龙头企业作为未来基地发展的重点任务，但是目前的文化科技创新存在着“小团队、轻资产、重创意、新模式、强整合”的重要特征，以中小企业的小型化创新为主要发展趋势，各地对于中小企业的政策扶持力度依然不够。比起大型文化科技企业，中小文化科技企业依然存在着融资难、高风险、保护性差的普遍性问题，需要进一步加以政策扶持。

5. 文化企业的科技转型动力不足，技术创新能力差

根据调研发现，文化科技的融合，目前更多地体现在信息技术、工业制造等技术密集型企业向文化行业的渗透和扩张，而传统文化企业和文化集团，对于市场的技术创新依然缺乏主动性和良好的市场嗅觉，缺乏通过文化科技进行文化产品改良，从而占领文化消费市场的信心和决心，而相对薄弱的技术基础，又进一步制约了大中型文化企业的技术创新能力。

四　主要政策建议

1. 进一步强化顶层设计，完善文化与科技融合示范基地的配套政策

进一步完善由五部委联合参与的“国家文化科技”联席会议机制，将“国家文化科技创新工程纲要”中的内容落到实处，推动相关议程的讨论、规划和实施，完善文化科技融合示范基地的绩效考核评价体系，建立基地的退出机制。同时出台文化科技企业、文化科技行业的相关认定办法。依托文化部与科技部的“两部会商机制”，加大国家科技计划对于文化科技相关重点领域研发和创新活动的支持力度。

2. 加强文化科技理论的研究和应用

加快文化科技理论体系的建设，加强文化与科技融合相关理论问题的研究和研讨，联合政产学研各界，解决当前存在于文化科技中诸多理论问题疑惑，建立起较为完善的文化科技理论体系，为实际工作做好理论指导。

积极协调相关机构，在国家社会科学基金、国家自然科学基金、国家软科学项目中，展开文化科技的相关专题或定向研究，加强学界对于文化科技理论体系的研究支持。

积极展开相应政产学研对话，充分发挥媒体的传播效应，加强文化科技理论的观念普及。积极展开示范基地、政府、企业相关高端管理人员的文化科技理论培训工作，将文化科技理论的最新成果迅速推广应用。

3. 加强文化科技复合型人才供给

加强对于文化科技人才的培养，联合教育部等相关部委，进行文化科技相关专业和学科领域的培养体系设计，在高等院校增设相关本科专业，并增设文化科技相关专业的硕博士点，培养文化科技复合型高级人才。联合相关部委，出台关于文化科技人才的认定办法，组织展开文化科技的相关人才计划，加快文化科技领军型人才的培养。

依托示范基地建立起文化科技人才实训基地和应用型人才培训基地，给予相关培训机构的政策倾斜和扶持，加速解决文化科技应用型人才短缺的现实难题。

加快文化科技基础研究体系建设。建立文化科技国家重点实验室和国家工程中心，设立中央级的文化科技研究院，恢复或布局建设省级文化科技研发机

构，鼓励高校科技力量向文化科技领域聚集。

4. 加强中小文化科技企业的政策扶持力度

加快中小文化科技企业的认定工作，强化文化创新在文化科技创新中的重要作用和地位，切实降低文化科技企业的技术准入门槛，以享受到目前高新区中高科技小微企业的各项政策，做到真正的“同区同政策”。积极吸纳传统文化企业进入高新区，在高科技氛围下推动传统文化企业的升级转型。针对中小型文化科技企业金融风险较高的问题，加快文化科技相关行业和企业的金融保险制度建设。

5. 重点加强战略性新兴科技在文化行业应用

随着云计算、大数据、移动互联网等战略性新兴科技的逐渐成熟和产业化应用，这些技术将会对传统文化行业转型形成新的驱动力，应重点加强这些战略性新兴科技在文化行业的集成创新、模式创新、应用创新。结合国家中长期科技发展战略规划和国家经济转型发展战略规划，做好传统文化产业的升级换代，并促进新兴文化业态的产生和发展。

附件一　调研组人员名单

<table>
<tr><th colspan="2">姓名</th><th>工作单位</th><th>职称</th><th>职务</th></tr>
<tr><td rowspan="3">正副组长</td><td>于　平</td><td>文化科技司</td><td>教授</td><td>司长</td></tr>
<tr><td>王　丰</td><td>文化科技司</td><td></td><td>副司长</td></tr>
<tr><td>白国庆</td><td>中国艺术科技研究所</td><td></td><td>所长</td></tr>
<tr><td rowspan="10">成员</td><td>严先机</td><td>中国艺术科技研究所</td><td></td><td>副所长</td></tr>
<tr><td>兰　静</td><td>中国艺术科技研究所</td><td></td><td>副所长</td></tr>
<tr><td>宁伟群</td><td>文化科技司科技处</td><td></td><td>处长</td></tr>
<tr><td>赵一红</td><td>文化科技司科技处</td><td></td><td>调研员</td></tr>
<tr><td>罗　娟</td><td>文化科技司科技处</td><td></td><td>副处长</td></tr>
<tr><td>马鸣远</td><td>文化科技司科技处</td><td></td><td>主任科员</td></tr>
<tr><td>蒋　伟</td><td>中国传媒大学</td><td>教授</td><td>副院长</td></tr>
<tr><td>张宜春</td><td>中国艺术科技研究所</td><td>副教授</td><td>副主任</td></tr>
<tr><td>姜立中</td><td>中国艺术科技研究所</td><td>助理</td><td></td></tr>
<tr><td>工程师</td><td>科员</td><td></td><td></td></tr>
</table>

附件二　调研7家基地基本情况汇总

广州

广州市政府秉持“文化科技融合发展”的理念，利用广州高新区“国家现代服务业产业化基地”的影响力，深入结合本地产业发展和文化资源，依托广州作为珠三角区域中心城市和毗邻港澳的有利区位，充分发挥现代制造业发达、投资环境完善、人力资源丰富等优势，按照“突出重点，多元发展”的思路，重点打造若干产业领域，推动一批有影响力的文化科技项目的建设与实施。集聚高水平的企业与人才，加快基础设施和配套设施建设，加大政策扶持力度。打造中国最具特色和影响力的文化和科技融合示范基地。

广州文化科技融合示范基地依托广州高新区进行建设。广州国家级文化和科技融合示范基地重点聚焦工业设计、软件和信息服务、动漫游戏、数字媒体4大领域。将以中新广州知识城文化创意产业园、广州高新区创意产业园、国家新型工业化产业示范基地、励丰文化科技产业园、广东省国家级移动数字出版产业基地、黄花岗科技园“创意大道”和“岭南文化遗产数字化保护与创意传播”项目等7大产业项目为重点，加速推进示范基地进程。

至2015年，该示范基地的文化科技总产值将力争超过500亿元，聚集100家科技文化融合示范企业，培育5家行业龙头骨干，培养2~3家龙头企业改制上市。创新能力方面，建设一批技术支撑平台，全区R&D经费占GDP增加值比重达到13%，其中企业R&D比重超过90%。创新成果方面，实现75%以上的（文化科技）企业科研成果可转化为产品和技术专利，全区专利的申请和授权量年均增长20%以上。到2020年，预计全区实现文化科技总产值将突破1000亿元，80%以上的文化科技企业科研成果能够转化为产品和技术专利。

重点放在人才引进上，集聚一批高水平的企业与人才。文化科技企业中的核心研发人员被评定为区千仞科技骨干人才后，在扶持期间可给予每名科技骨干人才每月500元个人津贴和住房补贴；给予科技骨干人才到国内外进行相关培训不超过培训费用50%的补贴。

修订出台了《广州开发区科技发展资金管理办法》及配套文件，制定了《科技领军人物认定细则》《科技领军人才项目管理细则》和《院士专家创新创业园运营管理方案》，出台《瞪羚企业认定扶持试行办法》，重点扶持连续两年增长20%以上的高成长企业。

获得国家级工程研究开发中心、国家级重点实验室资格以及获得省级研发机构资格的给予奖励。对获得国家级、省级、市级项目分别给予50%～100%资金配套。年度销售收入在500万元以上的高新技术企业，按企业上年度研发经费支出总额的一定比例给予研发经费补贴。

福州

福州国家级文化和科技融合示范基地以乌龙江两岸福州国家高新技术产业开发区为基地主体和核心区域，重点打造集成电路、平板显示、通信与网络技术、应用软件等研发创新基地以及系列相关平台；以闽江两岸福州市主城区为延伸区，重点打造物联网技术、工业设计、云平台技术研发基地及一系列相关平台；以滨海福州新区为辐射区发挥其区位优势和土地优势，加快两岸文化科技产业合作。示范基地突出福州文化和科技融合优势与特色，凸显两岸文化合作交流的独特区位优势，大力促进以信息技术为主的关键性技术研发与应用，显著提升文化产业核心竞争力，形成动漫游戏产业、数字出版和传媒产业、广告会展产业，用高新技术改造提升工艺美术等传统文化产业等四大文化科技产业板块，辐射带动福州乃至福建文化产业发展。深化产学研合作的文化人才培养模式，注重培养人才，招收台湾文化和科技的优秀人才。重奖有贡献的科技人才。

计划到2015年，集聚一批具有鲜明特色、产业关联度大、创新能力强的文化科技企业，建成具有完善产业链与产业集聚的国内一流的文化科技融合示范基地，力争实现全市文化产业增加值占地区生产总值比重达8%。

厦门

厦门文化与科技融合示范基地主要依托厦门市火炬高新区展开建设。实施“一基地多园区”发展战略，以数字内容、创意产业为重点内容，提升传统文化产业的科学内涵，深化夏台文化科技交流和产业合作，逐步形成两岸文化共同市场促进厦门、台湾乃至两岸的文化与科技融合发展。根据《厦门市国家级文化与科技融合示范基地发展规划》，厦门市将深化两岸在文化科技领域的合作对接，探索特色化、差异化的文化科技融合的产业发展之路，建成文化与科技融合发展的示范城市。重点培育数字内容、移动互联网与新媒体、创意设计三大特色产业集群。到2020年，示范基地内企业营业总收入达到3000亿元，实现增加值1000亿元，其中新兴文化产业的增加值达到600亿元；打造年营收入10亿元以上的文化科技龙头企业30家，骨干企业120家。

宁波

宁波示范基地依托宁波国家高新区展开建设。通过文化科技融合，推动了宁波市传统文化产业升级换代，尤其是推动了文化制造业的发展。项目拉动与基地建设并重、主体培育与人才培养并重，加强技术、人才、资金、政策等要素的聚集，加快推进宁波文化和科技融合基地建设，更好地发挥基地的示范和引领作用。高新区目前已集聚注册资金500万元以上的各类文化企业40余家。宁波高新区积极规划建设以文化创意产业基地、宁波软件园、宁波研发园等区块为核心的文化创意集聚区，为科技与文化的有机融合搭建大平台。高新区是宁波市人才“一号工程”的重要载体，拥有国家级海创基地和留创园。依托良好的产业基础、浓郁的创新创业氛围，以及优越的引才育才政策，到目前为止，全区共集聚各类人才4万余名，其中硕士及副高以上职称高层次人才4000余名。拥有国家、省“千人计划”人才20名，入选市“3315计划”团队15个、人才22名，成为全市人才管理改革试验区。

为加大对重点文化项目、重点文化企业的支持力度，促进文化产业的升级发展，加快促进文化与科技的融合，宁波国家高新区先后制定出台了一系列有利于文化产业发展的政策，如《关于加快发展文化产业的若干政策意见（试行）》，重点扶持文化创意和设计、广播电视电影、文化信息传输服务的发展；《关于加快集聚高层次人才、推进“人才特区”建设的若干政策意见》，鼓励高端人才开展自主创新、加强具有自主知识产权的文化创意和设计产品的开发等。市委市政府出台的《关于在宁波新材料科技城建设人才管理改革试验区的若干意见》更是为人才培养提供了强大的发展支撑。

横店

横店示范基地主要依托横店影视基地发展，接受东阳市政府的建设指导。横店国家级文化和科技融合示范基地于2013年经国家科技部和中宣部联合批准设立，规划面积365平方公里，以横店镇为核心区块，涵盖了周边五个乡镇的部分地区。基地自2004年浙江横店影视产业实验区成立以来，突出“影视为表，旅游为里，文化为体，科技为魂”发展方针，不断推进影视文化产业和科技的融合。

基地从1996年开始累计投资100多亿元，建成28个外景基地、15座室内高科技摄影棚，是全球规模最大的影视实景拍摄基地，全国影视要素最为密集的影视产业基地、生产最为繁忙的影视梦工场。

为了有序推进横店国家级文化科技融合示范基地的建设，成立由省科技厅厅长挂帅，各相关省级单位分管领导组成的领导小组，研究基地建设和发展重大事项。东阳市委、市政府成立由市委书记挂帅，市长担任常务副组长，各相关市领导为副组长，分管副市长全职主管，各相关部门负责人为小组成员的领导小组，从制度上保证党委政府对基地建设的全力支持和协同推进。联合横店四共委、横店集团等众多大型企事业单位，围绕基地建设任务主抓重点，全力推进各个科技项目的建设，全面提升基地文化和科技融合的水平。

横店将着力打造新兴影视科技文化融合产业孵化园，依托孵化园打造拍摄前视效制作、后期数字化处理及衍生品开发设计等影视新兴产业，并积极争取省级影视类高科技中小企业的集群试点，大力培育网络新媒体、游戏开发、移动影视传媒等一批影视关联性新产业。并斥资20亿元，建设占地603亩的影视文化和科技融合企业总部产业园，用以集聚国外高端产业要素、提升规模效益、培育龙头企业。

人才方面重在培育人才，人才就地取用，提供群众演员等。浙江省广夏建筑学院开办8个木雕专业班，培育1500名木雕人才，影视服务基地提供就业岗位3.6万个，形成20多个专业的群众演员村。

贵阳

贵阳文化科技融合示范基地主要以贵阳国家高新技术产业开发区进行建

设。确立“一个龙头，三大部类，十大产业，八个领域”的文化产业体系构架和发展路径。

目前，贵阳国家级文化和科技融合示范基地已建成贵阳高新区国家数字内容产业园、贵州青年文化创意产业园等平台和载体，聚集了贵州广播电视信息网络股份有限公司、贵阳朗玛信息技术股份有限公司、贵阳家有购物集团公司、贵阳荷塘月色文化传播有限公司等骨干企业。

贵阳国家级文化和科技融合示范基地以国家数字内容产业园为平台，以重大项目、骨干企业为抓手，以专业园区、产业基地为载体，重点围绕创业设计业、文化软件业、动漫游戏业、新媒体与信息服务业、数字出版业等产业发展方向，力争三年内实现总收入300亿元。

昆明

昆明文化科技融合示范基地主要依托昆明市五华区文化创意产业中心进行相关建设。利用云南的西南区位优势和对东盟的地缘优势，形成地区性文化创意产业中心，形成“文商互动、文旅相彰、文科相促、文教相融、文体相兼”大文化发展格局。

示范基地重点打造十大特色产业片区。立足都市经济促进商旅文融合的发展模式，打造以现代商贸、金融服务、商务办公、特色餐饮、影视娱乐等现代服务业为主的顺城、祥云都市文化休闲区及影视体验区。以五华科技园区建设为基础，建设文化产业聚集区的发展模式，重点打造金鼎五华科技产业园、莲花池智力总部聚集区和昆明泛亚科技新区创意产业及高新产业拓展区，发展创意产业等新兴文化产业业态。以旧城改造和城市建设为基础发展文化产业的模式，重点打造“昆明老街”和“南强街”市井文化体验区。对具有一定发展基础的传统文化产业片区，选择导入文化产业促进传统文化片区转型和升级的发展模式，重点打造翠湖文化休闲娱乐区、昆都都市时尚文化娱乐区和月牙塘餐饮休闲游乐区。以对老厂房、老仓库等工业建筑进行改建的发展模式，重点打造以金鼎1919文化创意高地和同景108创意空间为重点的文化创意产业体验区。

目前该核心区生产总值为828亿元，完成地方公共财政预算收入36.31亿元，其中，2013年全区文化产业增加值达56亿元，占昆明市的30%。

B.27

2014年文化科技融合创新大事记

胡鹏林　王青

1月

1月4日　第三届中国出版政府奖在京揭晓，这也是我国新闻出版领域的最高奖项。由上海烛龙研发、GAMEBAR运营、方圆出版社出版的单机游戏《古剑奇谭》获得了“音像电子网络出版物奖”，同时《古剑奇谭》也是本次获奖作品中唯一的一款游戏类出版物。另外，《三国演义》获中国出版政府奖提名奖；苏州蜗牛数字科技股份有限公司CEO石海获优秀出版人物奖。

1月11~12日　以“文化的力量：文化市场与改革红利”为主题的2014第十一届中国文化产业新年论坛在北京大学召开。论坛聚焦时代命题，探讨如何进一步改善文化氛围、凝聚文化共识、激发文化潜力、增强文化创意、传承并发展中华文化，以文化的力量书写更为磅礴的篇章。论坛也关注文化科技领域，涉及的子议题有：数字科技与创意艺术的融合以及新媒体与全媒介时代。

1月23日　工信部发布《2013年通信运营业统计公报》，公告显示，2013年行业保持平稳增长，行业发展对话音业务的依赖持续减弱，非话音业务收入占比首次过半，达53.2%；移动数据及互联网业务收入对行业收入增长的贡献从上年的51%猛增至75.7%。用户结构进一步优化，3G移动电话用户在移动用户中的渗透率达到32.7%，比上年提高11.8个百分点；光纤接入FTTH/0用户占宽带用户总数的比重突破20%，达21.6%。融合业务发展逐渐成规模，截至12月末，IPTV用户和物联网终端用户分别达2842.5万和3200.4万。

1月24日　百度和人人公司今日宣布签署协议，根据协议百度将收购人人所持的全部糯米网股份，预计该交易将在2014年第一季度完成，交易完成后百度将成为糯米网的单一全资大股东。

1月29日　国务院发布通知，推广上海自贸区可复制改革试点经验。其中细则公布中，涉及允许内外资企业从事游戏游艺设备生产和销售，经文化部门内容审核后面向国内市场销售。推广内容再提游戏生产销售，意味着国家将在全国范围内允许内外资企业从事游戏设备生产和销售。

2月

2月11日 中国互联网巨头、百度董事长兼CEO李彦宏将出资投资一家名为Aquamen Entertainment的洛杉矶电影制作公司。现在，这家影视公司希望借助它的处女作3D动画电影《悟空》一举成名，并计划在今年5月的戛纳电影节上宣布《悟空》的正式导演人选。

2月26日 国务院以国发〔2014〕10号印发《关于推进文化创意和设计服务与相关产业融合发展的若干意见》。该《意见》分总体要求、重点任务、政策措施、组织实施4部分。重点任务是：塑造制造业新优势；加快数字内容产业发展；提升人居环境质量；提升旅游发展文化内涵；挖掘特色农业发展潜力；拓展体育产业发展空间；提升文化产业整体实力。

2月27日 完美世界和华为在西班牙MWC2014（世界移动通信大会）上签订战略合作协议，宣布携手布局下一代互联网娱乐全球市场。双方均表示，将基于完美世界在游戏开发、运营和渠道上的丰富经验，以及华为终端在家庭终端产品领域技术与云平台的优势，在互联网娱乐领域建立紧密的战略合作关系，实现优势互补。双方通过跨产业领域的战略合作，一方面给消费者提供更好的游戏感官和操作体验，另一方面则加速双方的全球化发展进程，以期在全球范围实现各自更大的商业价值。

3月

3月14日 边锋盒子又称“云端娱乐中心”，是浙报传媒联合旗下全资子公司杭州边锋共同发布的首款互联网电视终端硬件产品。“边锋盒子”内置多种游戏，包括边锋独有的各类棋牌和其他休闲类游戏。“边锋盒子”具有四核处理器和多核GPU等强劲硬件配置，能轻松支持4k视频，同时集成云端悦读等应用，每天提供最新新闻资讯，还具有丰富的配件支持和其他娱乐功能。

3月19日 文化部牵头成立了国家公共文化服务体系建设协调组，并召开第一次全体会议。这标志着国家层面的公共文化服务协调机制正式运转。协调组将制定公共文化服务基本保障标准、技术标准和评价标准，在3~5年内逐步建立起较为完善的基本公共文化服务标准体系框架，实现各级政府保障责任和义务的标准化，公共文化设施建设、管理和服务的标准化，工作评价的标准化。

3月19日 中兴九城（由上海中兴通信技术责任有限公司与上海玖视互动网络科技有限公司以及上海瑞高信息技术有限公司三家共同组建的合资公司）发布饭盒 Funbox。

3月20~22日 “第22届中国国际广播电视信息网络展览会”（CCBN 2014）在北京举行。展会以“融合高速网络，领航新媒体时代”为主题，以数字化、网络化、双向化、高清化的最新发展为主要内容，全面展示广电技术最新发展，尤其对三网融合和 NGB、下一代接入网、公共服务、可下载 CA、智能终端、多屏融合、OTT、直播卫星、地面电视、高清和超高清、3D 立体电视、信息安全、云计算、社交电视、新媒体技术产品进行系统的展示。永新视博旗下的视博云在本次展会上推出了云游戏技术。

3月22日 “2014第三届文化产业最佳商业模式高峰盛典暨最佳商业模式与高成长企业50强颁奖典礼”在北京举行，本届论坛的主题是“技术让创新腾飞模式为梦想加油”。

3月29~30日 “2014中国（深圳）IT领袖峰会”在深圳举办，大会以“IT新价值与产业互联网”为主题，会议议题涉及互联网金融、智能汽车、软硬件结合和4G等内容。峰会发布的《中国IT产业发展年度报告》显示2013年中国IT发展七大进展：①产业规模保持增长，增速放缓；②产业结构调整步伐加快，产业服务化趋势明显；③核心技术和安全问题出现且亟待解决；④IT骨干企业国际化和走出去取得积极进展；⑤投融资活跃，互联网软件服务形成新的热点；⑥知识产权竞争更加激烈；⑦政策环境不断宽松和优化。报告显示2014年中国IT发展五大展望：①IT产业将加速顶层设计；②互联网思维促进产业变革；③产业互联网引领跨界融合；④智能科技将带动产业的升级；⑤互联网生态系统建设进一步加快。

3月25日 文化部、中国人民银行、财政部在无锡召开了首届全国文化金融合作会议，并颁布出台《关于深入推进文化金融合作的意见》。关于下一步推进文化金融合作的总体思路与要求，文化部部长蔡武表示，第一点是正确把握市场规律，注重政策的普惠性；第二点是坚持改革创新，实现文化金融合作新发展；第三点是着力整体性、系统性和协同性，继续深化文化金融合作。

4月

4月16～23日 第四届北京国际电影节在北京举行。本届增设了顾问委员会以及“记录佳作”“话语电影新焦点”“注目未来”三项单元项目。

4月18日 国家新闻出版广电总局办公厅发布《关于进一步规范出版境外著作权人授权互联网游戏作品和电子游戏出版物申报材料的通知》，以进一步完善出版境外著作权人授权互联网游戏作品和电子游戏出版物的审批工作，提高受理和审批效率。

4月18～20日 第三届中国·苏州文化创意设计产业交易博览会在苏州举行。本届创博会设立三大展区。其中，5A馆的设计展区以创意设计专业领域展示为主，以“静”态观展方式展示创意设计在城市规划、公共环境、生活艺术等方面的融合创新；4A馆的生活展区主要展示生活类、艺术类、旅游创意设计产品；3A馆和4B馆的体验展区设数字出版与游戏馆，举办动漫交易大会、长三角动漫嘉年华等，展出模式以互动、体验为主。

4月28日至5月3日 第十届中国国际动漫节在杭州举办。“中国动画电影的升级之路”，是本届动漫节动画电影高峰论坛的主题。

4月30日 财政部、文化部两部门联合下发了《关于推动2014年度文化金融合作有关事项的通知》，《通知》表示，财政部将从2014年度文化产业发展专项资金中单独安排资金，专门用于支持相关贷款贴息项目。贷款贴息资金安排与其他项目资金安排相互独立。《通知》还附有《2014年度文化金融合作项目库（信贷融资）》《2014年度文化金融合作项目库（债券融资）》两个资料。

5月

5月5～6日 2014年第六届北京全球移动互联网大会（GMIC）在国家会议中心召开。来自35个国家和地区的近300名行业领袖和企业高管参会交流，1.5万多名吉米客（GMICer）注册进入会场。本届北京GMIC大会的主题为“连接改变世界——下一个50亿”。“50亿”指的是全球尚未接触移动互联网的50亿人口。

5月9日 第43届世界广告大会在北京召开。国家工商总局局长张茅出席大会开幕式并致辞。张茅指出，改革开放30多年来，中国广告经营额年均递增30%左右，是我国增长最快的行业之一。2013年，中国广告业经营额突破5000亿元，广告经营单位45万户，吸纳就业200多万人，已成为全球第二大广告市场。

5月14～18日 第十七届中国北京国际科技产业博览会在北京举行，本届博览会举办了中国金融论坛、中国循环经济论坛、中关村创新论坛、科技创新与城市发展论坛、中国网络教育论坛等多个论坛会议。其中中关村科技论坛以“科技与文化融合”为主题，到场嘉宾共同探讨中国的创业生态系统、产业结构调整、科技与文化协同发展等议题。

5月15日 在中宣部召开的推动“中华文化走出去座谈会”上，光明日报社和经济日报社联合发布了第六届“文化企业30强”名单。《光明日报》总编辑何东平宣布第六届中国“文化企业30强”名单：保利文化集团股份有限公司、宋城演艺发展股份有限公司、思美传媒股份有限公司、中国对外文化集团公司、中国电影股份有限公司、中国国际电视总公司、湖南电广传媒股份有限公司、北京北广传媒集团有限公司、上海电影（集团）有限公司、江苏省广电有线信息网络股份有限公司、浙江华策影视股份有限公司、北京光线传媒股份有限公司、江苏凤凰出版传媒集团有限公司、山东出版集团有限公司、湖南出版投资控股集团有限公司、中国出版集团公司、江西省出版集团公司、安徽新华发行（集团）控股有限公司、浙江出版联合集团有限公司、中国教育出版传媒集团有限公司、安徽出版集团有限责任公司、河北出版传媒集团有限责任公司、福建省网龙计算机网络信息技术有限公司、北京畅游时代数码技术有限公司、完美世界（北京）网络技术有限公司、深圳华强文化科技集团股份有限公司、百视通新媒体股份有限公司、深圳华侨城股份有限公司、西安曲江文化产业投资（集团）有限公司、北京万达文化产业集团有限公司。其中文化科技企业继续表现抢眼，上届“30强”中有23家企业在本次继续入选，占总数的76.7%，且主营业务收入、净资产分别比上年增长13%、19%。从各类别企业发展情况看，文化科技类企业仍保持最高的利润率，超过40%，反映了文化和科技深度融合的良好态势。

5月15～19日 第十届中国（深圳）国际文化产业博览会在深圳举办。本届文博会以“推动社会主义文化大发展大繁荣”“推动中华文化走向世界”为指引，参展单位举办的各项活动都紧密结合中华文化“走出去”和文化贸易的主题，如中宣部举办了“推动中华文化走出去座谈会”；文化部举办了2014中国文化产品国际营销年会，发布了《中国文化产业2014投融资项目手册》；商务部和中国服务贸易协会举办了国际文化贸易交流会；国家新闻出版广电总局举办了深圳动漫交易会、影视文化产品和服务出口座谈会。本届文博会文化项目和产品总成交额达2324.99亿元，比上届增长39.64%；超亿元项目190个，比上届增加28个。十年努力育繁花，一至十届文博会累计总成交额超过1万亿元，达10475.37亿元。

5月18日 2014第九届中国常州先进制造技术成果展示洽谈会在常州开幕。本届展洽会重点围绕“产业协同创新、创新平台深化、创新人才引进、创新环境优化”四大主题，加快推进项目、技术、人才、资金、信息和服务等创新要素联动，推动一批重大科技成果在常州产业化。

5月22日 以“加强两岸业界交流，促进两岸游戏贸易”为主题的两岸游戏产业高峰论坛及产品对接会在上海国际会议中心成功举办，来自两岸的超过300家企业的600多人参加了本次大会。

5月23日 国家新闻出版广电总局发布《关于2013年度全国电视动画片制作发行情况的通告》，共358部国产电视动画片获得发行许可证。另外，2013年度推荐播出的49部优秀动画片，11部出自浙江省，9部出自江苏省，7部出自广东省。

5月25日 东方明珠公告称，其全资子公司上海东方明珠文化发展有限公司与索尼集团在华全资子公司索尼（中国）有限公司签订合资合同，在上海自贸区出资设立合资公司，负责生产及营销索尼旗下PlayStation硬件、软件及提供相关服务的在华业务。

6月

6月10日 中华书局研发完成“中华经典古籍库”第一期数字化成果，完成自有版权的300种共2亿字古籍的数字化，包括了中国传世典籍的最核心部分。这一数据库将依托全国十几家图书馆的平台向公众开放，让中华经典活跃屏幕，让文化真正“活起来”。完成这项成果，中华书局用了十年。

6月18日 国家版权局、国家互联网信息办公室、工业和信息化部、公安部四部门日前联合下发《关于开展打击网络侵权盗版“剑网2014”专项行动的通知》。《通知》提出，6~11月联合开展第十次打击网络侵权盗版专项治理“剑网”行动，各地要明确此次行动重点任务、主要措施，高度重视、做好计划、加强联动。此次专项行动重点任务是保护数字版权、规范网络转载、支持依法维权、严惩侵权盗版。将通过开展版权法制宣传、进行全面清理检查、发动群众投诉举报、建立快速处理机制、查处侵权盗版案件、完善长效工作机制等主要措施进行。

7月

7月9日 国家新闻出版广电总局发展研究中心在京召开《中国广播电影电视发展报告（2014）》（广电蓝皮书）发布会。《报告》指出，2013年全国广播电视行业总收入达到3734.88亿元，其中广播电视广告收入达到1387.01亿元，收入的增长速度放缓，增速比上年下降3.93个百分点。2013年全国电视剧总投资103.7亿元，纪录片制作生产投入13.03亿元，同比增长近三倍。纪录片行业总收入约23亿元，三年翻了一番。2013年电影生产总量达824部，其中故事片638部，院线上映国产电影增加至326部。全年电影票房收入217.69亿元，同比增长27.51%，其中国产电影票房收入127.67亿元，同比增长54.32%。在2013年新增的近47亿元票房收入中，国产影片贡献率高达96%，成为拉动电影市场规模扩大的主要力量。

7月9日 中国新闻出版研究院发布《2013年新闻出版产业分析报告》。2013年，新闻出版产业主要经济指标平稳增长，产业规模继续扩大。全国出版、印刷和发行服务实现营业收入18246.4亿元，较2012年增加1611.1亿元，增长9.7%；利润总额1440.2亿元，较2012年增加122.8亿元，增长9.3%，反映出新闻出版产业仍继续保持较强的可持续发展能力。

7月11日 文化部、工业和信息化部、财政部联合下发《关于大力支持小微文化企业发展的实施意见》，出台支持小微文化企业发展一揽子政策（包括打造良好发展环境、健全金融服务体系、提高公共服务水平等），这是我国在国家部委层面首次发文对支持小微文化企业发展工作进行的专门部署。此外，国家对小微企业的扶持力度持续加大，符合规定的小微企业被免征营业税和增值税，同时也可不再缴纳部分政府性基金。

7月15～17日 2014中国数字出版年会在北京举行。在本次年会上，中国新闻出版研究院发布了《2013～2014中国数字出版产业年度报告》。《报告》指出，2013年我国数字出版全年收入规模达2540.35亿元，比2012年增长31.25%，保持了快速增长势头。《报告》显示，在2013年中国数字出版产业中，互联网广告、网络游戏、手机出版分别以1100亿元、718.4亿元、579.6亿元占据收入前三名。在各类业务板块中，电子书增长最快，从2006年到2013年，我国电子书收入年均增长率为78.16%；互联网期刊收入增长比较平稳，从2006年到2013年，年均增长率为12.69%；数字报纸的收入从2006年到2013年处于下滑趋势；手机出版增长比较快，并且基数较大；网络广告的增长也非常迅速，与平面媒体广告下滑形成了鲜明对比。

7月16日 凤凰出版传媒股份有限公司与美国出版国际公司举行资产交割仪式，凤凰传媒以8000万美元价格收购后者的儿童图书业务及其位于德国、法国、英国、澳大利亚、墨西哥等国的海外子公司全部股权和资产。凤凰出版传媒实现了对电子有声童书全球市场的重新布局。

7月21日 中国互联网络信息中心（CNNIC）在京发布第34次《中国互联网络发展状况统计报告》。《报告》显示，截至2014年6月，中国网民规模达6.32亿，其中，手机网民规模5.27亿，互联网普及率达到46.9%。网民上网设备中，手机使用率达83.4%，首次超越传统PC整体80.9%的使用率，手机作为第一大上网终端的地位更加巩固。2014年上半年，网民对各项网络应用的使用程度更为深入。移动商务类应用在移动支付的拉动下，正历经跨越式发展，在各项网络应用中地位愈发重要。互联网金融类应用第一次纳入调查，互联网理财产品仅在一年时间内，使用率超过10%，成为2014年上半年表现亮眼的网络应用。

7月25日 北京电影学院和社会科学文献出版社共同在京举办《动漫蓝皮书：中国动漫产业发展报告（2014）》发布会。该《蓝皮书》指出，未来2～3年我国动漫产业将进入深度调整期，大型企业将会通过资源整合延伸产业链和集团化来构建产业生态体系，动漫产业的市场集中度将会得到提升。同时，《蓝皮书》指出，我国动漫产业正从传统媒体向新媒体加速迁移，数字动漫产品的互联网化已成为不可逆转的潮流趋势。数字动漫内容产品和新媒体传播技术的有机融合，将会大大激活潜在市场需求。

7 月 25 日 国家新闻出版广电总局办公厅发布了《关于深入开展网络游戏防沉迷实名验证工作的通知》，以更好地保护未成年人身心健康，适应网络游戏产业发展新情况新变化。

7 月 31 日至 8 月 3 日 第十二届中国国际数码互动娱乐展览会（Chinajoy）在上海新国际博览中心举办。下属的系列活动包括中国游戏商务大会（CGBC）、中国游戏开发者大会（CGDC）、中国游戏外包大会（CGOC）、世界移动游戏大会及展览会（WMGC）、Cosplay 中国区总决赛等活动，并举办了全球数字娱乐 IP 合作大会。

7 月 31 日 光线传媒出品、杭州玄机科技的动画电影《秦时明月之龙腾万里》在杭州举行弹幕放映，率先推出弹幕电影。此后，《小时代 3》《绣春刀》等电影也纷纷试水弹幕。

8月

8 月 1 日 由中国最大的网络文学平台盛大文学与第十二届中国国际数码互动娱乐展览会组委会联合举办、东方拍卖行执拍的国内首个网络文学作品游戏版权拍卖会，今日正式举槌。此次拍卖会的“拍品”包括来自盛大文学的淡定从容的某人《雄霸蛮荒》、说梦者《大圣传》、蝴蝶兰《天醒之路》、耳根《我欲封天》、唐家三少《惟我独仙》，以及来自纵横中文网的方想《不败王座》。这些热门力作的网络点击和付费订阅总次数均过千万。而前来竞拍的则是近 20 家国内知名游戏公司、投资公司等。

8 月 8 日 文化部、财政部联合印发了《关于推动特色文化产业发展的指导意见》。特色文化产业是指依托各地独特的文化资源，通过创意转化、科技提升和市场运作，提供具有鲜明区域特点和民族特色的文化产品和服务的产业形态。近年来，我国特色文化产业发展势头良好，但还存在产业基础薄弱、市场化程度不高、知名品牌较少、高端创意和管理人才不足等问题。

8 月 18 日 中央全面深化改革领导小组第四次会议审议通过了《关于推动传统媒体和新兴媒体融合发展的指导意见》。习近平总书记在会议上强调，推动传统媒体和新兴媒体融合发展，要遵循新闻传播规律和新兴媒体发展规律，强化互联网思维，坚持传统媒体和新兴媒体优势互补、一体发展，坚持先进技术为支撑、内容建设为根本，推动传统媒体和新兴媒体在内容、渠道、平台、经营、管理等方面的深度融合，着力打造一批形态多样、手段先进、具有竞争力的新型主流媒体，建成几家拥有强大实力和传播力、公信力、影响力的新型媒体集团，形成立体多样、融合发展的现代传播体系。要一手抓融合，一手抓管理，确保融合发展朝着正确方向推进。

9月

9月10～11日 Digital Taipei 2014在台北会议中心举办。由中国音数协游戏工委、台湾游戏产业振兴会及台北市电脑公会共同举办的“第六届两岸游戏产业高峰论坛暨交流活动”是Digital Taipei 2014之中最重要的活动之一，旨为促进两岸游戏企业的交流合作，分享成功经验，展望产业发展前景，共同发展中华文化原创游戏。本次活动主题为“移动年”，探讨移动数字内容发展。

9月17日 国务院总理李克强9月17日主持召开国务院常务会议，部署进一步扶持小微企业发展推动大众创业万众创新，决定全面建立临时救助制度、为困难群众兜底线救急难。

9月23日 百视通发布公告，宣布与微软达成合作，双方约定共同出资7900万美元组建合资公司。其中，百视通占股51%、微软占股49%。公告显示，合资公司暂定名为上海百家合信息技术发展有限公司合资公司，拟注册在上海自贸区，主要提供设计、开发、制作游戏、娱乐应用软件及衍生产品；销售、许可、市场营销自产和第三方的游戏、娱乐应用软件；游戏机相关技术咨询和服务等。双方将拿出各自与业务相关的核心资源，在新一代家庭游戏娱乐技术、终端、内容、服务等领域展开全面的合作。公告称，合作将推动百视通在中国及海外“一云多屏”业务有关技术、平台、终端、内容、网络、服务能力的全面提升，推进在游戏产业领域的布局。

9月23日 完美世界出品的《无冬OL》成为中国区Xbox One唯一首发第三方厂商产品，完美世界也成为中国第一个真正横跨三大平台的游戏企业。

9月25日 完美世界首款无锁定动作网游《射雕ZERO》开始公测，公测期间，推出了“ZERO鞋”，该鞋可实现运动数据实时上传、对接线上游戏体验、社交互动延伸线下、虚拟 PVE 与 PVP 战斗等多项功能。

9 月 29 日 微软 Xbox One 国行版正在全国 37 个城市发售，Xbox One 国行版拥有全中文界面与内容、本土支付方式、创新的游戏定价模式、本地客户支持等特点。同时，Xbox One 国行版也将带来包括 Xbox 健身应用、Skype、GameDVR 等在内的应用。未来，玩家们还能体验包括百视通视频应用、音乐和卡拉 OK、娱乐、社交和体育健身应用等。

9 月 30 日 完美世界与美国哥伦比亚大学的战略合作，致力于将医疗和游戏的创新性结合。

10月

10 月 9 日 腾讯互动娱乐事业群（IEG）公布了一份关于内部组织架构和人员调整的计划。原八大工作室琳琅天上、天美艺游、卧龙、量子、光速、魔方、北极光和五彩石重组为 20 个工作室，分别隶属天美、光子、魔方、北极光四个工作室群，姚晓光、陈宇、夏琳、孙宏宇分任工作室群总裁，同时撤销五彩石工作室群。腾讯互动娱乐事业群这一调整使得组织更加扁平化、团队更加灵活化，便于更好地适应移动游戏行业新的发展趋势。

10 月 11 日 百视通和联众共同宣布达成合作协议，将棋牌游戏与在线教育通过电视机顶盒、Xbox One 等多种硬件引入电视大屏。百视通 CEO 陶鸣成表示，百视通从诞生起关注的就是大屏幕终端，在大屏上积累的技术、平台与内容资源将是其在进军客厅娱乐时相较于竞争对手的优势所在。

10 月 13 日 索尼 PS4 国行版通过 3C 认证，预计 2015 年初上市。

10 月 15 日 中共中央总书记、国家主席、中共中央军委主席习近平在京主持召开文艺工作座谈会并发表重要讲话。他强调，文艺是时代前进的号角，最能代表一个时代的风貌，最能引领一个时代的风气。实现“两个一百年”奋斗目标、实现中华民族伟大复兴的中国梦，文艺的作用不可替代，文艺工作者大有可为。

10 月 15 日 索尼全新家庭娱乐终端设备 PS TV 今天正式上市，而旗下云游戏服务 PlayStation Now 也于今天正式在北美地区登录 PSV 和 PS TV 平台进行公测，这无疑为北美的索饭们又提供了全新的娱乐方式。

10 月 17 日 第二届中国传媒公信力论坛在北京师范大学举行。论坛以

"社会化媒体的信任与网络"为主题，具体议题包括：社会化媒体的社会资本，社会化媒体的信任关系分析，社会化媒体使用对传统媒体公信力的影响，社会化媒体使用对社会信任体系的影响，跨文化视野中的社会化媒体信任问题，社会化媒体的社会资本对群体意识的影响，社会化媒体使用对集体行为的影响。论坛期间还发布了《微信社会资本对集体行为的影响报告》，报告发现，微信群已具备较高的虚拟社会资本，即有较多参与和信任感，但微信群对集体行为的影响很微弱，对现实的认知影响还很有限。另悉，北京师范大学传播效果实验室将对微信等社交媒体如何影响现实行为继续开展跟踪研究。

10月20日　国务院以国发〔2014〕46号下发了《关于加快发展体育产业促进体育消费的若干意见》。主要任务包括：创新体制机制、培育多元主体、改善产业布局和结构、促进发展、丰富市场供给、营造健身氛围等。

11月

11月6日　国家艺术基金2014年度资助项目名单出炉，国家艺术基金2014年度共资助舞台艺术创作资助项目大型舞台剧和作品81项；舞台艺术创作资助项目小型舞台剧（节）目和作品100项；传播交流推广资助项目79项；人才培养资助项目41项；美术书法摄影创作人才资助项目93项，共394项。其中2014年度传播交流推广资助项目包括中国美术馆申报的"中国数字美术馆虚拟化展览"和中国国际文化艺术有限公司申报的"中国民族音乐世界推广及数字化整理"等。

11月14日　2014中国视听传媒发展论坛在苏州举办，本次论坛的主题是"探索广电媒体融合发展之路"。

11月21～22日　2014广东互联网大会和2014全球移动互联网CEO峰会在广州保利世贸博览馆举行。大会围绕"网事辉煌、跨粤梦想，畅享移动互联新生活"的主题，设立了中国媒体转型与移动趋势发展论坛、中国电子商务发展与移动新布局论坛、第四届中国移动广告营销高峰论坛、全球移动互联网CEO峰会、2014中国（广州）互联网金融创新发展论坛、第二届中国手机游戏渠道与交易大会、地方互联网大会、Mob开放日——移动开发者服务专场、中国股权众筹高峰论坛、流量聚宝合作为王——电信流量宝3.0发布会等十二大论坛。

11月24日 百视通和东方明珠发布公告，宣布将通过百视通新增股份换股吸收合并东方明珠的方式，实现两家上市公司整合，打造统一的产业平台和资本平台。公告称，合并主要有四大目的：①深化文广集团整合改革；②顺应产业融合发展趋势；③提高国有资本对文化传媒领域影响力；④增强公信力和影响力。

11月26日 联众游戏公告，与网鱼网咖签署股份收购协议，入股中国最大的网吧连锁机构目的是在其下属网吧展开赛事和棋牌教育等活动。

12月

12月16日 联众游戏宣布与持有WPT（世界扑克巡回赛）品牌的Peerless Media Ltd. 签订《WPT亚洲地区整体许可协议》，WPT授权联众在中国大陆、香港、澳门、台湾，韩国，马来西亚，印度尼西亚，泰国及菲律宾等亚洲15个国家和地区对其品牌、相应产品及服务享有排他性权利，在日本地区，联众享有非排他性权利。联众享有在赛事主办、电视直播、免费社交游戏、分销WPT电视节目及片段库等方面使用WPT品牌开展业务的权利。此外，双方还将在电视节目制作、播放以及相应商品等方面展开合作，联众还在双方可能进一步深入合作的其他领域享有优先合作权。该协议将从2015年1月1日起生效，有效期八年，至2022年12月31日。

12月17日 完美世界在美国国会大厦启动“知行中国·完美世界”中美青年精英项目，该项目旨在邀请来自美国且有着不同背景、处在职业生涯中期的专业人士，通过交换体验的方式访问中国。

12月17～19日 2014年度中国游戏产业年会（CGIAC）在海南海口举办。本次年会的主题为“游戏·梦想的翅膀”。除了发布《2014年中国游戏产业报告》、举办中国“游戏十强”颁奖典礼外，本次年会还举办了首届中国国际游戏交易会、手机中国游戏产品经理大会以及首届中国网络游戏与文学IP合作大会。

12月25日 工信部发布《关于向民间资本开发宽带接入市场的通告》，鼓励民营企业参与宽带接入网络设施建设和运营，鼓励民营企业参与宽带接入网络的投资并与基础电信企业开展合作，鼓励民营企业提供宽带转售服务。

12月25日 掌趣科技宣布正式加入WP开发者联盟（WP即windows

phone)，成为联盟的战略合作伙伴，为 WP 平台的研发、运营、推广及未来发展给予全力支持。

12 月 27 日　2014 年度（第十一届）中国游戏行业年会在北京召开。本次大会以“开拓创新、提质增效”为主题，对 2014 年中国游戏行业的发展做了总结和未来展望，指出了当前行业存在的问题和下一步的工作方向。不包括纯动漫、卡通的收入在内，2014 年中国整个游戏行业（包括网络游戏、手机游戏、网页游戏、家用游戏、单机游戏、掌机游戏、大型游戏等各个种类游戏）的生产经营总收入约为 1520 亿元。其中：网络游戏 2014 年的经营收入为 620 亿元，约占整个游戏产业产值的 41%。网页游戏包括社交类游戏在内，2014 年的经营收入为 244 亿元，占整个游戏产业产值的 16%。手机游戏 2014 年经营收入约为 265 亿元，占整个游戏产业产值的 17% 以上。游戏机类游戏包括家用游戏、掌机游戏、大型游戏 3 大类，2014 年生产经营总收入为 391 亿元左右，约占整个游戏产业产值的 26%。

Abstract

In recent years, the Internet, big data, cloud computing and other hot words of technology appear from time to time, the integration of culture and technology has become a hot topic in present. Promoting the integration of culture and technology is a major deployment of the Central Committee. It is also the important initiatives to implement the party's sixth plenary session of the seventh. The present is a rare opportunity to seize the progress of science and technology development. To accelerate the integration of nature and technology, is necessary to implement the strategy of innovative country, is the inevitable requirement of building socialist culture power.

"Blue book of culture and technology (2015): the innovation development report of cultural and technology" is an analytical report about the industry development status, the path of the industrial development and research of the strategy under the integration of culture and technology by Shenzhen University Institute for Cultural Industries (SICI) and the National Innovation Centre for Cultural Research. The main content of the blue book not only collects the latest achievements in the field of the innovation research about the integration of culture and technology of SICI, but also absorbs the prospective results of domestic and foreign specialists in this area.

As the only blue book that focused on the innovation research about the integration of culture and technologyin the domestic at present, this report adheres to the combination of the theory and practice, domestic and foreign, experience summary and the path forward and strives to grasp the latest trends in culture and technology development, aiming to provide useful ideas and suggestions for the industry, government and academia.

Based on the analysis of path selection and strategic way of integrated innovation of culture and technology, this book focuses on the trend study of integration of culture and technology and cluster effect, resource integration, industrial transformation, technological revolution, format integration, transboundary innovation, etc. By analyzing the successful experiences of the integration of culture and technology, for example, the typicalcreative brand city at home, cultural service platform and advanced technology products and so on, development policies and innovative strategies are proposed from multiple perspectives. The content of this report is divided into six parts, as follows.

The first part is general report. It major reviews the current situation of industrial development of the integrated innovation of culture and technology in 2014, summarizes the development of cultural and technological industrial under the background of big data era and proposes future path of integrated innovation of culture and technology.

The second part is theoretical frontiers. It analyzes the nature of the integrated innovation of culture and technology in the age of big data, the cultural and creative gatheringin the era of mobile Internet, the cultural brand of creative cities. It aims to enrich the theoretical achievements of cultural industry research, enhance the depth of the theory research of culture industry, and also wide research field of cultural industry.

The third part is industry observation. Through the analysis of the integration of innovative cultural industries, the influence of the development of the Internet on the rising of the Chinese music industry, the international strategy of online game industry, the business models and cultural industries , the integrated model of cultural science and technology product acceptance intention, the performing arts market trends in the "Internet +" era and the evolution of creative industry park under the background of mobile interne, it intends to point out that the important influence of data revolution on industry transformation and industry development under the background of mobile Internet, which will provide a new impetus for the development of cultural industry.

The fourth part is the practice frontiers. From multiple dimensions, it analyses the innovation of the integration of the public service platformand the culture and technology, culture technology and entertainment, technology and intelligent design, the impact of big data on national reading, technology makes the museum serve the public better and successful experience of the integration of culture and technology. Such as the build mechanisms of public cultural services of digital museum, the analysis of self-timer on the phone's video and television entertainment in the "Macau concert" program of Lotus TVMacau. Thus, the integration of culture and technology is an important force to boost the development of cultural industries, an important way to upgrade the cultural industry, an important means to grow the cultural industries and an important carrier to promote the cultural industries.

The fifth part is the development policy. From design strategy of creative community, support policies, innovation strategy of Chinese culture media industryand financial supportfor the integration of culture and technology, the strategyof the public to raise under the background of "Internet +", it deeply studies the path, patterns and policies of culture and technology integration. It aims to providing theoretical basis and path for the integration of culture and technology, analyze the development way of the cultural science and technology innovation for multi-dimension, come up with support policies to promote the depth of cultural science and technology, enhance the competitiveness of our cultural industry, and provide new cultural ideas for technological innovation, and accelerate the integration of culture and technology.

Keywords: Integration of Culture and Technology; Culture Industry; Mobile Internet; Big Data

Contents

B I General Report

Abstract: Technology promotes the development of cultural industries, besides this, Internet and Information technology envoke the revolution of emerging industries. Culture and technology industries went through great changes under the background of "Internet +" last year. Some relevant industries, such as movies, animations, games, radio and television, network audiovisual industry and digital publishing have realized significant development on the support of mobile internet, internet of things technology and cloud computing, in addition, on the support of the convergence among the networks of television, telephone and broadband. So far, we think culture and technology industry should focus its eyes on three aspects to embrace greater development. First, to explore the new mode of culture information dissemination by placing "Internet +" as platform. Second, to explore the new mode of the integration of culture and technology by placing "Culture +" as core. Third, to explore the new mode of the innovation of culture and technology by placing "Technology +" as driving power.

Keywords: "Internet +"; the Integration of Culture and Technology; Fusion; Developing Path

ⅡB Ⅱ Theoretical Frontiers

B. 2 Integrated Innovation: the Nature of Cultural Industries and the Integration of Science and Technology

Li Yan, Hu Hongbin / 019

Abstract: The development of cultural industries and the progress of science and technology complement each other. As the process of industrialization, the replication technology provides technical support for copy of content and large scale production, which has made the integration of traditional industry and cultural industry. As the representative of the modern science and technology, "digitalization" and "networked" which has deconstruct the simple corresponding mode of replication technology and cultural production, and realized the comprehensive integration of content carrier, communication, acceptance and re-innovation, broke the separation state of creation, content replication, acceptance and consumption in space and time, and realized the unity of cultural production, dissemination and acceptance, a new culture service platform based on digitalization and network has emerged. The integration of cultural industry and technology is essentially a mode of innovation in modern technology and culture and economic integration. To comprehend the fusion innovation of modern technology and culture, we can not only focus on the characteristics of specific characterization and new forms of modern technology, but also need to do systematically and dynamically investigate, from content production, content carrier, content spread and content consumption.

Keywords: Integration Innovation; Cultural Industries; Science and Technology; Integration

Abstract: This paper aims to discuss the status and significance of cultural and creative clustering in the mobile Internet era. The author was commissioned by the Hong Kong government to conduct mapping studies of creative clusters in Hong Kong. Using Geographical Information System (GIS), the creative establishments across Hong Kong have been thoroughly analyzed with sampled questionnaire survey. The research findings reflect the clustering and distribution of creative companies in Hong Kong in the era of mobile internet, which are both revelatory and significant to the development of cultural and creative industries.

Keywords: Mobile Internet; Creative Cluster; Cultural and Creative Industry

Abstract: The computer paradigm is giving way to the mobile Internet paradigm (Gartner; Lunden; Anthony) . Always on, always connected, always linked, always beeping, and always being triggered. Increased mobility suggests lighter and yet more powerful devices, greater contextualization and improved personalization. So what are the implications for cultural experiences in digital worlds?

Unfortunately, in my area of research, virtual heritage (games and virtual reality applied in the services of cultural heritage) , the *development* of technology for the transmission of cultural knowledge in a virtual world is arguably still at a primitive stage. Ideally, digital cultural innovation in this field develops in parallel with technological innovation but projects and commercial applications so far show either a lack of technical flexibility or a paucity of rich cultural interaction and thematic appropriateness. Despite this dour criticism, The writer will put forward suggestion for how a creative and explorative fusion of new media, the mobile internet, and the entertainment industry could offer new and exciting but so far unrealized opportunities for virtual heritage both in terms of the public and in terms of the classroom.

Keywords: Convergence Culture; Innovation; Technology; Collective Intelligence; Mobile Internet; Gamification; Digital Heritage

B. 5 Creative Cities as Cultural Brands *John Hartley* / 063

Abstract: What makes a creative city; and how will people know? It is not simply power or trade ("world cities" are not the same as creative cities) . It is not simply culture (which can be a relic of past heritage) . It is not simply the presence of creative and cultural industries (cities need creative scenes and citizens as well as employment) . Of course, cities need creative populations, with a mixture of productive skills and consumer demand, using digital media and social networks, to stimulate innovation, experiment and diversity. This paper isolates some of the different systems and values that must meet and clash productively to ensure creative innovation in a globally competitive city. Drawing on research for a new Creative City Index developed in Australia, the paper shows how creative clusters, services and citizens can give a city a competitive edge. Using such a tool, cities of any size can assess their creative enterprise and develop policies and practices to improve their reputation as a "cultural brand."

Keywords: Cultural Brands; Creative Cities; Digital Media; Social Networks; Creative Clusters

B. 6 The Integration of Culture and Science: The Existence of Creation and Reconstruction of Life World

Li Ping, *Yang Guodong* / 083

Abstract: rooted in the contemporary daily life product of material and spirit, technology and the arts, culture and science and technology mastered product, which has a new connotation and function. Daily product of penetration into all aspects of social life, becoming a full range presents the value and significance of contemporary cultural and creative node vector production life life existence; continue to promote and realize the product for gene ontology of life world, to rebuild products forcommunication tool life social integration, the product of the first world's globalexpansion. Products-existence move and rebuild a constantly stretching, increasingly large, vibrant life world.

Keywords: Cultural Integration of Science and Technology; Cultural and Creative Industries; The Product; The Existence of the Product; The World of Life Reconstruction

B Ⅲ Industry Observation

Abstract: In background of mobile internet, culture industry is innovating and integrated with related the relevant industries. The key lies in renewing cultural industry chain and gathering more excellent resources; expanding cultural services market to create more cultural value for manufacturing industry; promoting the cooperation between culture industry and financial sector to build new culture industrial clusters; developing platform economic and new form of cultural industry park.

Keywords: Mobile Internet; Culture Industry; Integration and Innovation

Abstract: With rapid development of Internet technology, we have witnessed the radical changes from Web 1. 0 era to Web 2. 0, which enable users to gernerate content and interact with webpages online, a shift from conventional model. Hence the phenomenon of crowfunding arises at this historic moment. Different from traditional financing model, crowdfunding is an outcome of development in fundraising business activities under an Internet context. Crowfunding provides a new school of thoughts in terms of financing model for cultural industry, organically combining cultural industry with the development of Internet. This paper will introduce and explain and the concept of crowdfunding by analyzing some overseas classic crowdfunding cases. Besides, it takes music crowdfunding as the research subject. Take the example of a developed music crowdfunding websites called Musikid, we analyzed the profound influences that crowdfunding model brought about to audiences (fans), musicians and the music industry etc. Meanwhile, we make comparisons among some mature foreign music crowdfunding models and take a deeper look into the localization of Chinese music crowdfunding. At the end, this paper will also look towards the future development and potential of music crowdfunding model.

Keywords: Crowd Funding; Business Model; China; Music Industry; Audience; Plat

B. 9 The Integrated Model on the Intention to Accept Cultural Technology Products: Evidence from E-book Readers

Zhou Zhimin, *Wang Qiang* / 128

Abstract: How are cultural technology products, a new emerging product type, accepted by consumers? By integrating the TAM, TRA, and TTF models, the research builds a conceptual model to describe the formation mechanism of the acceptance of cultural technology products. The paper then uses the case of e-book readers to analyze the components of the integrated model. Combining the advantages of three theoretical models, this integrated model fully elaborates that the acceptance of cultural technology products is influenced by perceived usefulness, perceived ease to use, task-technology fit, and subjective norm. The integrated model provides a comprehensive explanation for understanding why cultural technology products are accepted in theory, and brings some advices for the innovation of cultural technology products in practice.

Keywords: Cultural Technology Products; the Integration of Culture and Technology; the Intention to Accept New Products; the Integrated Model

Abstract: Foreign market entry motivation and entry mode choice of the game industry are more diverse than those of traditional manufacturing or service industries due to the close interaction between itssub-industries: hard-service (game title development) and soft-service (game publishing) industries (Erramilli and Rao, 1990). This study analyzes the relationship between entry motivation and entry mode choice of Chinese game firms in the global market. By investigating 10 game firms that have had business in more than one foreign market, we find out that for the hard-service sector, choice of entry modes depends on the motivation of either exploiting a firm's core competenceor augmenting its weak assets. Findings of this study can be applied to other cultural and knowledge-intensive industries especially where the integration between hard-service and soft-service factors constitute core competence of the industry value chain.

Keywords: Chinese Game Industry; Entry Motivation; Entry Mode Choice; Exploration; Hard Service; Soft Service

Abstract: Culture as a commodity is the result of the development of science and technology. Culture becoming a pillar industry is the result of the progress of cultural and science & technology depth integration. Culture as a pillar industry is not more than ten years in developed countries. It is nearly 2 years in China. Culture becoming a pillar industry is determined the particularity of cultural reproduction. The development of MITs (Mobile – Internet – Things) technology is promoting the development of cultural products to the breadth and depth. There are some problems in the integration development in China. Such as the strength and depth of the integration is not enough with the impression of old wine in new bottles. Due to the hot development of MITs, pure technical way to run a culture company, imitation of foreign product, financing and burning money, don't understand the specific business environment only to talk about users are very popular. The results were mostly found that the companies are without profit pattern and profit hopeless, and so on. Business model is the synthesis of enterprise culture and the operation. It will be including both strategy and tactics, but not limited. It is not only with universality but also an unique personality. This article will want to explore the mobile Internet technology to change cultural reproduction way. And culture enterprise sustainable profitability and other issues will be discussed under the background of mobile Internet. Finally, some suggestions will be put forward.

Keywords: Mobile Internet; Cultural Industry; Business Model

B. 12 "Internet +" Era Performing Arts Market Trend Analysis

Bao Jing / 171

Abstract: In the "Internet +" era, the Internet and traditional industries launched a wide-ranging cooperation, people's daily production and life has been greatly improved. As one of the traditional industries, the performing arts industry has also deeply cooperated with the internet. At present, it is necessary to learn how to use the internet platform, expand the growing space of art, combine with the Internet technology, and achieve the goal of performing arts revenue. This paper analyzed the status quo of China's performing arts market, set up a practical vision of the future performing arts market insuch "Internet +" era. Such as the use of big data technologies for targeting audience segmentation, designing box office channel, developing performance value, stretching extension path, changing people's inherent cultural consumption patterns. On the base of consolidating the existing performing arts market, We should develop a new profit model to improve the entertainment industry's anti-risk ability, and to achieve the market transformation and industrial promotion keeping up with the Internet technology trends.

Keywords: Internet; Performing Arts Market; Big Data; Market Trend

Abstract: Since the new century, creative industry has become a new engine for the city development with the wave of globalization and the rapid development of knowledge economy to promote the economic, cultural and social transformation. Creative economy and Urban economy interacts each other, creative space and urban space promotes each other. Creative industry park evolution relevants to the transformation of urban spatial structure; how to optimize the transformation of urban space with the help of creative industry park evolution and how to use urban spatial reconstruction to promote the development of creative industry have become hot spots in academic. Shenzhen is the first city in China that awarded the title of "the capital of design". The creative industry develops rapidly, the spatial agglomeration of creative industry parks becomes more and more obvious. In this paper, from the breakthrough point of the evolutionary economic geography theory, deeply discusses the interactive relationship between creative industry park evolution and the transformation of urban spatial structure. First of all, this paper describes the current development situation of creative industry in Shenzhen in terms of its development scale, the degree of concentration and environment, qualitatively analyzes the spatial evolution procession of creative industry parks; then with further analysis of the maps, it summarizes the features of space distribution, concludes models of creative industry parks' spatial expansion and organizational models; finally, it qualitatively analyzes the relationship between Shenzhen creative industry park evolution and the urban spatial reconstruction from the view of economic, social, cultural and transportation and offers some suggestions to promote the development of creative industry clusters.

Keywords: Creative Industry Park; Urban space; Spatial Evolution, Spatial Reconstruction, Shenzhen

B IV Practical Frontier

Abstract: Modern technology gives new vitality to traditional culture. The digitalization of public cultural facilities, such as digital museums, digital libraries and digital galleries, makes the static culture alive and brings the "breathing culture" to the world by Internet. In addition, it also brings new public experience for people. Mobile public cultural facilities are the expansion of digital public cultural services and the application of advanced mobile communication technology in the field of public cultural services. Mobile public cultural facilities not only reflect the high degree of integration of culture and technology, but also realize the transplantation from traditional function to the mobile Internet field. This paper used the analysis of digital museum as an example. Firstly, we explored the formation mechanism and existing problems for digital public cultural service system. Secondly, we found the main problems. Finally, we put forward to suggestions.

Keywords: Mobile Internet; Public Cultural Service; Digital Museum; Formation Mechanism

Abstract: By reviewing different perspectives of discussing cultural and technology, this paper finds that there are a lot of studies taking the economic perspective to explore how to help traditional industries transforming or upgrading by converging culture and technology. The business model and the related policy promotions seem to be the main focus. At the meantime, the discussions on big data and smart city or digital city which have been developed and popularized just in recent years in China take the perspective of emphasizing new technology. This paper attempts to propose a new perspective studying issues on the convergence of culture, art and technology beyond economic and technological perspectives. This new perspective is termed as spatial perspective arguing that discussions on how to merge culture and new technologies should be based on the question of how to improve the quality of life in urban as well as rural spaces. The spatial turn in particular emphasizes the role of arts and technologies in urban spaces. This spatial perspective helps to eliminate the gap between the economic perspective dominated by people in studying cultural/creative economy or cultural policy, and the technology perspective dominated by people in ICT and big data sphere. Based on some examples mostly from European countries showing the connections of arts, technology and urban spaces, this paper argues that the urban innovations of arts and technologies and their applications and practices in urban spaces are benefit to the development of humanistic urbanization which is much more different from the old model of neoliberal urbanization. The smart city is therefore more likely to be developed towards ahumanistic smart city. The authors of this paper discusses those issues related to arts, technologies and urban spaces and their connections and implications on the issues of new model of urbanization and the conceptualization of humanistic smart city in general.

Keywords: Convergence of Arts; Culture and Technology; Humanistic Smart City; Spatial Turn; Urban Innovations; Urban Space

B. 16 Integrating Mobile Phone Selfies in TV Entertainment

Abstract: How to innovate the innovative quality of TV entertainment plays a key role at the age of variety shows since their attractiveness has dwindled down, even disappeared. Mobile phones, as the 5th media, besides newspaper, radio, TV and Internet, with its characteristics of mobility, interactivity, universality, grassroots, etc, have attract attention of TV program producers. The use of mobile phone and associate applications is increasingly integrated into the TV programs. It is a big challenge to TV entertainment producers in regard to the issue of how to explore the mobile phone's potentials as new media, integrate them with traditional programs and develop new kinds of variety shows. This paper attempts to introduce and analyze the new style of applying mobile phone self shots into TV entertainment through a case study of *Macao OpenMic*. It is expected to provide some new ideas about how to integrate the new media and TV entertainment in respond to the dilemma of homogeneity of TV entertainment in mainland China.

Keywords: TV Reality Shows; Selfies; Self Shots; WeChat, Macao OpenMic

B. 17 Intelligent Designdevelopsthe Cultural "heart" Business Opportunities *Chen Jun* / 237

Abstract: In the age of Internet, The process of "human differentiation" in times of industrialization what began to reverse. The digital 3D printing technology were allows designers whom freed from tedious work of skills, and to establish the central role of human again and bring about the process of designers' individual empowerment as well as to Strengthen "design of innovative" . Which to evolution production to a "consumer-centric" and "custom times" including social and cultural products in the "Internet +" wide background of conceptual. The intelligent Design began to breakthrough design of sensibility of field in previous, according to the analysis of considerable data of "consumers" internal demand were to achieve "precision design" . The people "All wishes come true" has become an indisputable fact. The person who caught the "mind" of consumers. who seize the opportunity of businessin future.

Keywords: Custom Times 3D Printing Economic Data; Accurate Design

B. 18 Problems and Solution of Reading for "All the People" is in "the Big Data Context" *Han Han* / 251

Abstract: 2014 is a turning year of the Big Data effected cultural industry in

Ⅴ Development Polices

B. 20 The Design Strategy Research of Smart Creative Community Under the Design and Technology Integration Perspective *Zheng Yangshuo* / 278

Abstract: In this paper, taking design smart creative community as the research target, based on design and technology integration perspective, combined with Information interaction design theory, aims to innovative design strategies research and provide a reference for the design of future smart creative community. Creative community can not only bridge the social dislocation of past civilizations, user needs and the creative design, It is also an epitome and symbol of open innovation community. As a practice environment of building future smart city, Creative community should take people's demands and emotional appeal as the core of future social innovation, with design to balance the relationships. This paper will promote the idea of perception, interaction and product of creative solutions, leading the future of design innovation, technology innovation and cultural innovation.

Keywords: Design and Technology Integration; Smart Creative Community; Design Strategies; Creative Value

B. 21 Study on the Supportive Policy of Cultural and Technological Mergence *Cui Shijuan*, *Lin Xiuni* / 289

Abstract: Since twenty-first Century, cultural and technological mergence has gradually become a core of the development strategy about cultural industry of our country. Along the way, the mergence of culture and technology can not do without the support of policy. In recent years, cultural and technological mergence is developing rapidly with a series of policy from country to province. We can discover that a system of supportive policy about cultural and technological mergence has been formed which covers an area from country to province and consists of policy about elements of mergence and construction of bases on cultural industry. However, we can also find out some problems needed to be solved about the system of policy through the analysis of mergence mechanism and the reality about cultural and technological mergence.

Keywords: Culture and Technology; Mergence; Mechanism; Supportive Policy; Situation; Recommendation

Abstract: The integration of culture and technology is helpful to improve the independent innovation capacity of cultural industry. it will enhance cultural industry's competiveness, and also provide new cultural concept for technology innovation. It will promote the adjustment and upgrading of traditional industry structure. Finance's development will support the integration of culture and technology. Finance has an important impact on the integration of culture and technology. This paper makes use of the data between 1995 and 2013 which are culture, technology and finance to establish the empirical model. Firstly, this paper examines the empirical relationship between culture and finance, then the relationship between technology and finance. The result is that finance has positive impacts on culture and technology. Secondly, this paper investigates the finance's influence on the integration of culture and technology. The result shows that finance's development promotes the integration innovation of culture and technology. According to the empirical results, we put forward some corresponding policy suggestions.

Keywords: Culture; Technology; Innovation; Finance

Abstract: The media industry is developing rapidly all over the world, which indicates the broad market prospects and industrial competitiveness. The rapid development of cultural media industry has become a new economic growth point of China's economy. Based on the background of the era of big data and technological integration, the comprehensive strength of cultural media industry and current development trend are selected as key factors and analysis the comparison among cultural listed media company. According to the combination of factor analysis and cluster analysis, the comprehensive strength evaluation system of the cultural media listed companies is constructed. In addition, the trend of development is analyzed.

This paper utilizes multivariate statistical method, and carries out the factor analysis of 14 key financial indicators for 39 listed companies in 2013 of the China's cultural media industry. Four common factors are extracted as: company scale merit factor, company profitability ability factor, company solvency factor, and company asset growth ability factor. According to the scores of each factor, this study calculates the comprehensive score ranking and other factor score ranking of the 39 listed companies, the obtained results are analyzed in details. In addition, the cluster analysis is conducted according to the listed companies' comprehensive scores, the 39 companies can be divided into four categories, and each category is performed in deep analysis. Finally, this paper puts forward corresponding conclusions and recommendations.

Keywords: Culture Media; Factor Analysis; Cluster Analysis; Comprehensive Strength Evaluation

Abstract: The "internet plus" has provided an important background for the nation's economic growth, it also plays a significant role in the studies and development of the cultural and creative industries. There are groups of organizations that crowding-funds for different purposes and outcomes have been tightly connected with the internet since they appeared in the market. In recent years, those organizations have been developing rapidly. Among all the projects that those groups are participating in, most of them are from the cultural and creative industries. At the same time, the amount of money that being raised by them have reached more than half of the whole fundraisers. This article will illustrate the phenomenon of the "internet plus" and the development of the online financing, and with which, I will present a profound analysis on the current situation of the development of the cultural and creative industries crowd-funding. Furthermore, I will discuss the main existed issues and their causes individually. For instance, the mechanism of management of the platforms in those industries, and their possible sustainable development. Lastly, I will provide the ideas for the development and solutions to those issues.

Keywords: Internet Plus; Cultural and Creative Industries Crowd-Funding; Crowd-Funding Pattern

B. 25 The Smart Guide To Creative Spill-overs

Abstract: Creativity comes from the combination of ability and environment. It relates to the capacity of people to think with imagination and challenge the existing. This aptitude is characterised by unpredictability, divergent thinking combining cognitive elements with the expression of human senses and emotions. In combination, both context and place are important elements in the emergence of creativity. As a result cities provide an ideal environment conducive to the expression of creative abilities. They provide the "container" of creative expression.

Without creativity there would not be music, poetry, paintings, literature and all activities associated with art, culture and creative industries (CCIs). Creativity contributes to the making of culture. In turn culture, art and creative talents are a powerful source of creativity and innovation. Culture-based creativity is creativity that finds its source in art, culture and creative industries. This form of creativity is essential in modern economies driven by differentiation, meanings, ethical or aesthetic values beyond products' functionalities.

The Smart Guide (the Guide) considers new ways to look at art and culture to explore the contribution of the latter to economic and social changes. It expresses the idea that art and culture are essential resources for innovation. These resources can be mined everywhere. The more they are localised, the more valuable they are as the expression of (much in demand) singularities. Cities are the ideal places to foster creative interactions and enable the experimentation that drives innovation. The guide is clearly a practical manifesto for a wider usage of art, culture and creative industries in economic and social development.

Keywords: Spill-overs; Culture and Creative Industries (CCIs); Creative Mediators

Ⅵ Appendix

Abstract: The department of Science and Technology of MCPRC (Ministry of Culture of the People's Republic of China) organized an investigation for "the second batch National Demonstration Bases for the Fusion of Culture, Science and Technology (NDB – FCST)" in early 2014. The investigation last for seven months. The investigation group concluded the characteristics, advantages, success experience, weaknesses and problems of the second batch NDB – FCST bases comparing with the first batch NDB –FCST bases. At last, the corresponding policy recommendations are given in order to promote NDB –FCST development.

Keywords: The Fusion of Culture, Science and Technology (FCST);

权威·前沿·原创

社会科学文献出版社

皮书系列

2015年

盘点年度资讯　预测时代前程

社会科学文献出版社 学术传播中心 编制

社会科学文献出版社
SOCIAL SCIENCES ACADEMIC PRESS (CHINA)

社会科学文献出版社成立于1985年，是直属于中国社会科学院的人文社会科学专业学术出版机构。

成立以来，特别是1998年实施第二次创业以来，依托于中国社会科学院丰厚的学术出版和专家学者两大资源，坚持“创社科经典，出传世文献”的出版理念和“权威、前沿、原创”的产品定位，社科文献立足内涵式发展道路，从战略层面推动学术出版五大能力建设，逐步走上了智库产品与专业学术成果系列化、规模化、数字化、国际化、市场化发展的经营道路。

先后策划出版了著名的图书品牌和学术品牌“皮书”系列、“列国志”、“社科文献精品译库”、“全球化译丛”、“全面深化改革研究书系”、“近世中国”、“甲骨文”、“中国史话”等一大批既有学术影响又有市场价值的系列图书，形成了较强的学术出版能力和资源整合能力。2014年社科文献出版社发稿5.5亿字，出版图书1500余种，承印发行中国社科院院属期刊71种，在多项指标上都实现了较大幅度的增长。

凭借着雄厚的出版资源整合能力，社科文献出版社长期以来一直致力于从内容资源和数字平台两个方面实现传统出版的再造，并先后推出了皮书数据库、列国志数据库、中国田野调查数据库等一系列数字产品。数字出版已经初步形成了产品设计、内容开发、编辑标引、产品运营、技术支持、营销推广等全流程体系。

在国内原创著作、国外名家经典著作大量出版，数字出版突飞猛进的同时，社科文献出版社从构建国际话语体系的角度推动学术出版国际化。先后与斯普林格、荷兰博睿、牛津、剑桥等十余家国际出版机构合作面向海外推出了“皮书系列”“改革开放30年研究书系”“中国梦与中国发展道路研究丛书”“全面深化改革研究书系”等一系列在世界范围内引起强烈反响的作品；并持续致力于中国学术出版走出去，组织学者和编辑参加国际书展，筹办国际性学术研讨会，向世界展示中国学者的学术水平和研究成果。

此外，社科文献出版社充分利用网络媒体平台，积极与中央和地方各类媒体合作，并联合大型书店、学术书店、机场书店、网络书店、图书馆，逐步构建起了强大的学术图书内容传播平台。学术图书的媒体曝光率居全国之首，图书馆藏率居于全国出版机构前十位。

上述诸多成绩的取得，有赖于一支以年轻的博士、硕士为主体，一批从中国社科院刚退出科研一线的各学科专家为支撑的300多位高素质的编辑、出版和营销队伍，为我们实现学术立社，以学术品位、学术价值来实现经济效益和社会效益这样一个目标的共同努力。

作为已经开启第三次创业梦想的人文社会科学学术出版机构，2015年的社会科学文献出版社将迎来她30周岁的生日，“三十而立”再出发，我们将以改革发展为动力，以学术资源建设为中心，以构建智慧型出版社为主线，以社庆三十周年系列活动为重要载体，以“整合、专业、分类、协同、持续”为各项工作指导原则，全力推进出版社数字化转型，坚定不移地走专业化、数字化、国际化发展道路，全面提升出版社核心竞争力，为实现“社科文献梦”奠定坚实基础。

社长致辞

我们是图书出版者，更是人文社会科学内容资源供应商；

我们背靠中国社会科学院，面向中国与世界人文社会科学界，坚持为人文社会科学的繁荣与发展服务；

我们精心打造权威信息资源整合平台，坚持为中国经济与社会的繁荣与发展提供决策咨询服务；

我们以读者定位自身，立志让爱书人读到好书，让求知者获得知识；

我们精心编辑、设计每一本好书以形成品牌张力，以优秀的品牌形象服务读者，开拓市场；

我们始终坚持“创社科经典，出传世文献”的经营理念，坚持“权威、前沿、原创”的产品特色；

我们“以人为本”，提倡阳光下创业，员工与企业共享发展之成果；

我们立足于现实，认真对待我们的优势、劣势，我们更着眼于未来，以不断的学习与创新适应不断变化的世界，以不断的努力提升自己的实力；

我们愿与社会各界友好合作，共享人文社会科学发展之成果，共同推动中国学术出版乃至内容产业的繁荣与发展。

社会科学文献出版社社长

中国社会学会秘书长

2015 年 1 月

皮书起源

“皮书”起源于十七、十八世纪的英国，主要指官方或社会组织正式发表的重要文件或报告，多以“白皮书”命名。在中国，“皮书”这一概念被社会广泛接受，并被成功运作、发展成为一种全新的出版形态，则源于中国社会科学院社会科学文献出版社。

皮书定义

皮书是对中国与世界发展状况和热点问题进行年度监测，以专业的角度、专家的视野和实证研究方法，针对某一领域或区域现状与发展态势展开分析和预测，具备权威性、前沿性、原创性、实证性、时效性等特点的连续性公开出版物，由一系列权威研究报告组成。皮书系列是社会科学文献出版社编辑出版的蓝皮书、绿皮书、黄皮书等的统称。

皮书作者

皮书系列的作者以中国社会科学院、著名高校、地方社会科学院的研究人员为主，多为国内一流研究机构的权威专家学者，他们的看法和观点代表了学界对中国与世界的现实和未来最高水平的解读与分析。

皮书荣誉

皮书系列已成为社会科学文献出版社的著名图书品牌和中国社会科学院的知名学术品牌。2011 年，皮书系列正式列入“十二五”国家重点出版规划项目；2012~2014 年，重点皮书列入中国社会科学院承担的国家哲学社会科学创新工程项目；2015 年，41 种院外皮书使用“中国社会科学院创新工程学术出版项目”标识。

经　济　类

经济类皮书涵盖宏观经济、城市经济、大区域经济，
提供权威、前沿的分析与预测

经济蓝皮书

2015 年中国经济形势分析与预测

李　扬 / 主编　　2014 年 12 月出版　　定价 :69.00 元

◆　本书为总理基金项目，由著名经济学家李扬领衔，联合中国社会科学院、国务院发展中心等数十家科研机构、国家部委和高等院校的专家共同撰写，系统分析了 2014 年的中国经济形势并预测 2015 年我国经济运行情况，2015 年中国经济仍将保持平稳较快增长，预计增速 7% 左右。

城市竞争力蓝皮书

中国城市竞争力报告 No.13

倪鹏飞 / 主编　　2015 年 5 月出版　　定价 :89.00 元

◆　本书由中国社会科学院城市与竞争力研究中心主任倪鹏飞主持编写，以“巨手：托起城市中国新版图”为主题，分别从市场、产业、要素、交通一体化角度论证了东中一体化程度不断加深。建议：中国经济分区应该由四分区调整为二分区；按照“一团五线”的发展格局对中国的城市体系做出重大调整。

西部蓝皮书

中国西部发展报告（2015）

姚慧琴　徐璋勇 / 主编　　2015 年 7 月出版　　估价 :89.00 元

◆　本书由西北大学中国西部经济发展研究中心主编，汇集了源自西部本土以及国内研究西部问题的权威专家的第一手资料，对国家实施西部大开发战略进行年度动态跟踪，并对 2015 年西部经济、社会发展态势进行预测和展望。

中部蓝皮书

中国中部地区发展报告（2015）

喻新安 / 主编　　2015 年 7 月出版　　估价 :69.00 元

◆　本书敏锐地抓住当前中部地区经济发展中的热点、难点问题，紧密地结合国家和中部经济社会发展的重大战略转变，对中部地区经济发展的各个领域进行了深入、全面的分析研究，并提出了具有理论研究价值和可操作性强的政策建议。

世界经济黄皮书

2015 年世界经济形势分析与预测

王洛林　张宇燕 / 主编　　2015 年 1 月出版　　定价 :69.00 元

◆　本书为中国社会科学院创新工程学术出版资助项目，由中国社会科学院世界经济与政治研究所的研创团队撰写。该书认为，2014 年，世界经济维持了上年度的缓慢复苏，同时经济增长格局分化显著。预计 2015 年全球经济增速按购买力平价计算的增长率为 3.3%，按市场汇率计算的增长率为 2.8%。

中国省域竞争力蓝皮书

中国省域经济综合竞争力发展报告（2013~2014）

李建平　李闽榕　高燕京 / 主编　　2015 年 2 月出版　定价 :198.00 元

◆　本书充分运用数理分析、空间分析、规范分析与实证分析相结合、定性分析与定量分析相结合的方法，建立起比较科学完善、符合中国国情的省域经济综合竞争力指标评价体系及数学模型，对 2012~2013 年中国内地 31 个省、市、区的经济综合竞争力进行全面、深入、科学的总体评价与比较分析。

城市蓝皮书

中国城市发展报告 No.8

潘家华　魏后凯 / 主编　2015 年 9 月出版　　估价 :69.00 元

◆　本书由中国社会科学院城市发展与环境研究中心编著，从中国城市的科学发展、城市环境可持续发展、城市经济集约发展、城市社会协调发展、城市基础设施与用地管理、城市管理体制改革以及中国城市科学发展实践等多角度、全方位地立体展示了中国城市的发展状况，并对中国城市的未来发展提出了建议。

金融蓝皮书

中国金融发展报告（2015）

李　扬　王国刚 / 主编　2014 年 12 月出版　定价 :75.00 元

◆　由中国社会科学院金融研究所组织编写的《中国金融发展报告（2015）》，概括和分析了 2014 年中国金融发展和运行中的各方面情况，研讨和评论了 2014 年发生的主要金融事件。本书由业内专家和青年精英联合编著，有利于读者了解掌握 2014 年中国的金融状况，把握 2015 年中国金融的走势。

低碳发展蓝皮书

中国低碳发展报告（2015）

齐　晔 / 主编　2015 年 7 月出版　估价 :89.00 元

◆　本书对中国低碳发展的政策、行动和绩效进行科学、系统、全面的分析。重点是通过归纳中国低碳发展的绩效，评估与低碳发展相关的政策和措施，分析政策效应的制度背景和作用机制，为进一步的政策制定、优化和实施提供支持。

经济信息绿皮书

中国与世界经济发展报告（2015）

杜　平 / 主编　2014 年 12 月出版　定价 :79.00 元

◆　本书是由国家信息中心组织专家队伍精心研究编撰的年度经济分析预测报告，书中指出，2014 年，我国经济增速有所放慢，但仍处于合理运行区间。主要新兴国家经济总体仍显疲软。2015 年应防止经济下行和财政金融风险相互强化，促进经济向新常态平稳过渡。

低碳经济蓝皮书

中国低碳经济发展报告（2015）

薛进军　赵忠秀 / 主编　2015 年 6 月出版　定价 :85.00 元

◆　本书汇集来自世界各国的专家学者、政府官员，探讨世界金融危机后国际经济的现状，提出“绿色化”为经济转型期国家的可持续发展提供了重要范本，并将成为解决气候系统保护与经济发展矛盾的重要突破口，也将是中国引领“一带一路”沿线国家实现绿色发展的重要抓手。

社会政法类

社会政法类皮书聚焦社会发展领域的热点、难点问题，
提供权威、原创的资讯与视点

社会蓝皮书

2015年中国社会形势分析与预测

李培林　陈光金　张　翼 / 主编　2014 年 12 月出版　定价 :69.00 元

◆　本书由中国社会科学院社会学研究所组织研究机构专家、高校学者和政府研究人员撰写，聚焦当下社会热点，指出 2014 年我国社会存在城乡居民人均收入增速放缓、大学生毕业就业压力加大、社会老龄化加速、住房价格继续飙升、环境群体性事件多发等问题。

法治蓝皮书

中国法治发展报告 No.13（2015）

李　林　田　禾 / 主编　　2015 年 3 月出版　　定价 :105.00 元

◆　本年度法治蓝皮书回顾总结了 2014 年度中国法治取得的成效及存在的问题，并对 2015 年中国法治发展形势进行预测、展望，还从立法、人权保障、行政审批制度改革、反价格垄断执法、教育法治、政府信息公开等方面研讨了中国法治发展的相关问题。

环境绿皮书

中国环境发展报告（2015）

刘鉴强 / 主编　　2015 年 7 月出版　　估价 :79.00 元

◆　本书由民间环保组织“自然之友”组织编写，由特别关注、生态保护、宜居城市、可持续消费以及政策与治理等版块构成，以公共利益的视角记录、审视和思考中国环境状况，呈现 2014 年中国环境与可持续发展领域的全局态势，用深刻的思考、科学的数据分析 2014 年的环境热点事件。

反腐倡廉蓝皮书

中国反腐倡廉建设报告 No.4

李秋芳　张英伟 / 主编　2014 年 12 月出版　　定价 :79.00 元

◆　本书继续坚持“建设”主题，既描摹出反腐败斗争的感性特点，又揭示出反腐政治格局深刻变化的根本动因。指出当前症结在于权力与资本“隐蔽勾连”、“官场积弊”消解“吏治改革”效力、部分公职人员基本价值观迷乱、封建主义与资本主义思想依然影响深重。提出应以科学思维把握反腐治标与治本问题，建构“不需腐”的合理合法薪酬保障机制。

女性生活蓝皮书

中国女性生活状况报告 No.9（2015）

韩湘景 / 主编　2015 年 4 月出版　定价 :79.00 元

◆　本书由中国妇女杂志社、华坤女性生活调查中心和华坤女性消费指导中心组织编写，通过调查获得的大量调查数据，真实展现当年中国城市女性的生活状况、消费状况及对今后的预期。

华侨华人蓝皮书

华侨华人研究报告 (2015)

贾益民 / 主编　2015 年 12 月出版　估价 :118.00 元

◆　本书为中国社会科学院创新工程学术出版资助项目，是华侨大学向世界提供最新涉侨动态、理论研究和政策建议的平台。主要介绍了相关国家华侨华人的规模、分布、结构、发展趋势，以及全球涉侨生存安全环境和华文教育情况等。

政治参与蓝皮书

中国政治参与报告（2015）

房　宁 / 主编　2015 年 7 月出版　估价 :105.00 元

◆　本书作者均来自中国社会科学院政治学研究所，聚焦中国基层群众自治的参与情况介绍了城镇居民的社区建设与居民自治参与和农村居民的村民自治与农村社区建设参与情况。其优势是其指标评估体系的建构和问卷调查的设计专业，数据量丰富，统计结论科学严谨。

行业报告类

行业报告类皮书立足重点行业、新兴行业领域，
提供及时、前瞻的数据与信息

房地产蓝皮书

中国房地产发展报告 No.12（2015）

魏后凯　李景国 / 主编　　2015 年 5 月出版　　定价 :79.00 元

◆　本年度房地产蓝皮书指出，2014 年中国房地产市场出现了较大幅度的回调，商品房销售明显遇冷，库存居高不下。展望 2015 年，房价保持低速增长的可能性较大，但区域分化将十分明显，人口聚集能力强的一线城市和部分热点二线城市房价有回暖、房价上涨趋势，而人口聚集能力差、库存大的部分二线城市或三四线城市房价会延续下跌（回调）态势。

保险蓝皮书

中国保险业竞争力报告（2015）

姚庆海　王　力 / 主编　2015 年 12 出版　　估价 :98.00 元

◆　本皮书主要为监管机构、保险行业和保险学界提供保险市场一年来发展的总体评价，外在因素对保险业竞争力发展的影响研究；国家监管政策、市场主体经营创新及职能发挥、理论界最新研究成果等综述和评论。

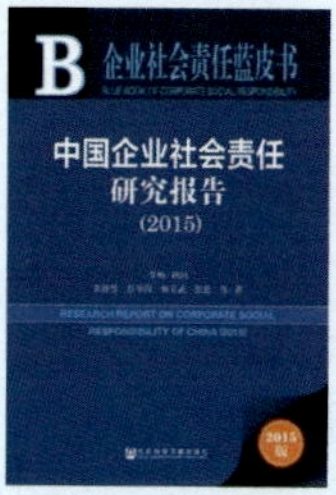

企业社会责任蓝皮书

中国企业社会责任研究报告（2015）

黄群慧　彭华岗　钟宏武　张　蒽 / 编著
2015 年 11 月出版　估价 :69.00 元

◆　本书系中国社会科学院经济学部企业社会责任研究中心组织编写的《企业社会责任蓝皮书》2015 年分册。该书在对企业社会责任进行宏观总体研究的基础上，根据 2014 年企业社会责任及相关背景进行了创新研究，在全国企业中观层面对企业健全社会责任管理体系提供了弥足珍贵的丰富信息。

投资蓝皮书

中国投资发展报告（2015）

谢 平 / 主编　　2015 年 4 月出版　　定价 :128.00 元

◆ 2014 年，适应新常态发展的宏观经济政策逐步成型和出台，成为保持经济平稳增长、促进经济活力增强、结构不断优化升级的有力保障。2015 年，应重点关注先进制造业、TMT 产业、大健康产业、大文化产业及非金融全新产业的投资机会，适应新常态下的产业发展变化，在投资布局中争取主动。

住房绿皮书

中国住房发展报告（2014~2015）

倪鹏飞 / 主编　　2014 年 12 月出版　　定价 :79.00 元

◆ 本年度住房绿皮书指出，中国住房市场从 2014 年第一季度开始进入调整状态，2014 年第三季度进入全面调整期。2015 年的住房市场走势：整体延续衰退，一、二线城市 2015 年下半年、三四线城市 2016 年下半年复苏。

人力资源蓝皮书

中国人力资源发展报告（2015）

余兴安 / 主编　　2015 年 9 月出版　　估价 :79.00 元

◆ 本书是在人力资源和社会保障部部领导的支持下，由中国人事科学研究院汇集我国人力资源开发权威研究机构的诸多专家学者的研究成果编写而成。作为关于人力资源的蓝皮书，本书通过充分利用有关研究成果，更广泛、更深入地展示近年来我国人力资源开发重点领域的研究成果。

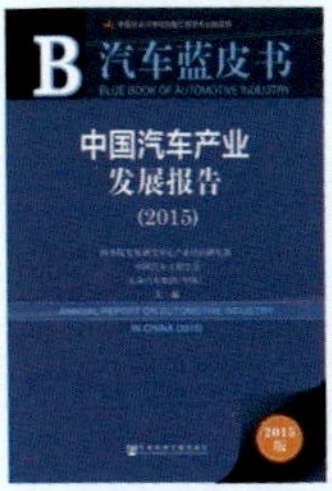

汽车蓝皮书

中国汽车产业发展报告（2015）

国务院发展研究中心产业经济研究部　中国汽车工程学会
大众汽车集团（中国）/ 主编　2015 年 8 月出版　　估价 :128.00 元

◆ 本书由国务院发展研究中心产业经济研究部、中国汽车工程学会、大众汽车集团（中国）联合主编，是关于中国汽车产业发展的研究性年度报告，介绍并分析了本年度中国汽车产业发展的形势。

国别与地区类

国别与地区类皮书关注全球重点国家与地区，
提供全面、独特的解读与研究

亚太蓝皮书

亚太地区发展报告（2015）

李向阳 / 主编　　2015 年 1 月出版　　定价 :59.00 元

◆　本年度的专题是“一带一路”，书中对“一带一路”战略的经济基础、“一带一路”与区域合作等进行了阐述。除对亚太地区 2014 年的整体变动情况进行深入分析外，还在此基础上提出了对于 2015 年亚太地区各个方面发展情况的预测。

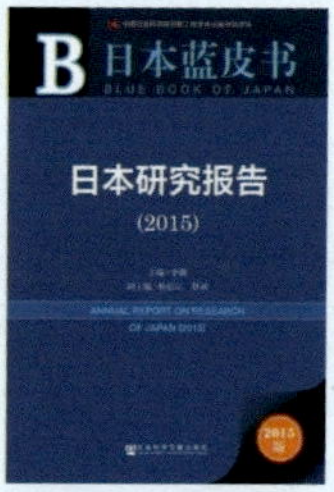

日本蓝皮书

日本研究报告（2015）

李　薇 / 主编　　2015 年 4 月出版　　定价 :69.00 元

◆　本书由中华日本学会、中国社会科学院日本研究所合作推出，是以中国社会科学院日本研究所的研究人员为主完成的研究成果。对 2014 年日本的政治、外交、经济、社会文化作了回顾、分析，并对 2015 年形势进行展望。

德国蓝皮书

德国发展报告（2015）

郑春荣　伍慧萍 / 主编　2015 年 5 月出版　定价 :69.00 元

◆　本报告由同济大学德国研究所组织编撰，由该领域的专家学者对德国的政治、经济、社会文化、外交等方面的形势发展情况，进行全面的阐述与分析。德国作为欧洲大陆第一强国，与中国各方面日渐紧密的合作关系，值得国内各界深切关注。

国际形势黄皮书

全球政治与安全报告（2015）

李慎明　张宇燕 / 主编　2015 年 1 月出版　定价 :69.00 元

◆　本书对中、俄、美三国之间的合作与冲突进行了深度分析，揭示了影响中美、俄美及中俄关系的主要因素及变化趋势。重点关注了乌克兰危机、克里米亚问题、苏格兰公投、西非埃博拉疫情以及西亚北非局势等国际焦点问题。

拉美黄皮书

拉丁美洲和加勒比发展报告（2014~2015）

吴白乙 / 主编　2015 年 5 月出版　定价 :89.00 元

◆　本书是中国社会科学院拉丁美洲研究所的第 14 份关于拉丁美洲和加勒比地区发展形势状况的年度报告。 本书对 2014 年拉丁美洲和加勒比地区诸国的政治、经济、社会、外交等方面的发展情况做了系统介绍，对该地区相关国家的热点及焦点问题进行了总结和分析，并在此基础上对该地区各国 2015 年的发展前景做出预测。

美国蓝皮书

美国研究报告（2015）

郑秉文　黄　平 / 主编　2015 年 6 月出版　定价 :89.00 元

◆　本书是由中国社会科学院美国所主持完成的研究成果，重点讲述了美国的“再平衡”战略，另外回顾了美国 2014 年的经济、政治形势与外交战略，对 2014 年以来美国内政外交发生的重大事件以及重要政策进行了较为全面的回顾和梳理。

大湄公河次区域蓝皮书

大湄公河次区域合作发展报告（2015）

刘　稚 / 主编　2015 年 9 月出版　估价 :79.00 元

◆　云南大学大湄公河次区域研究中心深入追踪分析该区域发展动向，以把握全面，突出重点为宗旨，系统介绍和研究大湄公河次区域合作的年度热点和重点问题，展望次区域合作的发展趋势，并对新形势下我国推进次区域合作深入发展提出相关对策建议。

地方发展类

地方发展类皮书关注大陆各省份、经济区域，
提供科学、多元的预判与咨政信息

北京蓝皮书

北京公共服务发展报告（2014~2015）

施昌奎 / 主编　　2015 年 1 月出版　定价：69.00 元

◆　本书是由北京市政府职能部门的领导、首都著名高校的教授、知名研究机构的专家共同完成的关于北京市公共服务发展与创新的研究成果。本年度主题为“北京公共服务均衡化发展和市场化改革”，内容涉及了北京市公共服务发展的方方面面，既有对北京各个城区的综合性描述，也有对局部、细部、具体问题的分析。

上海蓝皮书

上海经济发展报告（2015）

沈开艳 / 主编　2015 年 1 月出版　定价 :69.00 元

◆　本书系上海社会科学院系列之一，本年度将“建设具有全球影响力的科技创新中心”作为主题，对 2015 年上海经济增长与发展趋势的进行了预测，把握了上海经济发展的脉搏和学术研究的前沿。

广州蓝皮书

广州经济发展报告（2015）

李江涛　朱名宏 / 主编　2015 年 7 月出版　估价 :69.00 元

◆　本书是由广州市社会科学院主持编写的“广州蓝皮书”系列之一，本报告对广州 2014 年宏观经济运行情况作了深入分析，对 2015 年宏观经济走势进行了合理预测，并在此基础上提出了相应的政策建议。

文化传媒类

文化传媒类皮书透视文化领域、文化产业，
探索文化大繁荣、大发展的路径

新媒体蓝皮书

中国新媒体发展报告 No.6（2015）

唐绪军 / 主编　　2015 年 7 月出版　　定价 :79.00 元

◆　本书深入探讨了中国网络信息安全、媒体融合状况、微信谣言问题、微博发展态势、互联网金融、移动舆论场舆情、传统媒体转型、新媒体产业发展、网络助政、网络舆论监督、大数据、数据新闻、数字版权等热门问题，展望了中国新媒体的未来发展趋势。

舆情蓝皮书

中国社会舆情与危机管理报告（2015）

谢耘耕 / 主编　　2015 年 8 月出版　　估价 :98.00 元

◆　本书由上海交通大学舆情研究实验室和危机管理研究中心主编，已被列入教育部人文社会科学研究报告培育项目。本书以新媒体环境下的中国社会为立足点，对 2014 年中国社会舆情、分类舆情等进行了深入系统的研究，并预测了 2015 年社会舆情走势。

文化蓝皮书

中国文化产业发展报告（2015）

张晓明　王家新　章建刚 / 主编　　2015 年 7 月出版　　估价 :79.00 元

◆　本书由中国社会科学院文化研究中心编写。 从 2012 年开始，中国社会科学院文化研究中心设立了国内首个文化产业的研究类专项资金——“文化产业重大课题研究计划”，开始在全国范围内组织多学科专家学者对我国文化产业发展重大战略问题进行联合攻关研究。本书集中反映了该计划的研究成果。

经济类

G20国家创新竞争力黄皮书
二十国集团(G20)国家创新竞争力发展报告(2015)
著(编)者:黄茂兴 李闽榕 李建平 赵新力
2015年9月出版 / 估价:128.00元

产业蓝皮书
中国产业竞争力报告(2015)
著(编)者:张其仔 2015年7月出版 / 估价:79.00元

长三角蓝皮书
2015年全面深化改革中的长三角
著(编)者:张伟斌 2015年10月出版 / 估价:69.00元

城乡一体化蓝皮书
中国城乡一体化发展报告(2015)
著(编)者:付崇兰 汝信 2015年12月出版 / 估价:79.00元

城市创新蓝皮书
中国城市创新报告(2015)
著(编)者:周天勇 旷建伟 2015年8月出版 / 估价:69.00元

城市竞争力蓝皮书
中国城市竞争力报告(2015)
著(编)者:倪鹏飞 2015年5月出版 / 定价:89.00元

城市蓝皮书
中国城市发展报告NO.8
著(编)者:潘家华 魏后凯 2015年9月出版 / 估价:69.00元

城市群蓝皮书
中国城市群发展指数报告(2015)
著(编)者:刘新静 刘士林 2015年10月出版 / 估价:59.00元

城乡统筹蓝皮书
中国城乡统筹发展报告(2015)
著(编)者:潘晨光 程志强 2015年7月出版 / 估价:59.00元

城镇化蓝皮书
中国新型城镇化健康发展报告(2015)
著(编)者:张占斌 2015年7月出版 / 估价:79.00元

低碳发展蓝皮书
中国低碳发展报告(2015)
著(编)者:齐晔 2015年7月出版 / 估价:89.00元

低碳经济蓝皮书
中国低碳经济发展报告(2015)
著(编)者:薛进军 赵忠秀 2015年6月出版 / 定价:85.00元

东北蓝皮书
中国东北地区发展报告(2015)
著(编)者:马克 黄文艺 2015年8月出版 / 估价:79.00元

发展和改革蓝皮书
中国经济发展和体制改革报告(2015)
著(编)者:邹东涛 2015年11月出版 / 估价:98.00元

工业化蓝皮书
中国工业化进程报告(2015)
著(编)者:黄群慧 吕铁 李晓华 2015年11月出版 / 估价:89.00元

国际城市蓝皮书
国际城市发展报告(2015)
著(编)者:屠启宇 2015年1月出版 / 定价:79.00元

国家创新蓝皮书
中国创新发展报告(2015)
著(编)者:陈劲 2015年7月出版 / 估价:59.00元

环境竞争力绿皮书
中国省域环境竞争力发展报告(2015)
著(编)者:李建平 李闽榕 王金南
2015年12月出版 / 估价:198.00元

金融蓝皮书
中国金融发展报告(2015)
著(编)者:李扬 王国刚 2014年12月出版 / 定价:75.00元

金融信息服务蓝皮书
金融信息服务发展报告(2015)
著(编)者:鲁广锦 殷剑峰 林义相
2015年7月出版 / 估价:89.00元

经济蓝皮书
2015年中国经济形势分析与预测
著(编)者:李扬 2014年12月出版 / 定价:69.00元

经济蓝皮书·春季号
2015年中国经济前景分析
著(编)者:李扬 2015年5月出版 / 定价:79.00元

经济蓝皮书·夏季号
中国经济增长报告(2015)
著(编)者:李扬 2015年7月出版 / 估价:69.00元

经济信息绿皮书
中国与世界经济发展报告(2015)
著(编)者:杜平 2014年12月出版 / 定价:79.00元

就业蓝皮书
2015年中国大学生就业报告
著(编)者:麦可思研究院 2015年7月出版 / 估价:98.00元

就业蓝皮书
2015年中国高职高专生就业报告
著(编)者:麦可思研究院 2015年6月出版 / 定价:98.00元

就业蓝皮书
2015年中国本科生就业报告
著(编)者:麦可思研究院 2015年6月出版 / 定价:98.00元

临空经济蓝皮书
中国临空经济发展报告(2015)
著(编)者:连玉明 2015年9月出版 / 估价:79.00元

民营经济蓝皮书
中国民营经济发展报告(2015)
著(编)者:王钦敏 2015年12月出版 / 估价:79.00元

农村绿皮书
中国农村经济形势分析与预测(2014~2015)
著(编)者:中国社会科学院农村发展研究所
国家统计局农村社会经济调查司
2015年4月出版 / 定价:69.00元

农业应对气候变化蓝皮书
气候变化对中国农业影响评估报告（2015）
著(编)者:矫梅燕　2015年8月出版 / 估价:98.00元

企业公民蓝皮书
中国企业公民报告（2015）
著(编)者:邹东涛　2015年12月出版 / 估价:79.00元

气候变化绿皮书
应对气候变化报告（2015）
著(编)者:王伟光 郑国光　2015年10月出版 / 估价:79.00元

区域蓝皮书
中国区域经济发展报告（2014~2015）
著(编)者:梁昊光　2015年5月出版 / 定价:79.00元

全球环境竞争力绿皮书
全球环境竞争力报告（2015）
著(编)者:李建建 李闽榕 李建平 王金南
2015年12月出版 / 估价:198.00元

人口与劳动绿皮书
中国人口与劳动问题报告No.15
著(编)者:蔡昉　2015年1月出版 / 定价:59.00元

商务中心区蓝皮书
中国商务中心区发展报告（2015）
著(编)者:中国商务区联盟
中国社会科学院城市发展与环境研究所
2015年10月出版 / 估价:69.00元

商务中心区蓝皮书
中国商务中心区发展报告No.1（2014）
著(编)者:魏后凯 李国红　2015年1月出版 / 定价:89.00元

世界经济黄皮书
2015年世界经济形势分析与预测
著(编)者:王洛林 张宇燕　2015年1月出版 / 定价:69.00元

世界旅游城市绿皮书
世界旅游城市发展报告（2015）
著(编)者:鲁勇 周正宇 宋宇　2015年7月出版 / 估价:88.00元

西北蓝皮书
中国西北发展报告（2015）
著(编)者:赵宗福 孙发平 苏海红 鲁顺元 段庆林
2014年12月出版 / 定价:79.00元

西部蓝皮书
中国西部发展报告（2015）
著(编)者:姚慧琴 徐璋勇　2015年7月出版 / 估价:89.00元

新型城镇化蓝皮书
新型城镇化发展报告（2015）
著(编)者:李伟　2015年10月出版 / 估价:89.00元

新兴经济体蓝皮书
金砖国家发展报告（2015）
著(编)者:林跃勤 周文　2015年7月出版 / 估价:79.00元

中部竞争力蓝皮书
中国中部经济社会竞争力报告（2015）
著(编)者:教育部人文社会科学重点研究基地
南昌大学中国中部经济社会发展研究中心
2015年9月出版 / 估价:79.00元

中部蓝皮书
中国中部地区发展报告（2015）
著(编)者:喻新安　2015年7月出版 / 估价:69.00元

中国省域竞争力蓝皮书
中国省域经济综合竞争力发展报告（2013~2014）
著(编)者:李建平 李闽榕 高燕京
2015年2月出版 / 定价:198.00元

中三角蓝皮书
长江中游城市群发展报告（2015）
著(编)者:秦尊文　2015年10月出版 / 估价:69.00元

中小城市绿皮书
中国中小城市发展报告（2015）
著(编)者:中国城市经济学会中小城市经济发展委员会
《中国中小城市发展报告》编纂委员会
中小城市发展战略研究院
2015年10月出版 / 估价:98.00元

中原蓝皮书
中原经济区发展报告（2015）
著(编)者:李英杰　2015年7月出版 / 估价:88.00元

社会政法类

北京蓝皮书
中国社区发展报告（2015）
著(编)者:于燕燕　2015年7月出版 / 估价:69.00元

殡葬绿皮书
中国殡葬事业发展报告（2014~2015）
著(编)者:李伯森　2015年4月出版 / 定价:158.00元

城市管理蓝皮书
中国城市管理报告（2015）
著(编)者:谭维克 刘林　2015年12月出版 / 估价:158.00元

城市生活质量蓝皮书
中国城市生活质量报告（2015）
著(编)者:中国经济实验研究院　2015年7月出版 / 估价:59.00元

城市政府能力蓝皮书
中国城市政府公共服务能力评估报告（2015）
著(编)者:何艳玲　2015年7月出版 / 估价:59.00元

创新蓝皮书
创新型国家建设报告（2015）
著(编)者:詹正茂　2015年7月出版 / 估价:69.00元

北京人才蓝皮书
北京人才发展报告（2015）
著(编)者:于淼　2015年7月出版 / 估价:89.00元

北京社会心态蓝皮书
北京社会心态分析报告（2015）
著(编)者:北京社会心理研究所　2015年7月出版 / 估价:69.00元

北京社会组织管理蓝皮书
北京社会组织发展与管理（2015）
著(编)者:黄江松　2015年4月出版 / 定价:78.00元

北京养老产业蓝皮书
北京养老产业发展报告（2015）
著(编)者:周明明　冯喜良　2015年4月出版 / 定价:69.00元

滨海金融蓝皮书
滨海新区金融发展报告（2015）
著(编)者:王爱俭 张锐钢　2015年9月出版 / 估价:79.00元

城乡一体化蓝皮书
中国城乡一体化发展报告（北京卷）（2014~2015）
著(编)者:张宝秀 黄序　2015年5月出版 / 定价:79.00元

创意城市蓝皮书
北京文化创意产业发展报告（2015）
著(编)者:张京成　2015年11月出版 / 估价:65.00元

创意城市蓝皮书
无锡文化创意产业发展报告（2015）
著(编)者:谭军 张鸣年　2015年10月出版 / 估价:75.00元

创意城市蓝皮书
武汉市文化创意产业发展报告（2015）
著(编)者:袁堃 黄永林　2015年11月出版 / 估价:85.00元

创意城市蓝皮书
重庆创意产业发展报告（2015）
著(编)者:程宇宁　2015年7月出版 / 估价:89.00元

创意城市蓝皮书
青岛文化创意产业发展报告（2015）
著(编)者:马达 张丹妮　2015年7月出版 / 估价:79.00元

福建妇女发展蓝皮书
福建省妇女发展报告（2015）
著(编)者:刘群英　2015年10月出版 / 估价:58.00元

甘肃蓝皮书
甘肃舆情分析与预测（2015）
著(编)者:陈双梅　郝树声　2015年1月出版 / 定价:79.00元

甘肃蓝皮书
甘肃文化发展分析与预测（2015）
著(编)者:安文华　周小华　2015年1月出版 / 定价:79.00元

甘肃蓝皮书
甘肃社会发展分析与预测（2015）
著(编)者:安文华　包晓霞　2015年1月出版 / 定价:79.00元

甘肃蓝皮书
甘肃经济发展分析与预测（2015）
著(编)者:朱智文 罗哲　2015年1月出版 / 定价:79.00元

甘肃蓝皮书
甘肃县域经济综合竞争力评价（2015）
著(编)者:刘进军　2015年7月出版 / 估价:69.00元

甘肃蓝皮书
甘肃县域社会发展评价报告（2015）
著(编)者:刘进军　柳民　王建兵　2015年1月出版 / 定价:

广东蓝皮书
广东省电子商务发展报告（2015）
著(编)者:程晓　2015年12月出版 / 估价:69.00元

广东蓝皮书
广东社会工作发展报告（2015）
著(编)者:罗观翠　2015年7月出版 / 估价:89.00元

广东社会建设蓝皮书
广东省社会建设发展报告（2015）
著(编)者:广东省社会工作委员会　2015年10月出版 / 估价

广东外经贸蓝皮书
广东对外经济贸易发展研究报告（2014~2015）
著(编)者:陈万灵　2015年5月出版 / 定价:89.00元

广西北部湾经济区蓝皮书
广西北部湾经济区开放开发报告（2015）
著(编)者:广西北部湾经济区规划建设管理委员会办公室
广西社会科学院广西北部湾发展研究院
2015年8月出版 / 估价:79.00元

广州蓝皮书
广州社会保障发展报告（2015）
著(编)者:蔡国萱　2015年7月出版 / 估价:65.00元

广州蓝皮书
2015年中国广州社会形势分析与预测
著(编)者:张强 陈怡霓 杨秦　2015年6月出版 / 定价:79.0

广州蓝皮书
广州经济发展报告（2015）
著(编)者:李江涛 朱名宏　2015年7月出版 / 估价:69.00元

广州蓝皮书
广州商贸业发展报告（2015）
著(编)者:李江涛 王旭东 荀振英　2015年7月出版 / 估价:6

广州蓝皮书
2015年中国广州经济形势分析与预测
著(编)者:庾建设 沈奎 谢博能
2015年6月出版 / 定价:79.00元

广州蓝皮书
中国广州文化发展报告（2015）
著(编)者:徐俊忠 陆志强 顾涧清
2015年7月出版 / 估价:69.00元

广州蓝皮书
广州农村发展报告（2015）
著(编)者:李江涛 汤锦华　2015年8月出版 / 估价:69.00元

广州蓝皮书
中国广州城市建设与管理发展报告（2015）
著(编)者:董皞 冼伟雄　2015年7月出版 / 估价:69.00元

广州蓝皮书
中国广州科技和信息化发展报告（2015）
著(编)者:邹采荣 马正勇 冯元
2015年7月出版 / 估价:79.00元

广州蓝皮书
广州创新型城市发展报告（2015）
著(编)者:李江涛 2015年7月出版 / 估价:69.00元

广州蓝皮书
广州文化创意产业发展报告（2015）
著(编)者:甘新 2015年8月出版 / 估价:79.00元

广州蓝皮书
广州志愿服务发展报告（2015）
著(编)者:魏国华 张强 2015年9月出版 / 估价:69.00元

广州蓝皮书
广州城市国际化发展报告（2015）
著(编)者:朱名宏 2015年9月出版 / 估价:59.00元

广州蓝皮书
广州汽车产业发展报告（2015）
著(编)者:李江涛 杨再高 2015年9月出版 / 估价:69.00元

贵州房地产蓝皮书
贵州房地产发展报告（2015）
著(编)者:武廷方 2015年6月出版 / 定价:89.00元

贵州蓝皮书
贵州人才发展报告（2015）
著(编)者:于杰 吴大华 2015年7月出版 / 估价:69.00元

贵州蓝皮书
贵安新区发展报告（2014）
著(编)者:马长青 吴大华 2015年4月出版 / 定价:69.00元

贵州蓝皮书
贵州社会发展报告（2015）
著(编)者:王兴骥 2015年5月出版 / 定价:79.00元

贵州蓝皮书
贵州法治发展报告（2015）
著(编)者:吴大华 2015年5月出版 / 定价:79.00元

贵州蓝皮书
贵州国有企业社会责任发展报告（2015）
著(编)者:郭丽 2015年10月出版 / 估价:79.00元

海淀蓝皮书
海淀区文化和科技融合发展报告（2015）
著(编)者:孟景伟 陈名杰 2015年7月出版 / 估价:75.00元

海峡西岸蓝皮书
海峡西岸经济区发展报告（2015）
著(编)者:黄端 2015年9月出版 / 估价:65.00元

杭州都市圈蓝皮书
杭州都市圈发展报告（2015）
著(编)者:董祖德 沈翔 2015年7月出版 / 估价:89.00元

杭州蓝皮书
杭州妇女发展报告（2015）
著(编)者:魏颖 2015年4月出版 / 定价:79.00元

河北经济蓝皮书
河北省经济发展报告（2015）
著(编)者:马树强 金浩 刘兵 张贵 2015年3月出版 / 定价:89.00元

河北蓝皮书
河北经济社会发展报告（2015）
著(编)者:周文夫 2015年1月出版 / 定价:79.00元

河北食品药品安全蓝皮书
河北食品药品安全研究报告（2015）
著(编)者:丁锦霞 2015年6月出版 / 定价:79.00元

河南经济蓝皮书
2015年河南经济形势分析与预测
著(编)者:胡五岳 2015年2月出版 / 定价:69.00元

河南蓝皮书
河南城市发展报告（2015）
著(编)者:谷建全 王建国 2015年3月出版 / 定价:79.00元

河南蓝皮书
2015年河南社会形势分析与预测
著(编)者:刘道兴 牛苏林 2015年4月出版 / 定价:69.00元

河南蓝皮书
河南工业发展报告（2015）
著(编)者:龚绍东 赵西三 2015年1月出版 / 定价:79.00元

河南蓝皮书
河南文化发展报告（2015）
著(编)者:卫绍生 2015年3月出版 / 定价:79.00元

河南蓝皮书
河南经济发展报告（2015）
著(编)者:喻新安 2014年12月出版 / 定价:79.00元

河南蓝皮书
河南法治发展报告（2015）
著(编)者:丁同民 闫德民 2015年7月出版 / 估价:69.00元

河南蓝皮书
河南金融发展报告（2015）
著(编)者:喻新安 谷建全 2015年6月出版 / 定价:69.00元

河南蓝皮书
河南农业农村发展报告（2015）
著(编)者:吴海峰 2015年4月出版 / 定价:69.00元

河南商务蓝皮书
河南商务发展报告（2015）
著(编)者:焦锦淼 穆荣国 2015年4月出版 / 定价:88.00元

黑龙江产业蓝皮书
黑龙江产业发展报告（2015）
著(编)者:于渤 2015年9月出版 / 估价:79.00元

黑龙江蓝皮书
黑龙江经济发展报告（2015）
著(编)者:曲伟 2015年1月出版 / 定价:79.00元

黑龙江蓝皮书
黑龙江社会发展报告（2015）
著(编)者:张新颖 2015年1月出版 / 定价:79.00元

湖北文化蓝皮书
湖北文化发展报告（2015）
著(编)者:江畅　吴成国　　2015年7月出版 / 估价:89.00元

湖南城市蓝皮书
区域城市群整合
著(编)者:童中贤　韩未名　　2015年12月出版 / 估价:79.00元

湖南蓝皮书
2015年湖南电子政务发展报告
著(编)者:梁志峰　　2015年5月出版 / 定价:98.00元

湖南蓝皮书
2015年湖南社会发展报告
著(编)者:梁志峰　　2015年5月出版 / 定价:98.00元

湖南蓝皮书
2015年湖南产业发展报告
著(编)者:梁志峰　　2015年5月出版 / 定价:98.00元

湖南蓝皮书
2015年湖南经济展望
著(编)者:梁志峰　　2015年5月出版 / 定价:128.00元

湖南蓝皮书
2015年湖南县域经济社会发展报告
著(编)者:梁志峰　　2015年5月出版 / 定价:98.00元

湖南蓝皮书
2015年湖南两型社会与生态文明发展报告
著(编)者:梁志峰　　2015年5月出版 / 定价:98.00元

湖南县域绿皮书
湖南县域发展报告No.2
著(编)者:朱有志　　2015年7月出版 / 估价:69.00元

沪港蓝皮书
沪港发展报告（2014~2015）
著(编)者:尤安山　　2015年4月出版 / 定价:89.00元

吉林蓝皮书
2015年吉林经济社会形势分析与预测
著(编)者:马克　　2015年2月出版 / 定价:89.00元

济源蓝皮书
济源经济社会发展报告（2015）
著(编)者:喻新安　　2015年4月出版 / 定价:69.00元

健康城市蓝皮书
北京健康城市建设研究报告（2015）
著(编)者:王鸿春　　2015年4月出版 / 定价:79.00元

江苏法治蓝皮书
江苏法治发展报告（2015）
著(编)者:李力　龚廷泰　　2015年9月出版 / 估价:98.00元

京津冀蓝皮书
京津冀发展报告（2015）
著(编)者:文魁　祝尔娟　　2015年4月出版 / 定价:89.00元

经济特区蓝皮书
中国经济特区发展报告（2015）
著(编)者:陶一桃　　2015年7月出版 / 估价:89.00元

辽宁蓝皮书
2015年辽宁经济社会形势分析与预测
著(编)者:曹晓峰　张晶　梁启东　2014年12月出版 / 定价:

南京蓝皮书
南京文化发展报告（2015）
著(编)者:南京文化产业研究中心　2015年12月出版 / 估价

内蒙古蓝皮书
内蒙古反腐倡廉建设报告（2015）
著(编)者:张志华　无极　　2015年12月出版 / 估价:69.00元

浦东新区蓝皮书
上海浦东经济发展报告（2015）
著(编)者:沈开艳　陆沪根　　2015年1月出版 / 定价:69.00

青海蓝皮书
2015年青海经济社会形势分析与预测
著(编)者:赵宗福　　2014年12月出版 / 定价:69.00元

人口与健康蓝皮书
深圳人口与健康发展报告（2015）
著(编)者:曾序春　　2015年12月出版 / 估价:89.00元

山东蓝皮书
山东社会形势分析与预测（2015）
著(编)者:张华　唐洲雁　　2015年7月出版 / 估价:89.00元

山东蓝皮书
山东经济形势分析与预测（2015）
著(编)者:张华　唐洲雁　　2015年7月出版 / 估价:89.00元

山东蓝皮书
山东文化发展报告（2015）
著(编)者:张华　唐洲雁　　2015年7月出版 / 估价:98.00元

山西蓝皮书
山西资源型经济转型发展报告（2015）
著(编)者:李志强　　2015年5月出版 / 定价:89.00元

陕西蓝皮书
陕西经济发展报告（2015）
著(编)者:任宗哲　白宽犁　裴成荣　　2015年1月出版 / 定价:

陕西蓝皮书
陕西社会发展报告（2015）
著(编)者:任宗哲　白宽犁　牛昉　　2015年1月出版 / 定价:69.

陕西蓝皮书
陕西文化发展报告（2015）
著(编)者:任宗哲　白宽犁　王长寿　　2015年1月出版 / 定价:

陕西蓝皮书
丝绸之路经济带发展报告（2015）
著(编)者:任宗哲　石英　白宽犁
2015年8月出版 / 估价:79.00元

上海蓝皮书
上海文学发展报告（2015）
著(编)者:陈圣来　　2015年1月出版 / 定价:69.00元

上海蓝皮书
上海文化发展报告（2015）
著(编)者:荣跃明　　2015年1月出版 / 定价:74.00元

上海蓝皮书
上海资源环境发展报告（2015）
著(编)者:周冯琦 汤庆合 任文伟
2015年1月出版 / 定价:69.00元

上海蓝皮书
上海社会发展报告（2015）
著(编)者:杨雄 周海旺 2015年1月出版 / 定价:69.00元

上海蓝皮书
上海经济发展报告（2015）
著(编)者:沈开艳 2015年1月出版 / 定价:69.00元

上海蓝皮书
上海传媒发展报告（2015）
著(编)者:强荧 焦雨虹 2015年1月出版 / 定价:69.00元

上海蓝皮书
上海法治发展报告（2015）
著(编)者:叶青 2015年5月出版 / 定价:69.00元

上饶蓝皮书
上饶发展报告（2015）
著(编)者:朱寅健 2015年7月出版 / 估价:128.00元

社会建设蓝皮书
2015年北京社会建设分析报告
著(编)者:宋贵伦 冯虹 2015年7月出版 / 估价:79.00元

深圳蓝皮书
深圳劳动关系发展报告（2015）
著(编)者:汤庭芬 2015年7月出版 / 估价:75.00元

深圳蓝皮书
深圳经济发展报告（2015）
著(编)者:张骁儒 2015年7月出版 / 估价:79.00元

深圳蓝皮书
深圳社会发展报告（2015）
著(编)者:叶民辉 张骁儒 2015年7月出版 / 估价:89.00元

深圳蓝皮书
深圳法治发展报告（2015）
著(编)者:张骁儒 2015年5月出版 / 定价:69.00元

四川蓝皮书
四川文化产业发展报告（2015）
著(编)者:侯水平 2015年4月出版 / 定价:79.00元

四川蓝皮书
四川企业社会责任研究报告（2014~2015）
著(编)者:侯水平 盛毅 2015年4月出版 / 定价:79.00元

四川蓝皮书
四川法治发展报告（2015）
著(编)者:郑泰安 2015年1月出版 / 定价:69.00元

四川蓝皮书
四川生态建设报告（2015）
著(编)者:李晟之 2015年4月出版 / 定价:79.00元

四川蓝皮书
四川城镇化发展报告（2015）
著(编)者:侯水平 范秋美 2015年4月出版 / 定价:79.00元

四川蓝皮书
四川社会发展报告（2015）
著(编)者:郭晓鸣 2015年4月出版 / 定价:79.00元

四川蓝皮书
2015年四川经济发展形势分析与预测
著(编)者:杨钢 2015年1月出版 / 定价:89.00元

四川法治蓝皮书
四川依法治省年度报告No.1（2015）
著(编)者:李林 杨天宗 田禾 2015年3月出版 / 定价:108.00元

天津金融蓝皮书
天津金融发展报告（2015）
著(编)者:王爱俭 杜强 2015年9月出版 / 估价:89.00元

温州蓝皮书
2015年温州经济社会形势分析与预测
著(编)者:潘忠强 王春光 金浩 2015年4月出版 / 定价:69.00元

扬州蓝皮书
扬州经济社会发展报告（2015）
著(编)者:丁纯 2015年12月出版 / 估价:89.00元

长株潭城市群蓝皮书
长株潭城市群发展报告（2015）
著(编)者:张萍 2015年7月出版 / 估价:69.00元

郑州蓝皮书
2015年郑州文化发展报告
著(编)者:王哲 2015年9月出版 / 估价:65.00元

中医文化蓝皮书
北京中医药文化传播发展报告（2015）
著(编)者:毛嘉陵 2015年5月出版 / 定价:79.00元

珠三角流通蓝皮书
珠三角商圈发展研究报告（2015）
著(编)者:林至颖 王先庆 2015年7月出版 / 估价:98.00元

国别与地区类

阿拉伯黄皮书
阿拉伯发展报告（2015）
著(编)者:马晓霖 2015年7月出版 / 估价:79.00元

北部湾蓝皮书
泛北部湾合作发展报告（2015）
著(编)者:吕余生 2015年8月出版 / 估价:69.00元

皮书数据库

中国社会科学院 社会科学文献出版社

首页 数据库检索 学术资源群 我的文献库 皮书全动态 有奖调查 皮书报道 皮书研究 联系我们 读者荐购

权威报告 热点资讯 海量资源

当代中国与世界发展的高端智库平台

皮书数据库 www.pishu.com.cn

皮书数据库是专业的人文社会科学综合学术资源总库，以大型连续性图书——皮书系列为基础整合国内外相关资讯构建而成。包含七大子库，涵盖两百多个主题，囊括了近十几年间中国与世界济社会发展报告，覆盖经济、社会、政治、文化、教育、国际问题等多个领域。

皮书数据库以篇章为基本单位，方便用户对皮书内容的阅读需求。用户可进行全文检索，也可文献题目、内容提要、作者名称、作者单位、关键字等基本信息进行检索，还可对检索到的篇章再二次筛选，进行在线阅读或下载阅读。智能多维度导航，可使用户根据自己熟知的分类标准进行分导航筛选，使查找和检索更高效、便捷。

权威的研究报告，独特的调研数据，前沿的热点资讯，皮书数据库已发展成为国内最具影响力关于中国与世界现实问题研究的成果库和资讯库。

皮书俱乐部会员服务指南

1. 谁能成为皮书俱乐部成员？

- 皮书作者自动成为俱乐部会员
- 购买了皮书产品（纸质书/电子书）的个人用户

2. 会员可以享受的增值服务

- 免费获赠皮书数据库100元充值卡
- 加入皮书俱乐部，免费获赠该纸质图书的电子书
- 免费定期获赠皮书电子期刊
- 优先参与各类皮书学术活动
- 优先享受皮书产品的最新优惠

3. 如何享受增值服务？

（1）免费获赠100元皮书数据库体验卡

第1步 刮开皮书附赠充值的涂层（右下）；

第2步 登录皮书数据库网站（www.pishu.com.cn），注册账号；

第3步 登录并进入“会员中心”—“在线充值”—“充值卡充值”，充值成功后即可使用。

（2）加入皮书俱乐部，凭数据库体验卡获赠该书的电子书

第1步 登录社会科学文献出版社官网（www.ssap.com.cn），注册账号；

第2步 登录并进入“会员中心”—“皮书俱乐部”，提交加入皮书俱乐部申请；

第3步 审核通过后，再次进入皮书俱乐部，填写页面所需图书、体验卡信息即可自动兑换相应电子书。

4. 声明

解释权归社会科学文献出版社所有

皮书俱乐部会员可享受社会科学文献出版社其他相关免费增值服务，有任何疑问，均可与我们联系。

图书销售热线：010-59367070/7028 图书服务QQ：800045692 图书服务邮箱：duzhe@ssap.cn

数据库服务热线：400-008-6695 数据库服务QQ：2475522410 数据库服务邮箱：database@ssap.cn

欢迎登录社会科学文献出版社官网（www.ssap.com.cn）和中国皮书网（www.pishu.cn）了解更多信息

皮书大事记
（2014）

☆　2014年10月，中国社会科学院2014年度皮书纳入创新工程学术出版资助名单正式公布，相关资助措施进一步落实。

☆　2014年8月，由中国社会科学院主办，贵州省社会科学院、社会科学文献出版社承办的“第十五次全国皮书年会（2014）”在贵州贵阳隆重召开。

☆　2014年8月，第二批淘汰的27种皮书名单公布。

☆　2014年7月，第五届优秀皮书奖评审会在京召开。本届优秀皮书奖首次同时评选优秀皮书和优秀皮书报告。

☆　2014年7月，第三届皮书学术评审委员会于北京成立。

☆　2014年6月，社会科学文献出版社与北京报刊发行局签订合同，将部分重点皮书纳入邮政发行系统。

☆　2014年6月，《中国社会科学院皮书管理办法》正式颁布实施。

☆　2014年4月，出台《社会科学文献出版社关于加强皮书编审工作的有关规定》《社会科学文献出版社皮书责任编辑管理规定》《社会科学文献出版社关于皮书准入与退出的若干规定》。

☆　2014年1月，首批淘汰的44种皮书名单公布。

☆　2014年1月，“2013(第七届)全国新闻出版业网站年会”在北京举办，中国皮书网被评为“最具商业价值网站”。

☆　2014年1月,社会科学文献出版社在原皮书评价研究中心的基础上成立了皮书研究院。

皮书数据库

www.pishu.com.cn

皮书数据库三期

• 皮书数据库（SSDB）是社会科学文献出版社整合现有皮书资源开发的在线数字产品，全面收录“皮书系列”的内容资源，并以此为基础整合大量相关资讯构建而成。

• 皮书数据库现有中国经济发展数据库、中国社会发展数据库、世界经济与国际政治数据库等子库，覆盖经济、社会、文化等多个行业、领域，现有报告3000多篇，总字数超过5亿字，并以每年400多篇的速度不断更新累积。

• 新版皮书数据库主要围绕存量+增量资源整合、资源编辑标引体系建设、产品架构设置优化、技术平台功能研发等方面开展工作，并将中国皮书网与皮书数据库合二为一联体建设，旨在以“皮书研创出版、信息发布与知识服务平台”为基本功能定位，打造一个全新的皮书品牌综合门户平台，为您提供更优质更到位的服务。

更多信息请登录

中国皮书网
http://www.pishu.cn

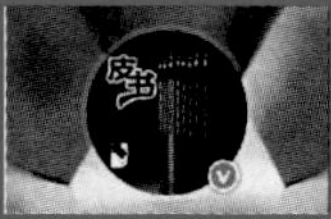

中国皮书网的BLOG [编辑]
http://blog.sina.com.cn/pishu

中国皮书网
http://www.pishu.cn

皮书微博
http://weibo.com/pishu

皮书博客
http://blog.sina.com.cn/pishu

皮书微信
皮书说

请到各地书店皮书专架／专柜购买，也可办理邮购

咨询／邮购电话：010-59367028　59367070　　邮　　箱：duzhe@ssap.cn

邮购地址：北京市西城区北三环中路甲29号院3号楼华龙大厦13层读者服务中心

邮　　编：100029

银行户名：社会科学文献出版社

开户银行：中国工商银行北京北太平庄支行

账　　号：0200010019200365434

网上书店：010-59367070　qq：1265056568

网　　址：www.ssap.com.cn　　www.pishu.cn

法律声明